新型工业化·新计算·人工智能系列

ARTIFICIAL
INTELLIGENCE

人工智能导论

（第4版）

丁世飞　夏战国/编著
史忠植/主审

电子工业出版社

Publishing House of Electronics Industry
北京·BEIJING

内 容 简 介

本书主要阐述人工智能的基本原理、方法和应用技术。全书共 14 章，除了第 1 章讨论人工智能基本概念、第 14 章讨论人工智能的争论与展望，其余 12 章主要按照"基本智能+计算智能+典型应用"三个模块编著：第一模块为基本技能，主要包括知识表示、自动推理、搜索策略、不确定性推理和机器学习；第二模块为计算智能，包括神经计算、进化计算、模糊计算和群智能；第三模块为典型应用，包括专家系统、生成式人工智能和大模型。

本书力求科学性、模块化、实用性，内容由浅入深、循序渐进、条理清晰，让读者在有限的时间内掌握人工智能的基本原理、基本方法和应用技术。

本书可作为高等院校理工科相关专业"人工智能""人工智能基础""人工智能导论"等课程的教材，也可供从事人工智能研究与应用的科技工作者学习参考。

图书在版编目（CIP）数据

人工智能导论 / 丁世飞，夏战国编著. -- 4 版.

北京 ：电子工业出版社，2025. 8. -- ISBN 978-7-121

-51169-1

Ⅰ. TP18

中国国家版本馆 CIP 数据核字第 2025Z2L774 号

责任编辑：孟泓辰

印　　刷：三河市华成印务有限公司

装　　订：三河市华成印务有限公司

出版发行：电子工业出版社

　　　　　北京市海淀区万寿路 173 信箱　　邮编：100036

开　　本：787×1092　1/16　　印张：24.5　　字数：627 千字

版　　次：2002 年 3 月第 1 版

　　　　　2025 年 8 月第 4 版

印　　次：2025 年 8 月第 1 次印刷

定　　价：78.00 元

凡所购买电子工业出版社图书有缺损问题，请向购买书店调换。若书店售缺，请与本社发行部联系，联系及邮购电话：（010）88254888，88258888。

质量投诉请发邮件至 zlts@phei.com.cn，盗版侵权举报请发邮件至 dbqq@phei.com.cn。

本书咨询联系方式：192910558（QQ 群）。

前　言

AI

人工智能（Artificial Intelligence，AI）是 20 世纪最伟大的科学成就之一，人工智能学科也是 21 世纪引领未来发展的主导学科之一。作为一门新理论、新方法、新技术、新思想不断涌现的前沿和交叉学科，人工智能的相关研究成果已经广泛应用到国防建设、工业生产、国民生活中的各领域。2017 年 3 月，"人工智能"首次被写入《政府工作报告》；2017 年 7 月，国务院印发《新一代人工智能发展规划》；2018 年 1 月 18 日，"2018 人工智能标准化论坛"发布《人工智能标准化白皮书（2018 版）》。2020 年 4 月，在国家发展改革委的新闻发布会上，首次明确了我国"新基建"的范围，人工智能被列入七大领域。2021 年 3 月，《中华人民共和国国民经济和社会发展第十四个五年规划和 2035 年远景目标纲要》中提出，瞄准人工智能等前沿领域，实施一批具有前瞻性、战略性的国家重大科技项目。2022 年 12 月，国务院印发《扩大内需战略规划纲要（2022—2035 年）》，明确推动 5G、人工智能、大数据等技术与交通物流、能源、生态环保、水利、应急、公共服务等深度融合。2023 年 3 月，《科技部办公厅关于开展国家新一代人工智能公共算力开放创新平台申报工作的通知》（国科办函高〔2023〕77 号）中提出，做好"国家新一代人工智能公共算力开放创新平台"启动建设，以便推进人工智能领域的模型与算法创新工作。2024 年的国务院《政府工作报告》中首次提出了开展"人工智能+"行动，这标志着人工智能技术在各行业的广泛应用将开启新篇章。在信息网络和知识经济时代，人工智能正在引起越来越广泛的重视，必将为推动科学技术的进步和产业的发展发挥更大的作用。

人工智能是一门研究机器智能的学科，即用人工的方法和技术研制智能机器或智能系统，以模仿、延伸和扩展人的智能，实现智能行为。作为一门前沿和交叉学科，它的研究领域十分广泛，涉及机器学习、数据挖掘、计算机视觉、专家系统、自然语言理解、智能检索、模式识别、规划和机器人等领域。人工智能的长期目标是建立人类水平的人工智能。尽管人工智能技术已经取得了显著成就，但它仍面临众多挑战，如道德和法律问题、隐私保护、数据安全等。此外，如何解决其可解释性问题，提高算法的透明度和公平性也是当前研究的热点。

未来，人工智能的发展将更加注重与其他科技领域的融合，如与量子计算、生物技术和新材料科学的结合，这不仅能推动各自领域的突破，也可能催生全新的科技革命。同时，随着全球数据量的激增，大数据环境下的人工智能应用将更加广泛，特别是在智能制造、智慧城市建设和医疗健康等领域。

与第 3 版相比，本书的主要改进如下。

第 1 章绪论，重新编写，增加最新的研究内容，使得内容更贴近实际、更加合理。第 2 章知识表示，修改 2.6 节脚本表示法的内容。第 3 章自动推理，对 3.3 节自然演绎推理进行大幅调整，重新定义自然演绎推理的概念和原理。第 5 章不确定性推理，大幅增加 5.4 节可信度方法的内容，增加可信度推理和方法的说明。第 6 章机器学习，大幅修改 6.3 节决策树学习，增加决策树的相应算法。第 7 章神经计算，将 7.7 节和 7.8 节进行合并修改。新增第 12 章生成式人工智能和第 13 章大模型。

同时，纠正第 3 版的一些错误，删减、增加或修改不合理之处。

本书共 14 章，主要内容如下。第 1 章绪论，主要讨论人工智能的概念、产生与发展、研究内容、主要学派、应用领域和发展趋势等。第 2~6 章为基本智能模块，包括知识表示、自动推理、搜索策略、不确定性推理和机器学习。第 7~10 章为计算智能模块，包括神经计算、进化计算、模糊计算和群智能。第 11~13 章为典型应用模块，包括专家系统、生成式人工智能和大模型。第 14 章讨论人工智能的争论与展望，重点讨论人们对人工智能的不同观点，以及人工智能对人类的影响和展望。附录 A 给出了习题解答，弥补了目前大部分人工智能教材缺少习题解答的不足。

本书力求科学性、模块化、实用性，内容由浅入深、循序渐进、条理清晰。按照"基本智能 ＋ 计算智能 ＋ 典型应用"三个模块，以逐层深入的方式组织内容，以期达到不同专业之取舍、不同层次的教学研究之需要。

本书包含了作者多年的科研成果，也吸取了国内外同行的同类教材和有关文献的精华，这些丰硕成果是本书学术思想的重要源泉，为本书的编写提供了丰富的营养，在此谨向这些教材和文献的作者致以崇高的敬意。

在本书编写过程中，我们得到了中国矿业大学、中国科学院计算技术研究所、电子工业出版社等各级领导的支持和帮助，同时中国矿业大学－中国科学院智能信息处理联合实验室的老师和同学做了大量的工作，特别是博士生侯海薇、曹传贵、张静晓、谢小浩，硕士生席剑、宋颐康、张姿、董筱敏等，在此一并表示感谢。

本书得到了国家自然科学基金项目"面向高维稀疏数据的两阶段深度认知模型及应用研究"（No.61976216）资助。

本书邀请 IFIP 人工智能专业委员会机器学习和数据挖掘组主席、中国人工智能学会副理事长、中国计算机学会会士、中国人工智能学会会士、中国矿业大学兼职教授、中国科学院计算技术研究所博士生导师史忠植研究员担任主审。

由于人工智能是一门正在快速发展的学科，新的理论、方法、技术及新的应用领域不断涌现，对其中的不少问题，作者还缺乏深入研究，再加上作者的学识水平有限、时间仓促，本书不可避免地存在各种错误和疏漏，敬请各位专家和读者不吝指教。

作 者

目 录

AI

第 1 章
绪　论

　　人工智能（Artificial Intelligence，AI）是当前科学技术迅速发展及新思想、新理论、新技术不断涌现的形势下产生的一个学科，也是一门涉及数学、计算机科学、哲学、认知心理学、信息论、控制论等学科的交叉和边缘学科。人工智能主要研究用人工的方法和技术，模仿、延伸和扩展人的智能，实现机器智能。人工智能的长期目标是实现人类水平的机器智能。人工智能自从诞生以来，取得了许多令人瞩目的成果，并在很多领域得到了广泛的应用。本章主要介绍人工智能的概念、发展历史、研究方法和主要应用领域。

1.1 人工智能的概念

1.1.1 智能的定义

什么是智能？智能的本质是什么？这是古今中外许多哲学家、脑科学家一直在努力探索和研究的问题，但至今仍然没有完全解决，以致被列为自然界四大奥秘（物质的本质、宇宙的起源、生命的本质、智能的发生）之一。

目前，人们大多是把对人脑的已有认识与智能的外在表现结合起来，从不同的角度、不同的侧面、用不同的方法对"智能"进行研究，提出的观点亦不相同，其中影响较大的主要有思维理论、知识阈值理论及进化理论等。

1. 思维理论（Thinking Theory）

思维理论来自认知科学，认知科学又被称为思维科学。思维理论是研究人们认识客观世界的规律和方法的一门科学，目的在于揭开大脑思维功能的奥秘。思维理论认为，智能的核心是思维，人的一切智慧或智能都来自大脑的思维活动，人类的一切知识都是人们思维的产物，因而通过对思维规律与方法的研究有望揭示智能的本质。

2. 知识阈值理论（Knowledge Threshold Theory）

知识阈值理论强调知识对于智能的重要意义和作用，认为智能行为取决于知识的数量及其一般化的程度，一个系统之所以有智能是因为它具有可运用的知识。在此认识的基础上，知识阈值理论把"智能"定义为：智能就是在巨大的搜索空间中迅速找到一个满意解的能力。知识阈值理论在人工智能的发展史中有着重要的影响，知识工程、专家系统等都是在这个理论的影响下发展起来的。

3. 进化理论（Evolutionary Theory）

进化理论是由美国麻省理工学院（Massachusetts Institute of Technology，MIT）的布鲁克（R.A. Brook）教授提出的。进化理论认为，人的本质能力是在动态环境中的行走能力、对外界事物的感知能力、维持生命和繁衍生息的能力，正是这些能力为智能的发展提供了基础，因此智能是某种复杂系统所浮现的性质。进化理论的核心是用控制取代表示，从而取消概念、模型及显式表示的知识（Intelligence without Representation, Intelligence without Reasoning），否定抽象对于智能及智能模拟的必要性，强调分层结构对于智能进化的可能性和必要性。

综合上述各种观点，可以认为：智能是知识和智力的总和。其中，知识是一切智能行为的基础，智力是获取知识并运用知识求解问题的能力，即在任意给定的环境和目标的条件下，正确制定决策和实现目标的能力，它来自人脑的思维活动。

智能具有下列特征。

1）感知能力（Perceiving Ability）

感知能力是指人们通过感知器官感知外部世界的能力，是人类最基本的生理、心理现象，也是人类获取外界信息的基本途径，一般认为：

$$感知能力 = 视觉（80\%）+ 听觉（10\%）+ 触觉 + 嗅觉 + \cdots$$

也就是说，80%以上的信息通过视觉得到，10%的信息通过听觉得到。因此，人工智能的机器感知研究主要研究机器视觉和机器听觉。

2）记忆和思维能力（Memorizing and Thinking Ability）

记忆和思维是人脑最重要的功能，也是人类智能最主要的表现形式。

记忆是对感知到的外界信息或由思维产生的内部知识的存储过程。

思维是对所存储的信息或知识的本质属性、内部规律等的认识过程。人类基本的思维方式有形象思维、逻辑思维和灵感思维。

形象思维，也被称为具象思维、直觉思维，是一种基于形象概念，根据感性形象对客观现象进行处理的一种思维形式，如视觉信息加工、图像或景物识别等。神经生理学认为，形象思维是由右半脑实现的。

形象思维一般具有下列特征：① 依据直觉进行思维；② 思维过程是并行的；③ 形式化困难；④ 在信息变形或缺少的情况下仍有可能得到比较满意的结果。

逻辑思维，也被称为抽象思维，是一种基于抽象概念，根据逻辑规则对信息或知识进行处理的理性思维形式，如推理、证明、思考等活动。神经生理学认为，抽象思维是由左半脑实现的，如推理、证明、思考等活动。

抽象思维一般具有下列特征：① 依靠逻辑进行思维；② 思维过程是串行的；③ 容易形式化；④ 思维过程具有严密性、可靠性。

灵感思维，也被称为顿悟思维，是一种显意识与潜意识相互作用的思维方式。平常，人们在考虑问题时往往会因获得灵感而顿时开窍。这说明人脑在思维时，除了那种能够感觉到的显意识在起作用，还有一种感觉不到的潜意识在起作用，只不过人们意识不到而已。

灵感思维一般具有下列特征：① 不定期的突发性；② 非线性的独创性和模糊性；③ 穿插于形象思维与逻辑思维之中，起着突破、创新及升华的作用。

记忆和思维能力可以表示为：

$$记忆和思维能力 = 分析 + 计算 + 对比 + 判断 + 推理 + 关联 + 决策 + \cdots$$

3）学习和自适应能力（Learning and Self-Adapting Ability）

学习是一个具有特定目的的知识获取过程。学习和自适应是人类的一种本能，一个人只有通过学习，才能增加知识、提高能力、适应环境。尽管不同人在学习方法、学习效果等方面有较大差异，但学习是每个人都具有的一种基本能力。

4）行为能力（Active Ability）

行为能力是指人们对感知到外界信息做出动作反应的能力。引起动作反应的信息可以是由感知直接获得的外部信息，也可以是经思维加工后的内部信息。完成动作反应的过程一般通过脊髓来控制，并由语言、表情、体态等来实现。

1.1.2 人工智能的定义

1956 年，4 位年轻学者——约翰·麦卡锡（J. McCarthy）、马文·明斯基（M. Minsky）、纳撒尼尔·罗切斯特（N. Rochester）、克劳德·香农（C. Shannon），在美国新罕布什尔州的达特茅斯学院（Dartmouth College）共同发起和组织了用机器模拟人类智能的夏季专题研讨会。

会议邀请了包括数学、神经生理学、精神病学、心理学、信息论和计算机科学领域的 10 名学者参加，为期 2 个月。

在研讨会上，科学家们运用数理逻辑和计算机的成果，提供关于形式化计算和处理的理论，模拟人类某些智能行为的基本方法和技术，构造具有一定智能的人工系统，让计算机完成需要人的智力才能胜任的工作。其中，明斯基的神经网络模拟器、麦卡锡的搜索法、赫伯特·西蒙（H. Simon）和艾伦·纽厄尔（A. Newell）的逻辑理论成为研讨会的三个亮点。

在达特茅斯夏季讨论会上，麦卡锡提议用 Artificial Intelligence（AI）作为该交叉学科的名称，标志着人工智能学科的诞生，具有十分重要的意义。麦卡锡也被称为"人工智能之父"。从那以后，研究者们发展了众多理论和原理，人工智能的概念也随之扩展。人工智能是当前科学技术迅速发展及新思想、新理论、新技术不断涌现的形势下产生的一个学科，也是一门涉及数学、计算机科学、哲学、认知心理学、信息论、控制论等学科的交叉和边缘学科。人工智能的发展虽然已走过了几十年的历程，但是对"人工智能"至今尚无统一的定义，人们试图用下列 4 种方法给出其定义。

1. 类人行为系统（Systems That Act Like Human）

定义 1-1　人工智能是制造能够完成需要人的智能才能完成的任务的机器的技术（The art of creating machines that perform functions that requires intelligence when performed by people）。（R. Kurzweil，1990）。

定义 1-2　人工智能是研究如何让计算机做现阶段人类才能做得更好的事情（The study of how to make computers do things at which, at the moment, people are better）。（Rick and Knight, 1991）。

这种观点与图灵测试的观点吻合，是一种类人行为定义的方法。1950 年，阿兰·图灵（Alan Turing）提出了图灵测试，为智能提供一个满足可操作要求的定义。图灵测试用人类的表现来衡量假设的智能机器的表现，这无疑是评价智能行为的最好且唯一的标准。

图 1-1　图灵测试

被称为"模仿游戏"的图灵测试是这样进行的：将一个人与一台机器置于一间房间中，而与另一个人分开，并把后一个人称为询问者，如图 1-1 所示。询问者既不能直接看到屋中任何一方，也不能与他们说话，因此他不知道到底哪一个实体是机器，只可以通过一个类似终端的文本设备与他们联系。然后，让询问者仅根据通过这个终端提问收到的答案辨别出哪个是机器，哪个是人。如果询问者不能区别出机器和人，那么根据图灵的理论，就可以认为这个机器是智能的。

一台机器要通过图灵测试，它需要具备如下能力。

① 自然语言处理：实现用自然语言与机器进行交流。

② 知识表示：存储它知道的或听到的、看到的。

③ 自动推理：能根据存储的信息回答问题，并提出新的结论。

④ 机器学习：能适应新的环境，并能检测和推断新的模式。

当然，要通过完全图灵测试，机器还需要具备如下能力。

⑤ 计算机视觉：可以感知物体。

⑥ 机器人技术：可以操纵和移动物体。

这六种能力构成了人工智能的大部分内容。

另外，图灵测试具有下列重要特征。

① 给出了一个客观的智能概念。就是根据对一系列特定问题的反应来决定是否是智能体的行为。这为判断智能提供了一个标准，从而避免了有关人工智能"真正"特征的必然争论。

② 免于受到诸如以下目前无法回答的问题的牵制。机器使用的内部处理方法是否恰当，或者机器是否真的意识到其动作。

③ 消除了有利于生物体的偏置。通过使询问者只关注回答问题的内容。

因为图灵测试具有这些重要特征，所以它已成为许多现代人工智能程序评价方案的基础。如果一个程序已经有可能在某个专业领域实现了智能，那么可以通过把它对一系列给定问题的反应与人类专家的反应相比较，来对其进行评估。这种评估技术只是图灵测试的一个变体：请一些人对程序和人类专家对特定问题的反应结果做出封闭式的比较。

尽管图灵测试具有直观上的吸引力，但是这种方法仍然受到了很多批评。其中最重要的质疑是它偏向于纯粹的符号问题求解任务，并不测试感知技能或要实现手工灵活性所需的能力，而这些都是人类智能的重要组成部分。有人提出，图灵测试没有必要把机器智能强行套入人类智能的模具之中。或许机器智能就是不同于人类智能，试图按照人类的方法来评估它，可能根本上就是一个错误。

2．类人思维系统（Systems That Think Like Humans）

定义1-3　人工智能是一种使计算机能够思维、使机器具有智力的激动人心的新尝试（The exciting new effort to make computers think…machines with minds, in the full and literal sense）。（Haugland，1985）。

定义1-4　人工智能是那些与人的思维、决策、问题求解和学习等有关活动的自动化（The automation of activities that we associate with human thinking, activities such as decision making, problem solving, learning …）。（Bellman，1978）。

以上定义主要采用认知模型的方法——关于人类思维工作原理的可检测的理论。认知科学是研究人类感知和思维信息处理过程的一门学科，把来自人工智能的计算机模型和来自心理学的实验技术结合在一起，目的是对人类大脑的工作原理给出准确和可测试的模型。

3．理性思维系统（Systems That Think Rationally）

定义 1-5　人工智能是用计算模型对智力行为进行的研究（The study of mental faculties through the use of computational models）。（Charniak McDermoth，1985）。

定义 1-6　人工智能是研究那些使理解、推理和行为成为可能的计算（The study of the computations that make it possible to perceive, reason, and act）。（Winston，1992）。

一个系统如果能够在它所知范围内正确行事，它就是理性的。古希腊哲学家亚里士多德（Aristotle）是首先试图严格定义"正确思维"的人之一，他将其定义为不能辩驳的推理过程。他的三段论方法给出了一种推理模式，当已知前提正确时总能产生正确的结论。例如，专家系统是推理系统，所有的推理系统都是智能系统，所以专家系统是智能系统。

4．理性行为系统（Systems That Act Rationally）

定义 1-7　人工智能是一门通过计算过程力图解释和模仿智能行为的学科（A field of study that seeks to explain and emulate intelligent behavior in terms of computational processes）。（Schalkoff，1990）。

定义 1-8　人工智能是计算机科学中与智能行为自动化有关的一个分支（The branch of computer science that is concerned with the automation of intelligent behavior）。（Luger Stubblefield，1993）。

行为的理性指的是已知某些信念，执行某些动作以达到某些目标。智能体（Agent）是可以进行感知和执行动作的某个系统。在这种方法中，人工智能可被认为是研究和建造理性的智能体。

简言之，人工智能主要研究用人工的方法和技术，模仿和扩展人的智能，实现机器智能。人工智能的长期目标是实现人类水平的机器智能。

1.2　人工智能的产生和发展

"人工智能"自从在 1956 年的达特茅斯夏季研讨会上被提出后，研究者们发展了众多理论和原理，人工智能的概念也随之扩展。人工智能是一门极富挑战性的科学，虽然它的发展比预想得要慢，但一直在前进，从出现到现在，已经出现了许多人工智能程序，并且影响到了其他技术的发展。人工智能的产生和发展大致经历了以下时期。

1.2.1　孕育期（20 世纪 50 年代中期以前）

人工智能的孕育期大致可以认为是 1956 年以前的时期。这个时期的主要成就是数理逻辑、自动机理论、控制论、信息论、神经计算、电子计算机等学科的建立和发展，为人工智能的诞生奠定了理论和物质的基础。

这个时期最早可以追溯到公元前的古希腊时代，古希腊著名哲学家亚里士多德写了《工具论》一书，为后来"人工智能"的形式逻辑奠定了基础。在书中，亚里士多德总结了以三段论为核心的演绎法，这应该是一切推理活动最早和最基本的出发点。三段论的推理由大前提、小前提和结论三个判断构成。大前提是一个一般性的原则，小前提是一个附属于前面大前提的特殊化陈述，如果同时满足了大前提和小前提，那么一定会得出结论。后来，英国哲学家和自然科学家培根（F. Bacon）系统地提出了归纳法并强调了知识的作用，成为与亚里士多德的演绎法相辅相成的思维法则。至此，形式逻辑系统已经比较严密了，而将它进一步符号化，从而能对人的思维进行运算和推理，最终形成数理逻辑的是德国数学家和哲学家莱布尼茨（G.W. Leibniz），数理逻辑也成为日后人工智能符号主义学派的重要理论基础。

而后，英国数学家、逻辑学家布尔（G. Boole）进一步将莱布尼茨的数理逻辑思维符号化和数学化的思想发扬光大，提出了一种崭新的代数系统——布尔代数。布尔代数已经成为现代计算机软件、硬件中逻辑运算的基础。这个时期还有一个重要人物，就是美籍奥地利数理逻辑学家哥德尔（K. Gödel），他提出了著名的哥德尔不完备定律，研究了数理逻辑中的根本性问题：形式系统的完备性和可判断性。这些理论基础对人工智能的创立发挥了重要作用。

虽然电子计算机为人工智能提供了必要的技术基础，但直到 20 世纪 50 年代早期人们才注意到人类智能与机器之间的联系。维纳（N. Wiener）是最早研究反馈理论的美国人之一。最典型的反馈控制的例子是自动调温器。它将收集到的房间温度与希望的温度进行比较，并做出反应，将加热器开大或关小，从而控制环境温度。这项对反馈回路的研究的重要性在于：维纳从理论上指出，所有的智能活动都是反馈机制的结果，而反馈机制是有可能用机器模拟的。这项发现对早期人工智能的发展影响很大。

图灵证明了使用一种简单的计算机制能够从理论上处理所有问题，从而奠定了计算机的理论基础。不仅如此，1950 年，他预言简单的计算机能够回答人的提问，并且能够下棋。MIT 的香农于 1949 年提出了国际象棋的计算机程序的基本结构。美国卡内基梅隆大学（Carnegie Mellon University，CMU）的纽厄尔和西蒙从心理学的角度研究人是怎样解决问题的，提出了问题求解的模型，并用计算机加以实现。他们发展了香农的设想，编写了下国际象棋的程序。

1955 年年末，纽厄尔和西蒙编写了一个名为“逻辑专家”（Logic Theorist，LT）的程序，被许多人认为是第一个人工智能程序。它将每个问题表示成一个树模型，然后选择最可能得到正确结论的那一支来求解问题。逻辑专家对公众和人工智能研究领域产生了巨大影响，从而成为人工智能发展中一个重要的里程碑。

1.2.2　形成及第一个兴旺期（20 世纪 50 年代中期至 60 年代中期）

人工智能诞生于一次历史性聚会。为了使计算机变得更“聪明”，或者说使计算机具有智能，1956 年夏季，当时在达特茅斯学院的年轻数学家、计算机专家麦卡锡（后为 MIT 教授）和他的 3 位朋友：哈佛大学数学家和神经学家明斯基（后为 MIT 教授）、IBM 公司信息中心负责人罗切斯特、贝尔实验室信息部数学研究员香农共同发起，并邀请 IBM 公司的莫尔（T. More）和塞缪尔（A.L. Samuel）、MIT 的塞尔弗里奇（O. Selfridge）和索罗蒙夫（R. Solomonff）、CMU 的纽厄尔和西蒙共 10 人，在美国达特茅斯学院举行了一个为期两个月的夏季专题研讨会（Workshop）。

自这次会议之后的十多年间，人工智能的研究取得了许多引人瞩目的成就。虽然这个领域还没有明确定义，但会议中的一些思想已被重新考虑和使用了。特别是这次会议后，在美国很快形成了 3 个从事人工智能研究的中心：以纽厄尔和西蒙为首的 CMU 研究组，以塞缪尔为首的 IBM 研究组，以麦肯锡和明斯基为首的 MIT 研究组。

CMU 和 MIT 组建了人工智能研究中心，研究面临新的挑战：下一步需要建立能够更有效解决问题的系统，如在“逻辑专家”中减少搜索、建立可以自我学习的系统。

1957 年，制作“逻辑专家”的同一个小组开发了一个新程序，即对“通用解题机”（General Purpose Solver，GPS）的第一个版本进行了测试。GPS 扩展了维纳的反馈原理，可以解决很多常识问题。两年后，IBM 成立了一个 AI 研究组。同时，赫伯特（G. Herbert）花了 3 年时间，制作了一个解几何定理的程序。

麦卡锡在理论研究的基础上，于 1960 年设计了 LISP 程序设计语言，适合字符串处理。字符串处理的重要性是在纽厄尔等人编写问题求解程序时得到认识的。他们那时使用的语言后来成为 LISP 的前身。LISP 成为后来人工智能研究所用语言的基础。

MIT 的专家使用 LISP 开发了几个问答系统。博布罗（D. Bobrow）开发了解决用英文书写的代数应用问题的 STUDENT 系统。问题本身是高中程度的，采用自然语言描述。拉斐尔（B. Raphal）开发了能够存储知识并回答问题的语义信息检索系统（Semantic Information Retrieval，SIR）。如果告诉它"人有两个胳膊""一个胳膊连着一只手""一只手上有五个手指"，它就能够正确地回答"一个人有几个手指"等问题。虽然输入句型受到严格的限制，但它能够通过推理来回答问题。

在逻辑学方面，罗宾逊（J. A. Robinson）发表了使用逻辑表达式表达的公理，机械地证明给定的逻辑表达式的方法，被称为归结原理，对后来的自动定理证明和问题求解的研究产生了很大的影响。现在有名的程序设计语言 PROLOG 也是以归结原理为基础的。

当人工智能各领域的基础建立起来时，美国各主要研究所开始研究综合了各种技术的智能机器人。以明斯基为指导者的 MIT、麦卡锡所在的斯坦福大学、从 MIT 转来的拉斐尔率领着 SRI（当时的斯坦福研究所，现为国际 SRI）成为研究的中心。在各研究所，智能机器人的研究目标有所不同。MIT 和斯坦福大学着重观察、识别积木和制作简单的结构件等，而 SRI 研究的机器人 Shakey 能够观察房间、躲开障碍物移动与推运物体等。给机器人下达简单的命令，如"把物体 B 拿到房间 A 去"，机器人自己就能制订详细的作业计划。研究智能机器人的目的不在于创造能够代替人工作的机器人，而在于证实人工智能的能力。同时，问题求解的理论研究也在发展，与机器人没有直接关系的复杂作业过程的研究也在发展。此外，利用积木的边线确定三维积木的理论也建立了。

这个时期，最大的人工智能研究成果是涉及语义处理的自然语言处理（英语）的研究。MIT 的研究生威诺格拉德（T. Winograd）开发了能够在机器人世界进行会话的自然语言系统 SHRDLU。它不仅能分析语法，还能够分析语义解释不明确的句子，对提问通过推理进行回答。恰好在第一届人工智能国际会议召开之际，人工智能作为一个学术领域得到了承认。

斯坦福大学成立了人工智能实验室，SRI 也成立了推进人工智能课题的组织。CMU 稍微晚一些，1970 年左右开始在计算机系内研究人工智能。MIT、斯坦福大学和 CMU 被称为人工智能和计算机科学的三大中心。

1.2.3 萧条波折期（20 世纪 60 年代中期至 70 年代中期）

科学的发展往往不是一帆风顺的，人工智能也不例外。许多人工智能理论和方法未能得到通用化，在推广和应用方面也存在重重困难。

上一个 10 年的成果丰富，初战告捷的欢乐只是暂时的，当人们进行了比较深入的工作以后，发现这里的困难比原来想象的要严重得多。就定理证明来说，1965 年发明的消解法曾给人们带来了希望，可是人们很快就发现了消解法的能力有限。用消解法证明两个连续函数之和还是连续函数，推导 10 万步也还没有推出来。塞缪尔的跳棋程序打败了美国康涅狄格州冠军后，并没有进一步打败美国的全国冠军。GPS 的研究也只持续了 10 年，从神经生理学角度研究人工智能的人们也发现，他们遇到了几乎是不可能逾越的困难。

最糟糕的恐怕还是机器翻译。原先，人们曾以为只要用一部双向字典和某些语法知识即可很快地解决自然语言之间的互译问题，结果发现机器翻译的文字阴差阳错、颠三倒四。最著名的例子是，"The spirit is willing but the flesh is weak"（心有余而力不足）翻译后，会变成"The vodka is good but the meat is spoiled"（酒是好的，肉变质了）。再如，英语句子"Out of sight, out of mind"（眼不见心不烦），译成俄文却成了"又瞎又疯"。

因此有人挖苦说，美国花 2000 万美元为机器翻译立了一块墓碑。1971 年，剑桥大学的应用数学家詹姆斯（James）在应英国政府要求起草的一份报告中指责，人工智能的研究即使不是骗局，至少也是庸人自扰。因此，英国、美国政府撤销了所有对于学术翻译项目的资助。甚至在人工智能研究方面颇有影响的 IBM 公司也取消了该公司所有的人工智能研究项目。人工智能在世界范围内陷入困境，处于低潮。

但是，这个时期还是取得了一些重要成果。

① 1968 年，在美国斯坦福大学费根鲍姆（E. A. Feigenbaum）的主持下，第一个成功的专家系统 DENDRAL 投入使用。

② 在世界范围内成立国际人工智能联合会（International Joint Conference on Artificial Intelligence，IJCAI），从 1969 年开始，每两年召开一次国际会议。这是人工智能发展史上的一个重要里程碑，标志着人工智能这门新兴学科已经得到了世界的肯定。

③ 1970 年，国际性的人工智能杂志 *Artificial Intelligence*（AI）创刊，对推动人工智能的发展、促进研究者的交流起到了重要作用。

④ 1972 年，法国马赛大学的 A. Colmerauer 和他领导的研究小组研制成功了第一个 PROLOG 系统，成为继 LISP 后的另一种重要的人工智能程序语言；斯坦福大学的肖特利夫（E. H. Shortliff）研制了用于诊断和治疗感染性疾病的专家系统 MYCIN。

⑤ 1974 年，明斯基提出了框架理论；肖特利夫于 1975 年提出并在 MYCIN 中应用了不精确推理；杜达（Duda）于 1976 年提出并在 PROSPECTOR 中应用了贝叶斯（Bayes）方法等。

1.2.4 第二个兴旺期（20 世纪 70 年代中期至 80 年代中期）

尽管社会的压力很大，却没有动摇人工智能研究先驱者的信念。经过认真地反思、总结前一时期的经验和教训，费根鲍姆重新举起了培根的旗帜——知识就是力量！他的关于以知识为中心开展人工智能研究的观点被大多数人接受。从此，人工智能的研究又迎来了蓬勃发展的新时期，即以知识为中心的时期。

从 1970 年初到 1979 年左右，人工智能得到了广泛的研究。在计算机视觉的研究中，人工智能不仅为机器人研究积木和室内景物的识别方法，还处理机械零件、室外景物、医学用相片等对象所使用的视觉信息。这种视觉信息不但包括颜色深度，而且包括不同的颜色和距离。在机器人控制方面，人工智能通过触觉信息和受力信息来控制机械手的速度和力度。

受威诺格拉德研究的影响，自然语言研究也多了起来。与 SHRDLU 那些局限于机器人世界的系统相比，后来的研究把重点放在处理较大范围的自然语言上。人们在使用语言交流的时候，是以对方具有某种程度的知识为前提的。因此，会话中省略了对方能够正确推断的内容。而计算机为了理解人的语言，需要具备很多知识，所以人们需要研究如何在计算机中有效地存储知识，并且根据需要使用它。

在自然语言理解和计算机视觉领域，明斯基考察了知识表示和使用方法的各种实现方法，于 1975 年提出了名为"框架"的知识表示方法，作为各种方法共同的基础。框架理论为许多研究者所接受，出现了适合使用框架的程序设计语言（Frame Representation Language，FRL）。

转入斯坦福大学的威诺格拉德和施乐帕罗奥多研究中心的博布罗共同开发了基于框架的知识表示语言（Knowledge Representation Language，KRL）。作为其应用，他们开发了用自然语言回答问题、制订旅行计划的系统。

以知识利用为中心的另一个研究领域是知识工程，如通过把熟练技术人员或医生的知识存储在计算机中，进行故障诊断或者医疗诊断。1973 年，费根鲍姆在斯坦福大学开始研究启发式程序设计计划（Heuristic Programming Plan，HPP），研究在医学方面的应用，并成功研制出了几个系统。其中最有名的是肖特利夫开发的 MYCIN 系统。MYCIN 系统是一种帮助医生对住院的血液感染患者进行诊断和用抗生素类药物进行治疗的专家系统，用 LISP 编写。同时，与费根鲍姆等人协作，肖特利夫用 3 年时间完成了 MYCIN 系统的研究。MYCIN 系统采用与自然语言相近的语言进行对话，具有解释推理过程的机能，为后来的研究提供了一个样本。

在这样的背景下，在 1977 年第五届人工智能国际会议上，费根鲍姆提议使用"知识工程"（Knowledge Engineering）这个名词。他说，"人工智能研究的知识表示和知识利用的理论不能直接地用于解决复杂的实际问题。知识工程师必须把专家的知识变换成易于计算机处理的形式并存储。计算机系统利用知识进行推理来解决实际问题。"从此之后，处理专家知识的知识工程和利用知识工程的应用系统（专家系统）大量涌现。专家系统可以预测在一定条件下某种解的概率。当时计算机已有巨大容量，专家系统有可能从数据中得出规律，因此专家系统的市场应用很广。很快，专家系统被用于股市预测，帮助医生诊断疾病，以及指示矿工确定矿藏位置等，这一切都因为其自身存储规律和信息的能力而成为可能。

进入 20 世纪 80 年代，人工智能的各种成果已经作为实用产品出现。在实用上，出现最早的是工厂自动化中的计算机视觉、产品检验、集成电路芯片的引线焊接等方面的应用。但这些都是各公司为了在公司内部使用，作为一种生产技术所开发的，而作为一种产品进入市场还是80 年代以后的事情。例如，进入 80 年代以后，SRI 开发的计算机视觉系统被风险投资企业机器智能公司商品化。

作为典型的人工智能产品最早要数 LISP 机，其作用是用高速专用工作站把以往在大型计算机上运行的人工智能语言 LISP 加以实现。MIT 从 1975 年左右开始试制 LISP 机，作为一个副产品，一部分研究者成立了公司，最先把 LISP 机商品化。美国主要的人工智能研究所最先购入 LISP 机，用户的范围逐渐扩大。同时，各种程序设计语言和作为人机接口的自然语言软件（英语）、CAI（Computer Aided Instruction，计算机辅助教学）、具有视觉的机器人等都被商品化了。在各公司内部使用的产品中，GE 公司的机车故障诊断系统和 DEC 公司的计算机辅助系统是很有名的。

此外，随着专家系统应用的不断深入，专家系统自身存在的知识获取难、知识领域窄、推理能力弱、智能水平低、没有分布式功能、实用性差等问题逐步暴露。日本、美国和欧洲制定的那些针对人工智能的大型计划多数执行到 20 世纪 80 年代中期就开始面临重重困难，已经看出达不到预想的目标。1992 年，第五代计算机系统（Fifth Generation Computer System，FGCS）研发项目正式宣告失败。进一步分析便发现，这些困难不只是个别项目的制定存在问题，而是涉及人工智能研究的根本性问题。

这时期，人工智能的发展涉及两个问题：一是交互（Interaction）问题，即传统方法只能模拟人类深思熟虑的行为，而不包括人与环境的交互行为；二是扩展（Scaling Up）问题，即大规模问题，传统人工智能方法只适合创建领域狭窄的专家系统，不能把这种方法简单地推广到规模更大、领域更广的复杂系统。这些计划的失败对人工智能的发展是一个挫折。于是到了 20 世纪 80 年代中期，人工智能特别是专家系统热大大降温，进而导致了一部分人对人工智能前景持悲观态度，甚至有人提出人工智能的冬天已经来临。

1.2.5　稳步增长期（20 世纪 80 年代中期至今）

尽管 20 世纪 80 年代中期人工智能研究的淘金热跌到谷底，但大部分人工智能研究者还保持着清醒的头脑。一些老资格的学者呼吁不要过于渲染人工智能的威力，应多做些脚踏实地的工作，甚至在这个淘金热到来时就已预言其很快就会降温。也正是在他们的领导下，大量扎实的研究工作不断进行，从而使人工智能技术和方法论的发展始终保持了较快的速度。

20 世纪 80 年代中期的降温并不意味着人工智能研究停滞不前或遭受重大挫折，因为过高的期望未达到是预料中的事，不能认为是挫折。自那以来，人工智能研究便呈稳健的线性增长，而人工智能技术的实用化进程也逐步成熟。

20 世纪 90 年代以来，随着计算机网络、通信技术的发展，关于智能体（Agent）的研究成为人工智能的热点。1993 年，肖哈姆（Y. Shoham）提出了面向智能体的程序设计。1995 年，罗素（S. Russell）和诺维格（P. Norvig）出版了《人工智能》一书，提出"将人工智能定义为对从环境中接收感知信息并执行行动的智能体的研究"。所以，智能体应该是人工智能的核心问题。斯坦福大学计算机系的海斯·罗斯（R.B. Hayes）在 IJCAI1995 的特约报告中谈到，"智能体既是人工智能最初的目标，也是人工智能最终的目标。"

在人工智能研究中，智能体概念的回归并不只是因为人们认识到了应该把人工智能各领域的研究成果集成为一个具有智能行为概念的"人"，更重要的原因是人们认识到了人类智能的本质是一种"社会性的智能"。要对社会性的智能进行研究，构成社会的基本构件"人"的对应物"智能体"理所当然地成为人工智能研究的基本对象，而社会的对应物"多智能体系统"也成为人工智能研究的基本对象。

在这个时期，数据量激增推动了人工智能进一步发展，从推理、搜索升华到知识获取阶段后，又一次进化到了机器学习阶段。1996 年，人们已经系统定义了机器学习，它是人工智能的一个研究领域，其主要研究对象是人工智能，特别是在经验学习中如何改进具体算法的性能。到了 1997 年，随着互联网的发展，机器学习被进一步定义为"一种能够通过经验自动改进计算机算法的研究"。数据是载体，智能是目标，而机器学习是从数据通往智能的技术途径。Boosting、支持向量机（Support Vector Machine，SVM）、集成学习和稀疏学习是机器学习界也是统计界在近 10 年或者 20 年来最活跃的方向，这些成果是统计界和计算机界共同努力取得的。例如，数学家瓦普尼克（Vapnik）等人在 20 世纪 60 年代就提出了支持向量机的理论，但直到 20 世纪 90 年代末才发明了非常有效的求解算法，并随着后续大量优秀实现代码的开源，支持向量机现在成为分类算法的一个基准模型。再如，核主成分分析（Kernel Principal Component Analysis，KPCA）是由计算机科学家提出的一个非线性降维方法，其实它等价于经典的多维尺度分析（Multi-Dimensional Scaling，MDS）。

2006 年，多伦多大学杰弗里·辛顿（G. Hinton）教授在前向神经网络的基础上，提出了深度学习。深度学习在 AlphaGo、无人驾驶汽车、人工智能助理、语音识别、图像识别、自然语言理解等方面取得了理想进展，对工业界产生了巨大影响。

随着深度学习的兴起，人工智能迎来了第三波发展热潮。近年来，谷歌、微软、百度、Facebook 等拥有大数据的科技公司争相投入资源，占领深度学习的技术制高点。在大数据时代，更加复杂且更加强大的深度学习模型能深刻揭示海量数据所承载的复杂而丰富的信息，并对未来或未知事件做出更精准的预测。今天，人工智能领域的研究者几乎无人不谈深度学习，很多人甚至高喊"深度学习 = 人工智能"的口号。当然，深度学习绝对不是人工智能领域的唯一解决方案，二者之间无法画上等号。但说深度学习是当今乃至未来很长一段时间内引领人工智能发展的核心技术，则一点也不为过。

1.2.6　中国的人工智能发展

中国的人工智能研究起步较晚，纳入国家计划的研究（"智能模拟"）开始于 1978 年；1984年，召开了智能计算机及其系统的全国学术讨论会；1986 年起，把智能计算机系统、智能机器人和智能信息处理（含模式识别）等重大项目列入国家高技术研究发展计划；1993 年起，把智能控制和智能自动化等项目列入国家科技攀登计划。进入 21 世纪后，已有更多的人工智能与智能系统研究获得各种基金计划支持。1981 年起，相继成立了中国人工智能学会（Chinese Association for Artificial Intelligence，CAAI）、全国高校人工智能研究会、中国计算机学会人工智能与模式识别专业委员会、中国自动化学会模式识别与机器智能专业委员会、中国软件行业协会人工智能协会、中国智能机器人专业委员会、中国计算机视觉与智能控制专业委员会，以及中国智能自动化专业委员会等学术团体。1989 年，首次召开了中国人工智能联合会议（China Joint Conference on Artificial Intelligence，CJCAI）。同年，《模式识别与人工智能》杂志创刊。中国科学家在人工智能领域取得了一些在国际上有影响的创造性成果，如吴文俊院士关于几何定理证明的"吴氏方法"。

2006 年是符号逻辑（功能模拟）人工智能诞生 50 周年，中国人工智能学会和美国人工智能学会、欧洲人工智能协调委员会合作，在北京召开了"2006 人工智能国际会议"，系统总结了 50 年来人工智能发展的成就和问题，探讨了未来研究的方向。会议期间，中国人工智能学会提出了以"高等智能"为标志的研究理念和纲领，得到了与会者的普遍认同，表明中国人工智能研究已在国际上崭露头角。

高等智能的理念如下。

① 结构、功能、行为是研究智能的重要侧面，但更具本质意义的研究途径是"智能生成的共性核心机制"（探索智能生成机制的研究方法被称为人工智能的"机制主义"方法）。

② 机制主义方法的技术实现是信息–知识–智能转换。

③ 通过机制主义方法，应当把人工智能的结构主义、功能主义和行为主义方法有机、和谐地统一起来。

④ 通过机制主义方法可以发现和沟通意识、情感、智能的内在联系，从而打破人工智能与自然智能之间的壁垒。

中国人工智能大会（China Conference on Artificial Intelligence，CCAI）由中国人工智能学会创办于 2015 年，每年举办一届。该会议是我国最早发起举办的人工智能大会，目前已经成为我国人工智能领域规格最高、规模最大、影响力最强的会议之一。

人工智能自 2016 年起进入国家战略地位，国家相关支持政策进入爆发期：2016 年 3 月，国务院发布《国民经济和社会发展第十三个五年规划纲要（草案）》，人工智能概念进入"十三五"重大工程；5月，国家发展改革委、科技部、工业和信息化部、中央网信办发布《"互联网+"人工智能三年行动实施方案》，明确提出到2018年国内要形成千亿元级的人工智能市场应用规模，规划确定了在6个具体方面支持人工智能的发展，包括资金、系统标准化、知识产权保护、人力资源发展、国际合作和实施安排；2017年3月，在十二届全国人大五次会议中，"人工智能"首次被写入《政府工作报告》；2017年7月，国务院发布了《新一代人工智能发展规划》，明确提出到2030年人工智能理论、技术与应用总体达到世界领先水平，成为世界主要人工智能创新中心，智能经济、智能社会取得明显成效，为跻身创新型国家前列和经济强国奠定重要基础；2018年1月，"2018人工智能标准化论坛"发布了《人工智能标准化白皮书（2018版）》；2018年，百度获得了中国首张自动驾驶路测牌照，标志着我国在自动驾驶领域迈出了重要一步。

2018年9月17日，世界人工智能大会在上海开幕，习近平致信祝贺："新一代人工智能正在全球范围内蓬勃兴起，为经济社会发展注入了新动能，正在深刻改变人们的生产生活方式。希望与会嘉宾围绕'人工智能赋能新时代'这一主题，深入交流、凝聚共识，共同推动人工智能造福人类。"

2020年，中国的AI企业如商汤科技和旷视科技等在疫情监控、分析和预测方面发挥了重要作用；2021年，中国在人工智能标准化方面取得进展，发布了多项与人工智能安全、伦理相关的国家标准，如《人工智能安全风险评估指南》等；2022年，国家发展改革委等十部门联合发布《关于加快发展智能产业加强智能化赋能的指导意见》，旨在进一步推动我国智能产业的高质量发展。在2023年全国信息技术标准化技术委员会人工智能分委会全体会议期间，首个官方的"大模型标准符合性评测"结果公布，其中包含阿里巴巴的通义千问、腾讯的混元大模型、360的360智脑、百度的文心大模型。2024年，DeepSeek火爆全球。

人工智能作为一项基本技术，在国家相关政策的支持下正在被全面推进和高质量发展，为大力提高经济社会发展智能化水平、有效增强公共服务和城市管理能力做出努力。

1.3　人工智能的主要学派

人们基于对"智能"本质的不同理解和认识，形成了人工智能研究的不同途径。不同的研究途径拥有不同的研究方法、不同的学术观点，逐步形成了符号主义、连接主义和行为主义三大学派。目前，这三大学派正在由早期的激烈争论和分立研究逐步走向取长补短和综合研究。

1.3.1　符号主义学派

符号主义（Symbolicism），又被称为逻辑主义（Logicism）、心理学派（Psychlogism）或计算机学派（Computerism），是基于物理符号系统假设和有限合理性原理的人工智能学派。

符号主义认为，人工智能起源于数理逻辑，人类认知（智能）的基本元素是符号（Symbol），认知过程是符号表示上的一种运算。符号主义还认为，知识是信息的一种形式，是构成智能的基础。人工智能的核心问题是知识表示、知识推理和知识运用。知识既可用符号表示，也可用符号进行推理，因而有可能建立起基于知识的人类智能和机器智能的统一理论体系。基于以上认识，符号主义学派的研究方法以符号处理为核心，通过符号处理来模拟人类求解问题的心理过程。符号主义主张用逻辑的方法来建立人工智能的统一理论体系，但是有"常识"问题、不确定事物的表示和处理问题等，因此受到了其他学派的批评。

尽管不是所有人都支持物理符号系统假设，但是"经典的人工智能"大多是在此指导下产生的，如启发式算法、专家系统、知识工程理论和技术等。这类方法的突出特点是将逻辑操作应用于说明性知识库中，即用说明性的语句来表达问题领域的"知识"，这些语句基于或实际上等同于一阶逻辑中的语句，并且可以采用逻辑推导对这种知识进行推理。当遇到实际领域中的问题时，这类方法需要具有该问题领域的足够的知识，以对其问题进行处理，通常被称为基于知识的方法。

符号主义的代表性成果是 1957 年纽厄尔和西蒙等人研制的称为逻辑理论机的数学定理证明程序（Logic Theorist，LT），成功说明了可以用计算机来研究人的思维过程，模拟人的智能活动。符号主义诞生的标志是 1956 年夏季的那次历史性聚会，符号主义者最先正式采用了"人工智能"这个术语。几十年来，符号主义走过了一条"启发式算法 → 专家系统 → 知识工程"的发展道路，并一直在人工智能领域处于主导地位，即使在其他学派出现后，也仍然是人工智能的主流学派。符号主义学派的主要代表人物有纽厄尔、西蒙、尼尔森（N. J. Nilsson）等。

符号主义的主要特征如下。

① 立足于逻辑运算和符号操作，适合模拟人的逻辑思维过程，可以解决需要逻辑推理的复杂问题。

② 知识可用显式的符号表示，在已知基本规则的情况下，不需要输入大量的细节知识。

③ 便于模块化，当个别事实发生变化时，易于修改。

④ 能与传统的符号数据库进行连接。

⑤ 可对推理结论进行解释，便于对各种可能性进行选择。

符号主义的主要特点是可以解决逻辑思维问题，但对于形象思维难以模拟，信息被表示成符号后，在处理或转换过程中有丢失的情况发生。

1.3.2　连接主义学派

连接主义（Connectionism），又被称为仿生学派（Bionicsism）或生理学派（Physiologism），是基于神经网络和网络间的连接机制与学习算法的人工智能学派。以网络连接为基础的连接主义是近年来研究比较多的一种方法，属于非符号处理范畴。这种研究能够进行非程序的、可适应环境变化的、类似人类大脑风格的信息处理方法的本质和能力。持这种观点的人认为，人的思维基元是神经元，而不是符号处理过程；对物理符号系统假设持反对意见，认为人脑不同于计算机，并提出了连接主义的大脑工作模式，用于取代符号操作的计算机工作模式。连接主义主张，人工智能应注重结构模拟，即模拟人的生理神经网络结构，并且功能、结构与智能行为是密切相关的，不同的结构表现出不同的功能和行为。目前，他们已经提出了多种人工神经网络结构和众多的学习算法。

连接主义的代表性成果是 1943 年麦卡洛克（W. S. McCulloch）和皮茨（W. Pitts）提出的一种神经元的数学模型，即 M-P 模型，并由此组成一种前馈网络。可以说，M-P 模型是人工神经网络最初的模型，开创了神经计算的时代，为人工智能创造了一条用电子装置模拟人脑结构和功能的新途径。从 1982 年约翰·霍普菲尔德（J. Hopfield）提出用硬件模拟神经网络和 1986 年鲁梅尔哈特（D. Rumelhart）等人提出多层网络中的反向传播（Back Propagation，BP）算法开始，神经网络理论和技术研究的不断发展，并在图像处理、模式识别等领域的重要突破，为实现连接主义的智能模拟创造了条件。

连接主义的主要特征如下。

① 通过神经元之间的并行协作实现信息处理，处理过程具有并行性、动态性、全局性。

② 可以实现联想功能，便于对有噪声的信息进行处理。

③ 可以通过对神经元之间连接强度的调整实现学习和分类等。

④ 适合模拟人类的形象思维过程。

⑤ 在求解问题时，可以较快地得到一个近似解。

但是连接主义不适合解决逻辑思维问题，而且结构固定和组成方案单一的系统不适合多种知识的开发。

1.3.3　行为主义学派

行为主义（Actionism），又被称为进化主义（Evolutionism）或控制论学派（Cyberneticsism），是基于控制论和"动作-感知"控制系统的人工智能学派。行为主义认为：人的本质能力是在动态环境中的行走能力、对外界事物的感知能力、维持生命和繁衍生息的能力，正是这些能力为智能的发展提供了基础。因此，智能行为只能在与环境的交互下表现出来。他们认为，机器由蛋白质还是各种半导体器件构成无关紧要，智能行为是由所谓的"亚符号处理"即"信号处理"而不是"符号处理"产生的。如识别熟悉的人的面孔对人来说易如反掌，但是对机器来说很困难。最好的解释是，人类把图像或图像的各部分作为多维信号而不是符号来处理，因而不需要知识表示和知识推理。

行为主义的代表性成果是布鲁克斯（R. Brooks）研制的机器虫。在 1991 年和 1992 年，布鲁克斯提出了不需要知识表示的智能和不需要推理的智能。他认为，智能体现在与环境的交互中，不应采用集中模式，而需要具有不同的行为模块与环境交互，以此产生复杂的行为。他认为，任何一种表达方式都不能完备地代表客观世界中的真实概念，因而用符号串表示智能过程是不妥的。这在许多方面是行为心理学在人工智能中的反映。以这些观点为基础，布鲁克斯研制出了一种机器虫，用一些相对独立的功能单元，分别实现避让、前进、平衡等基本功能，组成分层异步分布式网络，取得了一定的成功，特别是为机器人的研究开创了一种新的方法。但行为主义的研究方法同样受到其他学派的怀疑和批判，认为行为主义最多只能创造出智能昆虫行为，而无法创造出人的智能行为。

行为主义的主要特征如下。

① 智能取决于感知和行动，应直接利用机器对环境的作用，以环境对作用的响应为原型。

② 智能行为只能在现实世界中，通过与周围环境交互而表现出来。

③ 人工智能可以像人类智能一样逐步进化，分阶段发展并增强。

目前，符号处理系统和神经网络模型的结合是一个重要的研究方向。如模糊神经网络系统是将模糊逻辑、神经网络等结合在一起，在理论、方法和应用上发挥各自的优势，设计出具有一定学习能力、动态获取知识能力的系统。

总之，以上三种人工智能学派将长期共存和合作，取长补短，并走向融合和集成，共同为人工智能的发展做出贡献。

1.4　人工智能的主要研究内容

人工智能是一门新兴的边缘学科，是自然科学和社会科学的交叉学科，汲取了自然科学和社会科学的最新成就，以智能为核心，形成了具有自身研究特点的新体系。人工智能的研究涉及广泛的领域，如各种知识表示模式、不同的智能搜索技术、求解数据和知识不确定性问题的各种方法、机器学习的不同模式等。人工智能的应用领域包括专家系统、博弈、定理证明、自然语言理解、模式识别、计算智能、机器人学等。人工智能也是一门综合性学科，是在控制论、信息论和系统论的基础上诞生的，涉及哲学、心理学、认知科学、计算机科学、数学和各种工程学，这些学科为人工智能的研究提供了丰富的知识和研究方法。图 1-2 给出了人工智能的研究和应用领域及其相关学科。

图 1-2　人工智能的研究和应用领域及其相关学科

1．知识表示

人类的智能活动过程主要是一个获得并运用知识的过程，知识是智能的基础。人们通过实践，认识到客观世界的规律性，经过加工、整理、解释、挑选和改造而形成知识。为了使机器具有智能，使它能模拟人类的智能行为，就必须使它具有适当形式表示的知识。关于知识的表示问题是人工智能中十分重要的研究领域。

知识表示实际上是对知识的一种描述，或者是一组约定，是机器可以接受的用于描述知识的数据结构。知识表示是研究机器表示知识的可行的、有效的、通用的原则和方法。知识表示问题一直是人工智能研究中最活跃的部分之一。目前，常用的知识表示方法有逻辑模式、产生式系统、框架、语义网络、状态空间、面向对象、连接主义等。

2．推理

推理是人工智能中的最基本问题之一。所谓推理，是指按照某种策略，从已知事实出发，利用知识推出所需结论的过程。根据所用知识是否确定，推理可以分为确定性推理和不确定性推理。确定性推理是指推理所使用的知识和推出的结论都是可以精确表示的，其真值要么为真，要么为假。不确定性推理是指推理所使用的知识和推出的结论可以是不确定的。不确定性是对非精确性、模糊性和非完备性的统称。

推理的理论基础是数理逻辑。逻辑是一门研究人们思维规律的学科，数理逻辑则用数学的方法去研究逻辑问题。确定性推理主要基于一阶经典逻辑，包括一阶命题逻辑和一阶谓词逻辑。确定性推理的主要方法包括：直接运用一阶经典逻辑中的推理规则进行推理的自然演绎推理，基于罗宾逊归结原理的归结演绎推理，基于规则的演绎推理等。由于现实世界中的大多数问题是不能精确描述的，因此确定性推理能解决的问题很有限，更多的问题应该采用不确定性推理方法。

不确定性推理的理论基础是非经典逻辑和概率等。非经典逻辑是泛指除一阶经典逻辑以外的其他各种逻辑，如多值逻辑、模糊逻辑、模态逻辑、概率逻辑、默认逻辑等。最常用的不确定性推理方法包括：基于可信度的确定性理论，基于贝叶斯公式的主观贝叶斯方法，基于概率的证据理论，基于模糊逻辑的可能性理论等。

3．搜索和规划

搜索也是人工智能中的基本问题。搜索是指为了达到某个目标，不断寻找推理路线，以引导和控制推理，使问题得以解决的过程。根据问题的表示方式，搜索可以分为状态空间搜索、与/或树搜索。其中，状态空间搜索是一种用状态空间求解问题的搜索方法；与/或树搜索是一种用问题规约法求解问题的搜索方法。

对搜索问题，人工智能最关心的是如何利用搜索过程尽快得到对目标有用的信息来引导搜索过程，即启发式搜索方法，包括状态空间的启发式搜索方法、与-或树的启发式搜索方法等。

规划是一种重要的问题求解技术，是从某特定问题状态出发，寻找并建立一个操作序列，直到求得目标状态为止的一个行动过程的描述。与一般问题求解技术相比，规划更侧重问题求解过程，并且要解决的问题一般是真实世界的实际问题，不是抽象的数学模型问题。

比较完整的规划系统是斯坦福研究所的问题求解系统（Stanford Research Institute Problem Solver，STRIPS），它是一种基于状态空间和 F 规则的规划系统。所谓 F 规则，是指以正向推理使用的规则。整个 STRIPS 系统由以下 3 部分组成。

① 实际模型：用一阶谓词公式表示，包括问题的初始状态和目标状态。

② 操作符（F 规则）：包括先决条件、删除表和添加表。其中，先决条件是 F 规则能够执行的前提条件；删除表和添加表是执行一条 F 规则后对问题状态的改变，删除表包含的是要从问题状态中删除的谓词，添加表包含的是要在问题状态中添加的谓词。

③ 操作方法：采用状态空间表示和中间-结局分析的方法。其中，状态空间包括初始状态、中间状态和目标状态；中间-结局分析是一个迭代过程，每次都选择能够缩小当前状态与目标状态之间的差距的先决条件可以满足的 F 规则执行，直至达到目标状态为止。

4．机器学习

机器学习（Machine Learning，ML）是机器获取知识的根本途径，也是机器具有智能的重要标志。有人认为，一个计算机系统如果不具备学习功能，就不能称为智能系统。机器学习是人工智能研究的核心问题之一，是当前人工智能理论研究和实际应用中非常活跃的研究领域。

机器学习的研究尚需大力加强，只有机器学习的研究取得进展，人工智能和知识工程才会取得重大突破。目前，机器学习领域的研究工作主要围绕以下 3 方面进行。

① 面向任务的研究：研究和分析改进一组预定任务的执行性能的学习系统。

② 认知模型：研究人类学习过程并进行计算机模拟。

③ 理论分析：从理论上探索各种可能的学习方法和独立于应用领域的算法。

机器学习有不同的分类方法，如果按照对人类学习的模拟方式，机器学习可以分为符号学习和神经学习等。

1）符号学习

符号学习是指从功能上模拟人类学习能力的机器学习方法，是一种基于符号主义学派的机器学习观点。按照这种观点，知识可以用符号来表示，机器学习过程实际上是一种符号运算过程。根据学习策略及学习中所使用的推理方法，符号学习可以分为记忆学习、归纳学习和演绎学习。

记忆学习，也叫死记硬背学习，是一种基本的学习方法，原因是任何学习系统都必须记住它们所获取的知识，以便将来使用。归纳学习是指以归纳推理为基础的学习，是机器学习中研究得较多的一种学习类型，其任务是从关于某个概念的一系列已知的正例和反例中归纳出一般的概念描述。示例学习和决策树学习是两种典型的归纳学习方法。演绎学习是指以演绎推理为基础的学习。解释学习是一种演绎学习方法，是在领域知识的指导下，通过对单个问题求解例子的分析，构造出求解过程的因果解释结构，并对该解释结构进行概括化处理，得到可用来求解类似问题的一般性知识。

2）神经学习

神经学习，也被称为连接学习，是一种基于人工神经网络的学习方法。现有研究表明，人脑的学习和记忆过程都是通过神经系统来完成的。在神经系统中，神经元既是学习的基本单位，也是记忆的基本单位。神经学习有多种分类方法，比较典型的有感知器学习、BP 网络学习和 Hopfield 网络学习等。

感知器学习实际上是一种基于纠错学习规则，采用迭代思想对连接权值和阈值进行不断调整，直到满足结束条件为止的学习算法。BP 网络学习是一种误差反向传播网络学习算法，学习过程由输出模式的正向传播过程和误差的反向传播过程所组成。其中，误差的反向传播过程用于修改各层神经元的连接权值，以逐步减少误差信号，直至得到所期望的输出模式为止。Hopfield 网络学习实际上是寻求系统的稳定状态，即从网络的初始状态开始，逐渐向其稳定状态过渡，直至达到稳定状态。网络的稳定性则通过一个能量函数来描述。

3）知识发现和数据挖掘

知识发现（Knowledge Discover in Database，KDD）和数据挖掘（Data Mining，DM）是在数据库的基础上实现的一种知识发现系统，通过综合运用统计学、粗糙集、模糊数学、机器学习和专家系统等多种学习手段和方法，从数据库中提炼和抽取知识，从而可以揭示出蕴含在这些数据背后的客观世界的内在联系和本质原理，实现知识的自动获取。

传统的数据库技术仅限于对数据库的查询和检索，不能从数据库中提取知识，使得数据库中蕴含的丰富知识被白白浪费。知识发现和数据挖掘以数据库作为知识源去抽取知识，不仅可以提高数据库中数据的利用价值，还为各种智能系统的知识获取开辟了一条新的途径。目前，随着大规模数据库和互联网的迅速发展，知识发现和数据挖掘已从面向数据库的结构化信息的数据挖掘，发展到面向数据仓库和互联网的海量、半结构化或非结构化信息的数据挖掘。

1.5 人工智能的主要应用领域

尽管目前人工智能的理论体系还没有完全形成，不同研究学派在理论基础、研究方法等方面存在一定差异，但是这些并没有影响人工智能的发展，反而使人工智能的研究更加客观、全面和深入。目前，人工智能的研究是与具体领域相结合进行的。

1. 专家系统

专家系统（Expert System，ES）是依靠人类专家已有的知识建立起来的知识系统，目前是人工智能研究中开展较早、最活跃、成效最多的领域。专家系统是在特定的领域内具有相应的知识和经验的程序系统，应用人工智能技术，模拟人类专家解决问题时的思维过程，来求解领域内的各种问题，达到或接近专家的水平。专家系统的研究起源于前述 DENDRAL 系统，与后来研制的 MYCIN 系统一起推动了专家系统技术的大发展。进入 20 世纪 80 年代后期，专家系统加快了实用化步伐。例如，据 1988 年美国的统计资料显示：1987 年的实用专家系统为 50 个，而 1988 年达到 1400 个，不包括正在研制开发中的专家系统。

目前，专家系统已广泛用于工业、农业、医疗、地质、气象、交通、军事、教育、空间技术、信息管理等方面，大大提高了工作效率和工作质量，创造了可观的经济效益和积极的社会效益。

2. 模式识别

模式识别是人工智能最早的研究领域之一。"模式"一词的原意是指供模仿用的完美无缺的一些标本。在日常生活中，那些客观存在的事物形式可以被称为模式，如一幅画、一个景物、一段音乐、一幢建筑等。在模式识别理论中，通常把对某一事物所做的定量或结构性描述的集合称为模式。

所谓模式识别（Pattern Recognition，PR），就是让计算机能够对给定的事物进行鉴别，并把它归入与其相同或相似的模式。其中，被鉴别的事物可以是物理的、化学的、生理的，也可以是文字、图像、音频等。为了能使计算机进行模式识别，通常需要给它配上各种感知器官，使其能够直接感知外界信息。模式识别的一般过程是先采集待识别事物的模式信息，然后对其进行各种变换和预处理，从中抽出有意义的特征或基元，得到待识别事物的模式，再与计算机中原有的各种标准模式进行比较，完成对待识别事物的分类识别，最后输出识别结果。

根据标准模式的不同，模式识别技术有多种识别方法，经常采用的方法有模板匹配法、统计模式法、模糊模式法、神经网络法等。

模板匹配法是把计算机中原有的待识别事物的标准模式看成一个典型模板，并把待识别事物的模式与典型模板进行比较，从而完成识别工作。

统计模式法是根据待识别事物的有关统计特征构造出一些彼此存在一定差别的样本，并把这些样本作为待识别事物的标准模式，然后利用这些标准模式及相应的决策函数对待识别事物进行分类识别。统计模式法适合那些不易给出典型模板的待识别事物。例如，对手写体数字的识别，其识别方法是先请很多人来书写同一个字，再按照它们的统计特征给出识别的标准模式和决策函数。

模糊模式法是模式识别的一种新方法，建立在模糊集理论基础上，用来实现对客观世界中那些带有模糊特征的事物的识别和分类。

神经网络法是把神经网络与模式识别相结合所产生的一种新方法。这种方法在进行识别之前，需要用一组训练样本对网络进行训练，确定连接权值，才能对待识别事物进行识别。

3．自然语言处理

自然语言处理（Natural Language Processing，NLP）一直是人工智能的一个重要领域，主要研究如何使计算机能够理解和生成自然语言。自然语言是人类进行信息交流的主要媒介，但由于它的多义性和不确定性，使得人类与机器之间的交流主要依靠那种受到严格限制的非自然语言。要真正实现人机的自然语言交流，还有待于自然语言处理研究的突破性进展。

自然语言处理可分为声音语言理解和书面语言理解两大类。其中，声音语言理解过程包括语音分析、词法分析、句法分析、语义分析和语用分析5个阶段；书面语言的理解过程除了不需要语音分析，其他4个阶段与声音语言理解的相同。自然语言处理的主要困难在语用分析阶段，原因是它涉及上下文知识，需要考虑语境对语言的影响。

与自然语言处理密切相关的另一个领域是机器翻译，即用机器把一种语言翻译成另一种语言。尽管自然语言处理和机器翻译都已取得了很多进展，但离计算机完全理解人类自然语言的目标还相距甚远。自然语言处理的研究不仅对智能人机交互有着重要的实际意义，也对不确定人工智能的研究具有重大的理论价值。

4．智能决策支持系统

智能决策支持系统（Intelligent Decision Support System，IDSS）是指在传统决策支持系统（Decision Support System，DSS）中增加了相应智能部件的决策支持系统。IDSS把人工智能技术与决策支持系统相结合，综合运用决策支持系统在定量模型求解与分析方面的优势，以及人工智能在定性分析和不确定推理方面的优势。20世纪80年代以来，专家系统在许多方面取得了成功，将人工智能的智能和知识处理技术应用于决策支持系统，扩大了决策支持系统的应用范围，提高了系统解决问题的能力，利用人类在问题求解中的知识，通过人机对话的方式，为解决半结构化和非结构化问题提供决策支持。

智能决策支持系统通常由数据库、模型库、知识库、方法库和人机接口等主要部件组成。目前，实现系统部件的综合集成和基于知识的智能决策是IDSS发展的必然趋势，结合数据仓库和OLAP技术构造的企业级决策支持系统是IDSS走向实际应用的一个重要方向。

5．神经网络

神经网络（Neural Network，NN），也被称为神经计算（Neural Computing，NC），是通过对大量人工神经元的广泛并行互连所形成的一种人工网络系统，用于模拟生物神经系统的结构和功能。神经计算是一种对人类智能的结构模拟方法，研究内容主要包括：人工神经元的结构和模型，人工神经网络的互连结构和系统模型，基于神经网络的连接学习机制等。

人工神经元是指用人工方法构造的单个神经元，有抑制和兴奋两种工作状态，可以接收外界刺激，也可以向外界输出自身的状态，用于模拟生物神经元的结构和功能，是人工神经网络的基本处理单元。

人工神经网络的互连结构（或称拓扑结构）是指单个神经元之间的连接模式，是构造神经网络的基础。从互连结构的角度，神经网络可分为前馈网络和反馈网络两种。网络模型是对网络结构、连接权值和学习能力的总括。在现有的网络模型中，最常用的有感知器模型、具有误差反向传播功能的 BP 网络模型、采用反馈连接方式的 Hopfield 网络模型等。

神经网络具有自学习、自组织、自适应、联想、模糊推理等能力，在模仿生物神经计算方面有一定优势。目前，神经计算的研究和应用已渗透到许多领域，如机器学习、专家系统、智能控制、模式识别、计算机视觉、信息处理、非线性系统辨识、非线性系统组合优化等。

6．自动定理证明

自动定理证明（Automatic Theorem Proving，ATP）是让计算机模拟人类证明定理的方法，自动实现像人类证明定理那样的非数值符号演算过程，既是人工智能的一个重要研究领域，又是人工智能的一种实用方法。实际上，除了数学定理，很多非数学领域的任务，如医疗诊断、信息检索、难题求解等，都可以转化成一个定理证明问题。自动定理证明的主要方法包括自然演绎法、判定法、定理证明器和人机交互定理证明。

自然演绎法的基本思想是依据推理规则，从前提和公理中推出一些定理。这种方法的突出代表是纽厄尔等人研制的数学定理证明程序逻辑理论机 LT 等。

判定法的基本思想是对某一类问题找出一个统一的、可在计算机上实现的算法，突出代表是我国数学家吴文俊院士提出的证明初等几何定理的算法。其基本思想是把几何问题代数化，即先通过引入坐标，把几何定理中的假设和求证部分用一组代数方程表达出来，再利用代数几何中的代数簇理论求解代数方程，以证明定理的正确性。

定理证明器是一种研究一切可判定问题的证明方法，典型代表是 1965 年罗宾逊提出的归结原理。

人机交互定理证明是一种通过人机交互方式来证明定理的方法，把计算机作为数学家的辅助工具，用计算机完成手工证明中难以完成的计算、推理、穷举等。其典型代表是 1976 年 7 月，美国的阿佩尔（K. Appel）等人合作使用该方法解决了长达 124 年未能证明的四色定理。这次证明使用了 3 台大型计算机，CPU 花费了 1200 小时，并对中间结果反复进行了 500 多处的人为修改。

7．博弈

博弈（Game Playing，GP）是一个有关对策和斗智问题的研究领域。例如，下棋、打牌、战争等竞争性智能活动都属于博弈问题。博弈是人类社会和自然界中普遍存在的一种现象，博弈的双方可以是个人或群体，也可以是生物群或智能机器，各方都力图用自己的智力击败对方。

到目前为止，人们对博弈的研究主要以下棋为对象，其代表性成果是 IBM 公司研制的超级计算机"深蓝"和"小深"。"深蓝"被称为世界上第一台超级国际象棋计算机，有 32 个独立运算器，其中每个运算器的运算速度都在每秒 200 万次以上，安装了一个包含 200 万个棋局的国际象棋程序。"深蓝"于 1997 年 5 月 3 日至 11 日在美国纽约曼哈顿与当时的国际象棋世界冠军卡斯帕罗夫（G. Kasparov）对弈 6 局，结果以 2 胜 3 平 1 负的成绩战胜卡斯帕罗夫。"小深"是一台比"深蓝"功能更强大的超级计算机，于 2003 年 1 月 26 日至 2 月 7 日，接替"深蓝"与国际象棋世界冠军卡斯帕罗夫对弈。比赛结果为平局，即在 6 局比赛中"小深"1 胜 1 负 4 平。

国内有关学者正在积极研究中国象棋的机器博弈，并于 2006 年 8 月在北京举行了首届中国象棋人机大赛，其比赛结果是机器以 3 胜 5 平 2 负的微弱优势战胜了人类象棋大师。

其实，机器博弈的目的并不完全是让计算机与人下棋，主要是为了给人工智能研究提供一个试验场地，同时证明计算机具有智能。试想，连国际象棋世界冠军都能被计算机战败或者战成平局，可见计算机已具备了何等的智能水平。

8．分布式人工智能与 Agent

分布式人工智能（Distributed Artificial Intelligence，DAI）是分布式计算与人工智能结合的结果。分布式人工智能系统以健壮性作为控制系统质量的标准，并具有互操作性，即不同的异构系统在快速变化的环境中具有交换信息和协调工作的能力。

分布式人工智能的研究目标是要创建一种能够描述自然系统和社会系统的精确概念模型。分布式人工智能中的智能并非独立存在的概念，只能在团体协作中实现，因而其主要问题是各Agent（智能体）之间的合作和对话，包括分布式问题求解（Distributed Problem Solving，DPS）和多智能体系统（Multi-Agent System，MAS）两个领域。其中，分布式问题求解把一个具体的求解问题划分为多个相互合作和知识共享的模块或结点。多智能体系统则研究各 Agent 之间智能行为的协调，包括规划、知识、技术和动作的协调。这两个研究领域都研究知识、资源和控制的划分问题，但分布式问题求解往往含有一个全局的概念模型、问题和成功标准，而多智能体系统含有多个局部的概念模型、问题和成功标准。

多智能体系统更能体现人类的社会智能，具有更大的灵活性和适应性，更适合开放和动态的环境，因而备受重视，已成为人工智能乃至计算机科学和控制科学与工程的研究热点。当前，Agent 和多智能体系统的研究包括 Agent 和多智能体系统理论、体系结构、语言、合作与协调、通信和交互技术、多智能体系统学习和应用等。

9．智能检索

智能检索（Intelligent Retrieval，IR）是指利用人工智能的方法从大量信息中尽快找到所需的信息或知识。随着科学技术和信息手段的迅速发展，在各种数据库中，尤其是因特网上存放着大量的甚至海量的信息或知识。面对这种信息海洋，如果还用传统的人工方式进行检索，已经很不现实，因此迫切需要相应的智能检索技术和智能检索系统来帮助人们快速、准确、有效地完成检索工作。

智能信息检索系统的设计需要解决如下主要问题。

① 具有一定的自然语言理解能力，能理解用自然语言提出的各种询问。

② 具有一定的推理能力，能够根据已知的信息或知识，演绎出所需要的答案。

③ 拥有一定的常识性知识，以补充学科范围的专业知识，系统根据这些常识，将演绎出更一般询问的一些答案。

需要特别指出的是，互联网的海量信息检索既是智能信息检索的一个重要研究方向，也对智能检索系统的发展起到了积极的推动作用。

10．机器人学

机器人（Robot）是一种具有人类的某些智能行为的机器。机器人学是在电子学、人工智能、控制论、系统工程、精密机械、信息传感、仿生学、心理学等学科或技术发展的基础上形成的一种综合性学科。某种意义上，在社会公众的认知中，机器人是一个比人工智能更容易被接受的概念。

机器人学研究的主要目的有两个。一是从应用方面考虑，可以让机器人帮助或代替人们去完成一些人类不宜从事的特殊环境的危难工作，以及一些生产、管理、服务、娱乐等工作。二是从科学研究方面考虑，机器人可以为人工智能理论、方法、技术研究提供一个综合实验场地，对人工智能各领域的研究进行全面检查，以推动人工智能学科自身的发展。可见，机器人既是人工智能的一个研究对象，又是人工智能的一个很好的试验场，几乎所有的人工智能技术都可以在机器人中得到应用。

从 20 世纪 60 年代世界上第一台工业机器人诞生以来，机器人得到了快速发展和广泛应用。技术上，机器人的研究和发展已经历了遥控机器人、程序机器人、自适应机器人和智能机器人 4 个阶段。

遥控机器人和程序机器人是两种最简单的机器人，它们只能靠遥控装置或事先安装好的程序来控制其活动，一般用来从事一些简单或重复性的工作。

自适应机器人是一种自身具有感知能力，并能根据外界环境改变自己行动的机器人。这种机器人配备的感知装置通常有视觉传感器、触觉传感器、听觉传感器等，机器人可通过这些感知装置获取工作环境和操作对象的简单信息，然后由计算机对这些信息进行分析和处理，并根据处理结果控制机器人的动作。自适应机器人主要用于焊接、装配等工作。

智能机器人是具有感知能力、思维能力和行为能力的新一代机器人，能够主动适应外界环境变化，通过学习丰富自己的知识，提高自己的工作能力。目前已研制出了肢体和行为功能灵活，能根据思维机构的命令完成许多复杂操作，能回答各种复杂问题的机器人。

当然，目前所研制的智能机器人只具有部分智能，真正具有像人那样的智能还需要一个相当长的时期，尤其是在自学习能力、分布协同能力、感知和动作能力、视觉和自然语言交互能力、情感化和人性化等方面，离人类的自然智能还有相当的距离。

11．机器视觉

机器视觉（Machine Vision，MV）是一门用计算机模拟或实现人类视觉功能的新兴学科，其主要研究目标是使计算机具有通过二维图像认知三维环境信息的能力。这种能力不仅包括对三维环境中物体形状、位置、姿态、运动等几何信息的感知，还包括对这些信息的描述、存储、识别和理解。

视觉是人类各种感知能力中最重要的一部分，在人类感知到的外界信息中，有 80% 以上是通过视觉得到的，正如"百闻不如一见"。人类对视觉信息获取、处理与理解的大致过程是：人们视野中的物体在可见光的照射下，先在眼睛的视网膜上形成图像，再由感光细胞转换成神经脉冲信号，经神经纤维传入大脑皮层，最后由大脑皮层对其进行处理和理解。可见，视觉不仅指对光信号的感受，还包括对视觉信息的获取、传输、处理、存储与理解的全过程。

目前，机器视觉已在人类社会的许多领域得到了成功应用，如在图像、图形识别方面有指纹识别、染色体识别、字符识别等，在航天与军事方面有卫星图像处理、飞行器跟踪、成像精确制导、景物识别、目标检测等，在医学方面有 CT 图像的脏器重建、医学图像分析等，在工业方面有各种监测系统和生产过程监控系统等。

12．进化计算

进化计算（Evolutionary Computation，EC）是一种模拟自然界生物进化过程与机制，进行问题求解的自组织、自适应的随机搜索技术。它以达尔文进化论的"物竞天择，适者生存"作为算法的进化规则，并结合孟德尔（G.J. Mendel）的遗传变异理论，将生物进化过程中的繁殖（Reproduction）、变异（Mutation）、竞争（Competition）和选择（Selection）引入算法，是一种对人类智能的演化模拟方法。

进化计算主要包括遗传算法（Genetic Algorithm，GA）、进化策略（Evolutionary Strategy，ES）、进化规划（Evolutionary Programming，EP）和遗传规划（Genetic Programming，GP）4个分支。其中，遗传算法是进化计算中最初形成的具有普遍影响的模拟进化优化算法。

遗传算法的基本思想是使用模拟生物和人类进化的方法来求解复杂问题，从初始种群出发，采用优胜劣汰、适者生存的自然法则选择个体，并通过杂交、变异来产生新一代种群，如此逐代进化，直到满足目标为止。

13．模糊计算

模糊计算（Fuzzy Computing，FC），也被称为模糊系统（Fuzzy System，FS），通过对人类处理模糊现象的认知能力的认识，用模糊集合和模糊逻辑去模拟人类的智能行为。模糊集合和模糊逻辑是美国加州大学扎德（L.A. Zadeh）教授提出的一种处理因模糊而引起的不确定性的有效方法。

通常，因没有严格边界划分而无法精确刻画的现象被称为模糊现象，反映模糊现象的各种概念被称为模糊概念。例如，人们常说的"大""小""多""少"等都属于模糊概念。

在模糊系统中，模糊概念通常是用模糊集合来表示的，而模糊集合是用隶属函数来刻画的。一个隶属函数描述一个模糊概念，其函数值为[0, 1]的实数，用来描述函数自变量所代表的模糊事件隶属于该模糊概念的程度。目前，模糊计算已经在推理、控制、决策等方面得到了非常广泛的应用。

14．人工心理、人工情感和人工生命

人工心理（Artificial Psychology，AP）是利用信息科学的手段，对人的心理活动（重点是人的情感、意志、性格、创造）更全面地进行机器（计算机、模型算法）模拟，目的是从心理学广义层次上研究情感、情绪与认知、动机与情绪的人工机器实现问题。

人工情感（Artificial Emotion，AE）是利用信息科学的手段对人类情感过程进行模拟、识别和理解，使机器能够产生类人情感，并与人类自然和谐地进行人机交互的研究领域。目前，对人工情感的研究的两个主要领域是情感计算（Affective Computing，AC）和感性工学（Kansei Engineering，KE）。

AP 和 AE 有着广阔的应用前景。例如，支持开发有情感、意识和智能的机器人，实现真正意义上的拟人机械研究，使控制理论更接近于人脑的控制模式，人性化的商品设计和市场开发，以及人性化的电子化教育等。

人工生命（Artificial Life，AL）是美国洛斯·阿拉莫斯（Los Alamos）非线性研究中心的克里斯·兰顿（C. Langton）在研究"混沌边沿"的细胞自动机时于 1987 年提出的一个概念。他认为，人工生命是研究能够展示人类生命特征的人工系统，即研究以非碳水化合物为基础的、具有人类生命特征的人造生命系统。

人工生命研究并不关心已经知道的以碳水化合物为基础的生命的特殊形式，即"生命之所

知（Life as we know it）",其最关心的是生命的存在形式,即"生命之所能（Life as it could be）"。应该说,生命之所知是生物学研究的主题,生命之所能才是人工生命研究关心的主要问题。按照这种观点,如果能从具体的生命中抽象出控制生命的"存在形式",并且这种存在形式可以在另一种物质中实现,就可以创造出基于不同物质的另一种生命——人工生命。

人工生命研究主要采用自底向上的综合方法,即只有从"生命之所能"的广泛内容中去考察"生命之所知",才能真正理解生命的本质。人工生命的研究目标是创造出具有人类生命特征的人工生命。

人工生命的研究内容主要包括计算机病毒、计算机进程、细胞自动机、人工脑和进化机器人等。其中,进化机器人不同于传统意义上的机器人,它是一种利用计算机和非有机物质构造出来的具有人类生命特征的人工生命实体。

15．生成式人工智能

生成式人工智能（Artificial Intelligence Generated Content,AIGC）是指一类人工智能系统,其主要任务是生成具有特定特征或类别的新数据,不仅是对现有数据进行分类或预测。这类系统通常基于深度学习技术,如生成对抗网络（Generative Adversarial Networks,GAN）、变分自编码器（Variational AutoEncoder,VAE）等。生成式人工智能的目标是模仿人类创造的能力,能够从学习到的数据中生成新的、与原始数据类似的甚至是全新的内容。

生成式人工智能通常由两部分组成:生成器和判别器。生成器负责生成新的数据样本,判别器则尝试区分生成的数据与真实数据。通过反复训练生成器和判别器,生成器可以逐渐学习生成更加逼真的数据,主要依赖于深度学习技术,特别是生成对抗网络（GAN）和变分自编码器（VAE）。生成对抗网络通过对抗训练的方式使生成器不断提高生成数据的质量,变分自编码器则通过学习数据的分布来生成新的数据。

生成式人工智能在各领域有广泛的应用,包括但不限于如下方面。

① 图像生成:生成对抗网络可用于生成逼真的人脸、风景、艺术品等图像。

② 文本生成:循环生成对抗网络（CycleGAN）等模型可以生成自然语言文本,如文章、对话等。

③ 音频生成:生成式模型可以生成音乐、语音等音频内容。

④ 医学影像合成:生成式人工智能可用于合成医学影像,帮助医生进行诊断和手术规划。

总之,生成式人工智能不仅可以用于生成各种类型的数据,还可以用于数据增强、数据填充等任务,为各种应用场景提供了强大的工具和解决方案。

16．大模型

大模型（Large Model,LM）,也称为 AI 大模型,是指具有巨大参数量和复杂结构的机器学习模型,通常包括数十亿甚至数千亿个参数。这些模型通常基于深度学习技术,利用大规模数据集进行训练,以实现更高的准确性和泛化能力。大模型在近年来取得了许多突破性的成果,在自然语言处理、计算机视觉、语音识别等领域取得了显著的进展。

大模型通常由数十至数百个深度神经网络层组成,具有多层次的特征提取和表示能力。这些模型可以通过大规模数据的训练来学习到丰富的数据表示,从而实现对复杂任务的高效学习和推理。

大模型通常依赖于强大的计算资源和高效的优化算法，如随机梯度下降（SGD）、自适应优化器（如 Adam）等。同时，大模型的训练通常需要使用分布式计算框架和大规模的数据并行处理技术，以加速训练过程并提高模型的性能。

大模型在各领域有广泛的应用，包括但不限于如下方面。

① 自然语言处理：大模型如 BERT、GPT 等在文本理解、生成、翻译等任务中取得了显著的成果。

② 计算机视觉：大型卷积神经网络如 ResNet、EfficientNet 等在图像分类、目标检测、图像分割等任务中取得了优异的表现。

③ 语音识别：大型循环神经网络如 DeepSpeech 等在语音识别和语音合成领域取得了突破性进展。

④ 推荐系统：大型深度学习模型在个性化推荐、广告点击预测等方面发挥着重要作用。

⑤ 医疗诊断：大模型在医学影像分析、病理学诊断等领域的应用日益增多，为医疗健康领域带来了新的突破和进展。

总之，大模型在各领域展现出了巨大的潜力和应用前景，为解决现实世界中的复杂问题提供了强大的工具和方法。

本章小结

本章首先讨论了什么是人工智能的问题。人工智能是研究可以理性地进行思考和执行动作的计算模型的学科，是人类智能在机器上的模拟。人工智能作为一门学科，经历了孕育、形成和发展几个阶段，还在不断发展。尽管人工智能也创造出了一些实用系统，但我们不得不承认这些远未达到人类的智能水平。

目前，人工智能的主要研究学派有符号主义、连接主义和行为主义。人工智能的研究是与具体领域相结合进行的，主要包括机器学习、问题求解、专家系统、模式识别、自然语言处理、智能决策支持系统、人工神经网络、自动定理证明、机器人学、生成式人工智能、大模型等方面。

习 题 1

1.1 什么是智能？什么是人工智能？

1.2 什么是图灵测试？它有什么重要特征？

1.3 一台机器要通过图灵测试，它必须具备哪些能力？

1.4 人工智能的发展经历了哪几个阶段？

1.5 人工智能研究有哪几个主要学派？其特点是什么？

1.6 人工智能的主要研究内容和应用领域是什么？

第 2 章

知识表示

知识表示是智能系统的重要基础，是人工智能研究最活跃的领域之一。知识表示是研究用机器表示知识的可行的、有效的、通用的原则和方法，即把人类知识形式化为机器能处理的数据结构，是一种对知识的描述和约定。

本章主要介绍几种常用的知识表示方法：谓词逻辑、产生式系统、语义网络、框架表示、脚本、面向对象表示等。

2.1　知识表示概述

为了使计算机具有智能，能模拟人类的智能行为，就必须使它具有知识。但知识需要用适当的模式表示出来才能存储到计算机中，因此关于知识的表示问题就成为人工智能中十分重要的研究课题。

2.1.1　知识的概念

1．知识的定义

什么是知识？从认识论的角度，知识就是人类认识自然界（包括社会和人）的精神产物，是人类进行智能活动的基础。

数据是事物、概念或指令的一种形式化的表示形式，以便用人工或自然方式进行通信、解释或处理。

信息是数据所表达的客观事实，数据是信息的载体，与具体的介质和编码方法有关。

知识是经过加工的信息，包括事实、信念和启发式规则，是人们在长期的生活及社会实践中、在科学研究及实验中积累起来的对客观世界的认识和经验。

2．知识的特点

① 知识是指人们通过实践认识到的客观世界的规律性的东西。

② 知识是在信息的基础上增加了上下文信息，提供了更多的意义，因此更加有用和有价值。

③ 知识是随着时间的变化而动态变化的，新的知识可以根据规则和已有的知识推导出来。

3．知识的分类

1）按知识的作用范围划分

知识可以分为常识性知识和领域性知识。

常识性知识是通用性知识，是人们普遍了解的知识，可用于所有的领域。

领域性知识是面向某个具体领域的知识，是专业性知识，只有相应专业领域的人员才能掌握并用来求解领域内的有关问题。

2）按知识的作用及表示划分

知识可分为事实性知识、规则性知识、控制性知识和元知识。

事实性知识是指有关领域内的概念、事实、事物的属性、状态及其关系的描述，包括事物的分类、属性、事物间的关系、科学事实、客观事实等，常以"……是……"的形式出现。事实性知识是静态的、可为人们共享的、可公开获得的、公认的知识，在知识库中属低层的知识。

规则性知识是指有关问题中与事物的行动、动作相联系的因果关系知识，这种知识是动态的、变化的，常以"如果……那么……"的形式出现。

控制性知识是用控制策略表示问题的知识，包含有关部门各种处理过程、策略和结构的知识，常用来协调整个问题求解的过程。

元知识是指有关知识的知识，是知识库中的高层知识，包括怎样使用规则、解释规则、校验规则、解释程序结构等知识。

注意：元知识与控制知识是有重叠的，对一个大的程序来说，以元知识或者元规则形式体现控制知识更方便，因为元知识存在于知识库中，而控制知识常与程序结合在一起出现，从而不容易修改。

3）按知识的确定性划分

知识可分为确定性知识和不确定性知识。

确定性知识是那些经过科学验证或者广泛共识、可以被普遍认同的知识。

不确定性知识是那些尚未得到证实或者存在争议的知识。

4）按照人类的思维及认识方法划分

知识可分为逻辑性知识和形象性知识。

逻辑性知识是反映人类逻辑思维过程的知识，这种知识一般具有因果关系及难以精确描述的特点。

形象性知识是人类思维的另一种方式，是通过形象思维所获得的知识。

2.1.2　知识表示的概念

1．知识表示的定义

知识表示就是研究用机器表示上述知识的可行性、有效性的一般方法，可以看成将知识符号化，即编码成某种数据结构，并输入计算机的过程和方法，即

$$知识表示 = 数据结构 + 处理机制$$

2．知识表示的分类

知识表示的方法很多，按照人们从不同角度进行探索及对问题的不同理解，可以分为陈述性知识表示和过程性知识表示两大类。但两者的界限不明确，也难以分开。

陈述性知识表示主要用来描述事实性知识，它告诉人们，所描述的客观事物涉及的"对象"是什么。知识表示就是将对象的有关事实"陈述"出来，并以数据的形式表示。陈述性知识表示是将知识表示与知识的运用（推理）分开处理，在表示知识时并不涉及如何运用知识，是一种静态的描述方法。其优点是灵活简洁，每个有关事实仅需要存储一次，演绎过程完整而确定，系统的模块性好。其缺点是工作效率低，推理过程不透明，不易理解。

过程性知识表示主要用来描述规则性知识和控制结构知识，它告诉人们"怎么做"，其知识表示的形式是一个"过程"，这个"过程"就是求解程序。过程性知识表示将知识的表示与运用（推理）相结合，知识寓于程序之中，是一种动态的描述方法。其优点是推理过程直接、清晰，有利于模块化，易于表达启发性知识和默认推理知识，实现起来效率高。其缺点是不够严格，知识间有重叠，灵活性差，知识的增、删极不方便。

3．人工智能对知识表示的要求

合适的知识表示方法可以使复杂的问题迎刃而解。一般，人工智能对知识表示有如下要求。

① 表示能力：能够正确、有效地将问题求解所需的各类知识都表示出来。

② 可理解性：所表示的知识应易懂、易读。

③ 便于知识的获取：使得智能系统能够渐进地增加知识，逐步进化。

④ 便于搜索：表示知识的符号结构和推理机制应支持对知识库的高效搜索，使得智能系统能够迅速地感知事物之间的关系和变化，同时很快地从知识库中找到有关知识。

⑤ 便于推理：能够从已有的知识中推出需要的答案和结论。

2.2 谓词逻辑表示法

谓词逻辑是一种重要的知识表示方法，是目前为止能够表示人类思维活动规律的一种最精确的形式语言，是知识的形式化表示、定理的自动证明等研究的基础，在人工智能发展中具有重要的作用。由于谓词逻辑是在命题逻辑的基础上发展起来的，因此我们首先讨论命题逻辑。

2.2.1 命题逻辑

在逻辑系统中，最简单的逻辑系统是命题逻辑系统。

1. 命题和真值

所谓命题，就是具有真假意义的陈述句。命题的意义通常称为真值，它只有"真"和"假"两种情况，当命题是真命题时，其真值为真，记为 T；当命题是假命题时，其真值为假，记为 F。命题"雪是黑的"，真值为假；命题"北京是中华人民共和国的首都"，真值为真；命题"今天下雨"，则要看当天的实际情况来确定其真值。

在命题逻辑中，命题通常用大写英文字母 P、Q、R、S 等来表示命题，如

$$P: 今天下雪$$

P 表示"今天下雪"这个命题。表示命题的符号被称为命题标识符，如 P 就是命题标识符。

命题的真值也可以用 0、1 来记，0 表示真值为假，1 表示真值为真。设有命题 A，$f(A)$ 表示 A 的真值，则

$$f(A) = \begin{cases} 1, & 命题A为真 \\ 0, & 命题A为假 \end{cases}$$

下面再介绍几个概念。

❖ 命题常量：如果一个命题标识符表示确定的命题，就被称为命题常量。

❖ 命题变元：如果命题标识符只表示任意命题的位置标志，就被称为命题变元。

注意：

① 命题变元可以表示任意命题，所以它不能确定真值，故命题变元不是命题。

② 当命题变元 P 用一个特定的命题取代时，P 才能确定真值，这时称为对 P 进行指派。

2. 命题类型

命题有两种。

① 原子命题：不能分解成更简单的陈述语句的命题。

② 复合命题：由连接词、标点符号和原子命题等复合构成的命题。

在复合命题中，连接词起到关键性的作用。

3．连接词

① ￢：否定（Negation），复合命题￢Q表示否定Q的真值的命题，即"非Q"。

② ∧：合取（Conjunction），复合命题$P \wedge Q$表示P和Q的合取，即"P与Q"。

③ ∨：析取（Disjunction），复合命题$P \vee Q$表示P或Q的析取，即"P或Q"。

④ →：条件（Condition），复合命题$P \rightarrow Q$表示命题P是命题Q的条件，即"如果P，那么Q"。

⑤ ↔：双条件（Bicondition），复合命题$P \leftrightarrow Q$表示命题P、命题Q相互作为条件，即"如果P，那么Q；如果Q，那么P"。

注意：可以用真值表的方法表明连接词的功能，如表2-1所示。

表2-1　连接词真值表

P	Q	$\neg P$	$P \wedge Q$	$P \vee Q$	$P \rightarrow Q$	$P \leftrightarrow Q$
F	F	T	F	F	T	T
F	T	T	F	T	T	F
T	F	F	F	T	F	F
T	T	F	T	T	T	T

4．语法

命题逻辑的符号包括以下几种。

① 命题常元：True（T）和False（F）。

② 命题符号：P、Q、R、T等。

③ 连接词：￢、∧、∨、→、↔。

④ 括号：( )。

5．命题逻辑

命题逻辑主要使用上述5个连接词，可以由简单的命题构成复杂的复合命题。复合命题是所谓的命题逻辑的命题公式，表示的是命题和命题之间关系的符号逻辑系统。

命题逻辑是非常简单的一种逻辑系统，之所以用命题逻辑作为知识表示语言，是因为它是可以说明问题的最简单的语言。不过，命题逻辑的表达能力是有限的，只能表示世界是由事实组成的。

2.2.2　谓词逻辑

1．谓词

个体：指可以独立存在的物体，可以是抽象的，也可以是具体的。

论域：也称为个体域，是由讨论的对象的整体构成的非空集合。

谓词：谓词是实现个体域中的个体到 T 或 F 的映射。谓词名表示个体的性质、状态或个体之间的关系，一般用大写英文字母表示。而个体通常用小写英文字母表示，可以是常量、变元和函数。

2．量词

为刻画谓词与个体间的关系，引入两个量词：一个是全称量词 $\forall x$，表示"对个体域中的所有（或任意一个）个体 x"；另一个是存在量词 $\exists x$，表示"在个体域中存在个体 x"。

3．谓词逻辑

谓词逻辑是指根据对象和对象上的谓词（对象的属性和对象之间的关系），通过使用连接词和量词来表示世界。

1）函数符号和谓词符号

若函数符号 f 中包含的个体数目为 n，则称 f 为 n 元函数符号。若谓词符号 P 中包含的个体数目为 n，则称 P 为 n 元谓词符号。

在谓词逻辑中，函数本身不能单独使用，它必须嵌入谓词。例如，王洪的父亲是教师，TEACHER(father(WangHong))，其中 TEACHER 是谓词，而 father 是函数。

2）谓词的元

一个谓词可以与一个个体相关联，这种谓词被称为一元谓词，刻画个体的性质；也可以与多个个体相关联，这种谓词被称为多元谓词，刻画个体间的关系。

谓词的一般形式可以表示为

$$P(x_1, x_2, \cdots, x_n)$$

其中，P 是谓词，而 $x_1, x_2, \cdots, x_n$ 是个体。

3）谓词的阶

如果谓词 P 中的所有个体都是个体常量、变元或函数，那么该谓词为一阶谓词。如果谓词 P 中某个体本身又是一个一阶谓词，那么称 P 为二阶谓词。以此类推。

注意：在命题逻辑中，每个表达式都是句子，表示事实；但在谓词逻辑中，有句子，也有项，表示对象。常量符号、变量和函数符号用于表示项，量词和谓词符号用于构造句子。

2.2.3　谓词公式

谓词公式是命题公式的扩充和发展，其本质同命题公式，是把数学中的逻辑论证加以符号化，从而推动了这个数学分支的发展。谓词公式是由标点符号、括号、连接词、常量符号集、变量符号集、n 元函数符号集、n 元谓词符号集、量词构成的符号表达式。

语法元素包括：

- 常量符号。
- 变量符号。
- 函数符号。
- 谓词符号。
- 连接词——$\neg$、$\wedge$、$\vee$、$\rightarrow$、$\leftrightarrow$。
- 量词——$\forall x$、$\exists x$。

在一阶谓词逻辑中，称 TEACHER(father(WangHong)) 中的 father(WangHong) 为项。

项可定义如下。

定义 2-1　项可递归定义如下：

① 单独一个个体是项（包括常量和变量）。

② 若 f 是 n 元函数符号，而 $t_1, t_2, \cdots, t_n$ 是项，则 $f(t_1, t_2, \cdots, t_n)$ 是项。

③ 任何项仅由规则①和②生成。

定义 2-2 若 P 为 n 元谓词符号，$t_1, t_2, \cdots, t_n$ 都是项，则称 $P(t_1, t_2, \cdots, t_n)$ 为原子公式，简称原子。

在原子中，若 $t_1, t_2, \cdots, t_n$ 都不含变量，则 $P(t_1, t_2, \cdots, t_n)$ 是命题。

定义 2-3 一阶谓词逻辑的合式公式可递归定义如下：

① 原子谓词公式是合式公式（也称为原子公式）。

② 若 P、Q 是合式公式，则 $\neg P$、$P \land Q$、$P \lor Q$、$P \rightarrow Q$、$P \leftrightarrow Q$ 也是合式公式。

③ 若 P 是合式公式，x 是任意个体变元，则 $(\forall x)P$、$(\exists x)P$ 也是合式公式。

④ 任何合式公式都由有限次应用①、②、③来产生。

定义 2-4 一阶谓词逻辑的谓词公式可定义如下：谓词逻辑可以由原子和 5 种连接词，再加上量词来构造复杂的符号表达式。这就是所谓的谓词逻辑中的谓词公式。

定义 2-5 设 D 为谓词公式 P 的非空个体域，若对 P 中的个体常量、函数、谓词按如下规定赋值：

① 为每个个体常量指派 D 中的一个元素。

② 为每个 n 元函数指派一个从 D^n 到 D 的映射，其中

$$D^n = \{(x_1, x_2, \cdots, x_n) \mid x_1, x_2, \cdots, x_n \in D\}$$

③ 为每个 n 元谓词指派一个从 D^n 到 $\{T, F\}$ 的映射。

则称这些指派为公式 P 在 D 上的一个解释。

例 2-1 设个体域 $D = \{1, 2\}$，求公式 $G = (\forall x)(\exists y)P(x, y)$ 在 D 上的解释，并指出在每种解释下公式 G 的真值。

解 由于公式 G 没有包含个体常量和函数，因此可以直接为谓词指派真值，设

$P(1, 1)$	$P(1, 2)$	$P(2, 1)$	$P(2, 2)$
T	F	T	F

这就是公式 G 在 D 上的一个解释。从这个解释可以看出：

❖ 当 $x = 1$，$y = 1$ 时，$P(x, y)$ 的真值为 T。

❖ 当 $x = 2$，$y = 1$ 时，$P(x, y)$ 的真值也为 T。

即对 x 在 D 上任意取值，都存在 $y = 1$，使得 $P(x, y)$ 的真值为 T。因此，在该解释下，公式 G 的真值为 T。

注意：一个谓词公式在其个体域上的解释不是唯一的。例如，对公式 G，若给出另一组真值指派为

$P(1, 1)$	$P(1, 2)$	$P(2, 1)$	$P(2, 2)$
T	T	F	F

这也是公式 G 在 D 上的一个解释。从这个解释可以看出：

❖ 当 $x = 1$，$y = 1$ 时，$P(x, y)$ 的真值为 T。

❖ 当 $x = 2$，$y = 1$ 时，$P(x, y)$ 的真值为 F。

同样，有

❖ 当 $x=1$，$y=2$ 时，$P(x,y)$ 的真值为 T。

❖ 当 $x=2$，$y=2$ 时，$P(x,y)$ 的真值为 F。

即对 x 在 D 上任意取值，不存在一个 y，使得 $P(x,y)$ 的真值为 T。因此，在该解释下，公式 G 的真值为 F。

实际上，G 在 D 上共有 16 种解释，这里就不一一列举了。

一个公式的解释通常有任意多个，由于个体域 D 可以随意规定，而对一个给定的个体域 D，对公式中出现的常量、函数符号和谓词符号的定义也是随意的，因此公式的真值都是针对某一个解释而言的，它可能在某一个解释下为真，而在另一个解释下为假。

2.2.4　谓词逻辑表示

1．谓词逻辑表示的步骤

用谓词逻辑表示知识的一般步骤如下：

（1）定义谓词及个体，确定每个谓词及个体的确切含义。

（2）根据要表达的事物或概念，为每个谓词中的变元赋予特定的值。

（3）根据要表达的知识的语义，用适当的连接词将各谓词连接起来，形成谓词公式。

注意量词的使用：① 使用全称量词时，用连接词→；② 使用存在量词时，用连接词∧。

2．谓词逻辑表示的适用范围

谓词逻辑既适合表示事物的状态、属性、概念等事实性知识，也可以表示事物间具有确定因果关系的规则性知识。

1）对事实性知识

可以使用谓词公式中的析取符号和合取符号连接起来的谓词公式表示，如下面句子所示：

张三是一名计算机系的学生，他喜欢编程序。

可以用谓词公式表示为

Computer(张三)∧Like(张三, Programming)

其中，Computer(x)表示 x 是计算机系的学生，Like(x,y)表示 x 喜欢 y，都是谓词。

2）对规则性知识

通常使用由蕴涵符号连接起来的谓词公式来表示。例如，对于

如果 x，那么 y。

用谓词公式表示为 $x \rightarrow y$。

例 2-2　用谓词逻辑表示下列知识：

武汉是一个美丽的城市，但它不是一个沿海城市。

如果马亮是男孩，张红是女孩，那么马亮比张红长得高。

解　按照知识表示步骤，用谓词公式表示上述知识。

第一步：定义谓词如下。

BCity(x)：x 是一座美丽的城市。

HCity(x)：x 是一个沿海城市。

Boy(x)：x 是男孩。

Girl(x)：x 是女孩。

High(x, y)：x 比 y 长得高。

这里涉及的个体有武汉（wuhan）、马亮（mal）、张红（zhangh）。

第二步：将这些个体代入谓词中，得到

BCity(wuhan), HCity(wuhan), Boy(mal), Girl(zhangh), High(mal, zhangh)

第三步：根据语义，用连接词将它们连接起来，就得到了表示上述知识的谓词公式。

$$BCity(wuhan) \land \neg HCity(wuhan)$$

$$(Boy(mal) \land Girl(zhangh)) \rightarrow High(mal, zhangh)$$

例 2-3 用谓词逻辑表示下列知识：

所有学生都穿彩色制服。

任何整数或者为正数或者为负数。

自然数都是大于零的整数。

解 第一步，定义谓词如下。

Student(x)：x 是学生。

Uniform(x, y)：x 穿 y。

$N(x)$：x 是自然数。

$I(x)$：x 是整数。

$P(x)$：x 是正数。

$Q(x)$：x 是负数。

$L(x)$：x 大于 0。

按照第二步和第三步的要求，上述知识可以用谓词公式分别表示为

$$(\forall x)(Student(x) \rightarrow Uniform(x, color))$$

$$(\forall x)(I(x) \rightarrow P(x)) \lor Q(x)$$

$$(\forall x)(N(x) \rightarrow L(x)) \land I(x)$$

例 2-4 用谓词逻辑表示下列知识：

所有的人都要呼吸。

某些人是聪明的。

解 定义谓词如下。

$M(x)$：x 是人。

$H(x)$：x 要呼吸。

$R(x)$：x 是聪明的。

上述知识可表示为

$$(\forall x)(M(x) \rightarrow H(x))$$

$$(\exists x)(M(x) \land R(x))$$

例 2-5 机器人搬弄积木块问题的谓词逻辑表示。

设一个房间里有一个机器人 ROBOT、一个壁炉 ALCOVE、一个积木块 BOX、两个桌子 A 和 B。在开始时，机器人 ROBOT 在壁炉 ALCOVE 的旁边，且两手是空的，桌子 A 上放着积木块 BOX，桌子 B 上是空的。机器人把积木块 BOX 从桌子 A 上转移到桌子 B 上。

解 根据给出的知识表示步骤，解答如下。

第一步，定义谓词如下。

    Table(x)：x 是桌子。

    EmptyHanded(x)：x 双手是空的。

    At(x, y)：x 在 y 旁边。

    Holds(y, w)：y 拿着 w。

    On(w, x)：w 在 x 上。

    EmptyTable(x)：桌子 x 上是空的。

第二步，本问题涉及的个体定义如下。

    机器人：ROBOT

    积木块：BOX

    壁炉：ALCOVE

    桌子：A

    桌子：B

第三步，根据问题的描述将问题的初始状态和目标状态分别用谓词公式表示出来。

问题的初始状态如下：

$$At(ROBOT, ALCOVE) \wedge EmptyHanded(ROBOT) \wedge On(BOX, A) \wedge Table(A)$$
$$\wedge Table(B) \wedge EmptyTable(B)$$

问题的目标状态如下：

$$At(ROBOT, ALCOVE) \wedge EmptyHanded(ROBOT) \wedge On(BOX, B) \wedge Table(A)$$
$$\wedge Table(B) \wedge EmptyTable(A)$$

第四步，问题表示出来后，如何求解问题。

在将问题初始状态和目标状态表示出来后，对此问题的求解实际上是寻找一组机器人可进行的操作，实现一个由初始状态到目标状态的机器人操作过程。机器人可进行的操作一般分为先决条件和动作两部分，可以容易地用谓词公式表示，而动作可以通过前后状态变化表示，也就是只要指出动作执行后，应从动作前的状态表中删除和增加什么谓词公式，就可以描述相应的动作了。

机器人将积木块从桌子 A 上移到桌子 B 上要执行的动作有如下 3 个。

    Goto(x, y)：从 x 处走到 y 处。

    Pick_up(x)：在 x 处拿起积木块。

    Set_down(y)：在 y 处放下积木块。

这 3 个操作可以分别用条件和动作表示如下。

    Goto(x, y)

        条件：At(ROBOT, x)

        动作：删除   At(ROBOT, x)

              增加   At(ROBOT, y)

    Pick_up(x)

        条件：On(BOX, x) $\wedge$ Table(x) $\wedge$ At(ROBOT, x) $\wedge$ EmptyHanded(ROBOT)

        动作：删除   On(BOX, x) $\wedge$ EmptyHanded(ROBOT)

              增加   Holds(ROBOT, BOX)

Set_down(y)

  条件：Table(y)∧At(ROBOT, y)∧Holds(ROBOT, BOX)

  动作：删除 Holds(ROBOT, BOX)

     增加 On(BOX, y)∧EmptyHanded(ROBOT)

机器人在执行每个操作之前需要检查所需先决条件是否满足，只有条件满足后，才执行相应的动作。如机器人拿起 A 桌上的 BOX 这一操作，先决条件是：

$$On(BOX, A)∧At(ROBOT, A)∧EmptyHanded(ROBOT)$$

2.2.5 谓词逻辑表示法的特点

1．一阶谓词逻辑表示法的优点

① 严密性：可以保证其演绎推理结果的正确性，可以较精确地表达知识。

② 自然性：它的表现方式与人类自然语言非常接近。

③ 通用性：拥有通用的逻辑演算方法和推理规则。

④ 知识易于表达：对逻辑的某些外延扩展后，可把大部分精确性知识表达成一阶谓词逻辑的形式。

⑤ 易于实现：表示的知识易于模块化，便于知识的增、删、改，易于在计算机上实现。

2．一阶谓词逻辑表示法的缺点

① 效率低：由于推理是根据形式逻辑进行的，把推理演算和知识含义截然分开，抛弃了表达内容所含的语义信息，往往使推理过程太冗长，系统效率低。另外，谓词表示越细、表示越清楚，推理越慢、效率越低。

② 灵活性差：不便于表达和加入启发性知识和元知识，不便于表达不确定性的指示，但人类的知识大都具有不确定性和模糊性，这使得它表示知识的范围受到了限制。

③ 组合爆炸：在其推理过程中，随着事实数目的增加及盲目地使用推理规则，有可能产生组合爆炸。

2.3 产生式表示法

产生式系统（Production System，PS）是在 1943 年由波斯特（Post）提出的，他用这种规则对符号串进行替换运算。1965 年，纽厄尔和西蒙利用这种原理建立了认知模型。同年，斯坦福大学在设计第一个专家系统 DENDRAL 时就采用了产生式系统的结构。产生式系统是目前已建立的专家系统中知识表示的主要手段之一，如 MYCIN、CLIPS/JESS 系统等。产生式系统把推理和行为的过程用产生式规则表示，所以又被称为基于规则的系统。

2.3.1 产生式表示的基本方法

产生式通常用于表示具有因果关系的知识，其基本形式是：

$$P \to Q$$

或者 $\qquad$ IF P $\qquad$ THEN Q

其中，P 是产生式的前提，用于指出该产生式是否是可用的条件；Q 是一组结论或操作，用于指出前提 P 所指示的条件被满足时，应该得出的结论或应该执行的操作。

从上面的论述可以看出，产生式的基本形式与谓词逻辑中的蕴含式具有相同的形式，那么它们有什么区别呢？其实蕴涵式只是产生式的一种特殊情况。因为蕴涵式只能表示精确性知识，其逻辑值要么为真，要么为假，而产生式不仅可以表示精确性知识，还可以表示不精确知识。另外，在用产生式表示知识的智能系统中，决定一条知识是否可用的方法是检查当前是否有已知事实与知识中的前提条件相匹配，这种匹配可以是精确匹配，也可以是不精确匹配，只要按照某种算法求出前提条件与已知事实的相似度达到某个指定的范围，就认为是可匹配的。但在谓词逻辑中,蕴涵式前提条件的匹配总是要求精确匹配。产生式与蕴涵式的另一个区别是：蕴涵式本身是一个谓词公式，有真值，而产生式没有真值。

产生式表示法容易用来描述事实、规则及它们的不确定性度量，目前应用较为广泛，适合表示事实性知识和规则性知识。在表示事实性知识和规则性知识时，产生式表示又可根据知识是确定性的还是不确定性的分别进行表示。下面分别就确定性规则知识、不确定性规则知识、确定性事实知识和不确定性事实知识如何用产生式进行表示来开展讨论。

1．确定性规则知识的产生式表示

确定性规则知识的产生式形式为

$$P \rightarrow Q$$

或者 $\qquad$ IF P $\qquad$ THEN Q

其中，P 是产生式的前提，用于指出该产生式是否是可用的条件；Q 是一组结论或操作，用于指出前提 P 所指示的条件被满足时，应该得出的结论或应该执行的操作。

2．不确定性规则知识的产生式表示

产生式可用于不确定知识的表示，不确定性规则知识的产生式形式为：

$$P \rightarrow Q（可信度）$$

或者 $\qquad$ IF P $\qquad$ THEN Q（可信度）

其中，P 是产生式的前提，用于指出该产生式是否是可用的条件；Q 是一组结论或操作，用于指出前提 P 所指示的条件被满足时，应该得出的结论或应该执行的操作。该表示形式主要在不确定推理中当已知事实与前提中所规定的条件不能精确匹配时，只要按照"可信度"的要求达到一定的相似度，就认为已知事实与前提条件相匹配，再按照一定的算法将这种可能性（或不确定性）传递到结论。这里"可信度"的表示方法及其意义会由于不确定性推理算法的不同而不同。以后的章节中将讨论主观贝叶斯方法、可信度方法和 D-S 理论三种不确定性推理方法，它们各自的知识以不同的产生式表示。

3．确定性事实知识的产生式表示

事实知识可看成断言一个语言变量的值或多个语言变量间的关系的陈述句。语言变量的值或语言变量间的关系可以是一个词，不一定是数字。例如，"雪是白色的"，其中雪是语言变量，其值是白色的；"约翰喜欢玛丽"，其中约翰、玛丽是两个语言变量，两者的关系值是喜欢。

事实知识的表示形式一般使用三元组表示：

$$（对象，属性，值）$$
或者 $$（关系，对象1，对象2）$$

其中，对象就是语言变量。这种表示的机器内部实现就是一个表。如事实"老李年龄是40岁"可表示成(Li, Age, 40)。这里，Li 是事实知识涉及的对象，Age 是该对象的属性，而 40 是属性的值。而"老李与老张是朋友"可写成第二种形式的三元组：

$$（Friend, Li, Zhang）$$

其中，Li 和 Zhang 分别是事实知识涉及的两个对象，Friend 则表示这两个对象间的关系。

4．不确定性事实知识的产生式表示

有些事实知识带有不确定性。比如，"老李年龄很可能是40岁"，因为是很可能，所以老李是 40 岁的可能性可以取 80%。"老李、老张是朋友的可能性不大"，比如说老李、老张是朋友的可能性只有 10%，如何表示呢？

不确定性事实知识的表示形式一般使用四元组来表示：

$$（对象，属性，值，可信度值）$$
或者 $$（关系，对象1，对象2，可信度值）$$

例如，"老李的年龄很可能是40岁"可以表示为：

$$（Li, Age, 40, 0.8）$$

而"老李、老张是朋友的可能性不大"可表示为：

$$（Friend, Li, Zhang, 0.1）$$

一般情况下，为了求解过程中查找的方便，在知识库中可将某类有关的事实以网状、树状结构组织在一起，提高查找的效率。

2.3.2 产生式系统的基本结构

一组产生式可以放在一起，相互配合，协同作用，一个产生式生成的结论可以供另一个产生式作为已知事实使用，以获得问题的解决，这样的系统被称为产生式系统。产生式系统一般由三个基本部分组成：规则库、知识库和推理机，如图 2-1 所示。

图 2-1 产生式系统的基本结构

1．规则库

规则库是用于描述某领域内的知识的产生式集合，是某领域知识（规则）的存储器，其中的规则以产生式表示。规则库中包含着将问题从初始状态转换成目标状态（或解状态）的变换规则。规则库是专家系统的核心，也是一般产生式系统赖以进行问题求解的基础，其中知识的完整性和一致性、知识表达的准确性和灵活性、知识组织的合理性，都将对产生式系统的性能和运行效率产生直接的影响。

2．知识库

知识库，又称为事实库，是用于存放输入的事实、从外部数据库输入的事实、中间结果（事实）和最后结果的工作区。当规则库中的某条产生式的前提与综合数据库中的某些已知事实匹配时，该产生式被激活，并把用它推出的结论放入综合数据库，作为后面推理的已知事实。显然，综合数据库的内容是在不断变化的，是动态的。

3．推理机

推理机是一个或一组程序，用来控制和协调规则库与综合数据库的运行，包含推理方式和控制策略。控制策略的作用就是确定选用什么规则或如何应用规则。通常，从选择规则到执行操作分 3 步完成：匹配、冲突解决和操作。

1）匹配

匹配是将当前综合数据库中的事实与规则中的条件进行比较，若匹配，则这条规则称为匹配规则。

2）冲突解决

因为可能同时有几条规则的前提条件与事实相匹配，究竟选哪条规则去执行呢？这就是规则冲突解决。通过冲突解决策略选中的在操作部分中执行的规则称为启用规则。冲突解决的策略有很多种，其中专一性排序、规则排序、规模排序和就近排序是比较常见的冲突解决策略。

① 专一性排序：如果某一条规则条件部分规定的情况比另一条规则条件部分规定的情况更有针对性，那么这条规则有较高的优先级。

② 规则排序：规则库中规则的编排顺序本身就表示了规则的启用次序。

③ 规模排序：按规则条件部分的规模排列优先级，优先使用较多条件被满足的规则。

④ 就近排序：把最近使用的规则放在最优先的位置，即那些最近经常被使用的规则的优先级较高。这是一种人类解决冲突最常用的策略。

3）操作

操作是执行规则的操作部分。经过操作以后，当前的综合数据库将被修改，其他规则有可能成为启用规则。

2.3.3 产生式系统的分类

1．按产生式所表示的知识是否具有确定性

产生式系统分为确定性产生式系统和不确定性产生式系统。

2．按推理机的推理方式

产生式系统分为正向推理、反向推理和双向推理 3 种。

1）正向推理

正向推理是从已知事实出发，通过规则库求得结论。正向推理方式也被称为数据驱动方式或自底向上方式。正向推理的推理过程如下：

（1）规则库中的规则与综合数据库中的事实进行匹配，得到匹配的规则集合。

（2）使用冲突解决策略，从匹配规则集合中选择一条规则作为启用规则。

（3）执行启用规则的后件，将该启用规则的后件送入综合数据库或对综合数据库进行必要的修改。

重复这个过程，直至达到目标。

2）反向推理

反向推理是从目标（作为假设）出发，反向使用规则，求得已知事实。这种推理方式也被称为目标驱动方式或自顶向下方式。反向推理的推理过程如下：

（1）规则库中的规则后件与目标事实进行匹配，得到匹配的规则集合。

（2）使用冲突解决策略，从匹配规则集合中选择一条规则作为启用规则。

（3）将启用规则的前件作为子目标。

重复这个过程，直至各子目标均为已知事实，则反向推理的过程就算成功结束。

若目标明确，则反向推理的效率比较高，所以比较常用。

3）双向推理

双向推理是一种既自顶向下又自底向上的推理。推理从两个方向同时进行，直至某个中间界面上两方向的结果相符便成功结束。不难想象，这种双向推理较正向推理或反向推理所形成的推理网络来得小，从而推理效率更高。

3．按规则库及综合数据库的性质与结构特征

产生式系统分为可交换的产生式系统、可分解的产生式系统和可恢复的产生式系统。

如果一个产生式系统对规则的使用次序是可交换的，那么无论先使用哪一条规则，都可以达到目的，即规则的使用次序对问题的最终求解是无关紧要的，这样的产生式系统被称为可交换的产生式系统。

把一个规模较大且较复杂的问题分解为若干规模较小且较简单的子问题，然后对每个子问题分别进行求解，这是人们求解问题时常用到的方法。可分解的产生式系统就是基于该思想提出的。

在可交换的产生式系统中，要求每条规则的执行只能为综合数据库增加新的内容，且不能删除和修改综合数据库已有的内容。这种要求很高，在许多规则的设计中难以达到。因此需要产生式系统具有回溯功能，一旦问题求解到某一步发现无法继续下去，就撤销在此之前得到的某些结果，恢复到先前的某个状态，然后选用其他规则继续求解。在问题求解过程中，既可以对综合数据库添加新内容，又可以删除或修改旧内容，这种产生式系统被称为可恢复的产生式系统。

2.3.4 产生式表示法的特点

1．产生式表示法的优点

① 清晰性：产生式表示法的格式固定、形式简单，规则（知识单位）之间相互独立，没有直接关系，使知识库的建立较为容易，处理较为简单。

② 模块性：知识库与推理机是分离的，这种结构给知识库的修改带来方便，不需要修改程序，对系统的推理路径也容易做出解释。基于这些原因，产生式表示法常作为建造专家系统首选的知识表示方法。

③ 自然性：产生式表示法用"如果……那么……"的形式表示知识，符合人类的思维习惯，是人们常用的一种表达因果关系的知识表示形式，既直观自然，又便于推理。另外，产生式表示法既可以表示确定性知识，又可以表示不确定性知识，更符合人们处理日常遇到的问题的习惯。

④ 有效性：产生式表示法既可表示确定性知识，又可表示不确定性知识；既有利于表示启发式知识，又可方便地表示过程性知识。目前已建造成功的专家系统大部分是用产生式来表达其过程性知识的。

2．产生式表示法的缺点

① 难以扩展：尽管规则形式上相互独立，但实际问题中往往彼此是相关的。这样当知识库不断扩大时，要保证新的规则与已有的规则没有矛盾就会越来越困难，知识库的一致性就会越来越难以实现。

② 规则选择效率较低：在推理过程中，每步都要与规则库中的规则做匹配检查。如果知识库中的规则数量很大，那么显然效率会降低。

例 2-6　动物识别系统的规则库。

这是一个用来识别虎、金钱豹、斑马、长颈鹿、企鹅、鸵鸟、信天翁 7 种动物的产生式系统。为了实现对这些动物的识别，该系统建立了如下规则库。

R1:　　IF　该动物有毛　　THEN　该动物是哺乳动物

R2:　　IF　该动物有奶　　THEN　该动物是哺乳动物

R3:　　IF　该动物有羽毛　　THEN　该动物是鸟

R4:　　IF　该动物会飞 AND 会下蛋　　THEN　该动物是鸟

R5:　　IF　该动物吃肉　　THEN　该动物是食肉动物

R6:　　IF　该动物有犬齿 AND 有爪 AND 眼盯前方　　THEN　该动物是食肉动物

R7:　　IF　该动物是哺乳动物 AND 有蹄　　THEN　该动物是有蹄类动物

R8:　　IF　该动物是哺乳动物 AND 是反刍动物　　THEN　该动物是有蹄类动物

R9:　　IF　该动物是哺乳动物 AND 是食肉动物 AND 是黄褐色 AND 身上有暗斑点
　　　　THEN　该动物是金钱豹

R10:　　IF　该动物是哺乳动物 AND 是食肉动物 AND 是黄褐色 AND 身上有黑色条纹
　　　　THEN　该动物是虎

R11:　　IF　该动物是有蹄类动物 AND 有长脖子 AND 有长腿 AND 身上有暗斑点
　　　　THEN　该动物是长颈鹿

R12:　　IF　该动物是有蹄类动物 AND 身上有黑色条纹　　THEN　该动物是斑马

R13:　　IF　该动物是鸟 AND 有长脖子 AND 有长腿 AND 不会飞 AND 有黑白两色
　　　　THEN　该动物是鸵鸟

R14:　　IF　该动物是鸟 AND 会游泳 AND 不会飞 AND 有黑白两色
　　　　THEN　该动物是企鹅

R15:　　IF　该动物是鸟 AND 善飞　　THEN　该动物是信天翁

在该例中，R1～R15 分别是对各产生式规则所做的编号，以便于对它们进行引用。同时，虽然该系统是用来识别 7 种动物的，但它没有简单地设计 7 条规则，而是设计了 15 条规则。

识别动物基本想法是：先根据一些比较简单的条件，如"有毛发""有羽毛""会飞"等，对动物进行比较粗的分类，如"哺乳动物""鸟类"等，然后随着条件的增多，逐步缩小分类范围，最后给出分别识别 7 种动物的规则。

这样做有如下优点。

① 当已知的事实不完全时，虽不能推出最终结论，但可以得到分类结果。

② 当需要增加对其他动物（如牛、马等）的识别时，规则中只需要增加关于这些动物个性方面的知识，如 R9～R15 那样，而对 R1～R10 可直接利用，这样增加的规则就不会太多。

③ 由上述规则容易形成各种动物的推理链。例如，虎及长颈鹿的推理过程如图 2-2 所示。

图 2-2　虎及长颈鹿的推理过程

2.4　语义网络表示法

语义网络（Semantic Network，SN）是奎廉（J.R. Quillian）于 1968 年在研究人类联想记忆时提出的一种心理学模型。奎廉认为，记忆是由概念间的联系实现的，随后在他设计的可教式语言理解器（Teachable Language Comprehendent，TLC）中又把它用于知识表示。1972 年，西蒙（H.A. Simon）在他的自然语言理解系统中也采用了语义网络表示法。1975 年，亨德里克（G.G. Hendrix）对全称量词的表示提出了语义网络分区技术。目前，语义网络已经成为人工智能中应用较多的一种知识表示方法，尤其在自然语言处理方面。

2.4.1　语义网络的基本概念

语义网络是一种通过概念及其语义联系（或语义关系）来表示知识的有向图，结点和弧必须带有标注。其中，有向图的各结点用来表示各种事物、概念、情况、属性、状态、事件和动作等，结点上的标注用来区分各结点所表示的不同对象，每个结点可以带有多个属性，以表征其代表的对象的特性。

在语义网络中，结点还可以是一个语义子网络；弧是有方向的、有标注的，方向表示结点间的主次关系且方向不能随意调换。标注用来表示各种语义联系，指明它所连接的结点间的某种语义关系。

图 2-3　语义基元

从结构上，语义网络一般由一些最基本的语义单元组成。这些最基本的语义单元被称为语义基元，可用如下三元组来表示为 (结点 1, 弧, 结点 2)，也可用如图 2-3 所示的有向图来表示。其中，A 和 B 分别代表结点，R 则表示 A 和 B 之间的某种语义联系。当把多个语义基元用相应的语义联系关联在一起时，就形成了一个语义网络。

2.4.2　语义网络的基本语义关系

除了可以描述事物本身，语义网络还可以描述事物之间的错综复杂的关系。基本语义关系是构成复杂语义联系的基本单元，也是语义网络表示知识的基础，因此从一些基本的语义关系中组合成任意复杂的语义联系是可以实现的。这里只给出经常使用的最基本语义关系。

1. 类属关系

类属关系是指具有共同属性的不同事物间的分类关系、成员关系或实例关系，它体现的是"具体与抽象""个体与集体"的层次分类。其直观意义是"是一个""是一种""是一只"等。在类属关系中，其中最主要的特征是属性的继承性，处在具体层的结点可以继承抽象层结点的所有属性。常用的类属关系如下。

❖ AKO(A-Kind-Of)：表示某一个事物是另一个事物的一种类型。

❖ AMO(A-Member-Of)：表示某一个事物是另一个事物的成员。

❖ ISA(Is-A)：表示某一个事物是另一个事物的实例。

2. 包含关系

包含关系，也称为聚集关系，是指具有组织或结构特征的"部分与整体"之间的关系，与类属关系的最主要的区别就是包含关系一般不具备属性的继承性。

Part-of、Member-of 的含义为一部分，表示一个事物是另一个事物的一部分，或是部分与整体的关系。用它连接的上下层结点的属性可能很不相同，即 Part-of 联系不具备属性的继承性。例如，"轮胎是汽车的一部分"的语义网络表示如图 2-4 所示。

3. 属性关系

属性关系是指事物和其属性之间的关系。常用的属性关系如下。

❖ Have：表示某个结点具有另一个结点所描述的属性。

❖ Can：表示某个结点能做另一个结点的事情。

例如，"鸟有翅膀"和"电视机可以放电视节目"对应的语义网络表示如图 2-5 所示。

图 2-4　包含关系实例

图 2-5　属性关系实例

4. 时间关系

时间关系是指不同事件在其发生时间方面的先后关系，结点间不具备属性继承性。常用的时间关系如下。

❖ Before：表示某个事件在另一个事件之前发生。

❖ After：表示某个事件在另一个事件之后发生。

例如，"王芳在黎明之前毕业"对应的语义网络表示如
图 2-6 所示。

图 2-6　时间关系实例

5. 位置关系

位置关系是指不同事物在位置方面的关系。结点间不具备属性继承性。

常用的位置关系如下。

❖ Located-on：表示某物体在另一物体之上。

❖ Located-at：表示某物体在某一位置。

❖ Located-under：表示某物体在另一物体之下。

❖ Located-inside：表示某物体在另一物体之中。

❖ Located-outside：表示某物体在另一物体之外。

例如，"华中师范大学坐落于桂子山上"对应的语义网络表示如图 2-7 所示。

6. 相近关系

相近关系（相似关系）是指不同事物在形状、内容等方面相似和接近。

常用的相近关系如下。

❖ Similar-to：表示某事物与另一事物相似。

❖ Near-to：表示某事物与另一事物接近。

例如，"狗长得像狼"对应的语义网络表示如图 2-8 所示。

图 2-7　位置关系实例

图 2-8　相近关系实例

7. 因果关系

因果关系是指由于某一事件的发生而导致另一事件的发生，适合表示规则性知识。通常用 If-then 联系表示两个结点之间的因果关系，其含义是"如果……那么……"。例如，"如果晴天，那么小明骑自行车上班"对应的语义网络如图 2-9 所示。

8. 组成关系

组成关系是一种一对多的联系，用于表示某事物由其他一些事物构成，通常用 Composed-of 联系表示，所连接的结点间不具备属性继承性。例如，"整数由正整数、负整数和零组成"对应的语义网络如图 2-10 所示。

图 2-9　因果关系实例

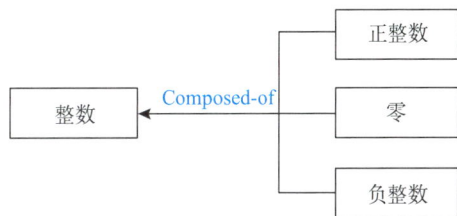
图 2-10　组成关系实例

2.4.3 语义网络表示知识的方法

1．事实性知识的表示

对于一些简单的事实，如"鸟有翅膀""轮胎是汽车的一部分"，这里要描述这些事实需要两个结点，用前面给出的基本语义联系或自定义的基本语义联系就可以表示了。对于稍微复杂一点的事实，如当在一个事实中涉及多个事物时，如果语义网络只被用来表示一个特定的事物或概念，那么当有更多的实例时，需要更多的语义网络，这样就使问题复杂化了。

通常，有关一个事物或一组相关事物的知识用一个语义网络来表示。例如，用一个语义网络来表示事实"苹果树是一种果树，果树又是树的一种，树有根、有叶，而且树是一种植物"。该事实涉及"苹果树""果树"和"树"这3个对象，树有两个属性"有根""有叶"。首先建立"苹果树"结点，为了进一步说明苹果树是一种果树，增加"果树"结点，并用 AKO 连接这两个结点。为了说明果树是树的一种，增加"树"结点，并用 AKO 连接这两个结点。为了进一步描述树"有根""有叶"的属性，引入"根"结点和"叶"结点，并分别用 Have 与"树"结点连接。这个事实可用如图 2-11 所示的语义网络表示。

图 2-11　有关苹果树的语义网络

2．情况、动作和事件的表示

为了描述那些复杂的知识，在语义网络的知识表示法中通常采用引进附加结点的方法来解决。西蒙在提出的表示方法中增加了情况结点、动作结点和事件结点，允许用一个结点来表示情况、动作和事件。

1）情况的表示

在用语义网络表示那些不及物动词表示的语句或没有间接宾语的及物动词表示的语句时，若该语句的动作表示了一些其他情况，如动作作用的时间等，则需要增加一个情况结点用于指出各种不同的情况。

例如，用语义网络表示知识"请在 2006 年 6 月前归还图书"。这条知识只涉及一个对象就是"图书"，表示在 2006 年 6 月前"归还"图书这种情况。为了表示归还的时间，可以增加一个"归还"结点和一个情况结点，这样不仅说明了归还的对象是图书，还很好地表示了归还图书的时间。其带有情况结点的语义网络表示如图 2-12 所示。

2）动作的表示

有些表示知识的语句既有发出动作的主体，又有接受动作的客体。在用语义网络表示这样的知识时，可以增加一个动作结点用于指出动作的主体和客体。例如，用语义网络表示知识"校长送给李老师一本书"。这条知识只涉及两个对象——"书"和"校长"，为了表示这个事实，增加一个"送给"结点。其语义网络表示如图 2-13 所示。

3）事件的表示

如果要表示的知识可以看成发生的一个事件，那么可以增加一个事件结点来描述这条知

图 2-12　带有情况结点的语义网络

图 2-13　带有动作结点的语义网络

识。例如，用语义网络表示知识"中国与日本两国的国家足球队在中国进行一场比赛，结局的比分是 3∶2"。其语义网络表示如图 2-14 所示。

图 2-14　带有事件结点的语义网络

3．连词和量词的表示

在稍微复杂一点的知识中，经常用到"并且""或者""所有的""有一些"等连接词或量词，在谓词逻辑表示法中可以容易表示这类知识。谓词逻辑中的连词和量词可以用语义网络来表示。因此，语义网络也能表示这类知识。

1）合取和析取的表示

当用语义网络来表示知识时，为了能表示知识中体现出来的"合取与析取"的语义联系，可通过增加合取结点和析取结点来表示。只是在使用时要注意其语义，不应出现不合理的组合情况。例如，事实"参观者有男有女，有年老的，有年轻的"可用图 2-15 所示的语义网络表示，其中 A、B、C、D 分别代表 4 种情况的参观者。

2）存在量词与全称量词的表示

在用语义网络表示知识时，对存在量词可以直接用"是一种""是一个"等语义关系来表示。对全称量词可以采用亨德里克提出的语义网络分区技术，也称为分块语义网络（Partitioned Semantic Net，PSN）来表示。分块语义网络的基本思想是：把一个复杂的命题划分成若干子命题，每个子命题用一个简单的语义网络来表示，称为子空间，多个子空间构成一个大空间。每个子空间看成大空间中的一个结点，被称为超结点。空间可以逐层嵌套，子空间之间用弧相互连接。

例如，事实"每个学生都学习了一门外语"可用如图 2-16 所示的语义网络表示。其中节点 G 代表整个陈述句，节点 GS 是一个概念节点，它表示具有全称化的一般事件，G 是 GS 的一个实例。G 中的每个元素至少有两个特性：格式 Form(F)，即句中的关系和全称量词 $\forall$。这个例子中只有一个变量 S 具有全称量词，Form 中的其余两个变量 R、P 看成具有存在量词。

4．用语义网络表示知识的步骤

（1）确定问题中所有对象和各对象的属性。

图 2-15　具有合取和析取关系的语义网络

图 2-16　具有全称量词的语义网络（分块语义网络）

（2）确定所讨论对象间的关系。

（3）根据语义网络涉及的关系，对语义网络中的结点和弧进行整理，包括增加结点、增加弧和归并结点等。

①　在语义网络中，若结点中的联系是 ISA、AKO、AMO 等类属关系，则下层结点对上层结点具有属性继承性。整理同一层结点的共同属性，并抽出这些属性，加入上层结点，以免造成信息冗余。

②　若表示的知识中含有因果关系，则增加情况结点，并从该结点引出多条弧，将原因结点和结果结点连接起来。

③　若表示的知识中含有动作关系，则增加动作结点，并从该结点引出多条弧，将动作的主体结点和客体结点连接起来。

④　若表示的知识中含有"与"和"或"关系，则可在语义网络中增加"与"结点和"或"结点，并用弧将这些"与"和"或"与其他结点连接起来，表示知识中的语义关系。

⑤　若表示的知识是含有全称量词和存在量词的复杂问题，则采用前面介绍的亨德里克提出的语义网络分区技术来表示。

⑥　若表示的知识是规则性的知识，则应仔细分析问题中的条件与结论，并将它们作为语义网络中的两个结点，然后用 If-then 弧将它们连接起来。

（4）将各对象作为语义网络的一个结点，各对象间的关系作为网络中各结点的弧，它们相连接后，形成语义网络。

例2-7　把下列命题用一个语义网络表示出来：

（1）猪和羊都是动物；

（2）猪和羊都是哺乳动物；

（3）野猪是猪，但生长在森林中；

（4）山羊是羊，头上长着角；

（5）绵羊是一种羊，它能生产羊毛。

解　问题涉及的对象有猪、羊、动物、哺乳动物、野猪、山羊、绵羊、森林、羊毛、角等。分析它们之间的语义关系，"动物"与"哺乳动物"、"哺乳动物"与"猪"、"哺乳动物"与"羊"、"羊"与"山羊"及"绵羊"、"野猪"与"猪"之间的关系是"是一种"的关系，可用 AKO 来表示。"山羊"和"头上有角"之间是属性关系，可用 Have 描述；"绵羊"与"羊毛"是属性关系，可用 Have 描述；"野猪"与"森林"是位置关系，可用 Located-at 表示。其语义网络如图 2-17 所示。

图 2-17　有关猪和羊的语义网络

例2-8　用语义网络表示下列知识：教师张明在本年度第二学期给计算机应用专业的学生讲授"人工智能"这门课程。

解　涉及的对象包括教师、张明、学生、计算机应用、人工智能、本年度第二学期等。确定各对象间的关系。"张明"与"教师"是类属关系，可以用 ISA 表示；"学生"与"计算机应用"是属性关系，可以用 Major 表示。"张明""学生"与"人工智能"则通过"讲课"动作联系在一起。

从上面的分析可知，必须增加一个动作结点"讲课"，"张明"是这个动作的主体，而"学生"和"人工智能"是这个动作的两个客体。"本年度第二学期"则是这个动作的作用时间，属于时间关系。因此，通过增加动作结点"讲课"将网络中的各结点联系起来。由"讲课"结点引出的弧不仅指出了讲课的主体和客体，还指出了讲课的时间。

其对应的语义网络如图 2-18 所示。

图 2-18　有关讲课的语义网络

2.4.4　语义网络的推理过程

用语义网络表示知识的问题求解系统主要由两部分组成，一部分是由语义网络构成的知识库，另一部分是用于问题求解的推理机。语义网络的推理过程主要有两种：继承和匹配。

1. 继承推理

继承是指把对事物的描述从抽象结点传递到具体结点，可以得到所需结点的一些属性值，通常是沿着 ISA、AKO、AMO 等继承弧进行的。

继承推理的一般过程如下。

（1）建立结点表，存放待求结点和所有以 ISA、AKO、AMO 等继承弧与此结点相连的结点。在初始情况下，只有待求解的结点。

（2）检查表中的第一个结点是否有继承弧。如果有，就从该弧所指的所有结点放入结点表的末尾，记录这些结点的所有属性，并从结点表中删除第一个结点。如果没有，就仅从结点表中删除第一个结点。

（3）重复检查表中的第一个是否有继承弧，直到结点表为空。记录的属性就是待求结点的所有属性。

2. 匹配推理

语义网络问题的求解一般是通过匹配来实现的。所谓匹配，就是在知识库的语义网络中寻找与待求问题相符的语义网络模式。

匹配推理的主要过程如下。

（1）根据问题的要求构造网络片段，该网络片段中有些结点或弧为空，标记待求解的问题（询问处）。

（2）根据该语义网络片段在知识库中寻找相应的信息。

（3）当待求解的语义网络片段和知识库中的语义网络片段相匹配时，则与询问处（待求解的问题）相匹配的事实就是问题的解。

注意：语义网络知识表达方法中没有形式语义，也就是说，与谓词逻辑不同，对给定的表达表示什么语义没有统一的表示法。

赋予网络结构的含义完全决定于管理这个网络的过程的特性。

在已经设计的以语义网络为基础的系统中，它们各自采用不同的推理过程。但推理的核心思想无非是继承和匹配。

2.4.5　语义网络表示法的特点

1．语义网络表示法的优点

① 自然性：直观而明确地表达概念之间的语义关系，接近于人类的语义记忆方法，是一种直观的知识表示方法，符合人们表达事物间关系的习惯。

② 结构性：语义网络把事物的属性及事物间的各种语义联系显式地表现出来，是一种结构化的知识表示法。在这种方法中，下层结点可以继承、增加和修改上层结点的属性，从而实现信息共享。

③ 联想性：着重于表达语义关系知识，体现了人类思维的联想过程。

④ 效率较高：语义网络表示把各结点之间的联系以明确、简洁的方式表示出来，通过与某结点连接的弧容易找出相关信息，而不必查找整个知识库，可以有效地避免搜索时的组合爆炸问题。

2．语义网络表示法的缺点

① 非严格性：语义网络没有公认的形式表示体系，没有给其结点和弧赋予确切的含义。在推理过程中，有时不能区分物体的"类"和"实例"的特点，因此通过语义网络实现的推理不能保证其推理结果的正确性。

② 有限性：语义网络表示法既不便于表达判断性知识、也不便于表达深层知识，其表达范围也受到一定限制，一旦语义网络中的结点个数比较多，则网络结构复杂，推理就难以进行。

2.5　框架表示法

框架表示法是以框架理论为基础发展起来的一种结构化的知识表示，适合表达多种类型的知识。1975 年，MIT 的明斯基在论文 *A Framework for Representing Knowledge* 中提出了框架理论，引起了人工智能学者的重视。他是针对人们在理解情景、故事时提出的心理学模型，论述的是思想方法，不是具体实现。

框架理论的基本观点是，"人脑已存储了大量的典型情景，当人面临新的情景时，就从记忆中选择（粗匹配）一个称为框架的基本知识结构，这个框架是以前记忆的一个知识空框，而其具体内容依新情景而改变，对这空框的细节加工修改和补充，形成对新情景的认识又记忆于人脑中，以丰富人们的知识。"

2.5.1　框架结构

框架是表示某类情景的结构化的一种数据结构。框架由描述事物的各方面的槽组成，每个槽可有若干侧面。槽用于描述所讨论对象的某方面的属性，一个侧面用于描述相应属性的一方面。槽和侧面具有的值分别称为槽值和侧面值。槽值可以是逻辑的、数字的，可以是程序、条件、默认值或子框架。槽值包含如何使用框架信息、下一步可能发生的信息、预计未实现该如何做的信息等。

在一个用框架表示的知识系统中一般都含有多个框架,为了区分不同的框架和一个框架内不同的槽,不同的侧面需要分别赋予不同的名字,分别称为框架名、槽名、侧面名。因此,一个框架通常由框架名、槽名、侧面名和值四部分组成,其一般结构如下:

<框架名>

槽名 1:	侧面名 11	值 11
	侧面名 12	值 12
	侧面名 $1m$	值 $1m$
槽名 2:	侧面名 21	值 21
	侧面名 22	值 22
	侧面名 $2m$	值 $2m$
槽名 n:	侧面名 $n1$	值 $n1$
	侧面名 $n2$	值 $n2$
	侧面名 nm	值 nm
约 束:	约束条件 1	
	约束条件 2	
	约束条件 n	

例如,用框架来描述"优质商品"这个概念。首先分析商品所具有的属性,一个商品可能具有的属性有商品名称、生产厂商、生产日期、获奖情况等,这里只考虑这几个属性。这几个属性可以定义为"优质商品"框架的槽,而"获奖情况"属性还可以从获奖等级、颁奖部门和获奖时间 3 个侧面来描述。如果给每个槽和侧面赋予具体的值,就得到了"优质商品"概念的一个实例框架。

框 架 名:<优质商品>
商品名称:红桃 K
生产厂商:红桃 K 集团
生产日期:1998 年 6 月 17 日
获奖情况:获奖等级:省级
颁奖单位:湖北省卫生厅
获奖时间:2000 年 5 月

通常,在框架系统中定义一些公用、常用且标准的槽名,并把这些槽名称为系统预定义槽名。人们在使用这些槽名时,不用说明就知道它表示何种联系。下面给出几个比较常用的、用来表示对象间关系的槽名。

1. ISA 槽

ISA 槽用于指出对象间抽象概念上的类属关系。其直观意义是"是一个""是一种""是一只"等。在一般情况下，用 ISA 槽指出的联系都具有继承性。

框架的继承性是指当下层框架中的某些槽值或侧面值没有被直接给定时，可以从其上层框架中继承这些值或属性。例如，椅子一般有 4 条腿，若一把具体的椅子没有指出它有几条腿时，则可以通过一般椅子的特性，得出它有 4 条腿。

2．AKO 槽

AKO 槽用于具体地指出对象间的类属关系，其直观意义是"是一种"。当用它作为某下层框架的槽时，明确地指出了该下层框架所描述的事物是其上层框架所描述事物中的一种，下层框架可继承上层框架中的值或属性。

3．Instance 槽

Instance 槽用来表示 AKO 槽的逆关系。当用它作为某上层框架的槽时，可在该槽中指出它所联系的下层框架。用 Instance 槽指出的联系都具有继承性，即下层框架可继承上层框架中所描述的属性或值。

4．Part-of 槽

Part-of 槽用于指出部分与整体的关系。当用其作为某框架的一个槽时，槽中所填的值称为该框架的上层框架名，该框架所描述的对象只是其上层框架所描述对象的一部分。

例如，"两条腿"是"人体"的一部分，可以将"两条腿"和"人体"分别定义成框架，"两条腿"为下层框架，"人体"为其上层框架。在"两条腿"的框架中设置一个 Part-of 槽，槽值中填入框架名<人体>。

显然，用 Part-of 槽指出的联系所描述的下层框架与上层框架之间不具有继承性。

2.5.2   框架表示

例 2-9   描述"教师"的框架。

    框架名：<教师>
    类属：   <知识分子>
    工作：   范围：(教学, 科研)
                默认：教学
    性别：   (男, 女)
    学历：   (中专, 大学)
    类别：   (<小学教师>, <中学教师>, <大学教师>)

在这个框架中，框架名为"教师"，有 5 个槽，槽名分别是"类属""工作""性别""学历"和"类别"。这些槽名后面就是其槽值，而槽值"<知识分子>"又是一个框架名。"范围"和"默认"是槽"工作"的两个不同的侧面，其后是侧面值。

例 2-10   下面是描述"大学教师"的框架。

    框架名：<大学教师>
    类属：   <教师>
    学位：   范围：(学士, 硕士, 博士)

默认：硕士

专业：　　　<学科专业>

职称：　　　范围：(助教, 讲师, 副教授, 教授)

默认：讲师

水平：　　　范围：(优, 良, 中, 差)

默认：良

从上述两例可以看出，这两个框架之间存在层次关系，称前者为上层框架（或父框架），后者为下层框架（或子框架）。

例 2-11　描述一个具体教师的框架。

框架名：　　<教师-1>

类属：　　　<大学教师>

姓名：张宇

性别：男

年龄：32

职业：　　　<教师>

职称：　　　副教授

部门：　　　计算机系

研究方向：　计算机软件与理论

工作：　　　参加时间：2000 年 7 月

工龄：　　　当前年份-2000

工资：　　　<工资单>

比较上面几个例子，可以发现"教师-1"是"大学教师"的下层框架，而"大学教师"又是"教师"的下层框架，"教师"又是"知识分子"的下层框架。框架之间的层次关系是相对的，下层框架可以从上层框架继承某些属性或值。这样，一些相同的信息可以不必重复存储，节省了存储空间，这种层次结构对减少冗余信息有重要意义。

例 2-12　下面是有关地震的新闻报道，请用框架结构表示这段报道。

今天，一次强度为里氏 8.5 级的强烈地震袭击了下斯洛文尼亚（Low Slabovia）地区，造成 25 人死亡和 5 亿美元的财产损失。下斯洛文尼亚地区主席说："多年来，靠近萨迪豪金斯断层的重灾区一直是一个危险地区。这是本地区发生的第 3 号地震。"

解　首先，分析关于地震报道中涉及的一些有关地震的关键属性，这些属性是地震发生的地点、时间、伤亡人数、财产损失数量、地震强度的震级和断层情况。这些属性可以作为该框架的各槽。

然后，将本报道中的有关数据填入相应的槽，就得到了第 3 号地震的框架。

框架名：<第 3 号地震>

地点：Low Slabovia

时间：今天

伤亡人数：25 人

财产损失：5 亿美元

震级：8.5 级

断层：萨迪豪金斯

该框架也可以用图 2-19 表示。

图 2-19　下斯洛文尼亚第 3 号地震框架

2.5.3　框架表示的推理过程

框架表示的知识库中主要有两种活动：一是"填槽"，即框架中未知内容的槽需要填写；二是"匹配"，根据已知事件寻找合适的框架，并将该内容填入槽中。上述两种操作均将引起推理，其主要推理形式如下。

1．默认推理

在框架网络中，各框架之间通过 ISA 链（槽）构成半序的继承关系。在填槽过程中，如果没有特别说明，子框架的槽值将继承父框架相应的槽值，称为默认推理。

2．匹配

当利用由框架构成的知识库进行推理、形成概念和做出决策、判断时，其过程往往是根据已知的信息，通过与知识库中预先存储的框架进行匹配，找出一个或几个与该信息提供的情况最适合的预选框架，形成初步假设，即由输入信息激活相应的框架。再在该假设框架引导下，收集进一步的信息。按某种评价原则，对预选的框架进行评价，以决定最后接受或放弃预选的框架，即在框架引导下的推理。这个过程可以用来模拟人类利用已有的经验进行思考、决策，以及形成概念、假设的过程。

2.5.4　框架表示法的特点

1．框架表示法的优点

① 继承性：继承性是框架的重要性质，下层框架既可以从上层框架继承某些属性或值，也可以进行补充和修改。这样，一些相同的信息可以不必重复存储，减少冗余信息，节省了存

储空间。

② 结构化：框架表示法是一种结构化的知识表示方法，不但可以把知识的内部结构表示出来，而且可以把知识之间的联系表示出来，是一种表达能力很强的知识表示方法。

③ 自然性：在人类思维和理解活动中分析和解释遇到的情况时，就从记忆中选择一个类似事物的框架，通过对其细节进行修改或补充，形成对新事物的认识，这与人们的认识活动是一致的。

④ 推理灵活多变：框架表示法没有固定的推理机制，可以根据待求解问题的特点灵活地采取多种推理方法。

2．框架表示法的缺点

框架表示法的主要不足在于，它不善于表达过程性知识，因此经常与产生式表示法结合起来使用，以便互补。

2.6 脚本表示法

脚本是美国耶鲁大学的沙克（R.C. Schank）于 1977 年提出的一种结构化的表示方式，用于表示事件序列。脚本最初用于理解自然语言文本，这是一种特殊的框架，也由一组槽组成。槽的描述也利用了概念从属提供的原语，下面具体介绍脚本表示法。

2.6.1 脚本的定义

在人们的日常生活中，经常会遇到很多常识性的知识以一种叙事体的形式表达，这种叙事体表示的知识涉及的面比较广，关系也较复杂，很难将其以形式化的方法表示并交给计算机处理。为了解决这一问题，20 世纪 70 年代中期，沙克及其同事们依据概念从属理论提出了一种知识表示方法——脚本表示法（Scripts）。概念从属理论是由沙克在 20 世纪 60 年代末 70 年代初发展起来的，基本思想是：人类的日常行为可以表示为一个叙事体，这一叙事体可能由许多语句构成，句子表达以行为（Action）为中心，但句子的行为不是由动词表示的，而是由原语行为集表示的，其中每个原语都是包含动词意义的概念。换句话说，行为是由动词的概念表示的，而不是由动词本身表示的。在表示以叙事体表达的知识时，先将知识中的各种故事情节的基本概念抽取出来，构成一个原语集，确定原语集中各原语间的相互依赖关系，再把所有的故事情节以原语集中的概念及它们之间的从属关系表示出来。尽管每个人的经历不同，但在抽象概念原语时都应该遵守一些基本的要求，如概念原语不能有歧义性、各概念原语应当相互独立等。沙克在其研制的脚本应用机制（Script Applier Mechanism，SAM）中对动作一类的概念进行了原语化，抽象出了 11 种动作原语，可以作为槽来表示一些基本行为。这 11 种动作原语如下。

① INGEST：表示把某物放入体内，如吃饭、喝水等。

② PROPEL：表示对某一对象施加外力，如推、压、拉等。

③ GRASP：表示行为主体控制某一对象，如抓起某件东西、扔掉某件东西等。

④ EXPEL：表示把某物排出体外，如撒尿、呕吐等。

⑤ PTRANS：表示某一物理对象物理位置的改变，如某人从一处走到另一处，其物理位置发生了变化。

⑥ MOVE：表示行为主体移动自己身体的某一部位，如抬手、蹬脚、弯腰等。

⑦ ATRANS：表示某种抽象关系的转移。如当把某物交给另一人时，该物的所有关系即发生了转移。

⑧ MTRANS：表示信息的转移，如看电视、窃听、交谈、读报等。

⑨ MBUILD：表示由已有的信息形成的新信息，如由图、文、声、像形成的多媒体信息。

⑩ SPEAK：表示发出声音，如唱歌、喊叫、说话等。

⑪ ATTEND：表示用某个感觉器官获取信息，如用眼睛看某种东西或用耳朵听某种声音。

利用这 11 种动作原语及其相互依赖关系，可以把生活中的事件编制成脚本，每个脚本代表一类事件，并把事件的典型情节规范化。当接受一个故事时，就找一个与之匹配的脚本，根据脚本排定的场景次序来理解故事的情节。

综上所述，脚本就是一个用来描写人类某种活动的事件序列，或者说，脚本试图表达人们已成陈规的事件序列的知识。其实，可以将脚本看成框架的一种特殊形式，特定范围内的一些事件的发生序列可以由一组槽来描述，利用槽之间的关系表述事件发生的先后。

2.6.2　脚本的组成

脚本与日常生活中的电影剧本有些相像，有角色（人或演员）、道具、场景等。通常，一个脚本由以下几部分构成。

① 进入条件：给出在脚本中所描述事件的前提条件。

② 角色：用来表示在脚本所描述事件中可能出现的有关人物的槽。

③ 道具：用来表示在脚本所描述事件中可能出现的有关物体的槽。

④ 场景：用来描述事件发生的真实顺序。一个事件可以由多个场景组成，而每个场景又可以是其他脚本。

⑤ 结果：给出在脚本所描述事件发生以后所产生的结果。

脚本表示最著名的例子是餐厅脚本。通过对许多餐厅的了解，人们建立了一个详细的预期，即脚本，表明了在餐厅里将要发生的事情。餐厅事件的一般序列包括：进入，找座，点菜，等待，吃饭，接受账单，付账，离去。餐厅脚本的例子如下。

脚本：餐厅

（1）进入条件。

① 顾客饿了，需要进餐；

② 顾客有足够的钱。

（2）角色。

顾客、服务员、厨师、收银员、礼仪小姐。

（3）道具。

食品、桌子、菜单、钱。

（4）场景。

场景1：进入

PTRANS　顾客走进餐厅。

场景2：找座

① ATTEND　寻找桌子；

② PTRANS　走到确定的桌子旁；

③ MOVE　在桌子旁坐下。

场景3：点菜

① ATRANS　服务员给顾客菜单；

② MBUILD　顾客点菜；

③ ATRANS　顾客把菜单还给服务员。

场景4：等待

① MTRANS　服务员告诉厨师顾客所点的菜；

② DO　厨师做菜（通过调用"做菜"的脚本来实现）。

场景5：吃饭

① ATRANS　厨师把做好的菜给服务员；

② ATRANS　服务员把菜送给顾客；

③ INGEST　顾客吃菜。

场景6：接受账单

① MTRANS　顾客告诉服务员要结账；

② ATRANS　服务员拿来账单交给顾客。

场景7：付账

① ATRANS　顾客付钱给服务员；

② ATRANS　服务员将钱交给收银员。

场景8：离去

① PTRANS　顾客离开餐厅；

② SPEAK　礼仪小姐对顾客说"欢迎再来"。

（5）结果

① 顾客吃了饭，不饿了；

② 顾客花了钱；

③ 老板赚了钱；

④ 餐厅食品少了。

用脚本表示知识的步骤如下。

（1）确定脚本运行的条件，脚本中涉及的角色、道具。

（2）分析要表示的知识中的动作行为，划分故事情节，并将每个故事情节抽象为一个概念，作为分场景的名字，每个分场景描述一个故事情节。

（3）抽取各故事情节（或分场景）中的概念，构成一个原语集，分析并确定原语集中各原语间的相互依赖关系和逻辑关系。

（4）把所有的故事情节都以原语集中的概念及它们之间的从属关系表示出来，确定脚本的场景序列，每个子场景可能由一组原语序列构成。

（5）给出脚本运行后的结局。

由脚本的组成可以看出，脚本表示法对事实或事件的描述结果为一个因果链。链头即脚本的进入条件，只有当这些进入条件被满足时，用脚本表示的事件才能发生；链尾是一组结果，只有当这一组结果产生后，脚本所描述的事件才算结束，其后的事件或事件序列才能发生。一个脚本之所以可以看成因果链，是因为脚本中所描述的每个事件前后是相互联系的，前面事件是后面事件发生的起因，而后面事件是前面事件发生的结果。正是因为脚本是对这种因果关系的描述，就可以运用与脚本表示法相适应的推理方法实现问题求解。通常可解决的问题包括：对事件发生结果的预测，探寻事件之间的关系。

与其他表示法类似，用脚本表示的问题求解系统一般也包含知识库和推理机。知识库中的知识用脚本来表示，一般情况下，知识库中包含了许多已事先写好的脚本，每个脚本都是对某类型的事件或知识的描述。当需要求解问题时，问题求解系统中的推理机制，首先到知识库中搜索寻找是否有适合描述所要求解问题的脚本，如果有（可能有多个），就在适合描述该问题的脚本中，利用一定的控制策略（如判断所描述的问题是否满足该脚本的进入条件），选择一个脚本作为启用脚本，将其激活，运行脚本，利用脚本中的因果链实现问题的推理求解。

例如，假设有这样一个问题：李斯来到医院，看了医生，然后就离开了医院。请问：李斯买药了吗？他交钱了吗？

首先将要求解的问题用脚本表示出来，将问题中涉及的具体对象和人物填写到问题脚本的槽中。如果在问题求解系统的知识库中含有"医院就医"这样的脚本，那么系统会通过一定的策略（问题脚本中的前提、道具、角色等可作为启动知识库中相应脚本的指示器）启动该脚本的运行，若其脚本的编写与前面给出的例子一样，则可以推出这样的结论：李斯买了药，也交了钱。

因为描述的问题满足该脚本的进入条件和结束条件，所以认为李斯到医院看病符合常规的程序，而推得这样的结果。因此，基于脚本表示的推理方法实际上是一种匹配推理方法。

另外，利用脚本推理可以实现对事件发生过程中，某些动作（或称为子事件）间的关系进行解释。比如，上面到医院看病的例子，如果问题变为"李斯先挂号，还是先看医生"，就是要判断"挂号"和"看医生"这两个事件哪一个先发生，通过启动知识库中的"医院就医"脚本，发现"挂号"先于"看医生"发生。

可以看出，基于脚本表示的推理实际上是一个匹配推理，推理过程假设要求解的问题发生过程符合脚本中所预测的事件序列，如果所求解问题事件序列被中断，就可能得出错误的结论。例如，对于如下情节的描述："李斯来到医院，看了医生，在排队买药时，因为等得太久，所以不高兴地离开了医院。"因为不愿意久等，所以李斯离开了医院，这个事件改变了医院就医脚本中所预测的事件序列，因果链被中断了，因而可能推出"李斯买了药"这样的错误结论。

2.6.3　脚本表示法的特点

1．脚本表示法的优点

① 自然性：脚本表示法体现了人们在观察事物时的思维活动，组织形式类似日常生活中的影视剧本，对于表达预先构思好的特定知识，如理解故事情节等，是非常有效的。

② 结构性：由于脚本表示法是一种特殊的框架表示法，因此具有框架表示法善于表达结

构性知识的特点。也就是说，脚本能够把知识的内部结构关系及知识间的联系表示出来，是结构化的知识表示方法。一个脚本也可以由多个槽组成，槽又可分为若干侧面，这样就能把知识的内部结构显式表示出来。

2．脚本表示法的缺点

脚本表示法的不足是，它对知识的表示比较呆板，所表示的知识范围也比较窄，因此不太适合表达各种各样的知识。脚本表示法目前主要在自然语言处理领域的篇章理解方面获得了一些应用。

2.7　面向对象表示法

近年来，在智能系统的设计与构造中，人们开始使用面向对象的思想、方法和开发技术，并在知识表示、知识库的组成与管理、专家系统的系统设计等方面取得了一定的进展。本节将先讨论面向对象的基本概念，再对应用面向对象技术表示知识的方法进行初步探讨。

2.7.1　面向对象的基本概念

1．对象

广义地讲，对象是指客观世界中的任何事物，既可以是一个具体的简单事物，也可以是由多个简单事物组合而成的复杂事物。

从问题求解的角度，对象是与问题领域有关的客观事物。

由于客观事物都具有其自然属性及行为，因此与问题有关的对象也有一组数据和一组操作，且不同对象间的相互作用可通过互传消息来实现。

按照对象方法学的观点，一个对象的形式可以用如下四元组表示：

$$对象::=<ID, DS, MS, MI>$$

即完整的对象由该对象的标识符 ID、数据结构 DS、方法集合 MS 和消息接口 MI 组成。

- ❖ ID：对象的标识符，又称为对象名，用于标识一个特定的对象，正如一个人有人名、一所学校有学校名一样。
- ❖ DS：对象的数据结构，描述了对象当前的内部状态或所具有的静态属性，常用一组<属性名,属性值>表示。
- ❖ MS：对象的方法集合，用来说明对象所具有的内部处理方法或对受理的消息的操作过程，反映了对象自身的智能行为。
- ❖ MI：对象的消息接口，是对象接收外部信息和驱动有关内部方法的唯一对外接口。这里的外部信息称为消息。

2．类

类是一种抽象机制，是对一组相似对象的抽象，具体地说，就是那些具有相同结构和处理能力的对象用类来描述。

一个类实际上定义了一种对象类型，描述了属于该对象类型的所有对象的性质。例如，黑白电视、彩色电视都是具体对象，但它们有共同属性，于是可把它们抽象成"电视"，而"电视"是一个类。每个类还可以进行进一步抽象，形成超类。例如，对电视、电冰箱等可以形成超类"家用电器"。这样类、超类和对象就形成了层次结构。其实该结构还可以包含更多的层次，层次越高就越抽象，越低就越具体。

3. 封装

封装是指一个对象的状态只能由它的私有操作来改变，其他对象的操作不能直接改变它的状态。

当一个对象需要改变另一个对象的状态时，只能向该对象发送消息，该对象接收消息后根据消息的模式找到相应的操作，并执行操作改变自己的状态。

封装是一种信息隐藏技术，是面向对象方法的重要特征之一。用户可以不必了解对象行为实现的细节，只需用消息来访问对象，使面向对象的知识系统便于维护和修改。

4. 消息

消息是指在通信双方之间传递的任何书面、口头或代码等信息。

在面向对象的方法中，对对象实施操作的唯一途径是向对象发送消息，各对象间的联系只有通过消息发送和接收来进行。同一消息可以送往不同的对象，不同对象对于相同形式的信息可以有不同的解释和不同的反应。对象可以接收不同形式、不同内容的多个消息。

5. 继承

继承是指父类所具有的数据和操作可以被子类继承，除非在子类对相应数据及操作重新进行了定义，这称为对象之间的继承关系。

面向对象的继承关系与框架间属性的继承关系类似，可以避免信息的冗余。

以上简单介绍了面向对象的几个最基本的概念，由此可以看出面向对象的基本特征：模块化、继承性、封装性、多态性。

多态是指一个名字可以有多种语义，可有多种解释。例如，运算符"+""-""*""/"既可以做整数运算，也可以做实数运算，但它们的执行代码全然不同。

在面向对象的方法中，父类、子类和具体对象构成了一个层次结构，而且子类可以继承父类的数据及操作。这种层次结构及继承机制直接支持了分类知识的表示，而且其表示方法与框架表示法有许多相似之处，只是可以按类以一定层次形式进行组织，类之间通过链实现联系。

2.7.2 面向对象表示知识

用面向对象方法表示知识时需要对类的构成形式进行描述，不同面向对象语言所提供的类的描述形式不同。下面给出一种描述形式。

```
Class <类名> [: <父类名>]
        [<类变量表>]
            Structure
                <对象的静态结构描述>
```

Method

<关于对象的操作定义>

Restraint

<限制条件>

EndClass

其中：

- ❖ Class：类描述的开始标志。
- ❖ <类名>：该类的名字，是系统中该类的唯一标识。
- ❖ <父类名>：任选，指出当前定义的类之父类，可以缺省。
- ❖ <类变量表>：一组由变量名构成的序列，该类中所有对象都共享这些变量，对该类对象来说它们是全局变量，当把这些变量实例化为一组具体的值时，就得到了该类中的一个具体对象，即一个实例。
- ❖ Structure：后面的<对象的静态结构描述>用于描述该类对象的构成方式。
- ❖ Method：后面的<关于对象的操作定义>用于定义对类元素可实施的各种操作，它既可以是一组规则，也可以是为了实现相应操作所需执行的一段程序。
- ❖ Restraint：后面的<限制条件>指出该类元素应该满足的限制条件，可用包含类变量的谓词构成。当它不出现时，表示没有限制。
- ❖ EndClass：结束类的描述。

面向对象表示学的主要观点如下。

① 认为世界由各种"对象"组成，任何事物都是对象，是某对象类的元素，复杂的对象可由相对简单的对象以某种方法组成，甚至整个世界也可从一些最原始的对象开始，经过层层组合而成。

② 所有对象被分成各种类，每个类都定义了"方法"（Method），实际上可视为允许作用于该类上的各种操作。

③ 对象之间除了互递消息的联系，不再有其他联系，一切局部于对象的信息和实现方法都被封装在相应对象类的定义中，在外面是看不见的，这便是"封装"的概念。

④ 类将按"类""子类"和"超类"等概念形成一种层次关系（或树形结构）。在这个层次结构中，上一层对象具有的一些属性或特征可被下一层对象继承，除非在下一层对象中对相应的属性进行了重新描述（这时以新属性值为准），从而避免了描述中信息的冗余，这称为对象类之间的继承关系。

本章小结

知识是有关信息关联在一起形成的信息结构，具有相对正确性、不确定性、可表示性和可利用性等特点。

谓词逻辑是一种重要的知识表示方法，是目前为止能够表示人类思维活动规律的一种最精确的形式语言，是知识的形式化表示、定理的自动证明等研究的基础；产生式方法是目前已建立的专家系统中知识表示的主要手段之一，这两种方法属于非结构化的知识表示范畴，而语义网络表示法和框架表示法属于结构化的知识表示范畴。从本质上讲，这两种知识表示方法都是以一阶逻辑表示为基础的，都可以转变为等价的一阶逻辑表示。

目前的知识表示一般是从具体应用中提出的，后来虽然不断发展变化，但是仍偏重实际应用，缺乏严格的知识表示理论。而且，由于这些知识表示方法是面向领域知识的，对于常识性知识的表示仍没有取得大的进展，是一个亟待解决的问题。

为了能够表达更多的信息，在谓词逻辑中已经引入了全称量词和存在量词，但仍然有些类型的语句无法表达，如"大多数同学得了 A"语句中，量词"大多数"无法用存在量词和全称量词表达。为了表达"大多数"，逻辑必须提供一些用于计算这些概念的谓词，如模糊逻辑等。另外，谓词逻辑难以表达一些有时"真"但并非总是"真"的事情，这个问题也可以通过模糊逻辑来解决。

本章还介绍了知识表示的其他方法——脚本表示法和面向对象表示法，这两种方法都是一种结构化的表示方法。

所以，逻辑是知识表示的基本手段，构成了人工智能研究的基础。框架系统和语义网络是人工智能中最常用的两种结构化知识表示方法，而面向对象的表示方法是很有发展前途的结构化知识表示方法。

习 题 2

2.1 什么是知识表示？知识表示有哪些要求？

2.2 简述一阶谓词逻辑表示法表示知识的一般步骤。

2.3 简述一阶谓词逻辑表示法的优点和缺点。

2.4 简述产生式系统的基本组成部分及它们之间的关系。

2.5 什么是语义网络？它的基本语义关系有哪些？

2.6 什么是框架？框架表示法的特点是什么？

2.7 什么是脚本？脚本一般由几部分构成？

2.8 面向对象表示法中的封装和继承各有什么含义？

2.9 设有下列语句，请用相应的谓词公式把它们表示出来。

（1）有的人喜欢梅花，有的人喜欢菊花，有的人既喜欢梅花又喜欢菊花。

（2）他每天下午都去玩足球。

（3）兰州市的夏天既干燥又炎热。

（4）所有人都有饭吃。

（5）喜欢玩篮球的人必定喜欢玩排球。

（6）要想出国留学，必须通过外语考试。

（7）每个学生都要参加考试。

（8）任何整数或是正的或是负的。

2.10 房内有一只猴子、一个箱子，天花板上挂了一串香蕉，如图 2-20 所示。猴子为了拿到香蕉，它必须把箱子推到香蕉下面，再爬到箱子上。请定义必要的谓词，写出问题的初始状态（图 2-20 所示的状态）、目标状态（猴子拿到了香蕉，站在箱子上，箱子位于位置 b）。

图 2-20　猴子摘香蕉问题

2.11　对梵塔问题给出产生式系统描述。相传古代某处一庙宇中，有三根立柱，柱子上可放直径不等的 N 个圆盘。开始时，所有圆盘都放在第一根柱子上，且小盘处在大盘之上，即从下向上直径是递减的。和尚们的任务是把所有圆盘一次一个地搬到另一个柱子上去（不许暂搁地上等），且小盘只许在大盘之上。那么，和尚们怎样才能将所有的盘子都移到第三根柱子上（其余两根柱子，有一根可作过渡盘子使用）？

2.12　请把下列语句用语义网络表示出来。

（1）每个学生都有一本程序设计语言书。

（2）红队和蓝队进行了一场篮球比赛，结局的比分是 65∶70。

（3）张三是科技公司的经理，他 36 岁，硕士学位，住在西海大街 255 号。

2.13　请把下列命题表示的事实用一个语义网络表示出来。

（1）树和草都是植物。

（2）树和草都是有根有叶的。

（3）水草是草，且生长在水中。

（4）果树是树，且有果实。

（5）苹果树是一种果树，它有苹果。

2.14　对三枚钱币问题给出产生式系统描述。

设有三枚钱币，其排列处在"正正反"状态，现允许每次可翻动其中任意一个钱币，问在只允许操作三次的情况下，如何翻动钱币使其变成"正正正"或"反反反"状态。

2.15　请描述"学生框架"，要求槽名不少于 5 个。

2.16　从进入条件、角色、道具、场景、结果等 5 方面给出描写医院的脚本。

2.17　假设有以下一段天气预报："徐州地区今天白天晴，西北风 3 级，最高气温 16℃，最低气温 2℃，降水概率 5%。"请用框架表示这个知识。

第 3 章
自动推理

自动推理（Automatic Reasoning，AR）是人工智能领域的一个重要研究方向，旨在开发能够模拟人类推理能力的计算机系统。自动推理的应用广泛，包括自然语言处理、智能搜索、专家系统、程序推导、程序正确性证明、智能机器人等研究领域。自动推理早期的工作主要集中在机器定理证明。1930 年，海伯伦（J. Herbrand）为定理证明建立了一种重要的方法，奠定了机器定理证明的基础。机器定理证明的主要突破是 1965 年由罗宾逊（H.P. Robinson）做出的，他建立了归结原理，使机器定理证明实现了应用。

本章首先介绍自动推理的基本概念和逻辑基础、自然演绎推理，然后讨论归结演绎推理。

3.1 自动推理概述

3.1.1 自动推理的概念

推理是人类求解问题的主要思维方法，其任务是利用知识，因而与知识的表达方法有密切的关系。所谓推理，就是按照某种策略从已有事实和知识中推出结论的过程。自动推理是由程序实现的，被称为推理机。在人工智能系统中，推理机利用知识库中的知识，按照一定的控制策略求解问题。例如，在医疗诊断专家系统中，知识库存储专家的经验及医学常识，数据库存储病人的症状、化验结果等初始事实，利用该专家系统为病人诊治疾病实际上就是一次推理过程，即从病人的症状及化验结果等初始事实出发，利用知识库中的知识及一定的控制策略，对病情做出诊断，并开出医疗处方。从初始事实出发，不断运用知识库中的已知知识，逐步推出结论的过程就是自动推理。

3.1.2 自动推理的分类

人类的智能活动有多种思维方式，人工智能作为对人类智能的模拟，相应地有多种自动推理方式。下面从不同的角度对推理方式进行分类。

1．演绎推理、归纳推理、默认推理

推理的基本任务是从一种判断推出另一种判断，按照推出新判断的途径，可以分为演绎推理、归纳推理和默认推理。

1）演绎推理

演绎推理是从全称判断推出特称判断或单称判断的过程，即从一般到个别的推理。演绎推理中最常用的形式是三段论。

三段论由三个判断组成，其中两个判断是前提，分别称为大前提和小前提，另一个判断为结论。例如：

① 所有的推理系统都是智能系统；
② 专家系统是推理系统；
③ 所以，专家系统是一个智能系统。

这就是一个三段论。其中，①是大前提，描述的是一般知识；②是小前提，描述的是关于个体的判断；③是结论，描述的是由大前提推出的适合小前提的新判断。

可以看出，在演绎推理中，结论是蕴含在大前提中的，即从已知判断中推出其中包含的判断，所以演绎推理并没有增加新的知识。

在三段论式的演绎推理中，只要大前提和小前提是正确的，由它们推出的结论也必然是正确的。

2）归纳推理

人们对客观事物的认识总是由认识个别事物开始，进而认识事物的普遍规律，其中归纳推理起了重要的作用。归纳推理是从足够多的事例中归纳出一般性结论的推理过程，是一种从个

别到一般的推理过程。常用的归纳推理有枚举法和类比法。

枚举法归纳推理是指由已观察到的事物都有某属性，而没有观察到相反的事例，从而推出某类事物都有某属性。其推理过程可以形式化地表示为

S_1 是 P

S_2 是 P

…

S_n 是 P

（$S_1, S_2, \cdots, S_n$ 是 S 类中的个别事物，在枚举中兼容）

S 都是 P

根据归纳时所选事例的广泛性，枚举法归纳推理可分为完全归纳推理和不完全归纳推理。

完全归纳推理是指在进行归纳时考察了相应事物的全部对象，并根据这些对象是否都具有某属性，从而推出这个事物是否具有该属性。

不完全归纳推理是指只考察了相应事物的部分对象，就得出了结论。不完全推理得出的结论不具有必然性，属于非必然性推理，而完全归纳推理是必然性推理。由于考察事物的所有对象通常是比较困难的，因此大多数归纳推理是不完全的。如检查产品质量时，一般是从中随机抽样检查一定比例的产品，如果抽样检查全部合格，就得出产品质量合格的结论，这是一个不完全归纳推理。

在两个或两类事物的许多属性都相同的基础上，推出它们在其他属性上也相同，这就是类比法归纳推理。类比法归纳可形式化地表示为

A 具有属性：a, b, c, d, e

B 具有属性：a, b, c, d

B 也具有属性：e

类比法归纳推理的可靠程度决定于两个或两类事物的相同属性与推出的属性之间的相关程度，相关程度越高，则可靠性越高。

归纳推理是人类思维活动中最基本、最常用的一种推理形式。归纳推理增加了知识，所以在机器学习部分被称为归纳学习，这部分内容将在后文详细介绍。

3）默认推理

默认推理，又称为缺省推理，是在知识不完全的情况下假设某些条件已经具备的推理方式。例如，在条件 1 已成立的情况下，如果没有足够的证据能证明条件 2 不成立，那么默认条件 2 是成立的，并在此默认前提下进行推理，推导出某个结论。由于这种推理允许默认某些条件是成立的，因此摆脱了需要知道全部相关事实才能进行推理的要求，使得在知识不完全的情况下也能进行推理。在默认推理过程中，如果到某时刻发现原先所做的默认不正确，就必须撤销所做的默认和由此默认推出的所有结论，并重新按照新情况进行推理。

2．确定性推理、不确定性推理

根据推理时所用的知识是否确定，自动推理可分为确定性推理和不确定性推理。

1）确定性推理（精确推理）

如果在自动推理中所用的知识都是精确的，即可以把知识表示成必然的因果关系，然后进行逻辑推理，推理的结论要么为真，要么为假，这种推理被称为确定性推理（精确推理）。本

章介绍的归结反演、基于规则的演绎系统等都是确定性推理。

2）不确定性推理（不精确推理）

在人类知识中，有相当一部分属于人们的主观判断，是不精确的和含糊的。由这些不精确知识归纳出来的推理规则往往是不确定的。基于这种不确定的推理规则进行推理，形成的结论也是不确定的，这种推理被称为不确定性推理（不精确推理）。

专家系统中主要使用的是不确定性推理。因为专家系统需要处理的知识通常是不完全、不精确的，所以不确定性推理更符合专家系统的应用需求。

3．单调推理、非单调推理

根据推理过程中推出的结论是否单调增加，或者推出的结论是否越来越接近最终目标，自动推理可以分为单调推理和非单调推理。

1）单调推理

单调推理是指，在推理过程中随着推理的进行及新知识的加入，推出的结论呈单调增加的趋势，并且越来越接近最终目标。在一个演绎推理的逻辑系统中存在一个无矛盾的公理系统，新加入的结论必须与公理系统兼容，新的结论与已有的知识不发生矛盾，结论总是越来越多，所以演绎推理是单调推理。

2）非单调推理

非单调推理是指，在推理过程中随着推理的进行及新知识的加入，不仅没有加强已推出的结论，反而要否定它，使得推理退回到前面的某一步，重新开始。一般非单调推理是在知识不完全的情况下进行的，由于知识不完全，为了推理进行下去，就要先做某些假设，并在这些假设的基础上进行推理；然而，当后续加入新的知识后发现原先的假设不正确时，就需要推翻该假设以及由此假设为基础的一切结论，再用新的知识重新进行推理。

人类的推理过程通常是在信息不完全或者情况变化的情况下进行的，所以推理过程往往是非单调的。

4．启发式推理、非启发式推理

按照推理中是否运用与问题有关的启发性知识，自动推理可以分为启发式推理和非启发式推理。

1）启发式推理

如果在自动推理过程中运用与问题有关的启发性知识，即解决问题的策略、技巧及经验，以加速推理过程并提高搜索效率，这种推理被称为启发式推理。

2）非启发式推理

如果在自动推理过程中不运用启发性知识，只按照一般的控制逻辑进行推理，这种推理被称为非启发式推理。这种方法缺乏对求解问题的针对性，所以推理效率较低，容易出现"组合爆炸"问题。

3.1.3 自动推理的控制策略

自动推理的控制策略主要是指推理方向的选择、所用的搜索策略及冲突解决策略等，一般推理的控制策略与知识表达方法有关，这里仅就产生式系统来介绍自动推理的控制策略。

1．推理方向

推理方向用于确定推理的驱动方式。根据推理方向，自动推理可以分为正向推理、反向推理和正反向混合推理。无论按照哪种方式推理，都要求系统具有一个存放知识的知识库（Knowledge Base，KB）、一个存放初始事实和中间结果的数据库（DataBase，DB）和一个用于推理的推理机（Inference Machine，IM）。

1）正向推理

正向推理是由已知事实出发向结论方向的推理，也称为事实驱动推理。正向推理的基本思想是：系统根据用户提供的初始事实，在知识库中搜索能与之匹配的规则即当前可用的规则，构成可适用的规则集（Rule Set，RS），然后按某种冲突解决策略，从规则集中选择一条知识进行推理，并将推出的结论作为中间结果加入数据库，成为下一步推理的事实，再在知识库中选择可适用的知识进行推理；如此重复，直到得出最终结论或者知识库中没有可适用的知识为止。

尽管正向推理简单易实现，但其目的性不强，效率低。为了解决冲突并控制中间结果的选取，需要使用启发性知识，并可能需要进行必要的回溯。此外，由于无法进行反向推理，因此系统的解释功能受到一定影响。

2）反向推理

反向推理是以某个假设（目标）作为出发点的一种推理，又称为目标驱动推理或逆向推理。反向推理的基本思想是：首先提出一个假设，然后以此为出发点，进一步寻找支持该假设的证据，若所需的证据都能找到，则该假设成立，推理成功；若无法找到支持该假设的所有证据，则说明此假设不成立，需要另提出新的假设。与正向推理相比，反向推理的主要优点是不必使用与目标无关的知识，目的性强，同时有利于向用户提供解释。

然而，反向推理的缺点是在选择初始假设时具有较大的盲目性，如果初始假设不正确，可能需要多次提出假设，从而影响系统的效率。因此，反向推理比较适合处理结论单一或直接提出结论要求证实的系统。

3）正反向混合推理

前面已经介绍了正向推理、反向推理各自的优点和缺点。为了解决正向推理效率低和反向推理盲目性选择的问题，二者可以结合起来，充分利用各自的优势，弥补不足，形成一种称为正反向混合推理的推理方法。

正反向混合推理的一般过程是：先根据初始事实进行正向推理，以帮助提出假设，再用反向推理进一步寻找支持假设的证据；如此反复，直到得出结论为止。

正反向混合推理集中了正向推理和反向推理的优点，但其控制策略相对复杂。

2．搜索策略

自动推理时要反复用到知识库中的规则，而知识库中的规则很多，因此如何高效地选择可用规则成为一个关键问题，即如何确定推理路线，使其付出的代价尽可能少，同时问题能得到较好的解决。为了有效地控制规则的选取，可以采用各种搜索策略。常用的搜索策略有盲目搜索（宽度优先搜索、深度优先搜索、有界深度优先搜索等）和启发式搜索等。本节只简单介绍搜索策略，具体搜索算法在第 4 章讨论。

3．冲突解决策略

在自动推理过程中，系统要不断地用数据库中的事实与知识库中的规则进行匹配，当有一条以上规则的条件部分与当前数据库相匹配时，就需要按照某种策略来决定先使用哪一条规则，这就是冲突解决策略。冲突解决策略实际上就是确定规则的启用顺序。常用的冲突解决策略有下列 7 种。

1）专一性排序

如果某条规则的条件部分规定的情况比另一条规则的条件部分规定的情况更具体，那么这条规则具有较高的优先级。例如，有如下规则：

规则 1：IF A AND B AND C THEN E

规则 2：IF A AND B AND C AND D THEN F

数据库中的 A、B、C、D 均为真，这时规则 1 和规则 2 都与数据库相匹配，但是因为规则 2 的条件部分包括了更多的限制，所以具有较高的优先级。本策略是优先使用针对性较强的产生式规则。

2）规则排序

如果规则编排顺序表示了启用的优先级，就称为规则排序。

3）数据排序

数据排序是把规则条件部分的所有条件按优先级次序编排起来，在发生冲突时采用，先使用条件部分包含较高优先级条件的规则。

4）就近排序

就近排序是把最近使用的规则放在最优先的位置。如果某条规则经常被使用，那么倾向于更多地使用这条规则。

5）上下文限制

上下文限制是把产生式规则按它们所描述的上下文分组，在某种上下文条件下，只能从与其相对应的那组规则中选择可应用的规则。这样不仅可以减少冲突，由于搜索范围小，也提高了推理的效率。

6）按匹配度排序

在不精确匹配中，为了确定两个规则是否可以进行匹配，需要计算这两个规则的相似度，当其相似度达到某个预先规定的值时，就认为它们是可匹配的。相似度，又称为匹配度，除了可用来确定两个规则是否可匹配，还可用于冲突解除。若有几条规则均可匹配成功，则根据它们的相似度决定哪一个产生式规则可优先被应用。

7）按条件个数排序

如果有多条产生式规则生成的结论相同，那么要求条件少的产生式规则被优先应用，因为要求条件少的规则匹配时花费的时间较少。

不同的系统可使用上述策略的不同组合，目的是尽量减少冲突的发生，使推理有较快的速度和较高的效率。如何选择冲突解决策略完全是由启发性知识决定的。

3.2　自动推理的逻辑基础

第 2 章介绍了谓词逻辑表示法，给出了谓词、个体、命题逻辑、谓词逻辑、谓词公式、谓词公式的解释等，并指出谓词逻辑是一种重要的知识表示方法，是目前为止能够表示人类思维活动规律的一种最精确的形式语言。本节将在此基础上进一步探讨推理的逻辑基础。

3.2.1 谓词公式的永真性和可满足性

1．谓词公式的永真性

定义 3-1 如果谓词公式 P 对个体域 D 上的任何一个解释都为真，就称 P 在 D 上是永真的；如果 P 在每个非空个体域上均永真，就称 P 永真。

定义 3-2 如果谓词公式 P 对于个体域 D 上的所有解释都为假，就称 P 在 D 上是永假的；如果 P 在每个非空个体域上均永假，就称 P 永假。

谓词公式的永假性又称为不可满足性或不相容性。

2．谓词公式的可满足性

定义 3-3 对于谓词公式 P，如果至少存在一个解释使公式 P 在此解释下为真，就称公式 P 是可满足的。

按照定义 3-3，对于谓词公式 P，如果不存在任何解释，使 P 的取值为真，就称公式 P 是不可满足的。所以，谓词公式 P 永假与不可满足是等价的。如果 P 永假，也可称 P 是不可满足的。

3．谓词公式的等价性与永真蕴含

定义 3-4 设 P 与 Q 是两个谓词公式，D 是它们共同的个体域。若对于 D 上的任何一个解释，P 与 Q 的取值都相同，则公式 P 和 Q 在域 D 上是等价的。若 D 是任意个体域，则称 P 和 Q 是等价的，记为 $P \Leftrightarrow Q$。

定义 3-5 对于谓词公式 P 和 Q，如果 $P \rightarrow Q$ 永真，就称 P 永真蕴含 Q，且称 Q 为 P 的逻辑结论，称 P 为 Q 的前提，记为 $P \Rightarrow Q$。

4．谓词演算的等价式

1）双重否定律（Double Negation Law）
$$\neg(\neg P(x)) \Leftrightarrow P(x)$$

2）德·摩根定律（L. Mogen Law）
$$\neg(P(x) \vee Q(x)) \Leftrightarrow \neg P(x) \wedge \neg Q(x)$$
$$\neg(P(x) \wedge Q(x)) \Leftrightarrow \neg P(x) \vee \neg Q(x)$$

3）逆否律（Inverse-negation Law）
$$P(x) \rightarrow Q(x) \Leftrightarrow \neg Q(x) \rightarrow \neg P(x)$$

4）分配律（Assignment Law）
$$P(x) \wedge (Q(x) \vee R(x)) \Leftrightarrow (P(x) \wedge Q(x)) \vee (P(x) \wedge R(x))$$
$$P(x) \vee (Q(x) \wedge R(x)) \Leftrightarrow (P(x) \vee Q(x)) \wedge (P(x) \vee R(x))$$

5）结合律（Association Law）
$$(P(x) \wedge Q(x)) \wedge R(x) \Leftrightarrow P(x) \wedge (Q(x) \wedge R(x))$$
$$(P(x) \vee Q(x)) \vee R(x) \Leftrightarrow P(x) \vee (Q(x) \vee R(x))$$

6）蕴含等价式（Implication Law）
$$P(x) \to Q(x) \Leftrightarrow \neg P(x) \vee Q(x)$$

7）易名规则（Rename Law）
$$\forall x P(x) \vee \forall x Q(x) \Leftrightarrow \forall x P(x) \vee \forall y Q(y)$$

8）量词转换律（Quantifier Transform Law）
$$\neg \forall x P(x) \Leftrightarrow \exists x \neg P(x)$$
$$\neg \exists x P(x) \Leftrightarrow \forall x \neg P(x)$$

9）量词分配律（Quantifier Assignment Law）
$$\exists x(P(x) \vee Q(x)) \Leftrightarrow \exists x P(x) \vee \exists x Q(x)$$
$$\forall x(P(x) \wedge Q(x)) \Leftrightarrow \forall x P(x) \wedge \forall x Q(x)$$
$$\forall x(P(x) \to Q(x)) \Leftrightarrow P(x) \to \forall x Q(x)$$
$$\exists x(P(x) \to Q(x)) \Leftrightarrow P(x) \to \exists x Q(x)$$

10）量词交换律（Quantifier Commutative Law）
$$\forall x \forall y(P(x, y)) \Leftrightarrow \forall y \forall x(P(x, y))$$
$$\exists x \exists y(P(x, y)) \Leftrightarrow \exists y \exists x(P(x, y))$$

11）量词辖域变换等价式
$$\forall x P(x) \vee Q \Leftrightarrow \forall x(P(x) \vee Q)$$
$$\forall x P(x) \wedge Q \Leftrightarrow \forall x(P(x) \wedge Q)$$
$$\exists x P(x) \vee Q \Leftrightarrow \exists x(P(x) \vee Q)$$
$$\exists x P(x) \wedge Q \Leftrightarrow \exists x(P(x) \wedge Q)$$

其中，Q 不含变量。

12）量词消去及引入规则

全称量词消去规则： $\quad\quad\quad \forall x P(x) \Leftrightarrow P(y)$

全称量词引入规则： $\quad\quad\quad P(y) \Leftrightarrow \forall x P(x)$

存在量词消去规则： $\quad\quad\quad \exists x Q(x) \Leftrightarrow Q(c)$ （c 为常量）

存在量词引入规则： $\quad\quad\quad Q(c) \Leftrightarrow \exists x Q(x)$ （c 为常量）

有限域量词消去规则：设有限个体域为 $D \in d_1, d_2, \cdots, d_n$，则
$$\forall x P(x) \Leftrightarrow P(d_1) \wedge P(d_2), \cdots, \wedge P(d_n)$$
$$\exists x Q(x) \Leftrightarrow Q(d_1) \vee Q(d_2), \cdots, \vee Q(d_n)$$

5．推理规则

在推理中，一些推理规则如下。

❖ P 规则（Premise Rule）：在推理的任何步骤上都可引入前提。

❖ T 规则（Transformation Rule）：推理时，如果前面步骤中有一个或多个公式永真蕴含 S，那么可把 S 引入推理过程。

❖ CP 规则（Conclusion Premise Rule）：如果能从 R 和前提集合中推出 S，那么可从前提集合中推出 $R \to S$。

❖ 反证法：$P \Rightarrow Q$，当且仅当 $P \wedge \neg Q \Leftrightarrow F$，即 Q 为 P 的逻辑结论，当且仅当 $P \wedge \neg Q$ 是不可满足的。

推广之，可得如下定理。

定理 3-1 Q 为 $P_1, P_2, \cdots, P_n$ 的逻辑结论，当且仅当 $(P_1 \wedge P_2 \wedge \cdots \wedge P_n) \wedge \neg Q$ 是不可满足的。

3.2.2 置换与合一

置换与合一是为了处理谓词逻辑中的子句之间的模式匹配而引进的。

1. 置换的概念

定义 3-6 形如 $\{t_1 \,|\, x_1, t_2 \,|\, x_2, \cdots, t_n \,|\, x_n\}$ 的一个有限集被称为置换。其中，x_i 是变量，t_i 是不同于 x_i 的项（常量、变量、函数），并且要求 t_i 与 x_i 不能相同，x_i 不能循环地出现在另一个 t_i（$i = 1, 2, \cdots, n$）中。

例如，$\{a \,|\, x, b \,|\, y, f(x) \,|\, z\}$、$\{f(z) \,|\, x, y \,|\, z\}$ 都是置换，但 $\{g(y) \,|\, x, f(x) \,|\, y\}$ 不是置换，原因是它在 x 与 y 之间出现了循环定义现象。通常，置换用希腊字母 θ、σ、α、λ 等表示。

不含任何元素的置换被称为空置换，以 ε 表示。

定义 3-7 设 F 为谓词公式，σ 为一个置换，则称 $F\sigma$ 为 F 的特例，也称为例或因子。

置换乘法的作用是将两个置换合成为一个置换。

定义 3-8 假设有如下两个置换：
$$\theta = \{t_1 \,|\, x_1, t_2 \,|\, x_2, \cdots, t_n \,|\, x_n\}$$
$$\lambda = \{u_1 \,|\, y_1, u_2 \,|\, y_2, \cdots, u_m \,|\, y_m\}$$

则 θ 与 λ 的合成也是一个置换，记为 $\theta \circ \lambda$，也称为置换乘法，其作用于公式 E 时，相当于先 θ 后 λ 对 E 的作用。合成是从集合 $\{t_1\lambda \,|\, x_1, t_2\lambda \,|\, x_2, \cdots, t_n\lambda \,|\, x_n, u_1 \,|\, y_1, u_2 \,|\, y_2, \cdots, u_m \,|\, y_m\}$ 中删除以下两种元素后剩下的元素所构成的集合。

① 当 $t_i\lambda = x_i$ 时，删除 $t_i\lambda \,|\, x_i$。

② 当 $y_i \in \{x_1, x_2, \cdots, x_n\}$ 时，删除 $u_i \,|\, y_i$。

例 3-1 设 $\theta = \{f(y) \,|\, x, z \,|\, y\}$，$\lambda = \{a \,|\, x, b \,|\, y, y \,|\, z\}$，求 θ 与 λ 的合成。

解 先求出集合
$$\{f(y)\lambda \,|\, x, z\lambda \,|\, y, a \,|\, x, b \,|\, y, y \,|\, z\} = \{f(b) \,|\, x, y \,|\, y, a \,|\, x, b \,|\, y, y \,|\, z\}$$

其中，$f(b) \,|\, x$ 中的 $f(b)$ 是置换 λ 作用于 $f(y)$ 的结果；$y \,|\, y$ 中的 y 是置换 λ 作用于 z 的结果。在该集合中，$y \,|\, y$ 满足定义 3-8 中的①，需要删除；$a \,|\, x$ 和 $b \,|\, y$ 满足定义 3-8 中的②，也需要删除。最后得到
$$\theta \circ \lambda = \{f(b) \,|\, x, y \,|\, z\}$$

这就是 θ 与 λ 的合成。

2. 置换的性质

① 对任意的置换 θ，恒有 $\varepsilon \circ \theta = \theta \circ \varepsilon = \theta$。

② 对任意的表达式 E，恒有 $E(\theta \circ \lambda) = (E\theta) \circ \lambda$。

③ 若对任意表达式 E，恒有 $E\theta = E\lambda$，则 $\theta = \lambda$。

④ 对任意置换 θ、λ、μ，恒有 $(\theta \circ \lambda) \circ \mu = \theta \circ (\lambda \circ \mu)$，即置换的合成满足结合律。注意：置换的合成不满足交换律。

⑤ 设 A 和 B 为表达式的集合，则对任意的置换 θ，恒有 $(A \cup B)\theta = (A\theta) \cup (B\theta)$。

3. 合一的概念

定义 3-9 设有公式集 $\{E_1, E_2, \cdots, E_n\}$ 和置换 θ，若 $E_1\theta = E_2\theta = \cdots = E_n\theta$ 成立，则称 $E_1, E_2, \cdots, E_n$ 是可合一的，且 θ 被称为合一置换。

例 3-2 设有公式集 $F = \{P(x, y, f(y)), P(a, g(x), z)\}$，则 $\lambda = \{a \mid x, g(a) \mid y, f(g(a)) \mid z)\}$ 是它的一个合一置换。

证明 因为

$$P(x, y, f(y))\lambda = P(a, g(a), f(g(a)))$$
$$P(a, g(x), z)\lambda = P(a, g(a), f(g(a)))$$

所以 λ 是它的一个合一置换。

一般，一个公式集的合一置换不是唯一的。

定义 3-10 设 σ 为谓词公式 $E_1, E_2, \cdots, E_n$ 的一个合一置换，若对公式 $E_1, E_2, \cdots, E_n$ 的任意一个置换 θ，都存在一个置换 λ，使得 $\theta = \sigma \circ \lambda$，则称 σ 是 $E_1, E_2, \cdots, E_n$ 的最一般合一（Most General Unifier，MGU）。

在绝大多数情况下，一个公式集的最一般合一（MGU）是唯一的。

4. 最一般合一（MGU）算法

为了描述最一般合一（MGU）算法，首先给出差异集 D 的概念。

定义 3-11 设 W 为一个表达式的非空集合，则 W 的差异集 D 是按下述方法得出的子表达式的集合。

① 在 W 的所有表达式中，找出对应符号不全相同的第一个符号（自左算起）。

② 在 W 的每个表达式中，提取占有该符号位置的子表达式，这些子表达式的集合便是 W 的差异集 D。

例 3-3 设 $W = \{P(x, f(y, z)), P(x, a), P(x, g(h(k(x))))\}$，求 W 的差异集 D。

解 在 W 的 3 个表达式中，前 4 个符号 "$P(x,$" 是相同的，第 5 个符号不全相同，所以 W 的差异集 $D = \{f(y, z)), a, g(h(k(x)))\}$。假设 D 是 W 的差异集，显然有如下结论。

（1）若 D 中无变量符号，则 W 是不可合一的。例如：

$$W = \{P(a), P(b)\}$$
$$D = \{a, b\}$$

（2）若 D 中只有一个元素，则 W 是不可合一的。例如：

$$W = \{P(x), P(x, y)\}$$
$$D = \{y\}$$

（3）若 D 中有变量符号 x 和项 t，且 x 出现在 t 中，则 W 是不可合一的。例如：

$$W = \{P(x), P(f(x))\}$$
$$D = \{x, f(x)\}$$

下面给出最一般合一（MGU）算法。

算法 3-1 MGU 算法。

（1）置 $k = 0$，$W_k = W$，$\sigma_k = \varepsilon$。

（2）若 W_k 中只有一个元素，则算法终止，σ_k 是 W 的最一般合一；否则，求出 W_k 的差异集 D_k。

（3）若 D_k 中存在元素 v_k 和 t_k，并且 v_k 是不出现在 t_k 中的变量，则转向第（4）步；否则终止，并且 W 是不可合一的。

（4）置 $\sigma_{k+1}=\sigma_k \circ \{t_k \,|\, x_k\}$，$W_{k+1}=W_k \circ \{t_k \,|\, x_k\}$。

（5）置 $k=k+1$，转向第（2）步。

注意：在第（3）步，要求 v_k 不出现在 t_k 中，这称为 Occur 检查，算法的正确性依赖于它。

例如，$W=\{P(x,x),P(y,f(y))\}$，执行 MGU 算法。

（1）$D_0=\{x,y\}$。

（2）$\sigma_1=\{y \,|\, x\}$，$W\sigma_1=\{P(y,y),P(y,f(y))\}$。

（3）$D_1=\{y,f(y)\}$，因为 y 出现在 $f(y)$ 中，所以 W 不可合一。若不做 Occur 检查，则算法不能停止。

但是，由于 Occur 检查使上述合一算法在最坏的情况下运行时间是输入长度的指数函数，因此在多数逻辑程序设计语言 Prolog 的实现中都省略了 Occur 检查。

可以证明，若 E_1 和 E_2 可合一，则算法必收敛于第（3）步。

例 3-4　求 $W=\{P(a,x,f(g(y))),P(z,f(z),f(u))\}$ 的最一般合一。

解

（1）令 $W_0=W$，$\sigma_0=\varepsilon$。

（2）W_0 未合一，差异集为 $D_0=\{a,z\}$。

（3）D_0 中存在变量 $x_0=z$ 和常量 $t_0=a$。

（4）令 $\sigma_1=\sigma_0 \circ (t_0 \,|\, x_0)=\sigma_0 \circ \{a \,|\, z\}=\{a \,|\, z\}$，则：

① 　　　　$W_1=W_0 \circ (t_0 \,/\, x_0)=\{P(a,x,f(g(y))),P(z,f(z),f(u))\}\circ\{a \,|\, z\}$
　　　　　　$=\{P(a,x,f(g(y))),P(a,f(a),f(u))\}$

② W_1 未合一，差异集为 $D_1=\{x,f(a)\}$。

③ D_1 中存在元素 $x_1=x$ 和 $t_1=f(a)$，并且变量 x 不出现在 $f(a)$ 中。

④ 令 $\sigma_2=\sigma_1 \circ (t_1 \,|\, x_1)=\sigma_1 \circ \{f(a) \,|\, x\}=\{a \,|\, z,f(a) \,|\, x\}$，则：

A.　$W_3=W_2 \circ (t_2 \,|\, x_2)=\{P(a,f(a),f(g(y))),P(a,f(a),f(u))\}\{a \,|\, z,f(a) \,|\, x,g(y) \,|\, u\}$
　　　$=\{P(a,f(a),f(g(y)))\}$

B.　W_2 未合一，差异集为 $D_2=\{g(y),u\}$。

C.　D_2 中存在元素 $x_2=u$ 不出现在 $t_2=g(y)$ 中。

D.　令 $\sigma_3=\sigma_2 \circ (t_2 \,|\, x_2)=\sigma_2 \circ \{g(y) \,|\, u\}=\{a \,|\, z,f(a) \,|\, x,g(y) \,|\, u\}$，则：

a.　$W_3=W_2 \circ (t_2 \,|\, x_2)=\{P(a,f(a),f(g(y))),P(a,f(a),f(u))\}\{a \,|\, z,f(a) \,|\, x,g(y) \,|\, u\}$
　　　$=\{P(a,f(a),f(g(y)))\}$

b.　W_3 中只含一个元素，所以

$$\sigma_3=\{P(a,f(a),f(g(y))),P(a,f(a),f(u))\}$$

是 W 的最一般合一，终止。

注意：上述合一算法对任意有限非空的表达式集合总是能够终止的，否则将产生有限非空表达式集合的一个无穷序列 $\sigma_0,W\sigma_1,W\sigma_2,\cdots$，该序列中的任一集合 $W\sigma_{k+1}$ 都比相应的集合 $W\sigma_k$ 少一个变量（$W\sigma_k$ 含有 v_k，但 $W\sigma_{k+1}$ 不含 v_k）。由于 W 中只包含有限个不同的变量，因此上述情况不会发生。这里不加证明地给出下述定理。

定理 3-2　若 W 为有限非空可合一表达式集合，则 MGU 算法总能终止在其第（2）步上，并且最后的 σ_k 便是 W 的最一般合一。

3.3　自然演绎推理

3.3.1　自然演绎推理的基本概念

自然演绎推理是指从一组已知为真的事实出发，直接运用经典逻辑中的推理规则推出结论的过程。其中，基本的推理规则如下。

❖ P 规则（Premise Rule）：前提引入规则，即在推理的任何步骤上都可以引入前提，继续进行推理。

❖ T 规则（Transformation Rule）：逻辑结果引用规则，即在推理时，如果前面步骤中有一个或多个公式永真蕴含 S，就可以把 S 引入推理过程。

❖ CP 规则（Conclusion Premise Rule）：附加前提引入规则，即将结论中的前件作为附加前提加入前提集合，适用于结论为条件式。

3.3.2　三段论推理

自然演绎推理最基本的推理规则是三段论推理，包括如下。

① 假言推理：P，$P \to Q \Rightarrow Q$。例如：

"如果 x 是金属，那么 x 能导电"，从"铜是金属"推出"铜能导电"

② 拒取式推理：$P \to Q$，$\neg Q \to \neg P$。例如：

"如果下雨，地上就湿"，从"地上不湿"推出"没有下雨"。

③ 假言三段论：$P \to Q$，$Q \to R \Rightarrow P \to R$。

三段论包含三个概念，分别为大项、小项和中项。大项就是作为结论的谓词的那个概念，用 P 表示。小项就是作为结论的主项的概念，用 S 表示。中项就是在两个前提中都出现的概念，用 M 表示。

大项、中项和小项在前提中的位置不同而形成不同的三段论形式，称为三段论的格。也可以认为，中项在前提中的位置不同而形成各种三段论形式。任何一个三段论推理都有其自身的格、式结构。在古典三段论中，4 种可能的格如表 3-1 所示。

表 3-1　4 种可能的格

第一格	第二格	第三格	第四格
M-P	P-M	M-P	P-M
S-M	S-M	M-S	M-S
所以，S-P	所以，S-P	所以，S-P	所以，S-P

三段论的式是指由于构成前提和结论的命题的质、量的不同，从而形成的不同形式的三段论。命题的质是指命题的肯定或否定的性质；命题的量是指命题中的量是全称还是特称。所谓全称，是指对某项进行界定时包含事物的全部；所谓特称，是指对某项进行界定时只包含事物

的部分。质和量的结合可以构成 4 种命题形式：

❖ 全称肯定命题。通常用字母 A 表示，其语言表达形式为"所有的……都是……"。
❖ 全称否定命题。通常用字母 E 表示，其语言表达形式为"所有的……都不是……"。
❖ 特称肯定命题。通常用字母 I 来表示，其语言表达形式为"有些……是……"。
❖ 特称否定命题。通常用字母 O 来表示，其语言表达形式为"有些……不是……"。

上述 A、E、I、O 四种命题形式在两个前提、一个结论中的不同组合的形式就被称为三段论的式。比如，大前提、小前提和结论都由全称肯定命题构成的三段论称为 AAA 式三段论；如果大前提是全称肯定命题，小前提和结论是特称肯定命题，就称为 AII 式三段论。

在三段论中，大前提、小前提和结论都可能是 A、E、I、O 四种命题形式，因此按前提和结论的质、量不同排列，可有 $4 \times 4 \times 4 = 64$ 种式。每种式又可能有 4 种格。结合式和格，则有 $64 \times 4 = 256$ 种可能的三段论的格、式的结合。但是，根据形式逻辑的有关定理，能推出正确结论的格、式只有 24 种。

3.3.3　两类错误

在利用自然演绎推理方法求解问题时一定要注意避免两类错误：肯定后件的错误和否定前件的错误。

1）肯定后件的错误

肯定后件的错误是指，当 $P \to Q$ 为真时，希望通过肯定后件 Q 为真来推出前件 P 为真。例如：

（1）如果学校开学了，小明就会来南京（$P \to Q$）
（2）小明来南京了（Q）
（3）所以小明开学了（P）

这段推理显然不正确，原因是当 $P \to Q$ 及 Q 为真时，前件 P 既可能为真，也可能为假。

2）否定前件的错误

否定前件的错误是指，当 $P \to Q$ 为真时，希望通过否定前件 P 来推出后件 Q 为假。例如：

（1）如果下雨，那么地上是湿的（$P \to Q$）
（2）没有下雨（$\neg P$）
（3）所以地上不湿（$\neg Q$）

这段推理亦不正确，原因是当 $P \to Q$ 及 P 为假时，后件 Q 既可能为真，也可能为假。

例 3-5　已知如下事实。

（1）只要是需要编写程序的课程，王程都喜欢。
（2）所有的程序设计语言课都是需要编写程序的课程。
（3）C 语言是一门程序设计语言课程。

求证：王程喜欢 C 语言。

证明　首先，定义谓词。

Prog(x)：x 是需要编写程序的课程。

Like(x, y)：x 喜欢 y。

Lang(x)：x 是一门程序设计语言课程。

用 wang 表示王程，用 C 表示 C 语言，把已知事实及待求解问题用谓词公式表示如下：

$$(\forall x)\,(\mathrm{Prog}(x) \to \mathrm{Like}(\mathrm{wang}, x))$$
$$(\forall x)\,(\mathrm{Lang}(x) \to \mathrm{Prog}(x))$$
$$\mathrm{Lang}(\mathrm{C})$$

应用推理规则进行推理：

$\mathrm{Lang}(y) \to \mathrm{Prog}(y)$	全称固化
$\mathrm{Lang}(\mathrm{C}),\ \mathrm{Lang}(y) \to \mathrm{Prog}(y) \Rightarrow \mathrm{Prog}(\mathrm{C})$	假言推理 $\{\mathrm{C}/y\}$
$\mathrm{Prog}(\mathrm{C}),\ \mathrm{Prog}(x) \to \mathrm{Like}(\mathrm{wang}, x) \Rightarrow \mathrm{Like}(\mathrm{wang}, \mathrm{C})$	假言推理 $\{\mathrm{C}/x\}$

因此，王程喜欢 C 语言。

一般，自然演绎推理由已知事实推出的结论可能有多个，只要包含需要证明的结论，就认为问题得到了解决。

自然演绎推理定理证明过程自然，易于理解，并且有丰富的推理规则，推理过程灵活，便于在它的推理规则中嵌入领域启发式知识。其主要缺点是，容易产生知识爆炸，推理过程中得到的中间结论一般按指数规律递增，对于复杂问题的推理不力，甚至难以实现。

3.4　归结演绎推理

归结演绎推理本质上就是一种反证法，是在归结推理规则的基础上实现的。为了证明一个命题 P 永真，它证明其反命题 $\neg P$ 永假，即不存在使得 $\neg P$ 为真的解释。由于量词和嵌套的函数符号使得谓词公式往往有无穷的指派，不可能逐一测试 $\neg P$ 是否为真或假，那么如何来解决这个问题呢？幸运的是存在一个域，即海伯伦（J. Herbrand）域，简称 H 域，它是一个可数无穷的集合。如果一个谓词公式基于 H 域解释为假，就在所有的解释中取假值。

基于 H 域，海伯伦给出了重要的定理，为机器定理证明奠定了基础。罗宾逊给出了用于从不可满足的公式中推出 F 的归结推理规则，为机器定理证明取得了重要的突破，使其达到了应用阶段。

3.4.1　子句集

罗宾逊归结原理是建立在子句集的基础上的，因此探讨归结演绎推理前需要先理解子句集的相关概念。

1. 子句和子句集

定义 3-12　原子谓词公式及其否定统称为文字。

例如，$P(x)$、$Q(x)$、$\neg P(x)$、$\neg Q(x)$ 等都是文字。

定义 3-13　任何文字的析取式称为子句。

例如，$P(x) \vee Q(x)$、$P(x, f(x)) \vee Q(x, g(x))$ 都是子句。

定义 3-14　不含任何文字的子句称为空子句。空子句一般被记为□或 NIL。

由于空子句不含有任何文字，也就不能被任何解释所满足，因此空子句是永假的，不可满足的。

定义 3-15　由子句或空子句构成的集合称为 子句集。

2．谓词公式的化简

在谓词逻辑中,任何一个谓词公式都可以通过应用等价关系及推理规则转化成相应的子句集。其化简步骤如下。

1）消去连接词

反复使用如下等价公式:

$$P \rightarrow Q \Leftrightarrow \neg P \vee Q$$
$$P \leftrightarrow Q \Leftrightarrow (P \wedge Q) \vee (\neg P \wedge \neg Q)$$

即可消去谓词公式中的连接词"→"和"↔"。

2）减少否定符号的辖域

反复使用双重否定律

$$\neg(\neg P) \Leftrightarrow P$$

摩根定律

$$\neg(P \wedge Q) \Leftrightarrow \neg P \vee \neg Q$$
$$\neg(P \vee Q) \Leftrightarrow \neg P \wedge \neg Q$$

量词转换律

$$\neg(\forall x)P(x) \Leftrightarrow (\exists x)\neg P(x)$$
$$\neg(\exists x)P(x) \Leftrightarrow (\forall x)\neg P(x)$$

将每个否定符号 ¬ 移到仅靠谓词的位置,使得每个否定符号最多只作用于一个谓词上。

3）对变元标准化

在一个量词的辖域内,把谓词公式中受该量词约束的变元全部用另一个没有出现过的任意变元代替,使不同量词约束的变元有不同的名字。

4）化为前束范式

转化为前束范式的方法:将所有量词都移到公式的左侧,并且在移动时不能改变其相对顺序。由于第 3）步已对变元进行了标准化,每个量词都有自己的变元,这就消除了任何由变元引起冲突的可能,因此这种移动是可行的。

5）消去存在量词

消去存在量词时,需要区分以下两种情况。

① 若存在量词不出现在全称量词的辖域内(它的左边没有全称量词),则只需用一个新的个体常量替换受该存在量词约束的变元,就可消去该存在量词。

② 若存在量词位于一个或多个全称量词的辖域内,如

$$(\forall x_1)\cdots(\forall x_n)(\exists y)P(x_1, x_2, \cdots, x_n, y)$$

则需要用 Skolem 函数 $f(x_1, x_2, \cdots, x_n)$ 替换受该存在量词约束的变元 y,再消去该存在量词。

6）化为 Skolem 标准形

Skolem 标准形的一般形式为

$$(\forall x_1)\cdots(\forall x_n)M(x_1, x_2, \cdots, x_n)$$

其中, $M(x_1, x_2, \cdots, x_n)$ 是 Skolem 标准形的母式,由子句的合取构成。

把谓词公式化为 Skolem 标准形需要使用以下等价关系：

$$P \vee (Q \wedge R) \Leftrightarrow (P \vee Q) \wedge (P \vee R)$$

7）消去全称量词

由于母式中的全部变元均受全称量词的约束，并且全称量词的次序已无关紧要，因此可以省掉全称量词，但剩下的母式仍假设其变元是由全称量词量化的。

8）消去合取词

在母式中消去所有合取词，把母式用子句集的形式表示出来。其中，子句集中的每个元素都是一个子句。

9）更换变量名

对子句集中的某些变量重新命名，使任意两个子句中不出现相同的变量名。由于每个子句都对应母式中的一个合取元，并且所有变元都是由全称量词量化的，因此任意两个不同子句的变量之间实际上不存在任何关系。所以，更改变量名不会影响公式的真值。

例 3-6 化简下列谓词公式：

（1）$(\forall x)((\forall y)P(x, y) \rightarrow \neg(\forall y)(Q(x, y) \rightarrow R(x, y)))$

（2）$\forall x\{P(x) \rightarrow (\forall y[P(y) \rightarrow P(f(x, y))] \wedge \neg \forall y[Q(x, y) \rightarrow P(y)])\}$

解 对上述谓词公式（1）：

① 消去连接词"→"：经等价变换后，得到

$$(\forall x)(\neg(\forall y)P(x, y) \vee \neg(\forall y)(\neg Q(x, y) \vee R(x, y)))$$

② 减少否定符号的辖域：上式经等价变换后为

$$(\forall x)((\exists y)\neg P(x, y) \vee \exists y)(Q(x, y) \wedge \neg R(x, y)))$$

③ 对变元标准化：上式经变换后为

$$(\forall x)((\exists y)\neg P(x, y) \vee (\exists z)(Q(x, z) \wedge \neg R(x, z)))$$

④ 化为前束范式：上式化为前束范式后为

$$(\forall x)(\exists y)(\exists z)(\neg P(x, y) \vee (Q(x, z) \wedge \neg R(x, z)))$$

⑤ 消去存在量词：上式中存在量词 $\exists y$ 和 $\exists z$ 都位于 $\forall x$ 的辖域内，因此都需要用 Skolem 函数来替换。设替换 y 和 z 的 Skolem 函数分别是 $f(x)$ 和 $g(x)$，则替换后的式子为

$$(\forall x)(\neg P(x, f(x)) \vee (Q(x, g(x)) \wedge \neg R(x, g(x))))$$

⑥ 化为 Skolem 标准形：上面的公式化为 Skolem 标准形后为

$$(\forall x)((\neg P(x, f(x)) \vee Q(x, g(x))) \wedge (\neg P(x, f(x)) \vee \neg R(x, g(x))))$$

⑦ 消去全称量词：上式消去全称量词后为

$$(\neg P(x, f(x)) \vee Q(x, g(x))) \wedge (\neg P(x, f(x)) \vee \neg R(x, g(x)))$$

⑧ 消去合取词：上式的子句集中包含以下两个子句

$$\neg P(x, f(x)) \vee Q(x, g(x))$$
$$\neg P(x, f(x)) \vee \neg R(x, g(x))$$

⑨ 更换变量名：对上面的两个子句，可把第二个子句中的变元名 x 更换为 y，得到如下子句集

$$\neg P(x, f(x)) \vee Q(x, g(x))$$
$$\neg P(y, f(y)) \vee \neg R(y, g(y))$$

对上述谓词公式（2）：

① 消去连接词"→"：经等价变换后得到

$$\forall x\{\neg P(x)\vee(\forall y[\neg P(y)\vee P(f(x,y))]\wedge\neg\forall y[\neg Q(x,y)\vee P(y)])\}$$

② 减少否定符号的辖域：经等价变换后得到

$$\forall x\{\neg P(x)\vee(\forall y[\neg P(y)\vee P(f(x,y))]\wedge\exists y[Q(x,y)\wedge\neg P(y)])\}$$

③ 对变元标准化：重新命名变元名，使不同量词约束的变元有不同的名字，即

$$\forall x\{\neg P(x)\vee(\forall y[\neg P(y)\vee P(f(x,y))]\wedge\exists w[Q(x,w)\wedge\neg P(w)])\}$$

④ 消去存在量词：

$$\forall x\{\neg P(x)\vee(\forall y[\neg P(y)\vee P(f(x,y))]\wedge[Q(x,g(x))\wedge\neg P(g(x))])\}$$

⑤ 化为前束范式：

$$\forall x\forall y\{\neg P(x)\vee([\neg P(y)\vee P(f(x,y))]\wedge[Q(x,g(x))\wedge\neg P(g(x))])\}$$

⑥ 把母式化为合取范式：

$$\forall x\forall y\{[\neg P(x)\vee\neg P(y)\vee P(f(x,y))]\wedge[\neg P(x)\vee Q(x,g(x))]\wedge[\neg P(x)\vee\neg P(g(x))]\}$$

⑦ 消去全称量词和合取词：

$$[\neg P(x)\vee\neg P(y)\vee P(f(x,y))]$$
$$[\neg P(x)\vee Q(x,g(x))]$$
$$[\neg P(x)\vee\neg P(g(x))]$$

⑧ 更换变量名，有时称为变量分离标准化。于是

$$\neg P(x_1)\vee\neg P(y)\vee P(f(x_1,y))$$
$$\neg P(x_2)\vee Q(x_2,g(x_2))$$
$$\neg P(x_3)\vee\neg P(g(x_3))$$

这就是该公式的子句集。

3．子句集的应用

在上述化简过程中，由于在消去存在量词时所用的 Skolem 函数可能不同，因此化简后的标准子句集是不唯一的。因此，当原谓词公式为非永假时，它与其标准子句集并不等价。但当原谓词公式为永假（或不可满足）时，其标准子句集则一定是永假的，即化为 Skolem 标准性并不影响原谓词公式的永假性。

这个结论很重要，是归结原理的主要依据，可用定理的形式来描述。

定理 3-3　设有谓词公式 F，其标准子句集为 S，则 F 为不可满足的充要条件是 S 为不可满足的。

3.4.2　罗宾逊归结原理

由谓词公式转化为子句集的方法可知，在子句集中子句之间是合取关系。其中，只要有一个子句为不可满足的，那么整个子句集是不可满足的。另外，前面已经指出空子句是不可满足的。因此，一个子句集中如果包含空子句，那么此子句集一定是不可满足的。

罗宾逊归结原理是基于上述认识提出的，其基本思想是：首先，将欲证明问题的结论否定，并加入子句集，得到一个扩充的子句集 S'；然后，设法检验子句集 S' 是否有空子句，若有，则

表明 S' 是不可满足的；否则，继续使用归结法，在子句集中选择合适的子句进行归结，直至推导出空子句或不能继续归结为止。

罗宾逊归结原理可分为命题逻辑归结原理和谓词逻辑归结原理。

1．命题归结逻辑原理

归结推理的核心是求两个子句的归结式，因此需要先讨论归结式的定义和性质，再讨论命题逻辑的归结过程。

1）归结式的定义及性质

定义 3-16 若 P 是原子谓词公式，则称 P 与 $\neg P$ 为互补文字。

定义 3-17 设 C_1 和 C_2 是子句集中的任意两个子句，如果 C_1 中的文字 L_1 与 C_2 中的文字 L_2 互补，那么可从 C_1 和 C_2 中分别消去 L_1 和 L_2，并将 C_1 和 C_2 中余下的部分按析取关系构成一个新的子句 C_{12}，这个过程被称为归结，C_{12} 被称为 C_1 和 C_2 的归结式，C_1 和 C_2 被称为 C_{12} 的亲本子句。

例 3-7 设 $C_1 = \neg Q$，$C_2 = Q$，求 C_1 和 C_2 的归结式 C_{12}。

解 这里 $L_1 = \neg Q$，$L_2 = Q$，通过归结可以得到

$$C_{12} = \text{NIL}$$

如果改变归结顺序，那么同样可以得到相同的结果，即其归结过程不是唯一的。

定理 3-4 归结式 C_{12} 是其亲本子句 C_1 和 C_2 的逻辑结论。

上述定理是归结原理中的一个重要定理，由它可得到以下两个推论。

推论 1： 设 C_1 和 C_2 是子句集 S 的两个子句，C_{12} 是 C_1 和 C_2 的归结式，若用 C_{12} 代替 C_1 和 C_2 后得到新的子句集 S_1，则由 S_1 的不可满足性可以推出原子句集 S 的不可满足性。即：

$$S_1 \text{ 的不可满足性} \Rightarrow S \text{ 的不可满足性}$$

推论 2： 设 C_1 和 C_2 是子句集 S 的两个子句，C_{12} 是 C_1 和 C_2 的归结式，若把 C_{12} 加入 S，得到新的子句集 S_2，则 S 与 S_2 的不可满足性是等价的，即

$$S_2 \text{ 的不可满足性} \Leftrightarrow S \text{ 的不可满足性}$$

上述两个推论表明，为证明子句集 S 的不可满足性，只需对其中可以进行归结的子句进行归结，并将归结式添加到子句集 S 中，或者用归结式替换其亲本子句，然后证明新的子句集的不可满足性即可。

如果经归结能得到空子句，那么根据空子句的不可满足性即可得到原子句集 S 是不可满足的结论。

在命题逻辑中，对不可满足的子句集 S，其归结原理是完备的。

这种不可满足性可用如下定理描述。

定理 3-5 子句集 S 是不可满足的，当且仅当存在一个从 S 到空子句的归结过程。

2）命题逻辑的归结反演

假设 F 为已知前提，G 为欲证明的结论，归结原理把证明 G 为 F 的逻辑结论转化为证明 $F \wedge \neg G$ 为不可满足。再根据定理 3-1，在不可满足的意义上，公式集 $F \wedge \neg G$ 与其子句集是等价的，即把公式集的不可满足转化为子句集的不可满足。应用归结原理证明定理的过程被称为归结反演。

在命题逻辑中，已知命题 F，证明命题 G 为真的归结反演过程如下：

① 否定目标公式 G，得 $\neg G$。

② 把 $\neg G$ 并入公式集 F，得到 $F \wedge \neg G$。

③ 把 $F \wedge \neg G$ 化为子句集 S。

④ 应用归结原理对子句集 S 中的子句进行归结，并把每次得到的归结式并入 S。如此反复进行，若出现空子句，则停止归结，此时就证明了 G 为真。

例 3-8   设已知的公式集为 $\{P, (P \wedge Q) \to R, (S \vee T) \to Q, T\}$，求证结论 R。

解   假设结论 R 为假，将 $\neg R$ 加入公式集，并化为子句集

$$S = \{P, \neg P \vee \neg Q \vee R, \neg S \vee Q, \neg T \vee Q, T, \neg R\}$$

其归结演绎树如图 3-1 所示，由于根部出现空子句，因此命题得到证明。这个归结证明过程的含义为：首先假设子句集 S 中的所有子句均为真，即原公式集为真，$\neg R$ 也为真；然后利用归结原理，对子句集进行归结，并把所得的归结式并入子句集；重复这个过程，最后归结出了空子句。

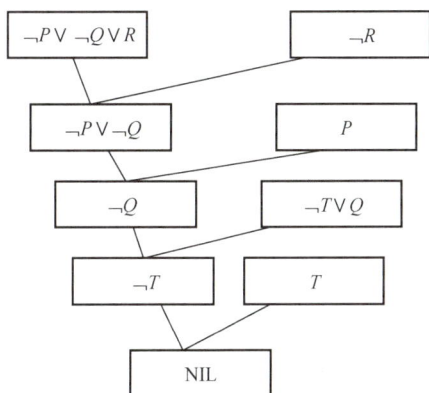

图 3-1   归结演绎树

根据归结原理的完备性，可知子句集 S 是不可满足的，即开始时假设 $\neg R$ 为真是错误的，这就证明了 R 为真。

2．谓词逻辑的归结

在谓词逻辑中，由于子句集中的谓词通常包含变元，因此不能像命题逻辑那样直接消去互补文字，需要先用一个最一般合一对变元进行代换，才能进行归结。可见，谓词逻辑的归结比命题逻辑的归结更复杂。

1）谓词逻辑的归结原理

谓词逻辑中的归结式可用如下定义来描述。

定义 3-18   设 C_1 和 C_2 是两个没有公共变元的子句，L_1 和 L_2 分别是 C_1、C_2 的文字。如果 L_1 和 L_2 存在最一般合一 σ，那么称

$$C_{12} = (\{C_1\sigma\} - \{L_1\sigma\}) \cup (\{C_2\sigma\} - \{L_2\sigma\})$$

为 C_1 和 C_2 的二元归结式，而 L_1 和 L_2 为归结式的文字

例 3-9   设 $C_1 = P(x) \vee Q(a)$，$C_2 = P(b) \vee R(x)$，求 C_{12}。

解   由于 C_1 和 C_2 有相同的变元 x，为了进行归结，需要修改 C_2 中变元 x 的名字，令 $C_2 = P(b) \vee R(y)$。此时，$L_1 = P(x)$，$L_2 = \neg P(b)$，L_1 和 L_2 的最一般合一是 $\sigma = \{b \mid x\}$，则

$$C_{12} = (\{C_1\sigma\} - \{L_1\sigma\}) \cup (\{C_2\sigma\} - \{L_2\sigma\})$$
$$= (\{P(b), Q(a)\} - \{P(b)\}) \cup (\{\neg P(b), R(y)\} - \{\neg P(b)\})$$
$$= (\{Q(a)\}) \cup (\{R(y)\}) = \{Q(a), R(y)\}$$
$$= Q(a) \vee R(y)$$

对以上讨论做以下两点说明。

① 这里之所以使用集合符号和集合的运算，是为了说明问题的方便。即先将子句 $C_i\sigma$ 和 $L_i\sigma$ 写成集合的形式，在集合表示下进行减法和并集运算，再写成子句集的形式。

② 定义中要求 C_1 和 C_2 无公共变元，这也是合理的。例如，$C_1 = P(x)$，$C_2 = P(f(x))$，而 $S = \{C_1, C_2\}$ 是不可满足的。由于 C_1 和 C_2 的变元相同，就无法合一了。没有归结式，就不能用归结法证明 S 的不可满足性，这就限制了归结法的使用范围。

如果对 C_1 或 C_2 的变元进行换名，便可通过合一，对 C_1 和 C_2 进行归结。如上例中，若先对 C_2 进行换名，即 $C_2 = \neg P(f(y))$，则可对 C_1 和 C_2 进行归结，得到一个空子句，从而证明了 S 是不可满足的。

事实上，在由公式集化为子句集的过程中，最后一步就是换名处理。因此，定义中假设 C_1 和 C_2 没有相同变元是可以的。

例 3-10　设 $C_1 = P(x) \vee P(f(a)) \vee Q(x)$，$C_2 = \neg P(y) \vee R(b)$，求 C_{12}。

解　对参加归结的某个子句，若其内部有可合一的文字，则在进行归结之前应先对这些文字进行合一。本例 C_1 中有可合一的文字 $P(x)$ 和 $P(f(a))$，若用它们的最一般合一 $\sigma = \{f(a) \mid x\}$ 进行代换，可得到

$$C_1\sigma = P(f(a)) \vee Q(f(a))$$

此时可对 $C_1\sigma$ 与 C_2 进行归结。选定 $L_1 = P(f(a))$，$L_2 = \neg P(y)$，L_1 和 L_2 的最一般合一是 $\sigma = \{f(a) \mid y\}$，则可得到 C_1 和 C_2 的二元归结式为

$$C_{12} = R(b) \vee Q(f(a))$$

$C_1\sigma$ 被称为 C_1 的因子。一般来说，若子句 C 中有两个或两个以上的文字具有最一般合一 σ，则称 $C\sigma$ 为子句 C 的因子。如果 $C\sigma$ 是一个单文字，就被称为 C 的单元因子。

应用因子概念，可对谓词逻辑中的归结原理给出如下定义。

定义 3-19　若 C_1 和 C_2 是无公共变元的子句，则：

① C_1 和 C_2 的二元归结式。

② C_1 和 C_2 的因子 $C_2\sigma_2$ 的二元归结式。

③ C_1 的因子 $C_1\sigma_1$ 和 C_2 的二元归结式。

④ C_1 的因子 $C_1\sigma_1$ 和 C_2 的因子 $C_2\sigma_2$ 的二元归结式。

这 4 种二元归结式都是子句 C_1 和 C_2 的二元归结式，记为 C_{12}。

2）谓词逻辑的归结反演

对谓词逻辑，定理 3-4 仍然适用，即归结式 C_{12} 是其亲本子句 C_1 和 C_2 的逻辑结论。用归结式取代它在子句集 S 中的亲本子句，得到的子句集仍然保持着原子句集 S 的不可满足性。

此外，定理 3-5 对谓词逻辑仍然适用，即从不可满足的意义上，一阶谓词逻辑的归结原理也是完备的。

谓词逻辑的归结反演过程与命题逻辑的归结反演过程相比，其步骤基本相同，但每步的处理对象不同。例如，在步骤③化简子句集时，谓词逻辑需要把由谓词构成的公式集化为子句集；

在步骤④按归结原理进行归结时，谓词逻辑的归结原理需要考虑两个亲本子句的最一般合一。

设被证明的定理可用谓词公式表示为 $A_1 \wedge A_2 \wedge \cdots \wedge A_n \to B$，则谓词逻辑的归结反演步骤如下。

① 否定结论 B，并将否定后的公式 $\neg B$ 与前提公式集组成如下形式的谓词公式：

$$G = A_1 \wedge A_2 \wedge \cdots \wedge A_n \wedge \neg B$$

② 求谓词公式 G 的子句集 S。

③ 应用归结原理，证明子句集 S 的不可满足性，从而证明谓词公式 G 的不可满足性。这就说明对结论 B 的否定是错误的，推断出定理的成立。

例 3-11 已知

$$F : (\forall x)((\exists y)(A(x, y) \wedge B(y)) \to (\exists y)(C(y) \wedge D(x, y)))$$
$$G : \neg(\exists x)C(x) \to (\forall x)(\forall y)(A(x, y) \to \neg B(y))$$

求证：G 是 F 的逻辑结论。

证明 先把 G 否定，并放入 F，得到的 $\{F, \neg G\}$ 为

$$\{(\forall x)((\exists y)(A(x, y) \wedge B(y)) \to (\exists y)(C(y) \wedge D(x, y))),$$
$$\neg(\neg(\exists x)C(x) \to (\forall x)(\forall y)A(x, y) \to \neg B(y))\}$$

再把 $\{F, \neg G\}$ 化为子句集，得到

① $\neg A(x, y) \vee \neg B(y) \vee C(f(x))$

② $\neg A(u, v) \vee \neg B(v) \vee D(u, f(u))$

③ $\neg C(z)$

④ $A(m, n)$

⑤ $B(n)$

其中，①、②是由 F 化出的 2 个子句，③、④、⑤是由 $\neg G$ 化出的 3 个子句。

最后，应用谓词逻辑的归结原理对上述子句集进行归结，其过程如下：

⑥ $\neg A(x, y) \vee \neg B(y)$，由①和③归结，取 $\sigma = \{f(x)\,|\,z\}$

⑦ $\neg B(n)$，由④和⑥归结，取 $\sigma = \{m\,|\,x, n\,|\,y\}$

⑧ NIL，由⑤和⑦归结

因此，G 是 F 的逻辑结论。上述归结过程可用如图 3-2 所示的归结树来表示。

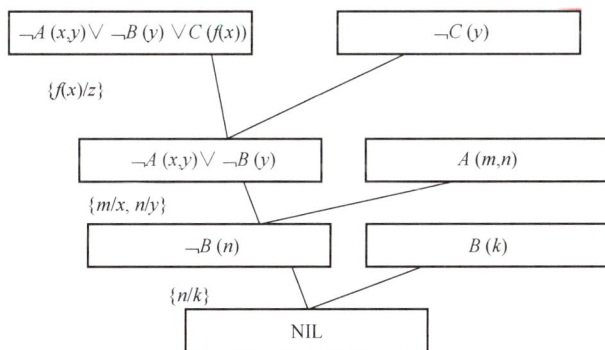

图 3-2 例 3-11 的归结树

为了进一步加深对谓词逻辑归结的理解，下面再给出一个经典的归结问题。

例 3-12 "快乐学生"问题。

假设：任何通过计算机（computer）考试并获奖的人都是快乐的，任何肯学习或幸运的人都可以通过所有考试，张（zhang）不肯学习但他是幸运的，任何幸运的人都能获奖。

求证：张是快乐的。

证明 先定义谓词：

Pass(x, y)：x 可以通过 y 考试。

Win(x, prize)：x 能获得奖励。

Study(x)：x 肯学习。

Happy(x)：x 是快乐的。

Lucky(x)：x 是幸运的。

将上述谓词公式转化为子句集：

（1） $\neg$ Pass(x, computer) $\vee \neg$ Win(x, prize) $\vee$ Happy(x)

（2） $\neg$ Study(y) $\vee$ Pass(y, z)

（3） $\neg$ Lucky(u) $\vee$ Pass(u, v)

（4） $\neg$ Study(zhang)

（5） Lucky(zhang)

（6） $\neg$ Lucky(w) $\vee$ Win(w, prize)

（7） $\neg$ Happy(zhang)，结论的否定。

（8） $\neg$ Pass(w, computer) $\vee$ Happy(w) $\vee \neg$ Lucky(w)，由（1）和（6）归结，取 $\sigma = \{w \mid x\}$。

（9） $\neg$ Pass(zhang, computer) $\vee \neg$ Lucky(zhang)，由（7）和（8）归结，取 $\sigma = \{\text{zhang} \mid w\}$。

（10） $\neg$ Pass(zhang, computer)，由（5）和（9）归结。

（11） $\neg$ Lucky(zhang)，由（3）和（10）归结，取 $\sigma = \{\text{zhang} \mid u, \text{computer} \mid v\}$。

（12）NIL，由（5）和（11）归结。

同样，上述归结过程可用如图 3-3 所示的归结树来表示。

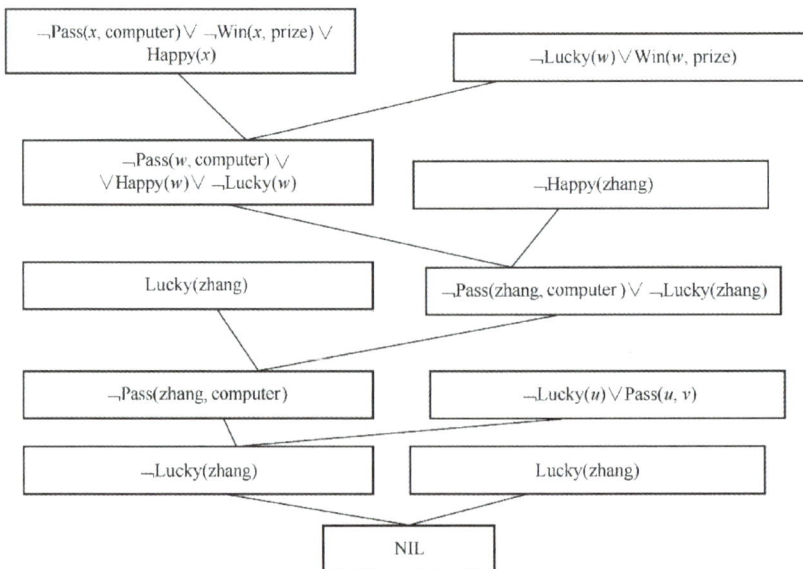

图 3-3 例 3-12 的归结树

3.4.3　用归结原理求取问题的答案

归结原理可用于定理证明，还可用来求取问题的答案，其思想与定理证明相似。其一般步骤如下。

（1）把问题的已知条件用谓词公式表示出来，并化为相应的子句集。

（2）把问题的目标的否定用谓词公式表示出来，并化为子句集。

（3）对目标否定子句集中的每个子句，构造该子句的重言式（把该目标否定子句和此目标否定子句的否定之间再进行析取所得到的子句），用这些重言式代替相应的目标否定子句式，并把这些重言式加入前提子句集，得到一个新的子句集。

（4）对这个新的子句集，应用归结原理求出其归结树，这时归结树的根子句不为空，称这个归结树为修改的归结树。

（5）用修改的归结树的根子句作为回答语句，则答案就在此根子句中。

下面通过一个例子来说明如何求取问题的答案。

例 3-13　已知"张（zhang）和李（li）是同班同学，如果 x 和 y 是同班同学，那么 x 的教室也是 y 的教室，现在张在 302 教室上课。"问：现在李在哪个教室上课？

解

首先，定义谓词：

$$C(x, y)：x 与 y 是同班同学$$

$$At(x, u)：x 在 u 教室上课$$

把已知前提用谓词公式表示如下：

$$C(zhang, li)$$

$$(\forall x)(\forall y)(\forall u)(C(x, y) \wedge At(x, u) \rightarrow At(y, u))$$

$$At(zhang, 302)$$

把目标的否定用谓词公式表示如下：

$$\neg(\exists v)At(li, v)$$

把上述公式化为子句集：

$$C(zhang, li)$$

$$\neg C(x, y) \vee \neg At(x, u) \vee At(y, u)$$

$$At(zhang, 302)$$

把目标的否定化成子句式，并用重言式

$$\neg At(li, v) \vee At(li, v)$$

代替。

把此重言式加入前提子句集，得到一个新的子句集，对这个新的子句集，应用归结原理求出其归结树，即"现在李在 302 教室上课"。

上述归结过程也可用如图 3-4 所示的归结树表示。

$$\neg At(li,v) \vee At(x,v) \qquad \neg C(x,y) \vee \neg At(x,u) \vee At(y,u)$$

$$\{li / y, v / u\}$$

$$At(li,v) \vee \neg C(x,li) \vee \neg At(x,v) \qquad C(zhang,li)$$

$$\{zhang / x\}$$

$$\neg At(zhang,v) \vee At(li,v) \qquad At(zhang,302)$$

$$\{302 / v\}$$

$$At(li,302)$$

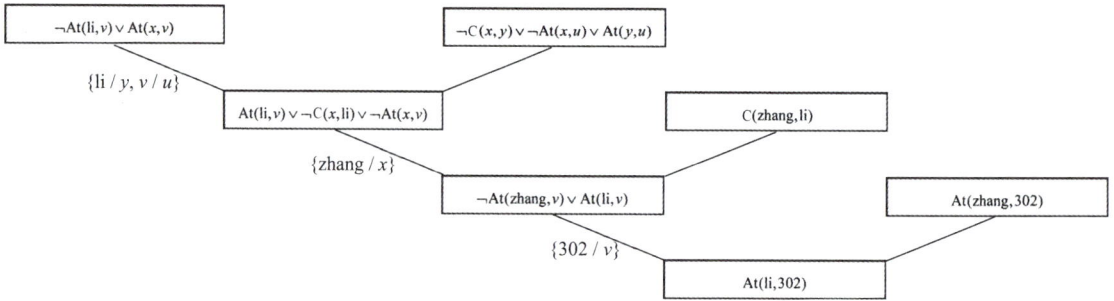

图 3-4　例 3-13 的归结树

3.4.4　归结演绎推理的归结策略

归结演绎推理实际上是从子句集中不断寻找可进行归结的子句对,并通过对这些子句对的归结,最终得出一个空子句的过程。由于事先并不知道哪些子句对可进行归结,更不知道通过对哪些子句对的归结能尽快得到空子句,因此需要对子句集中的所有子句逐对进行比较,直到得出空子句为止。这种盲目地全面进行归结的方法不仅会产生许多无用的归结式,更严重的是,会产生组合爆炸问题,因此需要研究有效的归结策略来解决这些问题。

目前,常用的归结策略可分为两大类:删除策略和限制策略。删除策略是通过删除某些无用的子句来缩小归结范围;限制策略是通过对参加归结的子句进行某些限制减少归结的盲目性,以尽快得到空子句。为了说明选择归结策略的重要性,在讨论各种常用的归结策略之前,下面先介绍宽度优先策略。

1. 宽度优先策略

宽度优先是一种穷尽子句比较的复杂搜索方法。设初始子句集为 S_0 ,宽度优先策略的归结过程可描述如下。

① 从 S_0 出发,对 S_0 中的全部子句进行所有可能的归结,得到第一层归结式,把这些归结式的集合记为 S_1 。

② 用 S_0 中的子句与 S_1 中的子句进行所有可能的归结,得到第二层归结式,把这些归结式的集合记为 S_2 。

③ 用 S_0 和 S_1 中的子句与 S_2 中的子句进行所有可能的归结,得到第三层归结式,把这些归结式的集合记为 S_3 。

④ 如此继续,直到得出空子句或不能再继续归结为止。

例 3-14　设有如下子句集:

$$S = \{\neg I(x) \vee R(x), I(a), \neg R(y) \vee L(y), \neg L(a)\}$$

用宽度优先策略证明 S 为不可满足。

证明　从初始子句集 S 出发,依次构造 $S_1, S_2, \cdots$,直到出现空子句,结束。宽度优先策略的归结树如图 3-5 所示。

可以看出,宽度优先策略归结出了许多无用的子句,既浪费时间,又浪费空间。但是这种策略有一个有趣的特性,就是当问题有解时能够确保找到最短归结路径。因此,宽度优先策略是一种完备的归结策略。宽度优先策略对大问题的归结容易产生组合爆炸,但对小问题的归结

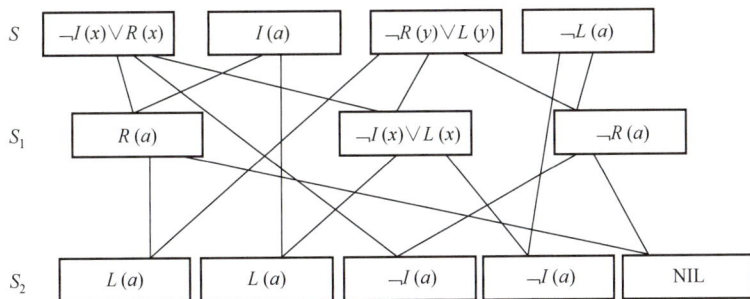

图 3-5　宽度优先策略的归结树

仍是一种比较好的归结策略。

2．支持集策略

支持集策略是沃斯（Wos）等人在 1965 年提出的一种归结策略，要求每次参加归结的两个亲本子句中至少应该有一个是由目标公式的否定所得到的子句或其后裔。可以证明，支持集策略是完备的，即当子句集为不可满足时，由支持集策略一定能够归结出一个空子句。也可以把支持集策略看成在宽度优先策略中引入了某种限制条件，这种限制条件代表一种启发信息，因而有较高的效率。

例 3-15　设有如下子句集：

$$S = \{\neg I(x) \vee R(x), I(a), \neg R(y) \vee L(y), \neg L(a)\}$$

其中，$\neg I(x) \vee R(x)$ 为目标公式的否定。用支持集策略证明 S 为不可满足。

证明　从 S 出发，其归结树如图 3-6 所示。

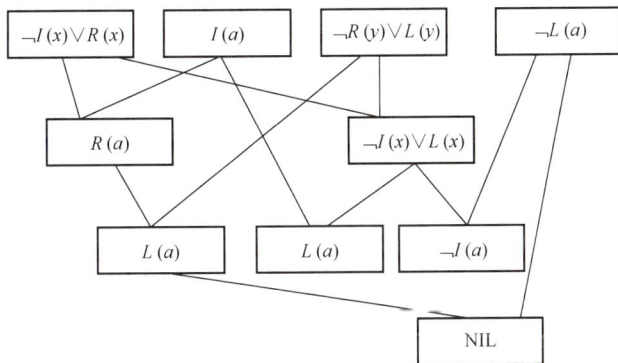

图 3-6　支持集策略的归结树

由上述归结过程可以看出，各级归结式的数目比宽度优先策略生成得少，但在第二级仍没有空子句。也就是说，这种策略限制了子句集元素的剧增，但会增加空子句所在的深度。此外，支持集策略具有逆向推理的含义，由于进行归结的亲本子句中至少有一个与目标子句有关，因此推理过程可以看成沿目标、子目标的方向前进。

3．删除策略

删除策略的主要思想是：归结过程在寻找可归结子句时，子句集中的子句越多，需要付出的代价越大。如果在归结时能够删除子句集中的无用子句，就能缩小搜索范围，减少比较次数，从而提高归结效率。常用的删除方法有以下几种。

1）纯文字删除法

如果文字 L 在子句集中不存在可与其互补的文字 $\neg L$，就称该文字为纯文字。

在归结过程中，纯文字不可能被消除，用包含纯文字的子句进行归结也不可能得到空子句，因此对包含纯文字的子句进行归结是没有意义的，应该将其从子句集中删除。

对子句集而言，删除包含纯文字的子句是不影响其不可满足性的。例如，有子句集

$$S = \{P \vee Q \vee R, \neg Q \vee R, Q, \neg R\}$$

其中，P 是纯文字，因此可以将子句 $P \vee Q \vee R$ 从子句集 S 中删除。

2）重言式删除法

如果一个子句中包含有互补的文字对，就称该子句为重言式。例如：

$$P(x) \vee \neg P(x)$$
$$P(x) \vee Q(x) \vee \neg P(x)$$

都是重言式，不管 $P(x)$ 的真值为真还是为假，$P(x) \vee \neg P(x)$ 和 $P(x) \vee Q(x) \vee \neg P(x)$ 均为真。

重言式是真值为真的子句。对一个子句集来说，不管是增加还是删除一个真值为真的子句，都不会影响该子句集的不可满足性。因此，可从子句集中删去重言式。

3）包孕删除法

设有子句 C_1 和 C_2，如果存在一个置换 σ，使得 $C_1 \sigma \subseteq C_2$，就称 C_1 包孕于 C_2。例如：

$P(x)$	包孕于 $P(y) \vee Q(z)$	$\sigma = \{x \mid y\}$
$P(x)$	包孕于 $P(a)$	$\sigma = \{a \mid x\}$
$P(x)$	包孕于 $P(a) \vee Q(z)$	$\sigma = \{a \mid x\}$
$P(x) \vee Q(a)$	包孕于 $P(f(a)) \vee Q(a) \vee R(y)$	$\sigma = \{f(a) \mid x\}$
$P(x) \vee Q(y)$	包孕于 $P(a) \vee Q(u) \vee R(w)$	$\sigma = \{a \mid x, u \mid y\}$

对子句集来说，其中包孕的子句被删除，不会影响该子句集的不可满足性。因此，可从子句集中删除包孕的子句。

4．单文字子句策略

如果一个子句只包含一个文字，就称此子句为单文字子句。单文字子句策略是对支持集策略的进一步改进，要求每次参加归结的两个亲本子句中至少有一个子句是单文字子句。

例 3-16　设有如下子句集：

$$S = \{\neg I(x) \vee R(x), I(a), \neg R(y) \vee L(y), L(a)\}$$

用单文字子句策略证明 S 为不可满足。

证明　从 S 出发，其归结树如图 3-7 所示。

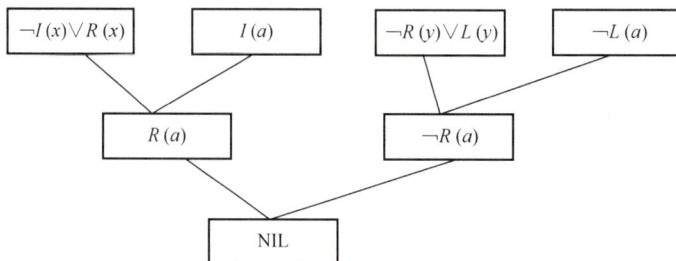

图 3-7　单文字子句策略的归结树

采用单文字子句策略，归结式包含的文字数将少于其亲本子句中的文字数，这有利于向空子句的方向发展，因此会有较高的归结效率。但这种策略是不完备的，即当子句集为不可满足时，用单文字子句策略不一定能归结出空子句。

5．线性输入策略

线性输入策略要求每次参加归结的两个亲本子句中至少应该有一个是初始子句集中的子句。所谓初始子句集，是指开始归结时所使用的子句集。

例 3-17　设有子句集：

$$S = \{\neg I(x) \vee R(x), I(a), \neg R(y) \vee L(y), \neg L(a)\}$$

用线性输入策略证明 S 为不可满足。

证明　从 S 出发，其归结树如图 3-8 所示。

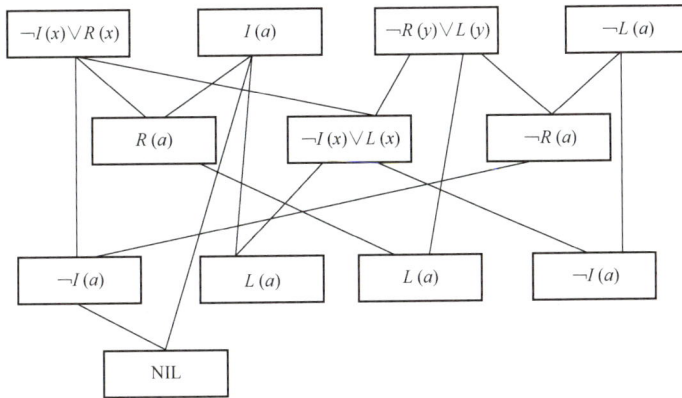

图 3-8　线性输入策略的归结树

线性输入策略可限制生成归结式的数目，具有简单和高效的优点。但是，这种策略也是一种不完备的策略。例如，子句集

$$S = \{Q(u) \vee P(a), \neg Q(w) \vee P(w), \neg Q(x) \vee \neg P(x), Q(y) \vee \neg P(y)\}$$

从 S 出发容易找到一棵归结树，却不存在线性输入策略的归结树。

6．祖先过滤策略

祖先过滤策略与线性输入策略有点相似，但是放宽了对子句的限制。每次参加归结的两个亲本子句，只要满足以下两个条件中的任意一个就可进行归结。

① 两个亲本子句中至少有一个是初始子句集中的子句。

② 如果两个亲本子句都不是初始子句集中的子句，那么一个子句应该是另一个子句的先辈子句。所谓一个子句（如 C_1）是另一个子句（如 C_2）的先辈子句，是指 C_2 是由 C_1 与其他子句归结后得到的归结式。

例 3-18　有如下子句集：

$$S = \{\neg Q(x) \vee \neg P(x), Q(y) \vee \neg P(y), \neg Q(w) \vee \neg P(w), Q(a) \vee P(a)\}$$

用祖先过滤策略证明 S 为不可满足。

证明　从 S 出发，其归结树如图 3-9 所示。

可以证明，祖先过滤策略也是完备的。

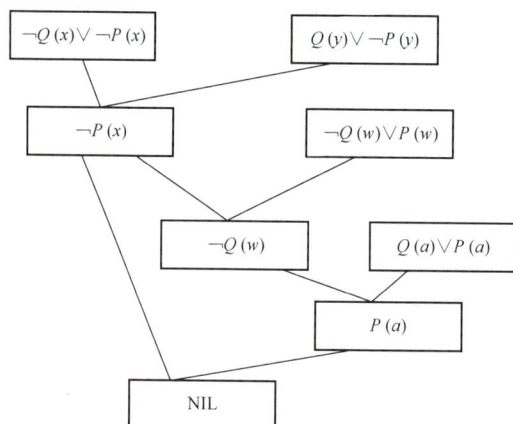

图 3-9　祖先过滤策略的归结树

上面分别讨论了几种基本的归结策略，在实际应用中可以把几种策略结合起来使用。总之，在选择归结反演策略时，主要应考虑其完备性和效率问题。

本章小结

自动推理是智能行为的基本特征之一，自然成为人工智能的核心问题之一。本章主要介绍了自动推理的基本概念、推理的逻辑基础，以及自然演绎推理和归结演绎推理。

自动推理是人工智能领域一个非常重要的问题，为了让计算机具有智能，必须使它能够进行推理。所谓自动推理，就是根据一定的原则，从已知的判断得出另一个新判断的思维过程，是对人类思维的模拟。

人类有多种思维方式，相应地，人工智能中也有多种推理方式。其中，演绎推理和归纳推理是两种较为常见的推理形式。演绎推理是由一组前提必然地推出某个结论的过程，是由一般到个别的推理，常用的推理形式是三段论，目前在知识系统中主要采用自然演绎推理。而归纳推理是从足够的事例中归纳出一般性知识的过程，是由个别到一般的推理。

按逻辑规则进行的推理称为逻辑推理。由于逻辑有经典逻辑与非经典逻辑之分，因而逻辑推理也分为经典逻辑推理、非经典逻辑推理两大类。经典逻辑主要是指命题逻辑与一阶谓词逻辑，由于其值只有"真"与"假"，因而经典逻辑推理中的已知事实以及推出的结论都是精确的，或者为"真"，或者为"假"，所以又称经典逻辑为精确推理或确定性推理。非经典逻辑是指除经典逻辑之外的逻辑，如多值逻辑、模糊逻辑、概率逻辑等，基于这些逻辑的推理被称为非经典逻辑推理，是一种不确定性推理。

经典逻辑推理是通过运用经典逻辑规则，从已知事实中演绎出逻辑上蕴含的结论的过程。本章介绍了自然演绎推理，并重点介绍了归结演绎推理。归结演绎推理的理论基础是罗宾逊归结原理。

习 题 3

3.1 什么是推理、正向推理、反向推理？试列出人工智能常用的几种推理方式，并列出每种推理方式的特点。

3.2 在产生式系统中解决冲突的策略有哪些？

3.3 请写出利用归结原理求解问题答案的步骤。

3.4 将下列逻辑表达式化为不含存在量词的前束范式：

$$(\exists x)(\forall y)[(\forall z)P(x,z) \rightarrow R(x,y,f(a))]$$

3.5 判断下列公式是否为可合一，若可合一，则求出其最一般合一 MGU。

（1）$P(a,b)$，$P(x,y)$

（2）$P(f(x),b)$，$P(y,z)$

（3）$P(f(x),y)$，$P(y,f(b))$

（4）$P(f(y),y,x)$，$P(x,f(a),f(b))$

（5）$P(x,y)$，$P(y,x)$

3.6 已知：

① 如果 x 是 y 的父亲，y 是 z 的父亲，那么 x 是 z 的祖父。

② 每个人都有一个父亲。

使用归结演绎推理证明：对于某人 u，一定存在一个人 v，v 是 u 的祖父。

3.7 判断下列子句集中哪些是不可满足的。

（1）$\{\neg P \vee Q, \neg Q, P, \neg P\}$

（2）$\{P \vee Q, \neg P \vee Q, P \vee \neg Q, \neg P \vee \neg Q\}$

（3）$\{P(y) \vee Q(y), \neg P(f(x)) \vee R(a)\}$

（4）$\{\neg P(x) \vee Q(x), \neg P(y) \vee R(y), P(a), S(a), \neg S(z) \vee \neg R(z)\}$

（5）$\{\neg P(x) \vee Q(f(x)), \neg P(h(y)) \vee R(f(h(y)),a) \vee \neg P(z)\}$

（6）$\{P(x) \vee Q(x) \vee R(x), \neg P(y) \vee R(y), \neg Q(a), \neg R(b)\}$

3.8 把下列谓词公式分别化为相应的子句集。

（1）$(\forall x)(\forall y)(P(x,y) \rightarrow Q(x,y))$

（2）$(\forall x)(\exists y)(P(x,y) \vee Q(x,y) \rightarrow R(x,y))$

（3）$(\forall x)\{(\forall y)P(x,y) \rightarrow \neg(\forall y)(Q(x,y) \rightarrow R(x,y))\}$

（4）$(\forall x)((\exists y)A(x,y) \wedge B(y)) \rightarrow (\exists y)(C(y) \wedge D(x,y))$

（5）$\neg(\exists x)C(x) \rightarrow (\forall x)(\forall y)(A(x,y) \rightarrow \neg B(y))$

3.9 用归结反演法证明下列公式的永真性。

（1）$(\exists x)\{(P(x) \rightarrow P(A)) \wedge (P(x) \rightarrow P(B))\}$

（2）$(\forall x)\{P(x) \wedge (Q(A) \vee Q(B))\} \rightarrow (\exists x)(P(x) \rightarrow Q(x))$

3.10 对下列各题分别判断 G 是否为 $F_1, F_2, \cdots, F_n$ 的逻辑结论，若是，则加以证明。

（1）

$F : (\exists x)(\exists y)P(x,y)$

$G : (\forall y)(\exists x)P(x,y)$

（2）

$F : (\forall x)(P(x) \wedge (Q(a) \vee Q(b)))$

$G : (\exists x)(P(x) \wedge Q(x))$

（3）

$F : (\exists x)(\exists y)(P(f(x)) \wedge (Q(f(y))))$

$G : P(f(a)) \wedge P(y) \wedge Q(y)$

（4）

$F_1 : (\forall x)(P(x) \rightarrow (\forall y)(Q(y) \rightarrow \neg L(x, y)))$

$F_2 : (\exists x)(P(x) \wedge (\forall y)(R(y) \rightarrow L(x, y)))$

$G : (\forall x)(R(x) \rightarrow \neg Q(x))$

（5）

$F_1 : (\forall x)(P(x) \rightarrow (Q(x) \wedge R(x)))$

$F_2 : (\exists x)(P(x) \wedge S(x))$

$G : (\exists x)(S(x) \wedge R(x))$

（6）

$F_1 : (\forall z)(A(z) \wedge \neg B(z) \rightarrow (\exists y)(D(z, y) \wedge C(y)))$

$F_2 : (\exists z)(E(z) \wedge A(z) \wedge (\forall y)(D(z, y) \rightarrow E(y)))$

$F_3 : (\forall z)(E(z) \rightarrow \neg B(z))$

$G : (\exists z)(E(z) \rightarrow C(z))$

3.11 "激动人心的生活"问题。

假设：所有不贫穷并且聪明的人都是快乐的，那些看书的人是聪明的；李明能看书且不贫穷，快乐的人过着激动人心的生活。

求证：李明过着激动人心的生活。

3.12 已知：能阅读的人是识字的；海豚不识字；有些海豚是很聪明的。

请用归结演绎推理证明：有些很聪明的人并不识字。

3.13 假设张被盗，公安局派出 5 个人去调查。案情分析时，调查员 A 说："赵与钱中至少有一个人作案"，调查员 B 说："钱与孙中至少有一个人作案"，调查员 C 说："孙与李中至少有一个人作案"，调查员 D 说："赵与孙中至少有一个人与此案无关"，调查员 E 说："钱与李中至少有一个人与此案无关"。如果这 5 个调查员的话都是可信的，请使用归结演绎推理求出谁是盗窃犯。

3.14 设有子句集：

$$\{P(x) \vee Q(a, b), P(a) \vee Q(a, b), Q(a, f(a)), P(x) \vee Q(x, b)\}$$

分别用各种归结策略求出其归结式。

3.15 设有子句集：

$$\{P \vee Q, Q \vee R, R \vee W, R \vee P, W \vee Q, Q \vee R\}$$

用线性输入策略是否可证明该子句集的不可满足性？

3.16 设已知事实为

$$((P \vee Q) \wedge R \vee (S \wedge (T \vee U)))$$

规则 F 为

$$S \rightarrow (X \wedge Y) \vee Z$$

试用正向演绎推理推出所有可能的子目标。

3.17 设有如下一段知识：

"小张、小王和小吴都属于高山协会。该协会的每个成员不是滑雪运动员，就是登山运动员，其中不喜欢雨的运动员是登山运动员，不喜欢雪的运动员不是滑雪运动员。小王不喜欢小张所喜欢的一切东西，而喜欢小张所不喜欢的一切东西。小张喜欢雨和雪。"

试用谓词公式集合表示这段知识，这些谓词公式要适合一个逆向的基于规则的演绎系统。试说明这样一个系统怎样才能回答问题："高山俱乐部中有没有一个成员，他是一个登山运动员，但不是一个滑雪运动员。"

第 4 章

搜索策略

　　本章首先讨论搜索的相关概念，然后重点介绍状态空间的知识表示和搜索策略，其中包括一般图搜索、盲目搜索、启发式搜索、与/或图搜索，最后探讨与/或图搜索算法在博弈问题中的应用。

广义地说，人工智能问题都可以看成一个问题求解过程，因此问题求解成为人工智能的核心问题，通常是通过在某个可能的解空间中寻找一个解来进行的。在问题求解过程中，人们面临的大多数现实问题往往没有确定的算法，通常需要用搜索算法来解决。目标和达到目标的一组方法被称为问题，搜索就是探究这些方法能够做什么的过程。

从工程应用的角度，人工智能技术的一个主要目标就是解决那些非平凡问题，即难以直接利用常规技术（如数值计算、数据库应用等）解决的问题。这些问题的解决取决于问题本身的描述以及应用领域相关知识的运用。按解决问题所需的领域特有知识的多少，问题求解系统可分为两大类：知识贫乏系统和知识丰富系统。前者必须依靠搜索技术解决问题，后者则求助于推理技术。

搜索直接关系到智能系统的性能和运行效率，因而美国人工智能专家尼尔森（N.J. Nilsson）把它列为人工智能研究的四个核心问题（知识的模型化和表示，常识性推理、演绎和问题求解，启发式搜索，人工智能系统和语言）之一。

现今，搜索技术已经渗透到各种人工智能系统中，可以说几乎没有一种人工智能系统不使用搜索方法。专家系统、自然语言理解、自动程序设计、模式识别、机器学习、信息检索和博弈等都广泛应用了搜索技术。

4.1　搜索概述

智能系统面临各种各样的问题，其中大部分是结构不良或非结构化的问题，对这样的问题一般没有算法可以求解，只能利用已有的知识逐步摸索。这个过程中存在着如何寻找可用知识的问题，即如何确定推理路线，使其付出的代价尽可能地少，而问题又能得到较好的解决。例如，推理过程中可能存在多条路径都能实现问题的求解，这就引出了一个问题：如何选择最佳的推理路径，以使系统的运行效率最高。

因此，对于给定的问题，智能系统的行为通常是找到能够达到所希望目标的动作序列，并使其付出的代价最小、性能最佳。搜索实质上是找到智能系统的动作序列的过程。

在智能系统中，即使对于结构性能较好、理论上有算法可依的问题，由于问题本身的复杂性，以及计算机在时间、空间上的局限性，有时也需要通过搜索来求解。

在人工智能中，搜索问题一般包括两个重要的问题：搜索什么、在哪里搜索。前者通常指的是搜索目标，而后者通常指的是搜索空间。搜索空间通常是一系列状态的汇集，因此也被称为状态空间。与一般的搜索空间不同，人工智能中大多数问题的状态空间在问题求解之前不一定全部知道。所以，人工智能中的搜索可以分成两个阶段：状态空间的生成阶段和该状态空间中对所求问题状态的搜索阶段。

根据在问题求解过程中是否运用启发性知识，搜索分为盲目搜索和启发式搜索。

1. 盲目搜索（又称为非启发式搜索）

盲目搜索是指在问题的求解过程中不运用启发性知识，只按照一般的逻辑法则或控制性知识，在预定的控制策略下进行搜索，并且在搜索过程中获得的中间信息不用来改进控制策略的行为。由于搜索总是按预先规定的路线进行，没有考虑到问题本身的特性，因此这种方法缺乏对求解问题的针对性,需要进行全方位的搜索,而没有选择最优的搜索途径。因此,这种搜索方式具有盲目性,效率较低,容易出现"组合爆炸"问题。

典型的盲目搜索包括深度优先搜索和广度优先搜索。

2. 启发式搜索

启发式搜索是指在问题的求解过程中,为了提高搜索效率,运用与问题有关的启发性知识,即解决问题的策略、技巧、窍门等实践经验和知识,来指导搜索朝着最有希望的方向前进,加速问题求解过程并找到最优解。典型的启发式搜索有 A 算法和 A*算法。

搜索问题中的主要工作是找到正确的搜索策略。搜索策略一般通过如下准则来评价。

❖ 完备性:如果存在一个解答,该策略是否保证能够找到?
❖ 时间复杂性:需要多长时间可以找到解答?
❖ 空间复杂性:执行搜索需要多少存储空间?
❖ 最优性:如果存在不同的解答,该策略是否可以发现最高质量的解答?

搜索策略反映了状态空间或问题空间的扩展方法,同时决定了状态或问题的访问顺序。在人工智能中,不同的搜索策略对应着不同的搜索问题命名。例如,考虑一个问题的状态空间是否为一棵树。如果根结点先扩展,再扩展根结点生成的所有结点,然后是这些结点的后继,如此反复,这就是广度优先搜索。另一种方法是,在树的最深一层的结点中扩展一个结点,只有当搜索遇到一个死结点(非目标结点且无法扩展)的时候,才会回溯到上一个结点,选择其他结点进行搜索,这就是深度优先搜索。无论是广度优先搜索还是深度优先搜索,结点遍历的顺序一般是固定的,即一旦搜索空间给定,结点遍历的顺序就固定了。这类遍历被称为"确定性的",也就是盲目搜索。对于启发式搜索,在计算每个结点的参数之前无法确定先选择哪个结点扩展,这种搜索一般被称为非确定性的。

4.2 一般图搜索

搜索最适合设计基于一个操作算子集的问题求解任务,每个操作算子的执行均可使问题求解更接近于目标状态。搜索路径将由实际选择的操作算子的序列构成。本节将从状态空间概念入手,介绍一般图搜索算法、最常见的两种盲目搜索和启发式搜索算法,然后讨论提高状态图搜索效率的方法。

4.2.1 图搜索的基本概念

1. 显式图和隐式图

为了求解问题,需要把有关知识存储在计算机的知识库中。存储方式有以下两种。

① 显式存储(或显式图):把与问题有关的全部状态空间图,即相应的有关知识(叙述性知识、过程性知识和控制性知识),直接存入知识库。

② 隐式存储(或隐式图):仅存储与问题求解有关的部分知识(部分状态空间),在求解过程中,由初始状态出发,运用相应的知识,逐步生成所需的部分状态空间图,通过搜索推理,

逐步转移到要求的目标状态，只需在知识库中存储局部状态空间图。

为了节约计算机的存储容量并提高搜索推理效率，通常采用隐式存储方式，进行隐式图搜索推理。

2．图搜索的基本思想

图搜索是一种在图中寻找路径的方法，从图的初始结点开始，一直搜索，直到找到目标结点。其中，初始结点和目标结点分别代表产生式系统的初始数据库和满足终止条件的数据库。图搜索的步骤如下：首先将问题的初始状态设定为当前状态，然后选择适用的运算符对其进行操作，生成一组子状态，检查目标状态是否在其中出现；若目标状态出现，则搜索成功，找到了问题的解；若目标状态未出现，则按某种搜索策略，从已生成的状态中再选一个状态作为当前状态；重复上述过程，直到目标状态出现或者不再有可供操作的状态及运算符。

4.2.2　状态空间搜索

用搜索技术来求解问题的系统均会定义一个状态空间，并通过适当的搜索算法在状态空间中搜索解答或解答路径。状态空间搜索的研究重点在于设计高效的搜索算法，以降低搜索代价并解决组合爆炸问题。

1．什么是状态空间图

例 4-1　钱币翻转问题。设有 3 个钱币，其初始状态为"反正反"，欲得的目标状态为"正正正"或"反反反"，允许每次只能且必须翻转一个钱币，连翻三次。问是否能达到目标状态？

要求解这个问题，通过引入一个三元变量将问题表示出来。设三元变量为 $Q = (q_1, q_2, q_3)$，$q_i = 0$（$i = 1, 2, 3$）表示钱币为正面，$q_i = 1$（$i = 1, 2, 3$）表示钱币为反面，则三个钱币可能出现的状态有 8 种组合：

$$Q_0 = (0,0,0) \quad Q_1 = (0,0,1) \quad Q_2 = (0,1,0) \quad Q_3 = (0,1,1)$$
$$Q_4 = (1,0,0) \quad Q_5 = (1,0,1) \quad Q_6 = (1,1,0) \quad Q_7 = (1,1,1)$$

这时，问题可以表示为图 4-1，表示了全部可能的 8 种组合状态及其相互关系，其中每个组合状态可认为是一个结点，结点间的连线表示了两结点的相互关系（如从结点 Q_5 到结点 Q_4 间的连线表示要将 $q_3 = 1$ 翻成 $q_3 = 0$，或反之）。现在的问题是从初始状态 Q_5，经过适当的路径（连线），找到目标状态 Q_0 或 Q_7。

可以看出，从 Q_5 不可能经过 3 步到达 Q_0，即不存在从 Q_5 到达 Q_0 的解。但从出发到达的解有 7 个，它们分别是 aab、aba、baa、bbb、bcc、cbc 和 ccb。

由这个问题的求解过程可知，某个具体问题可经过抽象变为某个有向图中寻找目标或路径的问题。人工智能中把这种描述问题的有向图称为状态空间图，简称状态图。其中，状态图中的结点代表问题的一种格局，一般称为问题的一个状态；边表示两结点之间的某种联系，如可以是某种操作、规则、变换、算子或关系等。在状态图中，从初始结点到目标结点的一条路径，或者所找的目标结点，就是相应问题的一个解。其一般描述如图 4-2 所示。

在现实生活中，无论是智力问题（如汉诺塔问题、旅行商问题、八皇后问题、传教士过河问题等）还是实际问题（如定理证明、演绎推理、机器人行动规划等），都可以归结为在某状态图中寻找目标或路径的问题。所以，状态图是一类问题的抽象表示。

图 4-1　三枚钱币问题的状态空间

图 4-2　状态图的一般描述

2．问题的状态空间表示法

状态空间表示法是指用"状态"和"操作"组成的空间来表示问题求解的一种方法。

1）状态（State）

状态是指为了描述问题求解过程中不同时刻下状况（如初始状况、事实等叙述性知识）间的差异，而引入的最少的一组变量的有序组合。状态常用矢量形式表示为：

$$S = [s_0, s_1, s_2, \cdots]^{\mathrm{T}}$$

其中，s_i（$i = 0,1,2,\cdots$）称为分量。当给定每个分量的值 s_{ki}（$i = 0,1,2,\cdots$）时，就得到一个具体的状态：

$$s_k = [s_{k0}, s_{k1}, s_{k2}, \cdots]^{\mathrm{T}}$$

状态的维数既可以是有限的，也可以是无限的。另外，状态可以表示成多元数组或其他形式。状态主要用于表示叙述性知识。

2）操作（Operator）

操作，也称为运算符或算符，引起状态中的某些分量发生改变，从而使问题由一个具体状态改变到另一个具体状态。操作可以是一个机械的步骤、过程、规则或算子，指出状态之间的关系。操作用于反映过程性知识。

3）状态空间（State space）

状态空间是指一个由问题的全部可能状态及其相互关系（操作）所构成的有限集合。

状态空间常被记为二元组。其中，S 为问题求解（搜索）过程中所有可能到达的合法状态构成的集合；O 为操作算子的集合，操作算子的执行会导致问题状态的变迁。

这样，在状态空间表示法中，问题求解过程就被转化为在图中寻找从初始状态 S_0 出发到达目标状态 S_g 的路径问题，也就是寻找操作序列 α 的问题。

作为状态空间表示的经典案例，我们来观察"渡河问题"。

设 N 个传教士带领 N 个野人划船渡河，且为安全起见，渡河需遵从 3 个约束：① 船上人数不得超过载重限量，设为 K 个人；② 为预防野人攻击，任何时刻（包括两岸、船上）野人人数不得超过传教士人数 N；③ 允许在河的某一岸或者在船上只有野人而没有传教士。

为了便于理解状态空间表示方法，我们简化该问题到一个特例：$N=3$，$K=2$，并以变量 m 和 c 分别指示传教士和野人在左岸或船上的实际人数，变量 b 指示船是否在左岸（值为 1 指示船在左岸，否则为 0），从而使上述约束条件转变为 $m+c\leqslant 2$，$m\geqslant c$。

考虑到在这个渡河问题中，左岸的状态描述（m、c 和 b）可以决定右岸的状态，所以整个问题状态就可以用左岸的状态来描述，以简化问题的表示。设初始状态下传教士、野人和船都在左岸，目标状态下这三者均在右岸，问题状态以三元组 (m,c,b) 表示，则问题求解任务可描述为 $(3,3,1)\rightarrow(0,0,0)$。在这个简单的问题中，状态空间可能的状态总数为，由于要遵守安全约束，只有 20 个状态是合法的。

下面是不合法状态的例子：$(1,0,1)$，$(1,2,1)$，$(2,3,1)$。鉴于存在不合法状态，还会导致某些合法状态不可达，如状态 $(3,3,0)$、$(3,0,1)$、$(0,0,1)$ 和 $(0,3,0)$。结果，这个问题只有 16 个可达的合法状态。

该渡河问题中的操作算子可以定义为两类：$L(m,c)$、$R(m,c)$，分别指示从左岸到右岸的划船操作和从右岸回到左岸的划船操作。m 和 c 取值的可能组合有 5 个：10，20，11，01，02，故共有 10 个操作算子。

可以画出相应渡河问题的状态空间的有向图，如图 4-3 所示。由于划船操作是可逆的，因此结点间的弧线有双向箭头，弧标签指示船上传教士和野人的人数，显然每个结点只能取 L 和 R 操作之一，这取决于状态变量 b 的值。

由此可以看出：

① 用状态空间方法表示问题时，必须先定义状态的描述形式，从而把问题的一切状态都表示出来。另外，要定义一组操作，这些操作可以把问题由一种状态转变为另一种状态。

图 4-3　渡河问题的状态空间的有向图

② 问题的求解过程是一个不断把操作作用于状态的过程。如果在使用某个操作后得到的新状态是目标状态，就得到了问题的一个解。这个解是从初始状态到目标状态所用操作构成的序列。

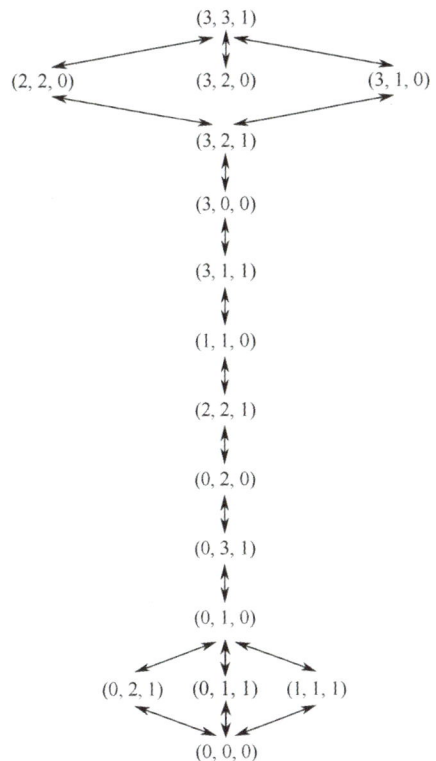

③ 要使问题从一种状态转变到另一种状态，就必须进行一次操作。这样，在从初始状态变迁到目标状态时，可能存在多个操作序列（得到多个解），其中使用操作最少或较少的解才为最优解（因为只有在使用操作时所付出的代价为最小的解才是最优解）。

④ 对其中的某状态可能进行多个操作，使该状态变为几个不同的后继状态。那么，到底用哪个操作进行搜索呢？这取决于搜索策略。不同的搜索策略会有不同的顺序，这就是本章后面要讨论的问题。

在智能系统中，进行问题求解前必须先把问题用某种形式表示出来，而表示是否恰当会直接影响求解效率。状态空间表示法是用来表示问题及其搜索过程的一种方法，是人工智能中最基本的形式化方法，也是问题求解技术的基础。

3．状态空间搜索的基本思想

状态空间搜索的基本思想就是通过搜索引擎寻找一个操作算子的调用序列，使问题从初始状态变迁到目标状态。在这个变迁过程中，状态序列或相应的操作算子调用序列称为从初始状态到目标状态的解答路径。搜索引擎可以设计为任意实现搜索算法的控制系统。

通常情况下，状态空间的解答路径可能有多条，但最短的只有一条或少数几条。如上述渡河问题，尽管存在无数条解答路径（因为划船操作可逆），但只有 4 条是最短的，每条都包含 11 个操作算子的调用。一个状态可以有多个可供选择的操作算子，从而导致了多个待搜索的解答路径。例如，图 4-3 中初始状态结点有 3 个操作算子供选择，这种选择在逻辑上称为“或”关系，意味着只要其中有一条路径通往目标状态，就能获得成功解答。因此，这样的有向图被称为或图，常见的状态空间一般表示为或图，因而也称为一般图。

除了少数像渡河这样的简单问题，描述状态空间的一般图很大，无法直观地画出，所以只能将其视为隐含图，在搜索解答路径的过程中只画出搜索时直接涉及的结点和弧线，构成所谓的搜索图。

作为一般图搜索的另一个例子，下面观察智力游戏八数码问题。

八数码游戏在由 3 行和 3 列构成的九宫棋盘上进行，棋盘上放置数码为 1～8 的 8 个棋牌，剩下一个空格，游戏者只能通过棋牌向空格的移动来不断改变棋盘的布局。这种游戏求解的问题是：给定初始布局（初始状态）和目标布局（目标状态），如何移动棋牌才能从初始布局到达目标布局，如图 4-4 所示。显然，解答路径实际上是一个合法的走步序列。

为了用一般图搜索方法解决该问题，应先为问题状态的表示建立数据结构，再确定操作算子集。以一个 3×3 的矩阵表示问题状态，每个矩阵元素 $S_{ij} \in \{0,1,\cdots,8\}$。其中，$1 \le i,j \le 3$，数字 0 指示空格，数字 1～8 指示棋牌的数码。于是图 4-4 中的八数码问题就可表示为矩阵形式，如图 4-5 所示。

图 4-4　八数码问题示例

图 4-5　八数码问题的矩阵表示

定义操作算子的直观方法是为每个棋牌制定一套可能的走步：左、上、右、下四种移动。

这样需要 32 个操作算子。简单易行的方法是仅为空格制定这 4 种走步，因为只有紧靠空格的棋牌才能移动。空格移动的唯一约束是不能移出棋盘。假设在搜索过程的每一步都能选择最合适的操作算子，则图 4-4 中的八数码问题解决时，一次搜索过程涉及的状态所构成的搜索图（这里实际是搜索树）如图 4-6 所示，其中粗线代表解决路径。

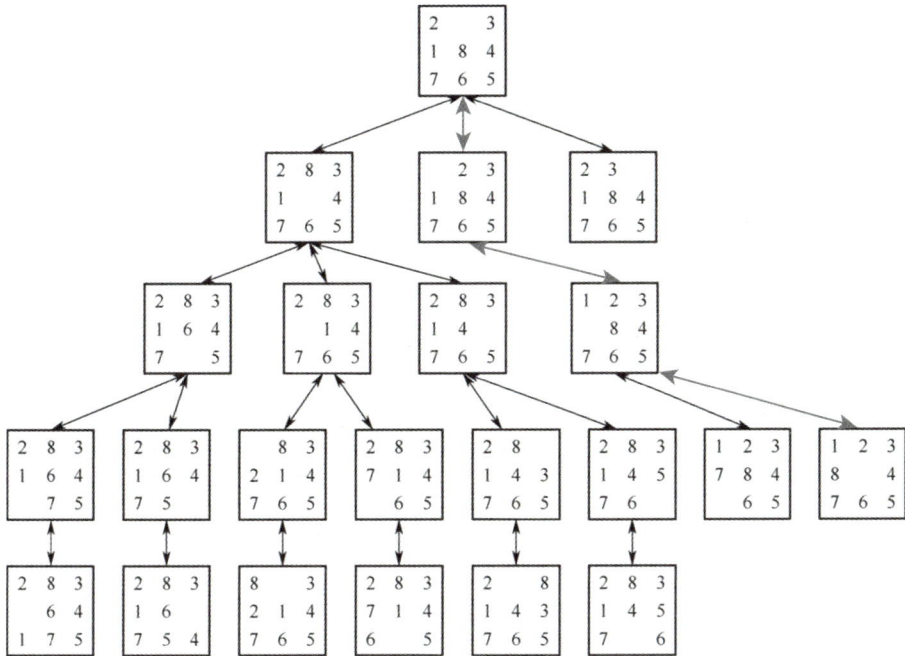

图 4-6　八数码问题的一次搜索图

八数码问题可能的棋盘布局（问题状态）共 9! = 362880 个，由于棋盘的对称性，实际只有这个数的一半。显然，我们无法直观地画出整个状态空间的一般图，但搜索图小得多。所以，尽管状态空间可以很大（如国际象棋），只要确保搜索空间足够小，就能在合理的时间范围内搜索到问题解答。

搜索空间的压缩程度主要取决于搜索引擎采用的搜索算法。换言之，当问题有解时，使用不同的搜索策略，找到解答路径时，搜索图的大小是有区别的。一般，对于状态空间很大的问题，设计搜索策略的关键考虑是解决组合爆炸问题。复杂的问题求解任务往往涉及许多解题因素，问题状态可以通过解题因素的特别组进行表示（解题因素可设计为状态变量，如渡河问题中的 m、c 和 b）。

所谓组合爆炸，是指解题因素多时，因素的可能组合个数会爆炸性（指数级）增长，引起状态空间的急剧膨胀。例如，某问题有 4 个因素，且每个因素有 3 个可选值，则因素的组合（问题状态）有 $3^4 = 81$ 个；若因素增加到 10 个，则组合的个数达 $3^{10} = 3^4 \times 3^6 = 81 \times 729$，即状态空间扩大了 729 倍。解决组合爆炸问题的方法实际上是选择好的搜索策略，只要搜索状态空间的很小部分就能找到解答。

4.2.3　一般图搜索过程

一般图搜索过程是由尼尔森提出的一个著名的图搜索过程，是一个具有强大表达能力的搜索策略框架。此过程要用到 OPEN 表和 CLOSE 表。其中，OPEN 表用于存放待扩展的结点，结点进入 OPEN 表的排列顺序是由搜索策略决定的；CLOSE 表用于存放已经扩展的结点，当前结点进入 CLOSE 表的最后。

为了给出一般图搜索过程，特做如下符号说明。

❖ S_0：初始状态结点。

❖ G：搜索图。

❖ OPEN：存放待扩展结点的表。

❖ CLOSE：存放已被扩展的结点的表。

❖ Move-First(OPEN)：取 OPEN 表首的结点 n 作为当前要扩展的结点，同时将结点 n 移至 CLOSE 表中。

一般图搜索过程划分为如下两个阶段。

1. 初始化

建立只包含初始状态结点 S_0 的搜索图：

$G:=\{S_0\}$

$OPEN:=\{S_0\}$

$CLOSE:=\{\}$

2. 搜索循环

（1）Move-First(OPEN)：取出 OPEN 表首的结点 n 作为扩展的结点，同时移到 CLOSE 表中。

（2）扩展出 n 的子结点，插入搜索图 G 和 OPEN 表。

（3）适当标记和修改指针。

（4）排序 OPEN 表。

通过循环地执行该算法，搜索图 G 会因不断有新结点加入而逐步长大，直到搜索到目标结点。

上述过程生成一个搜索图 G，由返回指针确定 G 的子图 T（称为搜索树），OPEN 表中的结点是 T 的叶结点。

在搜索图中标记从子结点到父结点的指针，便于在搜索到目标状态时快速返回解答路径：自初始状态结点 S_0 到目标状态结点的一个结点序列。

为说明搜索过程中子结点分类和指针修改的作用，观察图 4-7 中的示例。当前被扩展的结点为 n_i，可扩展出下列 3 类结点。

❖ 第 1 类：全新结点，如结点 n_1 和 n_2。

❖ 第 2 类：已出现在 CLOSE 表中的结点，如结点 n_3。

❖ 第 3 类：已出现在 OPEN 表中的结点，如结点 n_4。

假设结点 n_3 和 n_4 经由新父结点 n_i 到初始状态结点 S_0 的路径代价比经由老父结点 n_j 的要小，则将结点 n_3 和 n_4 原指向结点 n_i 的指针都移走，改为指向结点 n_j。由于 n_3 自身已扩展出子结点 n_{31} 和 n_{32}，而 n_{32} 有 2 个父结点，因此应修改 n_{32} 指向父结点的指针（从原先指向 n_j 改为指向 n_3）。鉴于 n_3 或许并不在最终得到的解答路径上，故这种指针修改并不值得进行。简单地把结点 n_3 放回 OPEN 表，而不修改其子结点指针，具有推迟修改的作用。以后一旦结点 n_3 被从 OPEN 表中取出，会重新扩展 n_{32}，这时 n_{32} 成为第 2 类子结点，再修改指针即可。

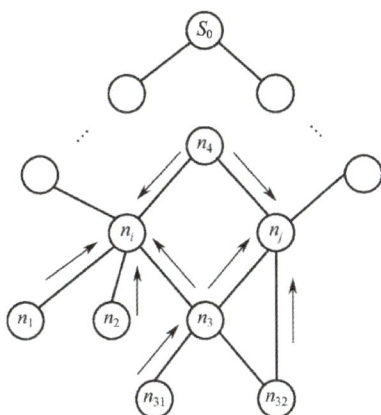

图 4-7　搜索过程中的指针修改

4.3　盲目搜索

在一般图搜索算法中，提高搜索效率的关键在于优化 OPEN 表中结点的排序方式，若每次排在表首的结点都在最终搜索到的解答路径上，则算法不需要扩展任何多余的结点即可快速结束搜索。因此，排序方式成为研究搜索算法的焦点，并由此形成了多种搜索策略。

一种简单的排序策略就是按预先确定的顺序或随机的顺序搜索新加入 OPEN 表的结点，常用的方式是宽度优先和深度优先。

宽度优先和深度优先及其改进算法的缺点是结点排序的盲目性，因为不采用领域专门知识去指导排序，往往会在白白搜索了大量无关的状态结点后才得到解答，所以这类搜索也被称为盲目搜索。

4.3.1　宽度优先搜索

宽度优先搜索（Breadth-First Search，BFS）又称为广度优先搜索。

1．宽度优先搜索的基本思想

宽度优先搜索是指从初始结点 S_0 开始，向下逐层搜索，在 n 层结点未搜索完之前，不进入 $n+1$ 层搜索，同层结点的搜索次序可以任意。即：先按生成规则生成第一层结点，在该层全部结点中沿宽（广）度进行横向扫描，检查目标结点 S_g 是否在这些子结点中；若没有，则再将所有第 1 层结点逐一扩展，得到第 2 层结点；并逐一检查第 2 层结点中是否包含 S_g；如此依次按照先生成、先检查、先扩展的原则进行，直到发现 S_g 为止。

2．宽度优先搜索算法

算法 4-1　宽度优先搜索算法。

```
Procedure Breadth-First Search
Begin
    把初始结点放入队列;
```

```
Repeat
    取得队列最前面的元素为 current;
    If  current = goal
        成功返回并结束;
    Else do
    Begin
        若 current 有子结点，则 current 的子结点以任意次序添加到队列的尾部;
    End
Until  队列为空
End
```

例 4-2　通过挪动积木块，希望从初始状态达到一个目的状态，即三块积木堆叠在一起，积木 A 在顶部，积木 B 在中间，积木 C 在底部，如图 4-8 所示。请画出按照宽度优先搜索策略所产生的搜索树。

(a) 初始状态　　　　　　(b) 目的状态

图 4-8　积木问题

这个问题的唯一操作算子为 Move(X, Y)，即将积木 X 搬到 Y（积木或桌面）上面。例如，"挪动积木 A 到桌面上"表示为 Move(A, Table)。该操作算子可运用的先决条件是：

① 被挪动积木的顶部必须为空。

② 若 Y 是积木（不是桌面），则积木 Y 的顶部也必须为空。

③ 同一状态下，运用操作算子的次数不得多于一次。

因此经过分析，该宽度优先搜索树如图 4-9 所示。

图 4-9　积木问题的宽度优先搜索树

3. 宽度优先搜索的时间复杂度

为了便于分析，我们考虑一棵树，其每个结点的分支系数为 b，最大深度为 d，其中分支系数是指一个结点可以扩展的新的结点数目。因此，搜索树的根结点在第 1 层会产生 b 个结点，每个结点又产生 b 个新结点，这样在第二层会有 b^2 个结点。所以，目标结点不会出现在深

度为 $d-1$ 的层，失败搜索的最小结点数为

$$1+b+b^2+\cdots+b^{d-1}=(b^d-1)/(b-1) \qquad (b \gg 1)$$

而在找到目标结点之前可能扩展的最大结点数为

$$1+b+b^2+\cdots+b^{d-1}+b^d=(b^{d+1}-1)/(b-1)$$

对于第 d 层，目标结点可能是第一个状态，也可能是最后一个状态。因此，平均需要访问的第 d 层结点数目为 $(1+b^d)/2$。所以，平均总的搜索的结点数为

$$(b^d-1)/(b-1)+(1+b^d)/2 \approx b^d(b+1)/[2(b-1)]$$

宽度优先搜索的时间复杂度是 b 的指数函数 $O(b^d)$，因此宽度优先搜索的时间复杂度与搜索的结点数成正比。

4. 宽度优先搜索的空间复杂度

宽度优先搜索中，空间复杂度和时间复杂度一样，需要很大空间，这是因为需要同时存储树的所有叶结点。根结点扩展后，队列中有 b 个结点。第 1 层最左边结点扩展后，队列中有 $2b-1$ 个结点。当正在检查 d 层最左边的结点是否为目标结点时，在队列中的结点数目最多，为 b^d。该算法的空间复杂度与列的长度有关，在最坏情况下约为指数级 $O(b^d)$。

表 4-1 展示了宽度优先搜索的时间和空间需求，其中分支系数 $b=10$，每秒处理 1000 个结点，每个结点需要 100 字节。

表 4-1　宽度优先搜索的时间和空间需求

深　度	结点数	时　间	空　间	深　度	结点数	时　间	空　间
0	1	1 μs	100 B	8	108	31 h	11 GB
2	111	1 s	11 KB	10	1010	128 d	1 TB
4	11111	11 s	1 MB	12	1012	35 a	111 TB
6	106	18 min	111 MB	14	1014	3500 a	11111 TB

5. 宽度优先搜索的优点和缺点

宽度优先搜索是一种盲目搜索，时间和空间复杂度都较高，当目标结点距离初始结点较远时会产生许多无用的结点，搜索效率低。由表 4-1 可知，宽度优先搜索中，时间需求是一个很大的问题，当搜索的深度较大时尤为严重，但是空间需求是比执行时间更严重的问题。

宽度优先搜索的优点为：因为宽度优先搜索总是在生成扩展完第 N 层的结点后才转向第 $N+1$ 层，所以如果目标结点存在，用宽度优先搜索算法总可以找到该目标结点，而且是最小（最短路径）的结点。但实际意义不大，当状态的后裔数的平均值较大时，这种组合爆炸就会使算法耗尽资源，在可利用的空间中找不到解。

4.3.2　深度优先搜索

1. 深度优先搜索的基本思想

深度优先搜索（Depth-First Search，DFS）是一种一直向下的搜索策略，从初始结点 S_0 开始，按生成规则生成下一级各子结点，检查是否出现目标结点 S_g；若未出现，则按"最晚生成的子结点优先扩展"原则，用生成规则生成再下一级的子结点，再检查是否出现 S_g；若仍未出

现，则再扩展最晚生成的子结点。如此下去，沿着最晚生成的子结点分支，逐级"纵向"深入搜索。

由于一个有解的问题常常含有无穷分支，深度优先搜索过程如果误入无穷分支，就不可能找到目标结点，因此它是不完备的。与宽度优先搜索不同，深度优先搜索找到的解也不一定是最佳的。

2. 深度优先搜索算法

深度优先搜索算法仅对有限状态空间类问题具有算法可行性，但无可采纳性。一般，它只是一个过程，需要进一步改进。下述方法就是基于栈实现的深度优先搜索算法。

算法 4-2 深度优先搜索算法。

```
Procedure Depth-First Search
Begin
    把初始结点压入栈，并设置栈顶指针；
    While 栈不空 do
    Begin
        弹出栈顶元素；
        If 栈顶元素 = goal，成功返回并结束；
        Else 以任意次序把栈顶元素的子结点压入栈；
    End While
End
```

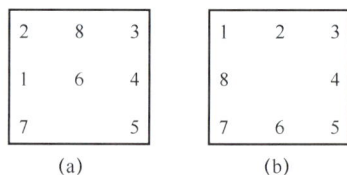

例 4-3 八数码问题。8 个数码的起始状态如图 4-10(a) 所示，需要得到如图 4-10(b) 所示的目标状态。

2	8	3
1	6	4
7		5

(a)

1	2	3
8		4
7	6	5

(b)

图 4-10 八数码问题

解 生成一个结点的搜索树，按照深度优先搜索算法可以生成如图 4-11 所示的搜索树，所有结点都用相应的矩阵来标记，并按照结点扩展的顺序进行编号。其中，我们设置深度界限为 5。粗线条路径表示求得的一个解。深度优先搜索过程是沿着一条路径进行下去，直到深度界限为止，回溯一步，再继续往下搜索，直到找到目标状态或 OPEN 表为空为止。

3. 深度优先搜索的时间复杂度

如果搜索在第 d 层最左边的位置找到了目标，那么检查的结点数为 $d+1$。另外，若只是搜索到第 d 层，在第 d 层的最右边找到了目标，则检查的结点包括树中所有结点，结点数为

$$1+b+b^2+\cdots+b^d = (b^{d+1}-1)/(b-1)$$

所以，平均来说，检查的结点数为

$$(b^{d+1}-1)/[2(b-1)]+(1+d)/2 \approx b(b^d+d)/[2(b-1)]$$

上式是深度优先搜索的平均时间复杂度，即深度优先搜索的时间复杂度是 b 的指数函数 $O(b^d)$。

4. 深度优先搜索的空间复杂度

深度优先搜索对内存的需求是比较适中的，只需保存从根结点到叶结点的单条路径，包括在这条路径上每个结点的未扩展的兄弟结点。其存储器要求是深度约束的线性函数。当搜索过程到达最大深度时，所需的内存最大。假设每个结点的分支系数为 b，考虑深度为 d 的结点时，

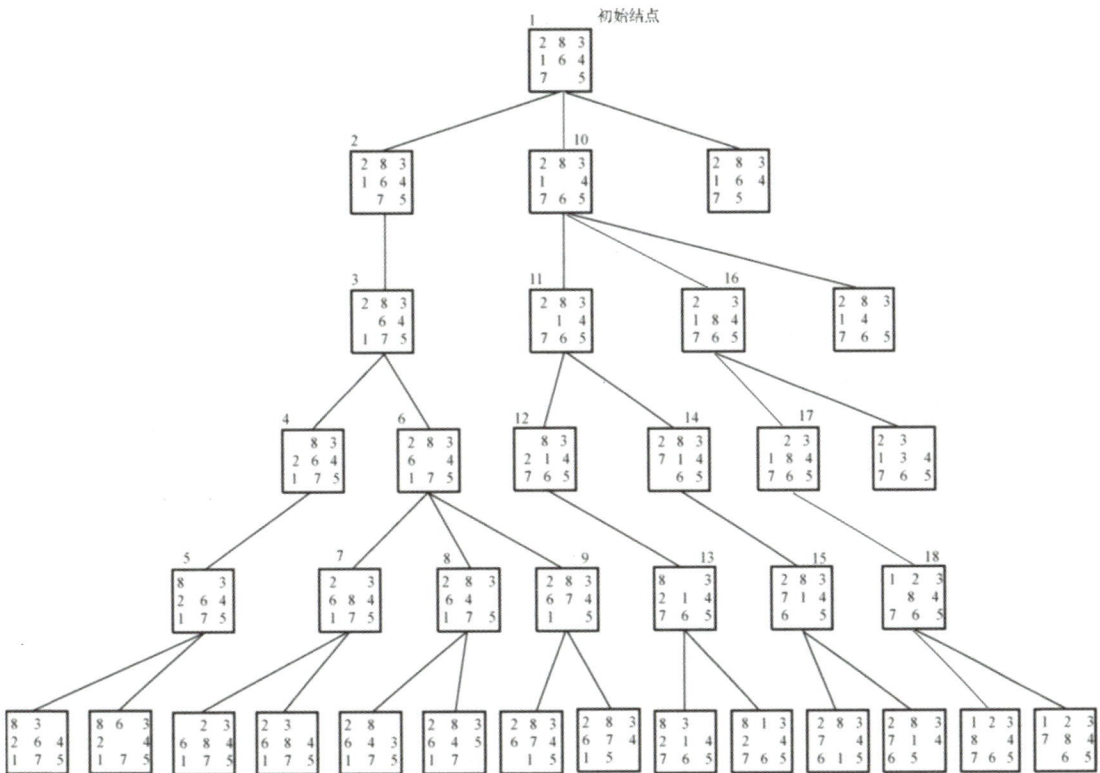

图 4-11　深度优先搜索解决八数码问题

保存在内存中的结点数包括到达深度 d 时所有未扩展的结点和正在考虑的结点。因此，在每个层次上都有 $b-1$ 个未扩展的结点，总的内存需要量为 $d(b-1)+1$。所以，深度优先搜索的空间复杂度是 b 的线性函数 $O(bd)$。

5. 深度优先搜索的优点和缺点

深度优先搜索的优点在于相比宽度优先搜索算法，需要较少的空间，因为只需保存搜索树的一部分，包括当前正在搜索的路径以及该路径上还未完全展开的结点标志。因此，深度优先搜索的存储器要求是深度约束的线性函数。

然而，深度优先搜索的主要缺点是可能搜索到了错误的路径。很多问题可能具有很深甚至无限的搜索树，若不幸选择了一个错误的路径，则深度优先搜索会一直搜索下去，而不会回到正确的路径。因此对于这些问题，深度优先搜索要么陷入无限的循环而不能给出一个答案，要么最后找到一个答案，但路径很长而且不是最优的答案。也就是说，深度优先搜索既不是完备的，也不是最优的。

4.3.3　有界深度搜索和迭代加深搜索

对于深度 d 比较大的情况，深度优先搜索需要很长的运行时间，而且可能得不到解答。一种较好的问题求解方法是对搜索树的深度进行控制，即有界深度优先搜索方法。有界深度优先搜索过程总体上按深度优先算法进行，但对搜索深度需要给出一个深度限制 d_m，当深度达到 d_m 时，如果还没有找到解答，就停止对该分支的搜索，换到另一个分支进行搜索。

有界深度优先搜索的搜索过程如下。

（1）把初始结点 S_0 放入 OPEN 表，置 S_0 的深度 $d(S_0)=0$。

（2）若 OPEN 表为空，则问题无解，失败并退出。

（3）把 OPEN 表中的第一个结点取出放入 CLOSE 表，并按顺序冠以编号 n。

（4）考察结点 n 是否为目标结点。若是，则求得了问题的解，成功并退出。

（5）若结点 n 不可扩展或者深度 $d(n)=d_m$，则转第（2）步。

（6）扩展结点 n。将其子结点放入 OPEN 表的首部，并为其配置指向父结点的指针，然后转第（2）步。

对于有界深度搜索策略，下面有几点需要说明。

① 深度限制 d_m 很重要。当问题有解且解的路径长度小于或等于 d_m 时，搜索过程一定能够找到解，但是与深度优先搜索一样，并不能保证最先找到的是最优解，即这时有界深度搜索是完备的但不是最优的。但是当 d_m 取值太小、解的路径长度大于 d_m 时，搜索过程中就找不到解，即这时搜索过程甚至是不完备的。

② 深度限制 d_m 不能太大。当 d_m 太大时，搜索过程会产生过多的无用结点，既浪费了计算资源，又降低了搜索效率。有界深度搜索的时间和空间复杂度与深度优先搜索类似，空间是线性复杂度 $O(bd_m)$，时间是指数复杂度 $O(b^{d_m})$。

③ 有界深度搜索的主要问题是深度限制值 d_m 的选取。该值也被称为状态空间的直径，如果该值设置得比较合适，就会得到比较有效的有界深度搜索。但是对于很多问题，我们并不知道该值到底为多少，直到该问题求解完成了，才可以确定深度限制值 d_m。为了解决上述问题，可采用如下改进方法：先任意给定一个较小的数作为 d_m，再按有界深度算法搜索，若在此深度限制内找到了解，则算法结束；若在此限制内没有找到问题的解，则增大深度限制 d_m，继续搜索。这就是迭代加深搜索的基本思想。

迭代加深搜索（Iterative Deepening Search，IDS）是一种回避选择最优深度限制问题的策略，试图尝试所有可能的深度限制：首先深度为 0，然后深度为 1，再深度为 2……一直进行下去。若初始深度为 0，则该算法只生成根结点，并检测它。若根结点不是目标，则深度加 1，通过典型的深度优先算法，生成深度为 1 的树。同样，当深度限制为 m 时，树的深度也为 m。

迭代加深搜索看起来会很浪费时间，因为很多结点都可能扩展多次。然而对于很多问题，这种多次扩展的负担实际上很小。直觉上可以想象，如果一棵树的几乎所有结点都在底层，那么对于上面各层结点，多次扩展对整个系统来说影响较小。

搜索深度为 h 时，由深度优先搜索方法生成的结点数为

$$(b^{h+1}-1)/(b-1)$$

由迭代加深搜索过程中的失败搜索所产生的结点数量的总和为

$$\{1/(b-1)\}\sum_{h=0}^{d-1}(b^{h+1}-1)\approx b(b^d-d)/(b-1)^2$$

该算法的最后一次搜索在深度 d 处找到了成功结点，则该次搜索的平均时间复杂度为典型的深度有界搜索 $b(b^d+d)/[2(b-1)]$，则总的平均时间复杂度为

$$b(b^d-d)/(b-1)^2+b(b^d-d)/2(b-1)\approx(b+1)b^{d+1}/[2(b-1)^2]$$

从而，迭代深度搜索和深度优先搜索的时间复杂度的比率为

$$\{(b+1)b^{d+1}/[2(b-1)^2]\}:\{b(b^d+d)/[2(b-1)]\}$$

对于比较大的 d，上式简化为

$$(b+1):(b-1)$$

迭代深度搜索和宽度优先搜索的时间复杂度的比率为

$$\{(b+1)b^{d+1}/[2(b-1)^2]\}:\{b^d(b+1)/[2(b-1)]\}=b:(b-1)$$

对于一个分支系数 $b=10$ 的深度目标，迭代深度搜索比深度优先搜索增加了 20%左右的额外结点，只比宽度优先搜索增加了 11%左右的额外结点。而且，分支系数越大，重复搜索产生的额外结点比率越小，因此迭代加深搜索与深度优先搜索、宽度优先搜索方法相比并没有增加很多时间复杂度。也就是说，迭代加深搜索的时间复杂度为 $O(b^d)$，空间复杂度为 $O(bd)$，既满足深度优先搜索的线性存储要求，又能保证发现最小深度的目标。

算法 4-3　迭代加深搜索算法。

```
Procedure Iterative Deepening Search
Begin
    设置当前深度限制 = 1;
    把初始结点压入栈，并设置栈顶指针;
    While  栈不空并且深度在给定的深度限制之内  do
    Begin
        弹出栈顶元素;
        If  栈顶元素 = goal，返回并结束;
        Else  以任意顺序把栈顶元素的子结点压入栈;
    End
    End while
    深度限制加 1，并返回 2;
End
```

4.3.4　搜索最优策略的比较

宽度优先搜索、深度优先搜索和迭代加深搜索都可以用于生成和测试算法。宽度优先搜索需要指数数量的空间，深度优先搜索的空间复杂度与最大搜索深度呈线性关系。迭代加深搜索对一棵深度受控的树采用深度优先的搜索，结合了宽度优先和深度优先搜索的优点。与宽度优先搜索一样，迭代加深搜索是最优的和完备的，但对空间的要求方面，与深度优先搜索相比，是适中的。

表 4-2 给出了这四种搜索策略的复杂度比较。其中，b 是分支系数，d 是解答的深度，m 是搜索树的最大深度，l 是深度限制。

表 4-2　四种搜索策略的复杂度比较

标　　准	宽度优先	深度优先	有界深度	迭代加深
时间复杂度	$O(b^d)$	$O(b^m)$	$O(b^l)$	$O(b^d)$
空间复杂度	$O(b^d)$	$O(bm)$	$O(bl)$	$O(bd)$
最优	是	否	否	是
完备	是	否	若 $l>d$，则是	是

4.4　启发式搜索

前面讨论的各种搜索方法都是按事先规定的路线进行搜索的，没有用到问题本身的特征信息，具有较大的盲目性，因此产生的无用结点较多，搜索空间较大，效率较低。若能够利用问题自身的一些特征信息来指导搜索过程，则可以缩小搜索范围，提高搜索效率。

启发式搜索通常用于两种问题：正向推理和反向推理。正向推理一般用于状态空间的搜索。在正向推理中，推理是从预选定义的初始状态出发向目标状态方向执行。反向推理通常用于问题规约。在反向推理中，推理是从给定的目标状态向初始状态执行的。在前一类使用启发式函数的搜索算法中，包括或图算法或者最好优先算法，以及根据启发式函数的不同而得到的其他算法，如 A*算法等。另外，启发式反向推理算法通常称为与/或图搜索算法，AO*算法就是其中一种。

4.4.1　启发性信息和评估函数

如果在选择结点时能充分利用与问题有关的特征信息，估计出结点的重要性，就能在搜索时选择重要性较高的结点，以利于求得最优解。这个过程称为启发式搜索。"启发式"实际上代表了"大拇指准则"（Rule of Thumb）：在大多数情况下是成功的，但不能保证一定成功。

与被解问题的某些特征有关的控制信息（如解的出现规律、解的结构特征等）称为搜索的启发信息，并反映在评估函数中。评估函数的作用是估计待扩展的各结点在问题求解中的价值，即评估结点的重要性。

评估函数 $f(x)$ 定义为从初始结点 S_0 出发，约束地经过结点 x 到达目标结点 S_g 的所有路径中最小路径代价的估计值。其一般形式为

$$f(x) = g(x) + h(x)$$

其中，$g(x)$ 表示从初始结点 S_0 到结点 x 的实际代价；$h(x)$ 表示从 x 到目标结点 S_g 的最优路径的评估代价，体现了问题的启发式信息，其形式要根据问题的特性确定，被称为启发式函数。启发式方法把问题状态的描述转换成了对问题解决程度的描述，用评估函数的值来表示。

4.4.2　启发式搜索 A 算法

在一般图搜索过程中，如果重排 OPEN 表是依据 $f(x) = g(x) + h(x)$ 进行的，就称该过程为启发式搜索过程。该过程按 $f(x)$ 排序 OPEN 表中的结点，$f(x)$ 值最小者排在首位，进行优先扩展，体现了最佳优先（Best-first）搜索策略的思想。

启发式搜索过程的设计与一般图搜索过程相同，也分为如下两个阶段。

1. 初始化

建立只包含初始状态结点 S 的搜索图：

　　$G:=\{S\}$

　　OPEN:=$\{S\}$

　　CLOSE:=$\{\}$

2．搜索循环

（1）Move-First(OPEN)：取出 OPEN 表首的结点 n。

（2）扩展出 n 的子结点，插入搜索图 G 和 OPEN 表。

（3）适当地标记和修改指针（子结点→父结点）。

（4）排序 OPEN 表（按评价函数的值排序）。

通过循环执行该算法，搜索图会因不断有新结点加入而逐步长大，直到搜索到目标结点。如同一般图搜索过程一样，启发式搜索过程中标记和修改指针的方法如下。

（1）扩展出 n 的子结点 n_i，插入搜索图 G 和 OPEN 表。对每个子结点 n_i，计算

$$f(n, n_i) = g(n, n_i) + h(n_i)$$

（2）适当标记和修改指针（子结点→父结点）。

① 全新结点：$f(n_i) = f(n, n_i)$。

② 已出现在 OPEN 表中的结点。

③ 已出现在 CLOSE 表中的结点。如果 $f(n_i) > f(n, n_i)$，那么令 $f(n_i) = f(n, n_i)$，修改指针指向新父结点 n。

（3）排序 OPEN 表（按值升序排列）。

算法 4-4 A 算法。

```
Procedure Heuristic Search A
Begin
        建立一个只有初始结点 S0 的搜索图 G，把 S0 放入 OPEN 表；计算 f(S0) = g(S0) + h(S0)
        假定初始时 CLOSE 表为空
        While  OPEN 表不空  do
        Begin
                从 OPEN 表中取出 f 值最小的结点（第一个结点），并放入 CLOSED 表；
                假设该结点的编号为 n；
            If  n 是目标  then
                    停止；
                    返回 n，根据 n 的反向指针指出从初始结点到 n 的路径；
            Else do
            Begin
                    扩展结点 n；
                If  结点 n 有后继结点  then
                Begin
                    （1）生成 n 的子结点集合{mi}，把 mi 作为 n 的后继结点加入 G，并计算 f(mi)；
                    （2）If  mi 未曾在 G 中出现过（未曾在 OPEN 和 CLOSED 表中出现过）  then
                            将它们配上刚计算过的 f 值，设置返回到 n 的指针，并把它们放入 OPEN 表；
                    （3）If  mi 已经在 OPEN 表中  then
                            该结点一定有多个父结点，这时计算当前路径的 g 值，并与原路径的 g 值比较：
                                若前者大于后者，则不做任何更改；
                                若前者小于后者，则
                                    将 OPEN 表中的该结点的 f 值更改为刚计算的 f 值，返回指针更改为 n；
                    （4）If  mi 已经存在于 CLOSED 表中  then
                            该结点同样有多个父结点，这时同样计算当前路径的 g 值和原来路径的 g 值；
                            若当前的 g 值小于原来的 g 值，则
```

将表中该结点的 g、f 值及返回指针进行类似第（3）步的修改，并考虑修改表中通过该结点的后继结点的 g、f 值及其返回指针；

（5）按 f 值从小到大的次序，对 OPEN 表中的结点进行重新排序；

```
                End If
            End Else
        End While
    End
```

下面以八数码游戏为例，观察 A 算法的应用。对于八数码问题，评估函数可表示为

$$f(x) = d(x) + w(x)$$

其中，$d(x)$ 是 $g(x)$ 的度量，其值为当前被考察和扩展的结点 n 在搜索图中的结点深度；$w(x)$ 为启发式函数 $h(x)$ 度量，其值是结点 x 与目标状态结点 S_g 相比较后错位的棋个数。一般，某结点的 $w(x)$ 越大，即"不在目标位"的数码个数越多，说明它离目标结点越远。

设想当前要解决的八数码问题如图 4-12 所示。初始状态结点的评价函数值 $f(x) = 0 + 4 = 4$，则应用 A 算法搜索解答路径十分快捷，除了个别走步判断失误（结点 d 的选用和扩展），其他走步选择全部正确。

图 4-12　要解决的八数码问题

OPEN 表和 CLOSE 表中的结点变化如表 4-3 所示。

表 4-3　OPEN 表和 CLOSE 表中的结点变化

循　环	OPEN 表	CLOSE 表	循　环	OPEN 表	CLOSE 表
初始化	(S)	( )	4	(l a c i k j m)	(S b d e)
1	(b c a)	(S)	5	(n a c i k j m)	(S b d e l)
2	(d e a c i)	(S b)	6	(g a c i k j m o)	(S b d e l n)
3	(e a c i k j)	(S b d)	7	成功结束	

图 4-13 给出了搜索图，并以字母标识每个结点，字母后的括号中给出了评价函数 $f()$ 的值，且每次循环从 OPEN 选取扩展的结点用方框框出，最终的 g 即目标结点。

4.4.3　实现启发式搜索的关键因素

鉴于启发式搜索在提高搜索效率和解决组合爆炸问题中的作用，相关研究成为人工智能形成和成长期的重要议题之一，产生了许多成熟的研究成果，并且活跃至今。下面就实现启发式搜索应考虑的关键因素进行讨论。

1. 搜索算法的可采纳性（Admissibility）

在搜索图存在从初始状态结点到目标状态结点解答路径的情况下，若一个搜索算法总能找到最短（代价最小）的解答路径，则称该算法具有可采纳性。例如，宽度优先搜索算法就是可采纳的，只是其搜索效率不高。

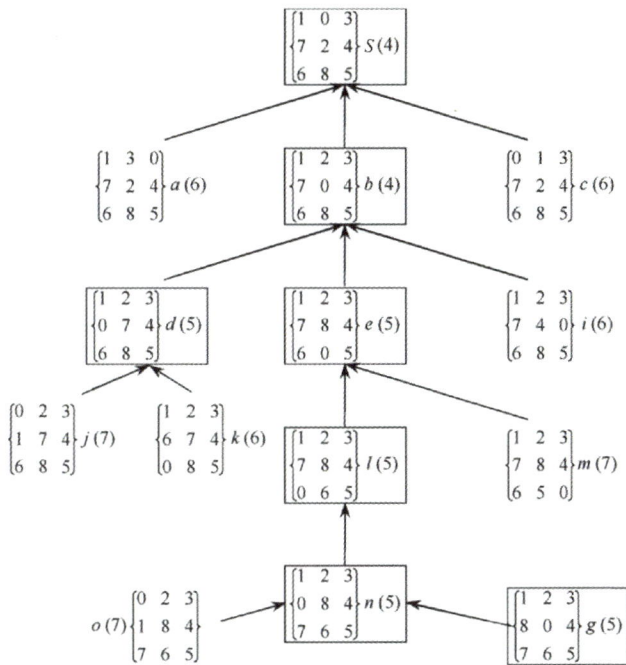

图 4-13　应用 A 算法的八数码搜索图

2．启发式函数的强弱及其影响

首先，引入评价函数

$$f^*(x) = g^*(x) + h^*(x)$$

$f^*(x)$、$g^*(x)$、$h^*(x)$ 分别指示当经由结点 x 的最短（代价最小）解答路径被找到时实际的路径代价（长度）、该路径前段（自初始状态结点到结点 x）代价和后段（自结点 x 到目标状态结点）代价。在存在多个目标状态的情况下，$h^*(x)$ 取 $h^*(x, x_{gi})$ 中最小者（$i = 1, 2, 3, \cdots$）。

可以用 $h(x)$ 接近 $h^*(x)$ 的程度去衡量启发式函数的强弱。当 $h(x) < h^*(x)$ 且两者差距较大时，$h(x)$ 过弱，从而导致 OPEN 表中结点排序的误差较大，易于产生较大的搜索图；反之，当 $h(x) > h^*(x)$ 时，$h(x)$ 过强，使 A 算法失去可采纳性，从而不能确保找到最短解答路径。显然，设计恒等于 $h^*(x)$ 的 $h(x)$ 是最理想的，确保产生最小的搜索图（因为 OPEN 表中结点的排序正确），且搜索到的解答路径是最短的。

对于复杂的问题求解任务，设计恒等于 $h^*(x)$ 的 $h(x)$ 是不可能的。为此，取消恒等约束，设计既接近又总是不大于 $h^*(x)$ 的 $h(x)$ 成为应用 A* 算法搜索问题解答的关键，以压缩搜索图，提高搜索效率。可以证明，对于解决同一个问题的两个算法 A_1 和 A_2，若总有 $h_1(x) \leqslant h_2(x) \leqslant h^*(x)$，则 $t(A_1) \geqslant t(A_2)$。其中，h_1、h_2 分别是算法 A_1 和 A_2 的启发式函数，t 指示相应算法达到目标状态时搜索图中包含的结点总数。再以八数码游戏为例，因为 $w(x) \leqslant p(x) \leqslant h^*(x)$，所以采用 $p(x)$ 时扩展出的结点总数不会比采用 $w(x)$ 时的多。更明显的例子是采用宽度优先法解决八数码问题，相当于 $h(x) \equiv 0$，则图 4-13 中的搜索树会变得比采用 $w(x)$ 时庞大得多。

3．设计 $h(x)$ 的实用考虑

随着问题求解任务复杂程度的增加，即便是设计接近又总是不大于 $h^*(x)$ 的 $h(x)$ 也变得更

困难，而且往往会导致在 $h(x)$ 上的繁重计算工作量。若 $h(x)$ 的计算开销过大，即使最短路径找到了，实际的搜索代价也会居高不下，因为路径选择的代价会随着 $h(x)$ 的计算开销而增大。删除 $h(x) \leqslant h^*(x)$ 的约束，会使 $h(x)$ 的设计容易得多，却由此丢失了可采纳性（可能丢失最短解答路径）。不过在许多实用场合，人们并不要求找到最优解答（最短解答路径），通过牺牲可采纳性来换取 $h(x)$ 设计的简化和减少计算 $h(x)$ 的工作量还是可行的。

由评价函数 $f(x) = g(x) + h(x)$ 可以看出，若 $h(x) \equiv 0$，则意味着先进入 OPEN 表的结点会优先被考察和扩展，因为即使不以 $d(x)$ 作为 $g(x)$，通常先进入 OPEN 表的结点也具有较小的 $g(x)$ 值，从而使搜索过程接近于宽度优先的搜索策略；反之，若 $g(x) \equiv 0$，则导致后进入 OPEN 表的结点会优先被考察和扩展，因为后进入 OPEN 表的结点往往更接近于目标状态，即 $h(x)$ 值较小，从而使搜索过程接近于深度优先的搜索策略。

为了更有效地搜索解答，可以使用评价函数 $f(x) = g(x) + wh(x)$，w 用作加权。在搜索图的浅层（上部），可让 w 取较大值，以使 $g(x)$ 所占比例很小，从而突出启发式函数的作用，加速向纵深方向搜索；一旦搜索到较深的层次，又让 w 取较小值，以使 $g(x)$ 所占比例很大，并确保 $wh(x) \leqslant h^*(x)$，从而引导搜索向横向发展，寻找到较短的解答路径。

4.4.4 A*算法

1．A*算法的概念和过程

为了考察启发式搜索 A 算法的可采纳性，将评价函数 $f()$ 与 $f^*()$ 相比较，实际上，$f(x)$、$g(x)$、$h(x)$ 分别是 $f^*(x)$、$g^*(x)$、$h^*(x)$ 的近似值。在理想情况下，设计评价函数 $f()$ 时可以让 $g(x) = g^*(x)$、$h(x) = h^*(x)$，则应用该评价函数的 A 算法就能在搜索过程中，每次都正确地选择下一个从 OPEN 表中取出并加以扩展的结点，从而不会扩展任何无关结点，可顺利地获取解答路径。然而 $g^*(x)$ 和 $h^*(x)$ 在最短解答路径找到前是未知的，因此几乎不可能设计出这种理想的评价函数；而且对于复杂的应用领域，即使设计接近于 $f^*()$ 的 $f()$ 往往也是困难的。一般，$g(x)$ 的值容易从已生成的搜索树中计算得到，不必专门定义计算公式。例如，以结点深度 $d(x)$ 作为 $g(x)$，并有 $g(x) \geqslant g^*(x)$。然而 $h(x)$ 的设计依赖于启发式知识的应用，所以如何挖掘贴切的启发式知识是设计评价函数乃至 A 算法的关键。

前述八数码游戏（见图 4-13）使用的启发式函数 $w(x)$ 就不够贴切，从而在搜索过程中错误地选用了结点 d 加以扩展。其实我们可以设计更接近于 $h^*(x)$ 的 $h(x)$，如 $p(x)$，其值是结点 x 与目标状态结点相比较，假设每个错位棋在不受阻拦的情况下，移动到目标状态相应位置所需走步（移动次数）的总和。显然，$p(x)$ 比 $h(x)$ 更接近于 $h^*(x)$，因为 $p(x)$ 不仅考了错位因素，还考虑了错位的距离（移动次数）。

返回到图 4-13，若启发式函数 $h(x)$ 采用 $p(x)$，则初始状态结点的评价函数值 $f(S) = 5$。在第二个搜索循环结束时，OPEN 表中的结点排序为 $e\,a\,c\,d\,i$，这些结点的评价函数值依次为 5、7、7、7、7；而在使用 $w(x)$ 的情况下，OPEN 表中的结点排序为 $d\,e\,a\,c\,i$，评价函数值依次为 5、5、6、6、6。显然，$p(x)$ 使得用 $w(x)$ 不能区分的结点 $d(5)$、$e(5)$ 区分为 $d(7)$、$e(5)$，因此搜索过程不会再错误选择结点 d，而是一下子就选对了结点 e 加以扩展，如图 4-14 所示。

可以证明，若确保对于搜索图中的结点 x 总是有 $h(x) \leqslant h^*(x)$，则 A 算法具有可采纳性，即总能搜索到最短（代价最小）的解答路径。

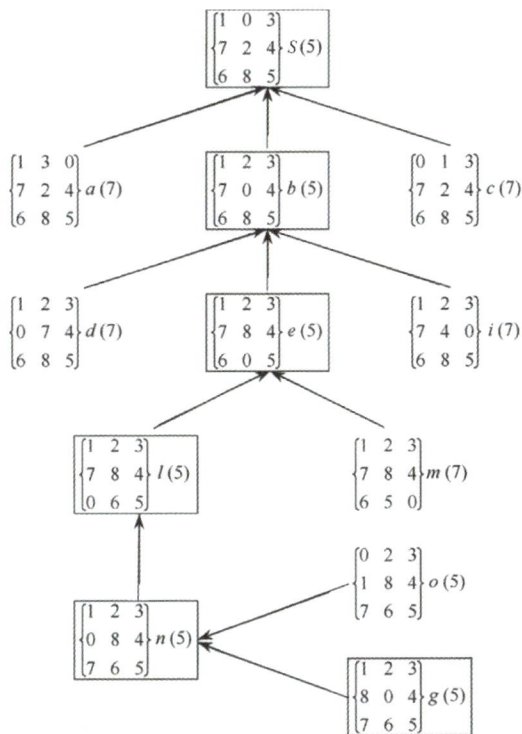

图 4-14　应用启发式函数 $p(x)$ 的八数码问题搜索图

我们称满足 $h(x) \leqslant h^*(x)$ 的 A 算法为 A*算法。

A*算法的过程如下。

（1）把 S 放入 OPEN 表，记 $f() = h$，令 CLOSED 为空表。

（2）若 OPEN 为空表，则宣告失败并退出。

（3）选取 OPEN 表中未设置过的具有最小 $f()$ 值的结点为最佳结点 BestNode，并把它放入 CLOSED 表。

（4）若 BestNode 为目标结点，则成功求得一解并退出。

（5）若 BestNode 不是目标结点，则扩展之，产生后继结点 Succssor。

（6）对每个 Succssor 进行下列过程：

① 建立从 Succssor 返回 BestNode 的指针。

② 计算 $g(Succssor)=g(BestNode)+g(BestNode, Succssor)$。

③ 若 Succssor∈OPEN，则此结点为 OldNode，并把它添入后继结点表 SUCC。

④ 比较新旧路径的代价。若 $g(Succssor)<g(OldNode)$，则重新确定 OldNode 的父辈结点为 BestNode，记下较小代价 $g(OldNode)$，并修正 $f(OldNode)$值。

⑤ 若至 OldNode 的代价较低或一样，则停止扩展结点。

⑥ 若 Succssor 不在 OPEN 表中，则看其是否在 CLOSED 表中。

⑦ 若 Succssor 在 CLOSED 表中，则转向步骤③。

⑧ 若 Succssor 既不在 OPEN 表中又不在 CLOSED 表中，则把它放入 OPEN 表，并添入后继结点表 SUCC，然后转向第（7）步。

（7）计算 $f()$ 值，然后转入第（2）步。

2．A*算法性质

首先，定义如下符号。

❖ $C(n_i, n_j)$：从结点 n_i 到结点 n_j 的费用。

❖ $K(n_i, n_j)$：从结点 n_i 到结点 n_j 最小代价路径的费用。

❖ G：目标结点的集合。

❖ P_{n-g}：从结点 n 到 g 的路径。

❖ P_{n-G}：从结点 n 到目标结点集合 G 的路径集合。

❖ $g^*(x)$：从起始结点（根结点）S 到结点 n 所有路径的最小费用，$g^*(x) = K(S, n)$。

❖ $h^*(x)$：从结点 S 到 G 的所有路径中最小的费用，对所有 $g \in G$，有 $h^*(n) = \min K(n, g)$。

❖ C^*：从结点 S 到 G 的所有路径中最小代价路径的费用，$C^* = h^*(s)$。

A*算法具有下列性质。

性质 4-1　对最优路径 P^*_{S-G} 上的任何结点 n^* 都满足 $f^*(n^*) = C^*$。

证明

$$
\begin{aligned}
f^*(n^*) &= g^*(n^*) + h^*(n^*) \\
&= K(S, n^*) + \min K(n^*, g) \\
&= \min K(S, g) \\
&= C^* \qquad\qquad (\forall g \in G)
\end{aligned}
$$

从性质 4-1 可以直接得到如下结论：① $f^*(S) = C^*$；② $f^*(g) = C^*$。

性质 4-2　任何结点 n，如果不在任何一条最优路径上，那么 $f^*(n) > C^*$。

证明　该性质可以直接从上面的性质得到。

关于启发式函数，给出如下定义。

定义 4-1　启发式函数 $h()$ 称为可采纳的，如果有 $h(n) \leqslant h^*(n)$。

性质 4-3　在 A*算法结束前，在 P^*_{S-G} 上存在 Open 结点 n'，有 $f^*(n') \leqslant C^*$。

证明　考虑 P^*_{S-G} 中的一条最优路径 P^*_{S-g}，假设 P^*_{S-g}，$n_1, n_2, \cdots, n', \cdots, g$，并令 n' 是 P'_{S-g} 上深度最浅的 Open 结点。因为在算法结束前 g 并不是 Closed 结点，n' 是 Open 结点。另外，因为 n' 的所有祖先都是 Closed 结点，所以 $S, n_1, n_2, \cdots, n'$ 是最优路径，n' 的指针一定是沿着路径 P^*_{S-g} 的。因此，有 $g(n') = g^*(n')$。这样：

$$
\begin{aligned}
f(n') &= g*(n') + h(n') \\
&\leqslant g*(n') + h(n') \qquad \text{（根据启发式函数可采纳性的定义）} \\
&= f*(n') \\
&= C*
\end{aligned}
$$

性质 4-4　A*算法是可采纳的。

证明　假设 A*算法终止在目标结点 $t \in G$ 上，并且 $f(t) = g(t) = C^*$，然而在 A*算法中，若 t 被选作扩展结点，则对所有 Open 结点 n 有 $f(t) \leqslant f(n)$。这说明在算法终止之前，OPEN 表中任何结点 n 都有 $f(t) > C^*$。

然而这与性质 4-3 相矛盾，因此如果算法终止在结点 t，那么一定有 $g(t) = C^*$，即 A*算法找到的是最优路径。

定义 4-2　一个启发式函数称为单调的，对所有 (n, n')，如果满足 $h(n) \leqslant C(n, n') + h(n')$，那么 n' 是 n 的后继。

性质 4-5 每个一致的启发式函数是可采纳的。

证明 由于 $h(n)$ 是一致的，因此

$$h(n) \leq K(n,n') + h(n')$$

用 g 代替 n'，则

$$h(n) \leq K(n,g) + h(g)$$
$$\Rightarrow \ h(n) \leq h^*(n)$$

这就是可采纳性条件。

对于八数码游戏，从当前被扩展结点 x 到目标状态结点的最短路径——棋牌移动的最少次数必定不少于错位棋牌的个数（因为有些棋牌可能需移动多于一次才能到达目标状态的相应位置），同时必定不会少于错位棋牌不受阻挡情况下移动到目标状态相应位置的移动次数总和（因为有些棋牌的移动可能受阻挡），从而采用 $w(x)$ 和 $p(x)$ 作为评价函数时，A 算法都是可采纳的。

下面不加证明地给出性质 4-6。

性质 4-6 若 $h(n)$ 满足单调限制，则 A* 算法扩展的结点序列的 $f()$ 值是非递减的，即

$$f(n_i) \leq f(n_{i+1})$$

A* 算法的搜索效率很大程度上取决于启发式函数 $h(n)$。一般，在满足 $h(n) \leq h^*(n)$ 的前提下，$h(n)$ 的值越大越好。$h(n)$ 的值越大说明它携带的启发式信息越多，A* 算法搜索时扩展的结点就越少，搜索效率就越高。A*算法的这个特征也被称为信息性。

性质 4-7 设有两个 A* 算法 A_1^* 和 A_2^*：

$$A_1^* : f_1(n) = g_1(n) + h_1(n)$$
$$A_2^* : f_2(n) = g_2(n) + h_2(n)$$

如果 A_2^* 比 A_1^* 有更多的启发性信息，即对所有非目标结点，均有 $h_2(n) > h_1(n)$，那么在搜索过程中，被 A_2^* 扩展的结点必然被 A_1^* 扩展。

证明从略。

4.4.5 迭代加深 A*算法

迭代加深搜索算法以深度优先的方式在有限制的深度内搜索目标结点，是在每个深度上检查目标结点是否出现，若出现，则停止搜索，否则深度加 1，继续搜索。而 A* 算法是选择具有最小估价函数值的结点进行扩展。由于 A* 算法把所有生成的结点都保存在内存中，因此 A* 算法在耗尽计算时间之前往往会耗尽内存空间。目前开发了一些新的算法，目的是克服空间问题，但一般不满足最优性或完备性，如迭代加深 A* 算法 IDA*、简化内存受限 A* 算法 SMA* 等。

迭代加深 A* 算法 IDA* 是上述两种算法的结合。这里启发式函数用于深度的限制，而不是选择扩展结点的排序。下面简单介绍 IDA* 算法。

算法 4-5 IDA* 算法。

```
Procedure IDA*
Begin
    初始化当前的深度限制 c = 1;
    把初始结点压入栈;
    While  栈不空  do
```

```
Begin
    弹出栈顶元素 n;
    If  n = goal  then  结束，返回 n 和从初始结点到 n 的路径;
    Else do
    Begin
        For  n 的每个子结点 n';
            If  f(n') <= c  then  把 n'压入栈;
            Else  c' = min(c', f(n'));
        End for
    End
End While
If  栈为空且 c' = ∞  then  停止并退出;
If  栈为空且 c' ≠ ∞  then  c = c', 并返回 2;
End
```

上述算法涉及两个深度限制。如果栈中所含结点的子结点的 $f()$ 值小于限制值 c，就把这些子结点压入栈，以满足迭代加深算法的深度优先准则；否则，即结点 n 的一个或多个子结点 n' 的 $f()$ 值大于限制值 c，则结点 n 的 c' 设置为 $\min(c', f(n'))$。该算法终止的条件为：找到目标结点（成功结束），或者栈为空且限制值 $c' = \infty$。

与 A*算法相比，IDA*算法的主要优点是对内存的需求较小。A*算法需要指数级数量的存储空间，因为没有深度方面的限制。而 IDA*算法只有当结点 n 的子结点 n' 的 $f(n')$ 小于限制值 c 时才扩展它，这样可以节省大量的内存。

另一个问题是当启发式函数是最优的时候，IDA*算法和 A*算法扩展相同的结点，并且可以找到最优路径。

4.5　爬山法和回溯搜索

在 $g(x) \equiv 0$ 的情况下，若限制只用评价函数 $f(x) = h(x)$ 去排序新扩展的子结点，即局部排序，则可实现较为简单的搜索策略：爬山法和回溯策略。爬山法适用于能逐步求精的问题。由于简单易行，在不要求最优解答的问题求解任务中，回溯策略得到广泛的应用。

4.5.1　爬山法

爬山法是实现启发式搜索的最简单的方法之一。当人们爬山时，总是设法快速登上山顶，以便快速到达目标。爬山实际上是求函数极大值问题，不过这里不是用数值解法，而是依赖于启发式知识，试探性地逐步向顶峰逼近（广义地，逐步求精），直到登上顶峰。

在爬山法中，限制只能向山顶爬去，即向目标状态逼近，不准后退，从而简化了搜索算法；不需设置 OPEN 表和 CLOSE 表，因为没有必要保存仼何待扩展结点；仅从当前状态结点扩展出子结点（相当于找到上爬的路径），并将 $h(x)$ 最小的子结点（对应到顶峰的最近的上爬路径）作为下一次考察和扩展的结点，其余子结点全部丢弃。

爬山法对于单一极值问题（登单一山峰）十分有效又简便，但对于具有多极值的问题无能为力，因为很可能因错登高峰而失败——不能到达最高峰。

算法 4-6　爬山法。

```
Procedure Hill-Climbing
Begin
    确定可能的开始状态并测量它们和目标结点的距离 f;
    以 f 升序排列，把这些结点压入栈;
    Repeat
        弹出栈顶元素;
        If  栈顶元素 = goal  then  返回并结束;
        Else  把该元素的子女以 f 升序排列压入栈;
    Until  栈为空;
End.
```

爬山法一般有如下 3 个问题。

① 局部最大。由于爬山法每次选择 $f()$ 值最小的结点时都是从子结点范围内选择的，选择范围较窄，因此爬山法是一种局部择优的方法。局部最大一般比状态空间中全局最大要小，一旦到达了局部最大，算法就会停止，即便该答案可能并不能让人满意。

② 平顶。平顶是状态空间中评估函数值基本不变的一个区域，也称为高地，在某局部点周围，$f(x)$ 为常量。一旦搜索到达了一个平顶，搜索就无法确定要搜索的最佳方向，会产生随机走动，这使得搜索效率降低。

③ 山脊。山脊可能具有陡峭的斜面，所以搜索可以比较容易地到达山脊顶部，但是从山脊的顶部到山峰之间可能倾斜得很平缓。除非正好有合适的操作符直接沿着山脊的顶部移动，否则该搜索可能在山脊的两面来回震荡，搜索的前进步伐会很小。

在每种情况中，算法都会到达一个点，使得算法无法继续前进。如果出现这种情况，可以从另一个点重新启动该算法，称为随机重启爬山法。爬山法是否成功与状态空间"表面"的形状有很大关系：如果只是很少的局部最大，那么随机重启爬山法会很快找到一个比较好的解答；如果该问题是 NP 完全的，那么该算法不可能好于指数时间，这是因为一定具有指数数量的局部最大值。然而，通常需经过较少的步骤，爬山法一般可以得到比较合理的解答。

4.5.2　回溯策略

回溯策略可以有效地克服爬山法面临的困难，保存了每次扩展出的子结点，并按 $h(x)$ 值从小到大排列。如此，相当于在爬山的过程中记住了途经的岔路口，只要当前路径搜索失败就回溯（退回）到时序上最近的岔路口，向另一路径方向搜索，从而可以确保最后到达最高峰（目标状态）。

实现回溯策略的有效方式是应用递归过程去支持搜索和回溯。令 PATH、SXL、x、x' 为局部变量。

❖ PATH：结点列表，指示解答路径。

❖ SXL：当前结点扩展的子结点列表。

❖ Move-First(SXL)：把 SXL 表首的结点移出，作为下一次要扩展的结点。

❖ x、x'：分别指示当前考察和下一次考察的结点。

该递归过程的算法就取名为 BackTrack(x)，参数 x 为当前被扩展的结点，算法的初次调用式是 BackTrack(S)，S 即初始状态结点。

BackTrack 算法的过程如下。

（1）若 x 是目标状态结点，则算法的本次调用成功结束，返回空表。

（2）若 x 是失败状态，则算法的本次调用失败结束，返回 "FAIL"。

（3）扩展结点 x，将生成的子结点置于列表 SXL，并按评价函数 $f(k) = h(k)$ 的值升序排列（k 指示子结点）。

（4）若 SXL 为空，则算法的本次调用失败结束，返回 "FAIL"。

（5）$x' =$ Move-First(SXL)。

（6）PATH = BackTrack(x')。

（7）若 PATH ='FAIL'，返回到第（4）步。

（8）将 x' 加到 PATH 表首，算法的本次调用成功结束，返回 PATH。

在该递归回溯算法中，失败状态通常意指 3 种情况：① 不合法状态（如传教士和野人问题中所述）；② 旧状态重现（如八数码游戏中，某棋盘布局的重现会导致搜索算法死循环）；③ 状态结点深度超过预定限度（如八数码游戏中，指示解答路径不超过 6 步）。

失败状态实际上定义了搜索过程回溯的条件，另一种回溯条件是搜索进入"死胡同"，由该算法的第（4）步定义。回溯是递归算法，解答路径的生成是从算法到达目标状态后逆向进行的，首先产生空表，然后一旦回到算法的上一次调用就在表首加入结点 x'，直到顶层调用返回不包含初始状态结点 S 的解答路径。

影响回溯算法效率的关键因素是回溯次数。鉴于回溯是搜索到失败状态时的一种弥补行为，只要能准确地选择下一步搜索考察的结点，就能大幅度减少甚至避免回溯。所以，设计好的启发式函数 $h(x)$ 是至关重要的。

4.6　问题规约

问题规约是人们求解问题常用的策略，把复杂的问题变换为若干需要同时处理的较简单的子问题后，再分别求解。只有当这些子问题全部解决时，问题才算解决。问题的解答由子问题的解答联合构成。问题规约可以递归地进行，直到把问题变换为本原问题的集合，即本原问题。本原问题是指那些不需要再进行变换或简化的基本问题。本原问题的解可以直接得到或通过一个"黑箱"操作得到。

问题规约是一种广义的状态空间搜索技术，其状态空间可表示为三元组 $SP = (S_0, O, P)$。其中，S_0 是初始问题，即要求解的问题；P 是本原问题集，其中的每个问题是不用证明的，自然成立的，如公理、已知事实等，或已证明过的问题；O 是操作算子集，是一组变换规则，通过一个操作算子可以把一个问题化成若干子问题。

变换可区分为以下 3 种情况。

① 状态变迁：导致问题从上一状态变迁到下一状态，这就是一般图搜索技术中操作算子的作用。

② 问题分解：分解问题为需同时处理的子问题，但不改变问题状态。

③ 基于状态变迁的问题分解：先导致状态变迁，再实现问题分解，实际上是前两个操作

的联合执行。

作为问题规约的例子，观察下面的符号积分求解问题：初始状态为 $\int f(x)\mathrm{d}x$ ，目标状态为可直接求原函数和积分的本原问题，如 $\int \sin(x)\mathrm{d}x$ 、 $\int \cos(x)\mathrm{d}x$ 等。操作算子就是积分变换规则。

下面是一次典型的积分变换：

$$
\begin{aligned}
\int\left(\sin 3x + \frac{x^4}{x^2+1}\right)\mathrm{d}x &= \int \sin 3x\,\mathrm{d}x + \int\left(\frac{x^4}{x^2+1}\right)\mathrm{d}x \\
&= \frac{1}{3}\int \sin(3x)\mathrm{d}(3x) + \int\left(\frac{x^4-1+1}{x^2+1}\right)\mathrm{d}x \\
&= \frac{1}{3}\int \sin(3x)\mathrm{d}(3x) + \int(x^2-1)\mathrm{d}x + \int\left(\frac{1}{x^2+1}\right)\mathrm{d}x \\
&= -\frac{1}{3}\cos 3x + \frac{x^3}{3} - x + \arctan x + c
\end{aligned}
$$

通过上述变换可知，问题规约的实质是从目标（要解决的问题）出发进行逆向推理，建立子问题以及子问题的子问题，直至最后把初始问题规约为一个本原问题集合。

在简单问题的规约过程中，各子问题相互独立，所以子问题的进一步规约和本原问题的求解无交互作用，可按任意次序进行。然而对于许多复杂问题，子问题仅相对独立，所有子问题之间仍存在一定的交互作用。在这种情况下，正确安排子问题求解的先后次序，甚至子子问题求解的次序是重要的。

比如汉诺塔问题，其问题描述如下：有编号为 1、2、3 的三个柱子和标识为 A、B、C 的尺寸依次为小、中、大的三个有中心孔的圆盘；初始状态下，三个盘按 A、B、C 顺序堆放在 1 号柱子上，目标状态下三个盘以同样次序顺序堆放在 3 号柱子上。盘子的搬移须遵守以下规则：每次只能搬一个盘子，且较大盘不能压放在较小盘之上，如图 4-15 所示。

图 4-15　汉诺塔问题

以三元素列表作为数据结构描述问题状态，三个元素依次指示盘子 A、B、C 所在的柱子编号。如汉诺塔问题被描述为 $(1,1,1)\Rightarrow(3,3,3)$ 。

该问题可以规约为三个子问题 $(1,1,1)\Rightarrow(2,2,1)$ 、 $(2,2,1)\Rightarrow(2,2,3)$ 和 $(2,2,3)\Rightarrow(3,3,3)$ ，即先把 A、B 盘搬到柱子 2，再把 C 盘搬到柱子 3，最后把 A、B 盘搬到柱子 3。第 1、3 两个子问题再分别规约为子子问题如下： $(1,1,1)\Rightarrow(3,1,1)$ 、 $(3,1,1)\Rightarrow(3,2,1)$ 、 $(3,2,1)\Rightarrow(2,2,1)$ ，即依次搬 A 盘到柱子 3，搬 B 盘到柱子 2，搬 A 盘到柱子 2； $(2,2,3)\Rightarrow(1,2,3)$ 、 $(1,2,3)\Rightarrow(1,3,3)$ 、 $(1,3,3)\Rightarrow(3,3,3)$ ，即依次搬 A 盘到柱子 1、搬 B 盘到柱子 3、搬 A 盘到柱子 3。现在所有子问题均为本原问题，只要依次解决就可到达目标状态。

汉诺塔问题的子问题与子子问题之间有交互作用，必须注意正确的排序。其状态空间表示如图 4-16 所示，其中已标出正确的结点生成顺序。

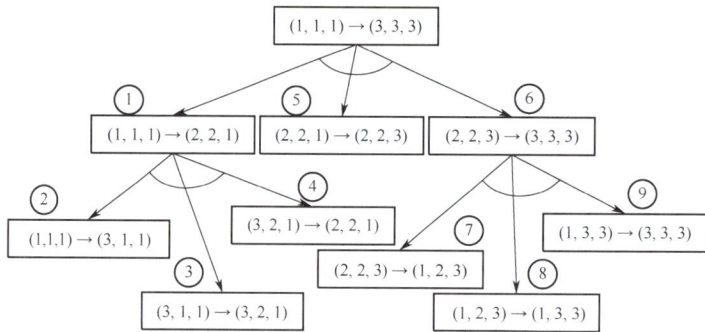

图 4-16　汉诺塔问题的状态空间表示

可以看出，应用问题规约策略求解问题的原理简单，方法也有效，所以得到了广泛和深入的研究和应用。

4.7　与/或图搜索

4.7.1　与/或图的表示

通过问题规约可以看到，我们常常把复杂问题分解成若干子问题。如果每个子问题都解决了，整个问题也就解决了。如果子问题不容易解决，还可以再分成子问题，直至所有子问题都解决了，这些子问题的解的组合就构成了整个问题的解。与/或图（And/Or Graph，AOG）是用于表示此类求解过程的一种方法，是一种图或树的形式，是基于人们在求解问题时的一种思维方法形成的。

① 分解："与"树。一个复杂问题 P 可分解为与之等价的一组简单的子问题 $P_1, P_2, \cdots, P_n$，子问题还可分为更小、更简单的子问题，以此类推。当这些子问题全都解决时，原问题 P 也就解决了；任何一个子问题 P_i（$i = 1, 2, \cdots, n$）无解，都将导致原问题 P 无解。这样的问题与这组子问题之间形成了"与"的逻辑关系。这个分解过程可用一个有向图来表示：问题和子问题都用相应的结点表示，从问题 P 到每个子问题 P_i 都只用一个有向边连接，然后用一段弧将这些有向边连起来，以表明它们之间存在"与"关系。这种有向图称为"与"图或"与"树。

② 等价变换："或"树。把一个复杂的问题 P 经过等价变换转变为与之等价的一组简单的子问题 $P_1, P_2, \cdots, P_n$，而子问题还可再等价变换为若干更小、更简单的子问题，如此下去。当这些子问题中有任何一个子问题 P_i（$i = 1, 2, \cdots, n$）有解时，原问题 P 就解决了；只有当全部子问题无解时，原问题 P 才无解。这样，问题与这组子问题形成了"或"的关系。这个等价变换同样可用一个有向图来表示，这种有向图被称为"或"图或"或"树。表示方法类似"与"图的表示，只是在"或"图中不用弧将有向边连起来。

③ 与/或图。在实际问题求解过程中，常常是既有分解又有等价变换，因而常将两种图结合起来一同用于表示问题的求解过程，此时形成的图就称为"与/或图"或"与/或树"。

可以把与/或图视为对一般图（或图）的扩展；或反之，把一般图视为与/或图的特例，即一般图不允许结点间具有"与"关系，所以又可把一般图称为或图。与一般图类似，与/或图也有根结点，用于指示初始状态。由于同父子结点间可以存在"与"关系，父结点、子结点间不能简单地以弧线关联，因此需要引入"超连接"概念。同样原因，在典型的与/或图中，解答路径往往不复存在，代之以广义的解路径——解图。

图 4-17 给出了一个抽象的与/或图简例，结点的状态描述不再显式给出。

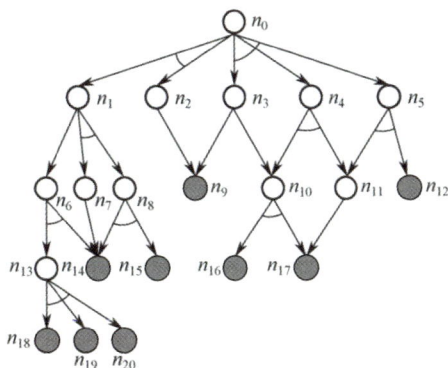

图 4-17　与/或图简例

下面基于该简例引入和解释与/或图搜索的基本概念。

① K-连接。K-连接用于表示从父结点到子结点间的连接，也称为父结点的外向连接，并以圆弧指示同父子结点间的"与"关系，K 为这些子结点的个数。一个父结点可以有多个外向的 K-连接。例如，根结点 n_0 有 2 个 K-连接：一个 2-连接指向子结点 n_1 和 n_2，一个 3-连接指向子结点 n_3、n_4 和 n_5。$K>1$ 的连接也称为超连接，$K=1$ 时，超连接退化为普通连接，而当所有超连接的 K 都等于 1 时，与/或图退化为一般图。

② 根、叶、终结点。无父结点的结点称为根结点，用于指示问题的初始状态；无子结点的结点称为叶结点。由于问题规约伴随着问题分解，因此目标状态不再由单一结点表示，而应由一组结点联合表示。能用于联合表示目标状态的结点称为终结点。终结点必定是叶结点，反之不然；非终结点的叶结点往往指示了解答搜索的失败。

③ 解图的生成。在与/或图搜索过程中，可以这样建立解图：自根结点开始选择一个外向连接，并从该连接指向的每个子结点出发，再选择一个外向连接，如此反复，直到所有外向连接都指向终结点为止。例如，从图 4-17 与/或图根结点 n_0 开始，选左边的 $K=2$ 的外向连接，指向结点 n_1 和 n_2，再从 n_1 和 n_2 分别选外向连接；从 n_1 选左边的 $K=1$ 的外向连接，指向 n_6，依次进行，直到终结点 n_{14}、n_{18}、n_{19} 和 n_{20}；从 n_2 只有一个 $K=1$ 的外向连接指向终结点 n_9，从而生成了如图 4-18(a)所示的一个解图。

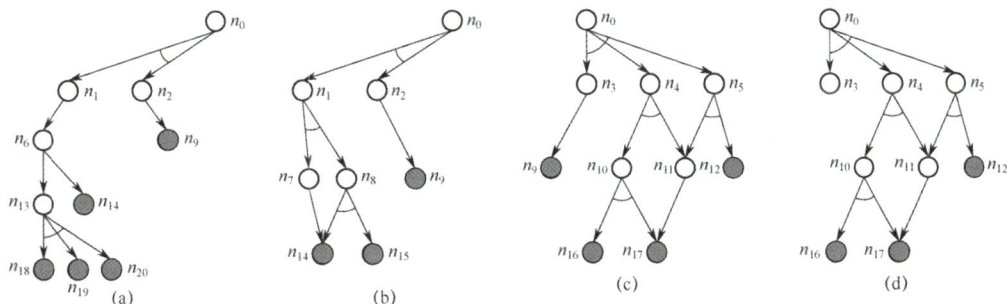

图 4-18　四个可能的解图

注意，解图是遵从问题规约策略而搜索到的，解图中不存在结点或结点组之间的"或"关系；换言之，解图纯粹是一种"与"图。另外，正因为与/或图中存在"或"关系，所以往往会搜索到多个解图，本例中就有 4 个（见图 4-18）。

为了确保在与/或图中搜索解图的有效性，要求解图是无环的，即任何结点的外向连接均不得指向自己或自己的先辈，否则会使搜索陷入死循环，换言之，会导致解图有环的外向连接不能选用。下面给出解图、解图代价、能解结点和不能解结点的定义。

① 解图：与/或图（记为 G）中任一结点（记为 n）到终结点集合的解图（记为 G'）是 G 的子图。

❖ 若 n 是终结点，则 G' 由单一结点 n 构成。

❖ 若 n 有一外向 K-连接指向子结点 $n_1, n_2, \cdots, n_k$，且每个子结点都有到终结点集合的解图，则 G 由该 K-连接和所有子结点的解图构成。

❖ 否则不存在 n 到终结点集合的解图。

② 解图代价：以 $C(n)$ 指示结点 n 到终结点集合解图的代价，并令 K-连接的代价为 K。

③ 能解结点。

❖ 终结点是能解结点。

❖ 若结点 n 有一外向 K-连接指向子结点 $n_1, n_2, \cdots, n_k$，且这些子结点都是能解结点，则 n 是能解结点。

④ 不能解结点。

❖ 非终结点的叶结点是不能解结点。

❖ 若结点 n 的每个外向连接都至少指向一个不能解结点，则 n 是不能解结点。

能解结点和不能解结点如图 4-19 所示。

图 4-19　能解结点和不能解结点

4.7.2　与/或图的启发式搜索

与/或图的启发式搜索算法也称为 AO*算法，是利用搜索过程所得到的启发性信息寻找最优解树的过程。对搜索的每一步，算法都试图找到一个最有希望成为最优解图的子图。最优解图是指代价最小的那个解图。那么，如何计算解图的代价呢？

1. 解图的代价

要寻找最优解图，首先需要计算解图的代价。在与/或图的启发式搜索过程中，解图的代价可按如下规则计算。

（1）若 n 是终止结点，则其代价 $h(n) = 0$。

（2）若 n 是或结点且子结点为 $n_1, n_2, \cdots, n_k$，则 n 的代价为

$$h(n) = \min_{1 \leqslant i \leqslant k} \{ c(n, n_i) + h(n_i) \}$$

其中，$c(n, n_i)$ 是结点 n 到其子结点 n_i 的边代价。

（3）若 n 为与结点且子结点为 $n_1, n_2, \cdots, n_k$，则 n 的代价可用和代价法或最大代价法计算。和代价法计算公式为

$$h(n) = \sum_{i=1}^{k} \left[c(n, n_i) + h(n_i) \right]$$

最大代价法的计算公式为

$$h(n) = \max_{1 \leqslant i \leqslant k} \{ c(n, n_i) + h(n_i) \}$$

（4）若 n 是端结点但不是终结点，则 n 不可扩展，其代价定义为 $h(n) = \infty$。

（5）根结点的代价即为解图的代价。

例 4-4 设图 4-20 是一棵与/或树，其中包括两棵解树，左边的解树由 S_0、A、t_1、C 和 t_3 组成，右边的解树由 S_0、B、t_2、D 和 t_4 组成。在此与/或树中，t_1、t_2、t_3、t_4 为终结点，E、F 是端结点，边上的数字是该边的代价。请计算解树的代价。

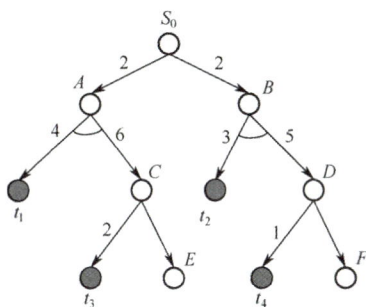

图 4-20 与/或树的代价

解 先计算左边的解树。

按和代价计算：$h(S_0) = 2 + 4 + 6 + 2 = 14$。

按最大代价计算：$h(S_0) = 8 + 2 = 10$。

再计算右边的解树。

按和代价计算：$h(S_0) = 1 + 5 + 3 + 2 = 11$。

按最大代价计算：$h(S_0) = 6 + 2 = 8$。

在本例中，无论按和代价还是最大代价，右边的解树都是最优解树。但在有些情况下，当采用的代价法不同时，找到的最优解树有可能不同。

2．AO*搜索

与一般图（或图）的搜索过程类似，引入应用领域的启发式知识去引导搜索过程，可以显著提高搜索的有效性，加速搜索算法的收敛。考虑到与/或图中搜索的是解图，非由相邻结点间路径连接成解路径，故估算评价函数 $f(n)$ 的第 1 分量 $g(n)$ 没有意义，只需估算第 2 分量 $h(n)$。

注意，$h(n)$ 也不是对于最小路径代价的估计，而是对于最小解图代价的估计。另外，由于与/或图中子结点或子结点组间可以存在"或"关系，所以在搜索过程中会同时出现多个候选的待扩展局部解图，应估计所有这些局部解图的可能代价，并从中选择一个可能代价最小的用于下一步搜索。解图以递归方式生成，解图的代价也以递归方式计算，所以一旦某父结点 n 的

由外向 K-连接指向的子结点 $n_1,n_2,\cdots,n_k$ 都估算了其 $h(n_i)$（ $i=1,2,\cdots,k$ ）的值，则从父结点 n 到终结点集合解图的可能代价 $f(n)$ 可以用公式 $f(n)=K+h(n_1)+h(n_2)+\cdots+h(n_k)$ 计算，并用于取代原先在扩展出结点 n 时直接基于 $h(n)$ 估算而得出的 $f(n)$ 值。显然，基于子结点 $h(n_i)$ 计算的 $f(n)$ 更准确。如此递归，可以计算出更准确的 $f(n_0)$ ，即从初始状态结点到终结点集合的解图的可能代价。

下面给出实现与/或图启发式搜索的 AO* 算法，再讨论该算法应用的若干问题。设：

❖ G：指示搜索图。

❖ G'：被选中的待扩展局部解图。

❖ LGS：候选的待扩展局部解图集。

❖ n_0：指示根结点，即初始状态结点。

❖ n：被选中的待扩展结点。

❖ $f_i(n_0)$：第 i 个候选的待扩展局部解图的可能代价。

该 AO* 搜索过程如下：

（1） $G:=n_0$ ，LGS 为空集。

（2）若 n_0 是终结点，则标记 n_0 为能解结点，算法成功返回。

（3）否则，计算 $f(n_0)=h(n_0)$ ，并把 G 作为 0 号候选局部解图加进 LGS。

（4）若 LGS 为空集，则搜索失败返回，否则从 LGS 中选择 $f_i(n_0)$ 最小的待扩展局部解图作为 G' 。

（5）在 G' 中选择一个非终结点的外端结点（尚未用于扩展出子结点的结点）作为 n 。

（6）扩展 n ，生成其子结点集，并从中删去导致有环的子结点以及与它们有"与"关系的子结点；若子结点集为空，则 n 是不能解结点，从 LGS 中删去 G' （因为 G' 不可能再扩展为解图）；否则，计算每个子结点 n_i 的 $f(n_i)$ ，并通过建立外向 K-连接将所有子结点加入 G 。

（7）若存在 j（ $j>1$ ）个外向 K-连接，则从 LGS 删去 G' ，并将 j 个新局部解图加进 LGS。

（8）在 G' 或取代 G' 的 j 个新局部解图中，用 $f(n)=K+h(n_1)+h(n_2)+\cdots+h(n_k)$ 的计算结果取代原先的 $f(n)$ ，并传递这种作用到 $f_i(n_0)$（ $i=1,2,\cdots,j$ ）；同时，将作为终结点的子结点标记为能解结点，并传递结点的能解性。

（9）返回（4）。

3. AO* 算法

算法 4-7　AO* 算法。

```
Procedure AO*
Begin
    设 G 仅由代表开始状态的结点组成（称此结点为 Init），计算 h(Init)
    Repeat
        跟踪从 Init 开始的已带标记的弧，若存在，则挑选出现在此路径上但未扩展的结点之一扩展，称新挑选的
        结点为 Node；
        生成 Node 的后继结点；
        If Node 没有后继结点　then
            令 h(Node) = Futility，说明该结点不可解；
        Else
            后继结点称为 Successor，对每个不是 Node 结点祖先的后继结点　do
```

Begin

把 Successor 加入图 G；

若 Successor 是叶结点，则将其标记为 Solved，并令 h(Successor) = 0；

若 Successor 不是叶结点，则计算它的 h 值；

End

将最新发现的信息向图的上部回传，具体做法为：设 S 为一结点集，S 包括已经做了 Sloved 标记的结点，以及 h 已经做了改变、需要回传至其先辈结点的那些结点，初始 S 只包含结点 Node；

Repeat

从 S 中挑选一个结点，该结点在 G 中的子孙均不在 S 中出现（换句话说，保证对于每个正在处理的结点，是在处理其任意祖先之前来处理该结点的），称此结点为 Current，并把它从 S 中去掉；

计算始于 Current 的每条弧的耗费。每条弧的耗费等于在该弧末端每个结点的 h 值之和加上该弧本身的耗费。从刚刚计算过的始于 Current 的所有弧的耗费中选出极小耗费，作为 Current 的新 h 值；

把在上一步计算出的带极小耗费的弧标记为始于 Current 的最佳路径；

If 穿过新的带标记弧与 Current 连接的所有结点均标为 Solved then

把 Current 标为 Solved；

If Current 已标为 Solved，或 Current 的耗费刚才已经改变 then

应把其新状态往回传。因此，把 Current 的所有祖先加入 S；

Until S 为空；

Until Init 标为 Solved（成功），或 Init 的 h 值变得大于 Futility（失败）；

End

下面以图 4-17 所示与/或图为简例，观察如何应用上述 AO*算法搜索解图。为了方便描述，给图中的每个结点进行编号，从 n_0 到 n_{20}，如图 4-21 所示。

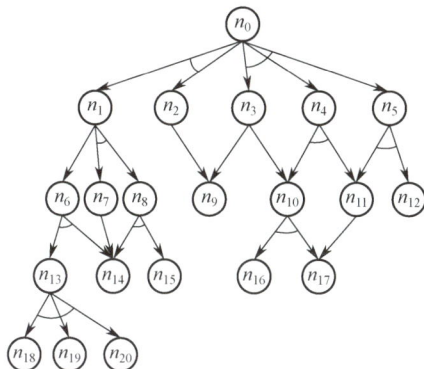

图 4-21　结点编号后的与/或图

假定在搜索过程中扩展出来的某些结点的启发式函数 $h(n_i)$ 的估算如下：

$$h(n_0) = 3 \quad h(n_1) = 2 \quad h(n_2) = 1 \quad h(n_3) = 1 \quad h(n_4) = 4$$

$$h(n_5) = 2 \quad h(n_6) = 2 \quad h(n_7) = 1 \quad h(n_8) = 1 \quad h(n_{13}) = 3$$

AO*算法工作的第 1 个循环扩展根结点 n_0 产生 2 个候选的局部解图，编号为 1（对应 2-连接）和 2（对应 3-连接），加入 LGS 并删去 0 号局部解图。

鉴于 $f_1(n_0) = 5$ 而 $f_2(n_0) = 10$，第 2 个循环就选中 1 号局部解图作为 G'（如图 4-22(a)所示）。随机选中 n_1 加以扩展，建立 2 个外向连接，从 LGS 删去 1 号局部解图，将 2 个扩展出的新局部解图，编号为 3（对应 1-连接）和 4（对应 2-连接），加入 LGS。

鉴于 $f_3(n_0) = 6$ 而 $f_4(n_0) = 7$，第 3 个循环选中 3 号局部解图作为 G'。随机选中 n_6 加以扩展，建立 1 个外向连接（并由此扩展了 3 号局部解图），并使 $f_3(n_0) = 9$。

第 4 个循环选中 4 号局部解图作为 G'（此时 $f_4(n_0)=7$，最小），随机选中 n_7 加以扩展，建立 1 个外向连接，并维持 $f_4(n_0)$ 不变。由于新扩展出的结点 n_{14} 是终结点，标记其为能解结点，并递归地标记结点 n_7 为能解结点。

第 5 个循环仍选中 4 号局部解图作为 G'，随机选中 n_8 加以扩展，建立 1 个外向连接，并使 $f_4(n_0)=8$。标记新扩展出的终结点 n_{15} 为能解结点，递归地标记结点 n_8 和 n_1 为能解结点。

第 6 个循环仍选中 4 号局部解图作为 G'，扩展结点 n_2，标记新扩展出的终结点 n_9 为能解结点，递归地标记结点 n_2 和 n_0 为解结点。

至此，AO*算法成功搜索到解图，且解图代价为 8，如图 4-22（e）所示。

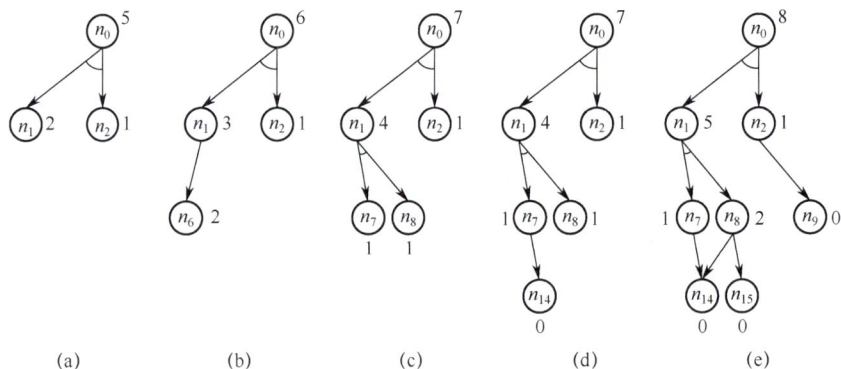

图 4-22　AO*算法搜索过程中解图的形成

4．算法应用的若干问题

1）从局部解图中选择可加以扩展的结点

鉴于与/或图搜索的是解图而非解路径，所以选择 $f(n)=h(n)$ 的值最小的结点加以扩展并不一定会加速搜索过程，反而应选择导致解图代价发生较大变化的结点优先加以扩展，以便搜索的注意力快速地聚焦到实际代价较小的候选解图上。然而，这种选择需要附加的启发式知识。若应用领域挖掘不出这样的启发式知识，可随机选择加以扩展的结点。

2）AO*算法的可采纳性

AO*算法的应用要求遵从以下约束：总能满足 $h(n) \leqslant h^*(n)$，且确保 $h(n)$ 满足单调限制条件。只有遵从该约束，AO*算法才是可采纳的，即当某与/或图存在解图时，应用 AO*算法一定能找出代价最小的解图。

类似算法 A*，$n_1, n_2, \cdots, n_k$ 是实际的代价最小解图被找到时解图的代价，我们通常只能设计接近于 $h^*(n)$ 的 $h(n)$。单调限制条件表示为

$$h(n) \leqslant K + h(n_1) + h(n_2) + \cdots + h(n_k)$$

其中，$n_1, n_2, \cdots, n_k$ 是结点 n 通过 K-连接指向的子结点。若将 $h(n)$ 的值视为粗略的估计，而 $K + h(n_1) + h(n_2) + \cdots + h(n_k)$ 的值视为细致的计算，则单调限制可理解为：粗略的估计总是不超过细致的计算。

3）搜索算法 AO* 与 A* 的比较

① AO*算法应用于与/或图搜索，且搜索的是解图；而 A*算法应用于一般图（或图）搜索，且搜索的是解答路径。

② AO*算法选择估算代价最小的局部解图进行优先扩展；而 A*算法选择估算代价最小的

路径进行优先扩展。

③ AO*算法不需考虑评价函数 $f(n)$ 的分量 $g(n)$，只需对新扩展出的结点 n 计算 $h(n)$，以用于修正 $f_i(n_0)$；而 A*算法需同时计算分量 $g(n)$ 和 $h(n)$，以评价结点 n 是否在代价最小的路径上。

④ AO*算法应用中的 LGS 存放候选的待扩展局部解图，并依据 $f_i(n_0)$ 值排序；而 A*算法应用中的 OPEN 表和 CLOSE 表分别存放待扩展结点和已扩展结点，并依据 $f(n)$ 值排序。

4）解图代价的重复计算

解图中某些子结点可能有多个父结点，或者说多个结点的外向连接符可能指向同一个子结点。依据前述解图代价的递归计算方式，显然这种从子结点到终结点集合解图的代价在计算自根结点 n_0 出发的解图时已被重复计算。为了正确计算解图的代价，必须删除重复的累计数。例如，图 4-21 中的解图结点 n_{10} 和 n_{11} 到终结点 n_{16} 和 n_{17} 的解图代价被分别重复计算了 2 次，如此整个从根结点 n_0 到终结点集的解图代价为 14；若删除重复的累计，则实际解图代价为 11。

4.8 博弈

广义的博弈涉及人类各方面的对策问题，如军事冲突、政治斗争、经济竞争等。博弈提供了一个可被构造的任务领域，在该领域，胜利与失败的界定十分明确。对于人工智能研究而言，博弈问题提出了严峻的挑战，包括如何表示博弈问题的状态、博弈过程和博弈知识等。因此，在人工智能领域，研究博弈的规律、策略和方法具有实用意义，如通过计算机下棋等方式。

机器博弈的研究范围广泛而深入。早在 20 世纪 50 年代就有人设想利用机器智能来实现机器与人的博弈。国内外许多知名学者和科研机构都曾经涉足这方面的研究，历经半个多世纪，到目前为止已经取得了许多惊人的成就。1997 年，IBM 的"深蓝"战胜了国际象棋世界冠军卡斯帕罗夫，惊动了世界。除此之外，加拿大阿尔伯塔大学的奥赛罗程序 Logistello 和西洋跳棋程序 Chinook 相继成为信息游戏世界冠军，而西洋双陆棋这样的存在非确定因素的棋类也有了 CMU 的西洋双陆棋程序 BKG 这样的世界冠军。对围棋、中国象棋、桥牌、扑克等多种游戏博弈的研究也正在进行中。

在本书的范畴内，我们着重探讨二人博弈，具体是指"二人零和、全信息、非偶然"博弈。所谓"二人零和"，是指在博弈中只有敌、我两方，且双方的利益完全对立，其赢得函数之和为 0，即

$$\varphi_1 + \varphi_2 = 0$$

其中，φ_1 为我方赢得（利益），φ_2 为敌方赢得（利益）。

博弈的双方有 3 种结局。

❖ 我胜：$\varphi_1 > 0$；敌负：$\varphi_2 = -\varphi_1 < 0$。

❖ 我负：$\varphi_1 = -\varphi_2 < 0$；敌胜：$\varphi_2 > 0$。

❖ 平局：$\varphi_1 = 0$，$\varphi_2 = 0$。

在博弈过程中，双方都希望自己取得胜利。在这种目标的引导下，双方都采用保险的博弈策略，即在最不利的情况下争取最有利的结果。因此，在某一方当前有多个行动方案可供选择时，总是挑选对自己最为有利而对对方最为不利的那个行动方案。

在这种博弈中，双方都拥有全信息，即了解当前的局势以及过去的历史。他们都可以根据得失大小进行分析，并选择使自己获益最大化、对方获益最小化的策略，而不是依靠偶然性的随机选择。

另一种博弈是机遇性博弈，是指不可预测性的博弈，如掷硬币游戏等。但这种博弈不在本节讨论的范围，因此不考虑。先来看一个机遇性博弈例子，假设有七个钱币，任一选手只能将已分好的一堆钱币分成两堆个数不等的钱币，两位选手轮流进行，直到每堆都只有一个或两个钱币，不能再分为止，遇到不能再分的情况则为输。

用数字序列加上一个说明表示一个状态，其中数字表示不同堆中钱币的个数，说明表示下一步由谁来分，如(7, MIN)表示只有一个由七个钱币组成的堆，由 MIN 走，MIN 有三种可供选择的分法，即(6, 1, MAX)、(5, 2, MAX)、(4, 3, MAX)。MAX 表示另一对手走，不论哪一种方法，MAX 都是在此基础上再进行符合要求的再分，整个过程如图 4-23 所示。

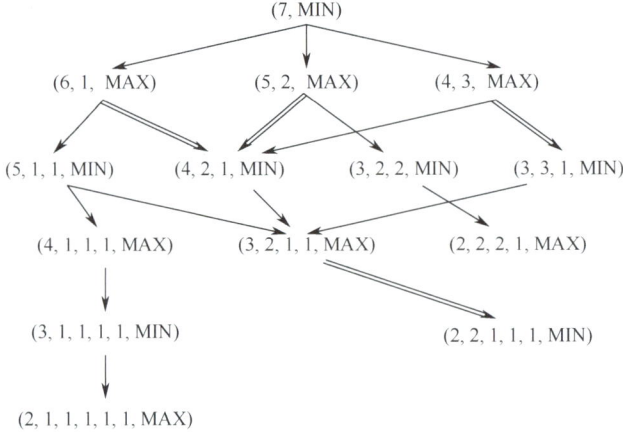

图 4-23　分钱币的博弈

图 4-23 已将双方可能的分法完全表示，而且无论 MIN 开始时怎么走，MAX 总可以获胜，取胜的策略用双箭头表示。

实际的情况并未如此简单，任何一种棋都不可能将所有情况列尽，因此只能模拟"向前看几步"，然后做出决策，决定自己走哪一步最有利。也就是说，只能给出几层的走法，然后按照一定的估算方法，决定走哪一步棋。

在双人完备信息博弈过程中，双方都希望自己能够获胜。因此当一方走步时，都是选择对自己最有利而对对方最不利的走法。假设博弈双方为 MAX 和 MIN。在博弈的每一步，可供他们选择的方案有多种。从 MAX 的观点，可供自己选择的方案之间是"或"的关系，原因是主动权在自己手里，选择哪个方案完全由自己决定；而 MAX 对那些可供 MIN 选择的方案之间是"与"的关系，这是因为主动权在 MIN 手中，任何一个方案都可能被 MIN 选中，MAX 必须防止对自己最不利的情况出现。

由上例可知，博弈过程也可以采用与/或树进行知识表达，这种表达形式称为博弈树。由于博弈是敌我双方的智能活动，任何一方都不能单独控制博弈过程，而是双方轮流实施其控制对策的过程，因此博弈树是一种特殊的与/或树。其中，不同级别（深度）的结点分别交替属于敌我双方，在博弈树生成过程中，由敌我双方轮流进行扩展，新生成的子结点交替出现。

经过分析，博弈树的特点如下：

① 与结点、或结点逐级交替出现，敌方、我方逐级轮流扩展其所属结点。

② 从我方观点，所有敌方结点都是与结点。因为敌方必然选取最不利于我方的一招，扩展其子结点。只要其中有一招（棋步）对我方不利，该结点就对我方不利。换言之，只有该结点的所有棋步（所有的子结点）皆对我方有利，该结点才对我方有利，故为与结点。

③ 从敌方的观点，所有我方结点都是或结点。因为扩展我方结点的主动权在我方，可以选取最有利于我方的一招，只要可走的棋步中有一招是有利的，该结点对我方就是有利的。即其子结点中任何一个对我方有利，该结点就对我方有利，故为或结点。

④ 所有能使我方获胜的终局都是本原问题，相应的端结点是可解结点；所有使敌方获胜的终局，对我方而言，是不可解结点。

⑤ 先走步的一方（我方或敌方）的初始状态相当于根结点。

人工智能可以采用搜索方法来求解博弈问题，下面讨论博弈中最基本的两种搜索方法。

4.8.1　极大极小过程

极大极小（MINMAX，MM）过程是考虑双方博弈若干步后，从可能的走法中选一步相对好的走法来走，即在有限的搜索深度范围内进行求解。

为此需要定义一个静态估价函数 $e(x)$，以便对棋局的态势做出评估。这个函数可以根据棋局的态势特征进行定义。假定博弈双方分别为 MAX 和 MIN，p 代表棋局。规定：有利于 MAX 方的态势，$e(p)$ 取正值；有利于 MIN 方的态势，$e(p)$ 取负值；态势均衡时，$e(p)$ 取零值。

极大极小过程的基本思想如下。

① 当轮到 MAX 走步时，MAX 应考虑最好的情况（ $e(p)$ 取极大值）。

② 当轮到 MIN 走步时，MIN 应考虑最坏的情况（ $e(p)$ 取极小值）。

③ 评价往回倒推时，相当于两位棋手的对抗策略，交替使用①和②两种方法传递倒推值，直至求出初始结点的倒推值为止。

由于我们是站在 MAX 立场上，因此应选择具有最大倒推值的走步。

例 4-5　图 4-24 是向前看两步共 4 层的博弈树，用□表示 MAX，用○表示 MIN，端结点旁的数字表示它对应的估价函数的值，在 MIN 处用圆弧连接。

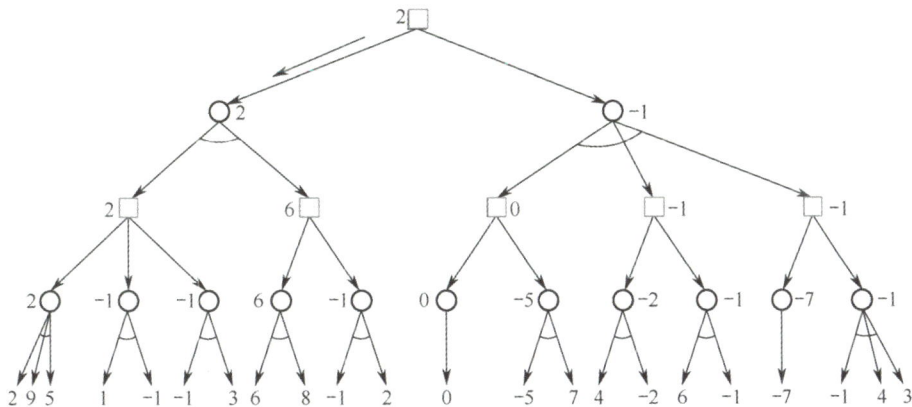

图 4-24　4 层博弈树

图 4-24 中结点处的数字，在端结点是估价函数的值，被称为静态值，在 MIN 处取最小值，

在 MAX 处取最大值，最后 MAX 选择箭头方向的走步。

例 4-6　一字棋游戏。设有一个 3 行 3 列的棋盘，如图 4-25 所示，两个棋手轮流走步，每个棋手走步时往空格上摆一个自己的棋子，谁先使自己的棋子成三子一线为赢。设 MAX 方的棋子用×标记，MIN 方的棋子用○标记，并规定 MAX 方先走步。

为了不致生成太大的博弈树，假设每次仅扩展两层。估价函数定义如下：设棋局为 p，估价函数为 $e(p)$。

❖ 若 p 是 MAX 必胜的棋局，则 $e(p) = +\infty$。

❖ 若 p 是 MIN 必胜的棋局，则 $e(p) = -\infty$。

❖ 若 p 是胜负未定的棋局，则 $e(p) = e(+p) - e(-p)$。

其中，$e(+p)$ 表示棋局 p 上有可能使 MAX 成为三子连成一线的数目；$e(-p)$ 表示棋局 p 上有可能使 MIN 成为三子连成一线的数目，且具有对称性的两个棋局算作一个棋局。例如，棋局 1 状态如图 4-26 所示。其估价函数为

$$e(p) = e(+p) - e(-p) = 6 - 4 = 2$$

在搜索过程中，具有对称性的棋局被认为是同一棋局。例如，图 4-27 所示的棋局可以认为是同一个棋局，这样可以大大减少搜索空间。

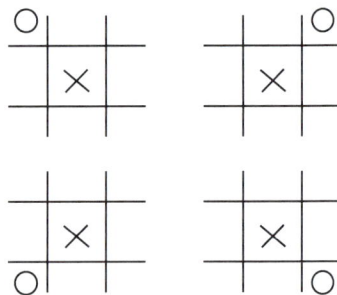

图 4-25　一字棋棋盘　　　图 4-26　棋局 1　　　图 4-27　一字棋的棋局状态

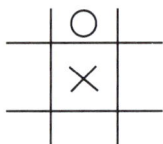

假设由 MAX 先走棋且我们站在 MAX 立场上。图 4-28 给出了 MAX 的第一招走棋生成的博弈树，结点旁的数字分别表示相应结点的静态估值或倒推值。由图 4-28 可知，对于 MAX 来说，最好的一招棋是 S_3，因为 S_3 比 S_1 和 S_2 有较大的估值。

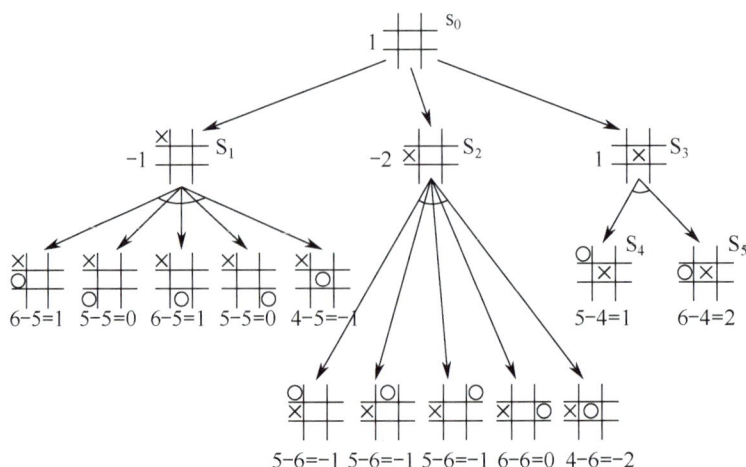

图 4-28　一字棋极大极小搜索

4.8.2 α-β 过程

上面讨论的极大极小过程先生成一棵博弈搜索树，而且会生成规定深度内的所有结点，再进行估值的倒推计算，这样使得生成博弈树和估计值的倒推计算两个过程完全分离，因此搜索效率较低。如果能既生成博弈树，又进行估值的计算，就可能不必生成规定深度内的所有结点，从而减少搜索的次数，这就是下面要讨论的 α-β 过程。

α-β 过程就是把生成后继和倒推值估计结合起来，及时剪掉一些无用分支，以此来提高算法的效率。具体的剪枝方法如下：

（1）对于与结点 MIN，若能估计出其倒推值的上确界 β，并且 β 值不大于 MIN 的父结点（一定是或结点）的估计倒推值的下确界 α，即 $\alpha \geq \beta$，则不必再扩展该 MIN 结点的其余子结点（因为这些结点的估值对 MIN 父结点的倒推值已无任何影响）。这个过程称为 α 剪枝。

（2）对于或结点 MAX，若能估计出其倒推值的下确界 α，并且 α 值不小于 MAX 的父结点（一定是与结点）的估计倒推值的上确界 β，即 $\alpha \geq \beta$，则不必再扩展该 MAX 结点的其余子结点（因为这些结点的估值对 MAX 父结点的倒推值已无任何影响）。这个过程称为 β 剪枝。

例 4-7 α-β 剪枝的具体例子如图 4-29 所示，其中最下一层端结点旁边的数字是假设的估值。

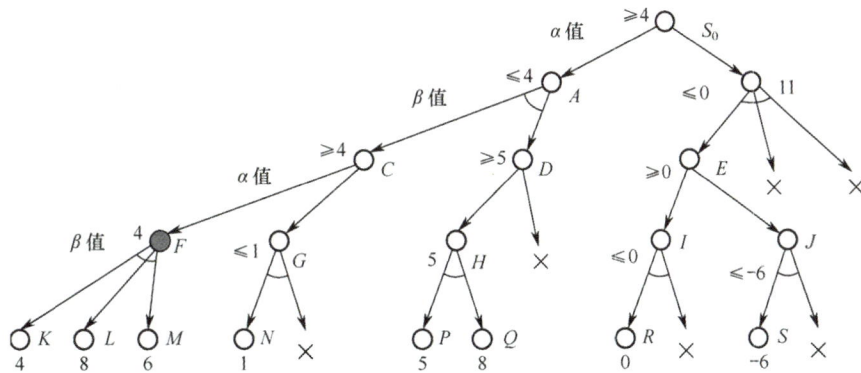

图 4-29 α-β 剪枝的具体例子

在图 4-29 中，K、L、M 的估值可推出结点 F 的倒推值为 4，即 F 的 β 值为 4，由此可推出结点 C 的倒推值 ≥ 4。记 C 的倒推值的下界为 4，不可能再比 4 小，故 C 的 α 值为 4。

由结点 N 的估值推知结点 G 的倒推值 ≤ 1，无论 G 的其他子结点的估值是多少，G 的倒推值都不可能比 1 大。因此，1 是 G 的倒推值的上界，所以 G 的值 ≤ 1。另外，C 的倒推值 ≥ 4，G 的其他子结点又不可能使 C 的倒推值增大，因此对 G 的其他分支不必再搜索，相当于把这些分支剪去。由 F、G 的倒推值可推出结点 C 的倒推值 ≥ 4，再由 C 可推出结点 A 的倒推值 ≤ 4，即 A 的 β 值为 4。另外，由结点 P、Q 推出的结点 H 的倒推值为 5，因此 D 的倒推值 ≥ 5，即 D 的 α 值为 5。此时，D 的其他子结点的倒推值无论是多少都不能使 D 及 A 的倒推值减小或增大，所以 D 的其他分支被剪去，并可确定 A 的倒推值为 4。以此类推，最终推出 S_0 的倒推值为 4。

通过上面的讨论可以看出，α-β 过程首先使搜索树的某部分达到最大深度，这时计算出某些 MAX 结点的 α 值，或者是某些 MIN 结点的 β 值。随着搜索的继续，不断修改个别结点的 α 或 β 值。对于任意结点，当其某后继结点的最终值给定时，就可以确定该结点的 α 或 β 值。

当该结点的其他后继结点的最终值给定时，就可以对该结点的 α 或 β 值进行修正。

注意：α、β 值修改有如下规律：① MAX 结点的 α 值永不降低；② MIN 结点的 β 值永不增加。

因此可利用上述规律进行剪枝，一般可以停止对某结点的搜索，即剪枝的规则表述如下。

① 若任何 MIN 结点的 β 值小于或等于任何它的先辈 MAX 结点的 α 值，则可停止该 MIN 结点以下的搜索，该 MIN 结点的最终倒推值即为它已得到的 β 值。该值与真正的极大极小值的搜索结果的倒推值可能不相同，但是对开始结点而言，倒推值是相同的，使用它选择的走步也是相同的。

② 若任何 MAX 结点的 α 值大于或等于它的 MIN 祖先结点的 β 值，则可以停止该 MAX 结点以下的搜索，该 MAX 结点处的倒推值即为它已得到的 α 值。

当满足规则①而减少了搜索时，进行 α 剪枝；当满足规则②而减少了搜索时，进行 β 剪枝；保存 α 和 β 值。一旦可能就进行剪枝的整个过程通常称为 $\alpha\text{-}\beta$ 过程。当初始结点的全体后继结点的最终倒推值全部给出时，上述过程便结束。在搜索深度相同的条件下，采用这个过程所获得的走步总与简单的极大极小过程的结果是相同的，区别只在于 $\alpha\text{-}\beta$ 过程通常只用少得多的搜索便可以找到一个理想的走步。

本章小结

本章讨论的知识搜索策略是人工智能研究的一个核心问题。搜索是人工智能的一种问题求解方法，搜索策略决定着问题求解的一个推理步骤中知识被使用的优先关系。在搜索中，知识利用得越充分，求解问题的搜索空间就越小。对搜索策略的研究曾经十分活跃，而且至今仍不乏高水平的研究课题。正如知识表示一样，知识的搜索与推理也有众多的方法，同一问题可能采用不同的搜索策略，有些可能非常有效，而有些可能不太适合特定的问题。本章介绍的几种搜索策略主要适合解决不太复杂的问题。

本章首先介绍了基于状态空间图的搜索技术，给出了图搜索的基本概念，分析了状态空间搜索和一般图搜索算法。在应用盲目搜索进行求解过程中，一般是"盲目"穷举，即不运用特别信息。盲目搜索中最具代表的算法是宽度优先搜索和深度优先搜索。当状态空间比较大的时候，由于宽度优先需要很大的存储空间，因此宽度优先是不合适的。在很多典型的人工智能问题中，深度优先有着很多应用。但深度优先不是一种完备的方法，而且人们常常不是要沿着某一分支不断地扩展下去，所以迭代加深搜索在这种情况下更适合。与 A* 算法结合，迭代加深搜索算法转化为了 IDA* 算法，该算法已经有了很多的研究，并且在并行结构上实现。

在本章给出的启发式搜索中，最流行的是 A* 算法和 AO* 算法。A* 算法用于或图，AO* 算法用于与/或图。A* 算法用于在状态空间中寻找目标，以及从起始结点到目标结点的最优路径问题。AO* 算法用于确定实现目标的最优路径。最近，有人通过机器学习的方法增强状态空间中结点的启发式信息，对 A* 算法进行了扩展。

本章还介绍了博弈问题，这可以看成一种特殊的与/或搜索问题。极大极小方法和 $\alpha\text{-}\beta$ 剪枝技术在现在的博弈类软件中是必不可少的。

习题 4

4.1 理解一般图搜索算法。OPEN 表和 CLOSE 表的作用是什么？举例说明对三类子结点处理方式的差异。

4.2 对比深度优先和宽度优先的搜索方法，为何说它们都是盲目搜索方法？

4.3 简述有界深度搜索的步骤，并说明有界深度搜索与深度搜索的区别。

4.4 启发式知识对搜索的指导作用体现在哪些方面？通过其使用的评价函数，理解启发式搜索 A*算法。

4.5 说明启发式函数 $h(n)$ 的强弱对搜索效率的影响。实用上，如何使图搜索更有效？

4.6 什么是问题规约？为什么应用问题规约得到的状态空间可表示为与/或图？

4.7 举例说明与/或图搜索的基本概念：K-连接，根结点、叶结点、终结点，解图，解图代价，能解结点和不能解结点。

4.8 阐述与/或图启发式搜索的 AO*算法。AO*算法的可采纳性条件是什么？为什么在扩展局部解图时，不必选择 $h(n)$ 值最小的结点加以扩展？

4.9 比较启发式搜索 AO*算法和 A*算法，并说明两者的差异。

4.10 有一农夫带一只狐狸、一只小羊和一篮菜过河（从左岸到右岸）。假设船太小，农夫每次只能带一样东西过河；考虑到安全，无农夫看管时，狐狸和小羊不能在一起，小羊和那篮菜也不能在一起。请为该问题的解决设计状态空间，并画出状态空间图。

4.11 对八数码问题 S_0 和 S_g，如图 4-30 所示。试按宽度优先搜索和深度优先搜索方法，画出状态空间搜索树。

4.12 圆盘问题。设有大小不等的三个圆盘 A、B、C 套在一根轴上，每个圆盘上都标有数字 1、2、3、4，并且每个圆盘都可以独立地绕轴做逆时针转动，每次转动 90°，其初始状态 S_0 和目标状态 S_g 如图 4-31 所示，请用广度优先搜索和深度优先搜索，求出从 S_0 到 S_g 的路径。

初始状态S_0 目标状态S_g

图 4-30 八数码问题   图 4-31 圆盘问题

4.13 应用启发式搜索 A*算法解决如图 4-32 所示的八数码问题。设评价函数 $f(n) = d(n) + p(n)$，画出搜索图，并给出各搜索循环结束时 OPEN 表和 CLOSE 表的内容。

图 4-32 八数码问题

4.14* 设有如下结构的移动牌游戏：

B	B	W	W	E

其中，B 表示黑色将牌，W 表示白色将牌，E 表示空格。游戏的规定走法如下：

（1）任意一个牌可移入相邻的空格，规定其代价为 1；

（2）任何一个牌可相隔 1 个其他牌跳入空格，其代价为跳过牌的数目加 1。

游戏要达到的目标是把所有 W 都移到 B 的左边。对这个问题，请定义一个启发函数 $h(n)$，并给出用这个启发函数产生的搜索树。能否判别这个启发函数是否满足下解要求？在求出的搜索树中，对所有结点是否满足单调限制？

4.15　图 4-33 是 5 个城市的交通图，城市之间的连线旁边的数字是城市之间路程的费用。要求从 A 城市出发，经过其他各城市一次且仅一次，最后回到 A 城市，请找出一条最优线路。

4.16　设有如图 4-34 所示的与/或树，请分别按和代价法及最大代价法求解树的代价。

图 4-33　交通费用图

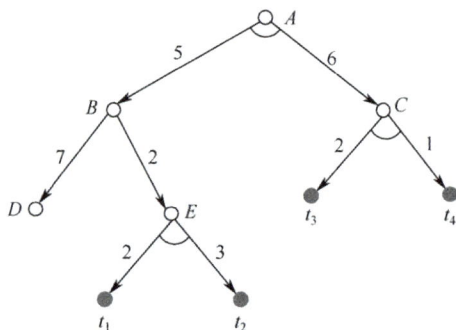

图 4-34　习题 4.16 的与/或树

4.17　设有如图 4-35 所示的博弈树，其中最下面的数字是假设的估值，请对该博弈树做如下工作：

（1）计算各结点的倒推值。

（2）利用 $\alpha\text{-}\beta$ 剪枝技术剪去不必要的分支。

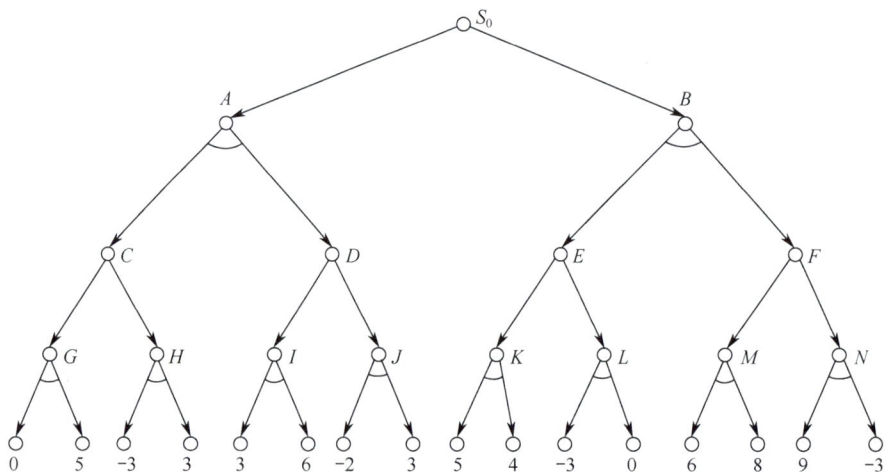

图 4-35　博弈树

第 5 章

不确定性推理

第 3 章介绍了确定性推理，本章介绍另一类推理技术——不确定性推理。许多比较复杂的人工智能系统往往具有复杂性、不完全性、模糊性或不确定性。当采用产生式系统或专家系统时，要求设计者建立某种不确定性问题的数学模型及其计算和推理过程。

为此，本章讨论一些常用的不确定性推理方法，主要包括概率方法、主观贝叶斯方法、可信度方法、证据理论、模糊推理等。

5.1　不确定性推理概述

不确定性是智能问题的本质特征，无论是人类智能还是人工智能，都离不开对不确定性的处理。可以说，智能主要反映在求解不确定性问题的能力上。因此，不确定性推理模型是人工智能和专家系统的一个核心研究课题。

5.1.1　不确定性推理的概念

不确定性推理（Uncertainty Reasoning），又称为不精确推理（Inexact Reasoning），是相对于确定性推理（或自动推理）而提出的。确定性推理的过程都是按照必然的因果关系或严格的逻辑推论来进行的，是从已知事实出发，通过运用相关知识逐步推出结论的思维过程。其中，获得的推理结论也是严格按照一定的规则予以肯定或否定。一般，确定性推理有规可循，有据可依，能够且容易形成完备算法，往往有满足唯一解的特性，实现的难度较小。但是在运动规律的作用下，确定性往往是暂时的、局部的、相对的，而不确定性才是必然的、动态的、永恒的。可见，不确定性是科学认识中的重要规律；进行不确定性推理的研究是必要的，也是进行机器智能推理的主要工具之一。

所谓不确定性推理，是指推理中所使用的前提条件、判断是不确定的或者是模糊的，因而推理得出的结论和判断也是不精确的、不确定的或模糊的。一般来说，出现不确定性推理的原因和特征可能有：① 证据的不确定性；② 规则的不确定性；③ 方法的不确定性。以上"三性"决定了推理的最后结果具有不确定性但近乎合理的特性，人们把这种性质的推理及其理论和方法总称为不确定性推理。

5.1.2　知识不确定性的来源

研究不确定性推理首先要研究知识的不确定性。知识的不确定性可以用相应的知识表示模式来对应，以便进行推理和计算，还必须用适当的方法描述知识的不确定性及其程度。

最常见的不确定性是随机性。随机性使我们的世界和生活充满了未知的魅力，是创造性不可缺少的因素，为我们提供了种种机遇。确定性可以告诉我们事物的普遍规律，这也许是群体的统计规律，也许只是一个相对的真理。而个体的"机遇"是一种特殊的随机性：小概率事件。小概率的机遇一般不会出现，一旦出现，往往就会创造奇迹。

另一种不确定性是模糊性。模糊性能够用较少的代价，传递足够的信息，并能对复杂事物做出高效率的判断和处理。也就是说，模糊性有助于提高效率。1965 年，扎德（L.A. Zadeh）的论文《模糊集》（*Fuzzy Sets*）正式创立了模糊集合理论。扎德深入分析了模糊性、近似性、随机性和含糊性，主张用模糊性作为基本的研究对象，提出了隶属度、隶属函数、模糊集合等基本概念。模糊性使我们的生活简单而有效，使我们可以对复杂事物做出高效率的判断和处理。例如，医生可以根据病人的模糊症状做出正确的判断，画家不用精确测量和计算而能画出栩栩如生的风景人物等。

再一种不确定性是粗糙性。1982 年，波兰学者 Z. Pawlak 提出了粗糙集（rough sets）理论——它是一种刻画不完整性和不确定性的数学工具，能有效地分析不精确（inaccuracy）、不一致（inconsistent）、不完整（incomplete）等各种不完备的信息，还可以对数据进行分析和推理，从中发现隐含的知识，揭示潜在的规律。

粗糙集理论是建立在分类机制的基础上的，将分类理解为在特定空间上的等价关系，而等价关系构成了对该空间的划分。粗糙集理论将知识理解为对数据的划分，每个被划分的集合称为概念。粗糙集理论的主要思想是，利用已知的知识库，将不精确或不确定的知识用已知的知识库中的知识来（近似）刻画。

该理论与其他处理不确定和不精确问题理论的最显著的区别是：它不需提供问题所需处理的数据集合之外的任何先验信息，所以对问题的不确定性的描述或处理比较客观，因为该理论未能包含处理不精确或不确定原始数据的机制，所以与概率论、模糊数学等其他处理不确定或不精确问题的理论有很强的互补性。

知识的不确定性还来自知识的不完备性、不协调性和非恒常性。

知识的不完备性包括知识内容的不完整、知识结构的不完备等。内容的不完整可能来源于获取知识时观测不充分、设备不精确；知识结构的不完备可能因为人的认识能力、获取手段的限制等原因，造成对解决某个特定问题的背景和结构认识不全，忽略了一些重要因素。

知识的不协调性是指知识内在的矛盾，不协调的程度可以依次为冗余、干扰、冲突等。不协调性是知识不确定性的重要体现，人们不可能也没必要在一切场合下都试图消除知识的不协调性，固执地去追求知识的一致性，要把不协调看成知识的一种常态，允许包容、并蓄，允许折中、调和。

知识的非恒常性是指知识随时间的变化而变化的特性。人类对自然、社会乃至自身的认识都是一个由不知到知、由不深刻到深刻、不断更新的过程，是一个否定之否定的过程。人类的知识是无限发展的，不可能永远停留在某个水平上。

5.1.3 不确定性推理要解决的基本问题

推理是运用知识求解问题的过程，是证据和规则相结合得出结论的过程。知识的不确定性导致了所产生的结论的不确定性。不确定性推理反映了知识不确定性的动态积累和传播过程，推理的每一步都需要综合证据和规则的不确定性因素，通过某种不确定性测度，寻找尽可能符合客观实际的计算模式，通过不确定性测度的传递计算，最终得到结果的不确定性测度。在专家系统中，不确定性表现为证据、规则和推理三方面，需要对专家系统中的事实和规则给出不确定性描述，并在此基础上建立不确定性的传递计算方法。因此，实现对不确定性知识的处理应解决不确定性知识的表示问题、计算问题和语义解释问题。

1．表示问题

表示问题指的是采用什么方法描述不确定性，这是解决不确定性推理的关键第一步，通常包括数值表示和非数值表示的语义表示方法。数值表示便于计算、比较；非数值表示是一种定性的描述，以便较好地解决不确定性问题。

在专家系统中，"知识不确定性"一般分为两类：一是规则的不确定性，二是证据的不确定性。

1）规则的不确定性

规则的不确定性是指用相应的规则表示模式与之对应，以便进行推理和计算，还必须用适当的方法把规则的不确定性及其程度描述出来。一般用$(E \to H, f(H,E))$表示规则的不确定性，即相应规则的不确定性程度，称为规则强度。

2）证据的不确定性

不同来源的证据通常有两类。

❖ 初始证据：如针对要求解问题所提供的事实，诸如病人的症状、化验结果等。

❖ 推理证据：依据前面的事实而推出的若干新情况和判断，可作为继续研究考证的证据。

证据的不确定性可记作$(E, C(E))$，表示证据E为真的程度，有两种来源：初始证据（由用户给出），前面推出的结论作为当前证据（通常由计算得到）。

初始证据大多来源于客户片面观察或理解，通常是零碎的片段，不够精确、完整，因而具有证据的不确定性。推理证据又是使用不确定的初始证据而得出的，当然它也是不确定的证据。

一般，证据不确定性的表示方法应与规则不确定性的表示方法保持一致，证据的不确定性通常是一个数值，代表相应证据的不确定性程度，称为动态强度。

规则和证据不确定性的程度常用可信度来表示。例如，在专家系统 MYCIN 中，可信度表示规则及证据的不确定性，取值范围为[-1,1]。当可信度大于 0 时，其数值越大，表示相应的规则或证据越接近于"真"；当可信度小于 0 时，其数值越小，表示相应的规则或证据越接近于"假"。

2. 计算问题

计算问题主要指不确定性的传播和更新，即获得新信息的过程。在领域专家给出的规则强度和用户给出的原始证据的不确定性的基础上，计算问题定义了一组函数，求出结论的不确定性度量，主要包括如下 3 方面。

1）不确定性的传递算法

① 在每步推理中，如何把证据和规则的不确定性传递给结论。

② 在多步推理中，如何把初始证据的不确定性传递给结论。

也就是说，已知规则的前提E的不确定性$C(E)$和规则强度$f(H,E)$，假设H的不确定性为$C(H)$，即定义函数f_1，使得

$$C(H) = f_1(C(E), f(H,E)) \tag{5.1}$$

2）结论不确定性合成

推理中有时会出现这样的情况，用不同的规则进行推理得到了相同的结论，但不确定性的程度不相同。也就是说，已知由两个独立的证据E_1和E_2求得的假设H的不确定性$C_1(H)$和$C_2(H)$，求证据E_1和E_2的组合导致的假设H的不确定性$C(H)$，即定义函数f_2，使得

$$C(H) = f_2(C_1(H), C_2(H)) \tag{5.2}$$

3）组合证据的不确定性算法

已知证据E_1和E_2的不确定性$C(E_1)$、$C(E_2)$，求证据E_1和E_2的析取和合取的不确定性，即定义函数f_3和f_4，使得

$$C(E_1 \wedge E_2) = f_3(C(E_1), C(E_2)) \tag{5.3}$$

$$C(E_1 \vee E_2) = f_4(C(E_1), C(E_2)) \tag{5.4}$$

目前，关于组合证据的不确定性的计算已经提出了多种算法，用得最多的是如下 3 种。

① 最大最小法

$$C(E_1 \wedge E_2) = \min\{C(E_1), C(E_2)\} \tag{5.5}$$

$$C(E_1 \vee E_2) = \max\{C(E_1), C(E_2)\} \tag{5.6}$$

② 概率方法

$$C(E_1 \wedge E_2) = C(E_1) \times C(E_2) \tag{5.7}$$

$$C(E_1 \vee E_2) = C(E_1) + C(E_2) - C(E_1) \times C(E_2) \tag{5.8}$$

③ 有界方法

$$C(E_1 \wedge E_2) = \max\{0, C(E_1) + C(E_2) - 1\} \tag{5.9}$$

$$C(E_1 \vee E_2) = \min\{1, C(E_1) + C(E_2)\} \tag{5.10}$$

3．语义问题

语义问题是指上述表示和计算的含义是什么，即对它们进行解释。例如，$C(H, E)$ 可理解为当前提 E 为真时对结论 H 为真的一种影响程度，$C(E)$ 可理解为 E 为真的程度。

目前，在人工智能中，处理不确定性问题的主要数学工具有概率论和模糊数学，但是它们研究和处理的是两种不同的不确定性。概率论研究和处理随机现象，事件本身有明确的含义，只是由于条件不充分，使得在条件和事件之间不能出现决定性的因果关系（随机性）。模糊数学研究和处理模糊现象，概念本身就没有明确的外延，一个对象是否符合这个概念是难以确定的（属于模糊的）。无论采用什么数学工具和模型，都需要对规则和证据的不确定性给出度量。

规则的不确定性度量 $f(H, E)$，需要定义在下述 3 种典型情况下的取值：

- ❖ 若 E 为真，则 H 为真，这时 $f(H, E) = ?$
- ❖ 若 E 为真，则 H 为假，这时 $f(H, E) = ?$
- ❖ E 对 H 没有影响，这时 $f(H, E) = ?$

证据的不确定性度量 $C(E)$ 则需要定义在下述 3 种典型情况下的取值：

- ❖ E 为真，$C(E) = ?$
- ❖ E 为假，$C(E) = ?$
- ❖ 对 E 一无所知，$C(E) = ?$

对于一个专家系统，一旦给定了上述不确定性的表示、计算及其相关解释，就可以从最初的观察证据出发，得出相应结论的不确定性程度。专家系统的不确定性推理模型指的是证据和规则的不确定性的测度方法、不确定性的组合计算模式。

5.1.4　不确定性推理方法的分类

目前，不确定性推理方法主要分为控制方法和模型方法两类。控制方法的特点是通过识别领域中引起不确定性的某些特征及相应的控制策略来限制或减少不确定性对系统产生的影响。控制方法没有处理不确定性的统一模型，其效果极大地依赖于控制策略。模型方法的特点是把不确定性证据和不确定性知识分别与某种度量标准对应起来，并且给出更新结论的不确定性算法，从而建立不确定性推理模式。

不确定性推理的控制方法主要取决于控制策略,包括相关性指导、机缘控制、启发式搜索、随机过程控制等。模型方法具体可分为数值模型方法和非数值模型方法两类。按其依据的理论不同,数值模型方法主要有基于概率的推理方法和基于模糊理论的推理方法。

纯概率方法虽然有严格的理论依据,但通常要求给出事件的先验概率和条件概率,而这些数据不易获得,因此其应用受到限制。人们在概率论的基础上提出了一些新的理论和方法,主要包括可信度方法、证据理论、基于概率的贝叶斯推理方法等,从而为不确定性的传递和合成提供了许多现成的公式,是最早成功应用于不确定性推理的重要方法之一。

在现实世界中,大量的事物和现象都是变化的、非确定性的。因此,在人工智能研究中,处理不确定性问题并进行不确定性的推理占有重要的地位。在许多不确定性推理的数学方法中,目前常用的主要包括基于概率的似然推理(Plausible Reasoning)、基于模糊数学的模糊推理(Fuzzy Reasoning)、可信度方法,以及使用人工神经网络算法、遗传算法的计算推理等。

5.2 概率方法

长期以来,概率论的有关理论和方法都被用作度量不确定性的重要手段,因为它不仅有完善的理论,还为不确定性的合成和传递提供了现成的公式,所以被最早用于不确定性知识的表示和处理。

5.2.1 概率论基础

定义 5-1 定义全概率公式。设事件 $A_1, A_2, \cdots, A_n$ 满足:

① 任意两个事件互不相容,即当 $i \neq j$ 时,有 $A_i \bigcap A_j = \phi$ ($i, j = 1, 2, \cdots, n$)。

② $P(A_i) > 0$ ($i = 1, 2, \cdots, n$)。

③ 样本空间 D 是 A_i ($i = 1, 2, \cdots, n$) 集合的并集,即

$$D = \bigcup_{i=1}^{n} A_i$$

则对任何事件 B 来说

$$P(B) = \sum_{i=1}^{n} P(A_i) \times P(B \mid A_i) \tag{5.11}$$

该公式被称为全概率公式,提供了一种计算 $P(B)$ 的方法。

定义 5-2 贝叶斯公式。设事件 $A_1, A_2, \cdots, A_n$ 满足:

① 任意两个事件互不相容,即当 $i \neq j$ 时,有 $A_i \bigcap A_j = \phi$ ($i, j = 1, 2, \cdots, n$)。

② $P(A_i) > 0$ ($i = 1, 2, \cdots, n$)。

③ 样本空间 D 是 A_i ($i = 1, 2, \cdots, n$) 集合的并集,即

$$D = \bigcup_{i=1}^{n} A_i$$

则对任何事件 B 来说

$$P(A_i \mid B) = \frac{P(A_i) \times P(B \mid A_i)}{P(B)} \qquad (5.12)$$

该公式被称为贝叶斯(Bayes)公式。其中，$P(A_i)$（$i=1,2,\cdots,n$）是事件 A_i 的先验概率，$P(B \mid A_i)$ 是在事件 A_i 发生条件下事件 B 的逆概率，$P(A_i \mid B)$ 是在事件 B 发生条件下事件 A_i 的后验概率。

如果把全概率公式代入贝叶斯公式，那么

$$P(A_i \mid B) = \frac{P(A_i) \times P(B \mid A_i)}{\sum\limits_{j=1}^{n} P(A_j) \times P(B \mid A_j)} \qquad (5.13)$$

这是贝叶斯公式的另一种形式。该公式给出了用逆概率 $P(B \mid A_i)$ 求后验概率 $P(A_i \mid B)$ 的方法。

5.2.2 经典概率方法

设有如下产生式规则：

$$\text{IF} \quad E \quad \text{THEN} \quad H_i \ (i=1,2,\cdots,n)$$

其中，E 为前提条件，H_i 为结论，具有随机性。

根据概率论中条件概率的含义，我们可以用条件概率 $P(H_i \mid E)$ 表示上述产生式规则的不确定性程度，即表示为在证据 E 出现的条件下，结论 H_i 成立的确定性程度。

对于复合条件

$$E = E_1 \text{ AND } E_2 \text{ AND } \cdots \text{ AND } E_m$$

则用条件概率 $P(H_i \mid E_1, E_2, \cdots, E_m)$ 作为证据 $E_1, E_2, \cdots, E_m$ 出现时结论 H 的确定性程度。

显然，这是一种简单的方法，只能用于简单的不确定性推理。由于它只考虑证据为"真"或"假"这两种极端情况，因而使其应用受到了限制。

5.2.3 逆概率方法

1. 逆概率方法的基本思想

经典概率方法要求给出在证据 E 出现情况下结论 H_i 的条件概率 $P(H_i \mid E)$。这在实际应用中是相当困难的。逆概率方法是根据贝叶斯公式，用逆概率 $P(E \mid H_i)$ 来求原概率 $P(H_i \mid E)$。确定逆概率 $P(E \mid H_i)$ 比确定原概率 $P(H_i \mid E)$ 要容易。例如，若以 E 代表咳嗽，以 H_i 代表支气管炎，要得到条件概率 $P(H_i \mid E)$，就需要统计在咳嗽的人中有多少是患支气管炎的，统计工作量较大，而得到逆概率 $P(E \mid H_i)$ 相对容易，因为这时只需统计在患支气管炎的人中有多少人是咳嗽的，患支气管炎的人毕竟比咳嗽的人少很多。

2. 单个证据的情况

对于产生式规则

$$\text{IF} \quad E \quad \text{THEN} \quad H_i$$

如果用前提条件 E 代替贝叶斯公式中的 B，用 H_i（$i=1,2,\cdots,n$）替代公式中的 A_i，就可得到

$$P(H_i \mid E) = \frac{P(H_i) \times P(E \mid H_i)}{\sum\limits_{j=1}^{n} P(H_j) \times P(E \mid H_j)} \qquad (5.14)$$

也就是说，当已知结论 H_i 的先验概率 $P(H_i)$ 且结论 H_i 成立时，前提条件 E 对应证据的出现条件概率 $P(E|H_i)$ 就可用式(5.14)求出相应证据出现时结论 H_i 的条件概率 $P(H_i|E)$。

例 5-1 设 H_1, H_2, H_3 分别是三个结论，E 是支持这些结论的证据，且已知：

$$P(H_1) = 0.1 \qquad P(H_2) = 0.4 \qquad P(H_3) = 0.5$$
$$P(E|H_1) = 0.5 \qquad P(E|H_2) = 0.3 \qquad P(E|H_3) = 0.4$$

求 $P(H_1|E), P(H_2|E), P(H_3|E)$ 的值。

解 根据式(5.14)可得

$$P(H_1|E) = \frac{P(H_1)P(E|H_1)}{P(H_1)P(E|H_1) + P(H_2)P(E|H_2) + P(H_3)P(E|H_3)}$$
$$= \frac{0.1 \times 0.5}{0.1 \times 0.5 + 0.4 \times 0.3 + 0.5 \times 0.4}$$
$$= 0.14$$

同理可得

$$P(H_2|E) = 0.32$$
$$P(H_3|E) = 0.54$$

可以看出，由于证据 E 的出现，H_1 成立的可能性略有增加，H_2 和 H_3 成立的可能性有不同程度的下降。

3. 多个证据的情况

对于有多个证据 $E_1, E_2, \cdots, E_m$ 和多个结论 $H_1, H_2, \cdots, H_n$，并且每个证据都以一定程度支持结论的情况，则式(5.14)可进一步扩充为

$$P(H_i|E_1 E_2 \cdots E_m) = \frac{P(H_i)P(E_1|H_i)P(E_2|H_i) \cdots P(E_m|H_i)}{\sum_{j=1}^{n} P(H_j)P(E_1|H_j)P(E_2|H_j) \cdots P(E_m|H_j)} \qquad (5.15)$$

此时，只要已知 H_i（$i = 1, 2, \cdots, n$）的先验概率 $P(H_i)$ 和 H_i 成立时证据 $E_1, E_2, \cdots, E_m$ 出现的条件概率 $P(E_1|H_i), P(E_2|H_i), \cdots, P(E_m|H_i)$，就可利用上式计算出在 $E_1, E_2, \cdots, E_m$ 出现情况下 H_i 的条件概率 $P(H_i|E_1 E_2 \cdots E_m)$。

例 5-2 已知：

$$P(H_1) = 0.4 \qquad P(H_2) = 0.3 \qquad P(H_3) = 0.3$$
$$P(E_1|H_1) = 0.5 \qquad P(E_1|H_2) = 0.6 \qquad P(E_1|H_3) = 0.3$$
$$P(E_2|H_1) = 0.7 \qquad P(E_2|H_2) = 0.9 \qquad P(E_2|H_3) = 0.1$$

求 $P(H_1|E_1 E_2)$、$P(H_2|E_1 E_2)$、$P(H_3|E_1 E_2)$ 的值。

解 根据式(5.15)可得

$P(H_1|E_1 E_2)$

$$= \frac{P(H_1)P(E_1|H_1)P(E_2|H_1)}{P(H_1)P(E_1|H_1)P(E_2|H_1) + P(H_2)P(E_1|H_2)P(E_2|H_2) + P(H_3)P(E_1|H_3)P(E_2|H_3)}$$
$$= \frac{0.5 \times 0.7 \times 0.4}{0.5 \times 0.7 \times 0.4 + 0.6 \times 0.9 \times 0.3 + 0.3 \times 0.1 \times 0.3}$$
$$= 0.45$$

同理可得

$$P(H_2 \mid E_1 E_2) = 0.52$$
$$P(H_3 \mid E_1 E_2) = 0.03$$

可以看出，由于证据 E_1 和 E_2 的出现，H_1 和 H_2 成立的可能性有不同程度的增加，H_3 成立的可能性下降了。

4．逆概率方法的特点

在实际应用中，逆概率方法有时是很有用的。例如，把 H_i（$i=1,2,\cdots,n$）当作一组可能发生的疾病，E_j（$j=1,2,\cdots,m$）当作相应的症状，$P(H_i)$ 是从大量实践中经统计得到的疾病 H_i 发生的先验概率，$P(E_j \mid H_i)$ 是疾病 H_i 发生时观察到症状 E_j 的条件概率，则当对某病人观察到有症状 $E_1, E_2, \cdots, E_m$ 时，应用贝叶斯公式就可以计算出 $P(H_i \mid E_1 E_2 \cdots E_m)$，从而得知病人患疾病 H_i 的可能性。

逆概率方法的优点是它有较强的理论背景和良好的数学特征，当证据和结论彼此独立时，计算的复杂度比较低。其缺点是要求给出结论 H_i 的先验概率 $P(H_i)$ 及证据 E_j 的条件概率 $P(E_j \mid H_i)$，尽管有时 $P(E_j \mid H_i)$ 比 $P(H_i \mid E_j)$ 相对容易得到，但总的来说，要想得到这些数据仍然是一件相对困难的工作。另外，贝叶斯公式的应用条件很严格，如要求各事件相互独立等。若证据间存在依赖关系，则不能直接使用该方法。

5.3　主观贝叶斯方法

在多数情况下，同类事件发生的频率不高，甚至很低，无法做概率统计，这时一般是根据观测到的数据，凭领域专家的经验给出一些主观判断，称为主观概率。概率一般可以解释为对证据和规则的主观信任度。概率推理中起关键作用的是贝叶斯公式，它是主观贝叶斯方法的基础。如随机事件 A 的概率 $P(A)$ 可表示 A 发生的可能性，因而可用概率方法来表示和处理事件 A 的确定性程度。

主观贝叶斯方法是杜达等人于 1976 年提出的一种不确定性推理模型，是最早用于处理不确定性推理的方法之一，已在地矿勘探专家系统 PROSPECTOR 中得到了成功应用。

5.3.1　规则不确定性的表示

1．规则不确定性

在主观贝叶斯方法中，规则的不确定性可表示为
$$\text{IF } E \text{ THEN (LS,LN) } H$$
其中，LS 即充分性度量，LN 即必要性度量，(LS,LN) 即规则强度。

定义 5-3　LS（充分性度量）定义为
$$\text{LS} = \frac{P(E \mid H)}{P(E \mid \neg H)}$$
表示 E 对 H 的支持程度，取值范围为 $[0, +\infty)$，由专家给出。

定义 5-4　LN（必要性度量）定义为

$$LN = \frac{P(\neg E \mid H)}{P(\neg E \mid \neg H)} = \frac{1 - P(E \mid H)}{1 - P(E \mid \neg H)}$$

表示 $\neg E$ 对 H 的支持程度，即 E 对 H 为真的必要性程度，取值范围为 $[0, +\infty)$，也是由专家凭经验给出的。

下面进一步讨论 LS 和 LN 的含义。由贝叶斯公式可知

$$P(H \mid E) = \frac{P(H) \times P(E \mid H)}{P(E)}$$

$$P(\neg H \mid E) = \frac{P(\neg H) \times P(E \mid \neg H)}{P(E)}$$

两式相除得

$$\frac{P(H \mid E)}{P(\neg H \mid E)} = \frac{P(H) \times P(E \mid H)}{P(\neg H) \times P(E \mid \neg H)} \tag{5.16}$$

为了讨论方便，下面引入几率函数

$$O(X) = \frac{P(X)}{1 - P(X)} \quad 或 \quad O(X) = \frac{P(X)}{P(\neg X)} \tag{5.17}$$

可见，X 的几率等于 X 出现的概率与 X 不出现的概率之比，$P(X)$ 与 $O(X)$ 的变化一致，且 $P(X) = 0$ 时，有 $O(X) = 0$；$P(X) = 1$ 时，有 $O(X) = +\infty$。这样就可以把取值为 $[0,1]$ 的 $P(X)$ 放大为取值为 $[0, +\infty)$ 的 $O(X)$。

把式 (5.17) 中几率和概率的关系代入式 (5.16)，有

$$O(H \mid E) = \frac{P(E \mid H)}{P(E \mid \neg H)} \times O(H)$$

再把 LS 代入此式，可得

$$O(H \mid E) = LS \times O(H) \tag{5.18}$$

上式被称为贝叶斯公式的充分似然性形式。LS 称为充分似然性，因为如果 $LS = +\infty$，那么证据 E 对于推出 H 为真是逻辑充分的。

同理，可得到关于 LN 的公式

$$O(H \mid \neg E) = LN \times O(H) \tag{5.19}$$

上式被称为贝叶斯公式的必要似然性形式。LN 称为必然似然性，因为如果 $LN = 0$，那么 $O(H \mid \neg E) = 0$，这说明当 $\neg E$ 为真时，H 必假，即 E 对 H 来说是必然的。

式 (5.18) 和式 (5.19) 就是修改的贝叶斯公式。可以看出：当 E 为真时，可以利用 LS 将 H 的先验几率 $O(H)$ 更新为其后验几率 $O(H \mid E)$；当 E 为假时，可以利用 LN 将 H 的先验几率 $O(H)$ 更新为其后验几率 $O(H \mid \neg E)$。

2. LS 和 LN 的性质

1）LS 的性质

当 $LS > 1$ 时，$O(H \mid E) > O(H)$，说明 E 支持 H，LS 越大，$O(H \mid E)$ 比 $O(H)$ 大得越多，即 LS 越大，E 对 H 的支持越充分。当 $LS \to +\infty$ 时，$O(H \mid E) \to +\infty$，即 $P(H \mid E) \to 1$，表示 E 的存在将导致 H 为真。

当 $LS = 1$ 时，$O(H \mid E) = O(H)$，说明 E 对 H 没有影响。

当 $LS < 1$ 时，$O(H \mid E) < O(H)$，说明 E 不支持 H。

当 LS = 0 时，$O(H|E) = 0$，说明 E 的存在使 H 为假。

由上述分析可以看出，LS 反映的是 E 的出现对 H 为真的影响程度，因此 LS 被称为<u>知识的充分性度量</u>。

2）LN 的性质

当 LN > 1 时，$O(H|\neg E) > O(H)$，说明 $\neg E$ 支持 H，即由于 E 的不出现，增大了 H 为真的概率，并且 LN 越大，$P(H|\neg E)$ 越大，即 $\neg E$ 对 H 为真的支持越强。当 LN $\rightarrow +\infty$ 时，$O(H|\neg E) \rightarrow +\infty$，即 $P(H|\neg E) \rightarrow 1$，表示 $\neg E$ 的存在将导致 H 为真。

当 LN = 1 时，$O(H|\neg E) = O(H)$，说明 $\neg E$ 对 H 没有影响。

当 LN < 1 时，$O(H|\neg E) < O(H)$，说明 $\neg E$ 不支持 H，即 $\neg E$ 的存在使 H 为真的可能性下降，或者说由于 E 不存在，将反对 H 为真。当 LN $\rightarrow 0$ 时，$O(H|\neg E) \rightarrow 0$，即 LN 越小，$E$ 的不出现就越反对 H 为真，这说明 H 越需要 E 的出现。

当 LN = 0 时，$O(H|\neg E) = 0$，说明 $\neg E$ 的存在（E 不存在）将导致 H 为假。

由上述分析可以看出，LN 反映的是 E 不存在时对 H 为真的影响程度，因此 LN 被称为<u>知识的必要性度量</u>。

3）LS 与 LN 的关系

由于 E 和 $\neg E$ 不会同时支持或同时排斥 H，因此只有下述 3 种情况存在：① LS > 1 且 LN < 1；② LS < 1 且 LN > 1；③ LS = LN = 1。

以上结论可以进行证明。

证明①：

$$LS > 1 \Leftrightarrow \frac{P(E|H)}{P(E|\neg H)} > 1$$
$$\Leftrightarrow P(E|H) > P(E|\neg H)$$
$$\Leftrightarrow 1 - P(E|H) < 1 - P(E|\neg H)$$
$$\Leftrightarrow P(\neg E|H) < P(\neg E|\neg H)$$
$$\Leftrightarrow \frac{P(\neg E|H)}{P(\neg E|\neg H)} < 1$$
$$\Leftrightarrow LN < 1$$

同理可证②、③，证明略。

计算公式 LS 和 LN 除了在推理过程中使用，还可以作为领域专家为 LS 和 LN 赋值的依据。在实际系统中，LS 和 LN 的值均是由领域专家根据经验给出的，而不是计算出的。证据 E 越支持 H 为真，则 LS 的值应该越大；证据 E 对 H 越重要，则相应的 LN 的值应该越小。

5.3.2 证据不确定性的表示

证据通常可以分为全证据（Complete Evidence）和部分证据（Partial Evidence）。<u>全证据</u>就是所有的证据，即所有可能的证据和假设，它们组成证据 E。<u>部分证据</u> S 是所知 E 的一部分，也可被称为<u>观察</u>。在主观贝叶斯方法中，证据的不确定性也用概率表示。全证据的可信度依赖于部分证据，表示为 $P(E|S)$。如果知道所有证据，那么 $E = S$ 且 $P(E|S) = P(E)$。其中，$P(E)$ 是证据 E 的先验似然性；$P(E|S)$ 是已知全证据 E 中部分知识 S 后对 E 的信任，为 E 的后验

似然性。

在 PROSPECTOR 系统（美国 1976 年研制的）中，根据观察 S 直接求出 $P(E|S)$ 非常困难，所以采用了一种变通的方法，即引进了可信度 $C(E|S)$ 的概念，把区间 $[0,1]$ 之间的概率转换为 $[-5,5]$ 的 11 个整数。用户可根据实际情况在 $[-5,5]$ 中选取一个整数，作为初始证据的可信度。可信度 $C(E|S)$ 与概率 $P(E|S)$ 的对应关系可表示为

$$P(E|S) = \begin{cases} \dfrac{C(E|S) + P(E) \times [5 - C(E|S)]}{5}, & 0 \leqslant C(E|S) \leqslant 5 \\[2mm] \dfrac{P(E) \times [C(E|S) + 5]}{5}, & -5 \leqslant C(E|S) < 0 \end{cases} \tag{5.20}$$

特别地，$C(E|S) = -5$，表示在观察 S 下证据 E 肯定不存在，即 $P(E|S) = 0$；$C(E|S) = 0$，表示在观察 S 下与证据 E 无关，即 $P(E|S) = P(E)$；$C(E|S) = 5$，表示在观察 S 下证据 E 肯定存在，即 $P(E|S) = 1$。

这样，用户只要对证据 E 给出在观察 S 下的可信度 $C(E|S)$，即可求出相应的 $P(E|S)$。

5.3.3 组合证据不确定性的计算

当组合证据是多个单一证据的合取时，即

$$E = E_1 \ \text{AND} \ E_2 \ \text{AND} \ \cdots \ \text{AND} \ E_n \tag{5.21}$$

如果已知在当前观察 S 下，每个单一证据 E_i 有概率 $P(E_1|S), P(E_2|S), \cdots, P(E_n|S)$，那么

$$P(E|S) = \min\{P(E_1|S), P(E_2|S), \cdots, P(E_n|S)\} \tag{5.22}$$

当组合证据是多个单一证据的析取时，即

$$E = E_1 \ \text{OR} \ E_2 \ \text{OR} \ \cdots \ \text{OR} \ E_n \tag{5.23}$$

如果已知在当前观察 S 下，每个单一证据 E_i 有概率 $P(E_1|S), P(E_2|S), \cdots, P(E_n|S)$，那么

$$P(E|S) = \max\{P(E_1|S), P(E_2|S), \cdots, P(E_n|S)\} \tag{5.24}$$

对于"非"运算，用下式计算：

$$P(\neg E|S) = 1 - P(E|S) \tag{5.25}$$

5.3.4 不确定性推理方法

主观贝叶斯方法推理的任务就是根据 E 的概率 $P(E)$ 及 LS、LN 的值，把 H 的先验概率 $P(H)$ 更新为后验概率 $P(H|E)$，或把 H 的先验概率 $O(H)$ 更新为后验概率 $O(H|E)$。由于一条规则对应的证据有可能肯定为真，也可能肯定为假，还有可能既非真又非假，而且在不同情况下求解后验概率的方法也不相同，因此以下分别予以讨论。

1. 当证据 E 肯定为真时

当证据 E 肯定为真时，即 $P(E) = P(E|S) = 1$，由贝叶斯公式，则

$$P(H|E) = P(E|H) \times P(H) / P(E)$$

$$P(\neg H|E) = P(E|\neg H) \times P(\neg H) / P(E)$$

从而

$$\frac{P(H|E)}{P(\neg H|E)} = \frac{P(E|H)}{P(E|\neg H)} \times \frac{P(H)}{P(\neg H)}$$

即

$$O(H|E) = \text{LS} \times O(H)$$

若需要以概率的形式表示，再由公式 $P(E) = \dfrac{O(E)}{1+O(E)}$ 计算

$$P(H|E) = \frac{\text{LS} \times P(H)}{(\text{LS}-1) \times P(H)+1} \tag{5.26}$$

这就是把先验概率 $P(H)$ 更新为后验概率 $P(H|E)$ 的计算公式。

2．当证据 E 肯定为假时

当证据 E 肯定为假时，即 $P(E)=P(E|S)=0$，采用与上述类似的方法可得

$$O(H|\neg E) = \text{LN} \times O(H)$$

从而

$$P(H|\neg E) = \frac{\text{LN} \times P(H)}{(\text{LN}-1) \times P(H)+1} \tag{5.27}$$

这就是把先验概率 $P(H)$ 更新为后验概率 $P(H|\neg E)$ 的计算公式。

3．当证据 E 既非真又非假时

当证据 E 既非真又非假时，即 $0 < P(E|S) < 1$，此时不能用上面的公式计算后验概率，可用杜达于 1976 年给出的公式

$$P(H|S) = P(H|E) \times P(E|S) + P(H|\neg E) \times P(\neg E|S) \tag{5.28}$$

来计算后验概率。下面分 4 种情况来讨论这个公式。

① 当 $P(E|S)=1$ 时，$P(\neg E|S)=0$，则

$$P(H|S) = P(H|E) = \frac{\text{LS} \times P(H)}{(\text{LS}-1) \times P(H)+1}$$

这实际上就是证据肯定存在的情况。

② 当 $P(E|S)=0$ 时，$P(\neg E|S)=1$，则

$$P(H|S) = P(H|\neg E) = \frac{\text{LN} \times P(H)}{(\text{LN}-1) \times P(H)+1}$$

这实际上是证据肯定不存在的情况。

③ 当 $P(E|S)=P(E)$ 时，E 与 S 无关，利用全概率公式，有

$$P(H|S) = P(H|E) \times P(E|S) + P(H|\neg E) \times P(\neg E|S)$$
$$= P(H|E) \times P(E) + P(H|\neg E) \times P(\neg E)$$
$$= P(H)$$

通过分析，我们得到了 $P(E|S)$ 的 3 个特殊值 0、$P(E)$、1，并分别取得了对应值 $P(H|\neg E)$、$P(H)$、$P(H|E)$，这样构成了 3 个特殊点的坐标 $(0, P(H|\neg E))$、$(P(E), P(H))$、$(1, P(H|E))$。

④ 当 $P(E|S)$ 为其他值时，$P(E|S)$ 的值可通过上述 3 个特殊点的分段线性插值函数求得，则可以得到计算分段线性插值函数 $P(H|S)$ 的公式，即

$$P(H \mid S) = \begin{cases} P(H \mid \neg E) + \dfrac{P(H) - P(H \mid \neg E)}{P(E)} \times P(E \mid S), & 0 \leqslant P(E \mid S) < P(E) \\[4mm] P(H) + \dfrac{P(H \mid E) - P(H)}{1 - P(E)} \times [P(E \mid S) - P(E)], & P(E) \leqslant P(E \mid S) \leqslant 1 \end{cases} \tag{5.29}$$

上式被称为 EH 公式。其函数曲线如图 5-1 所示。

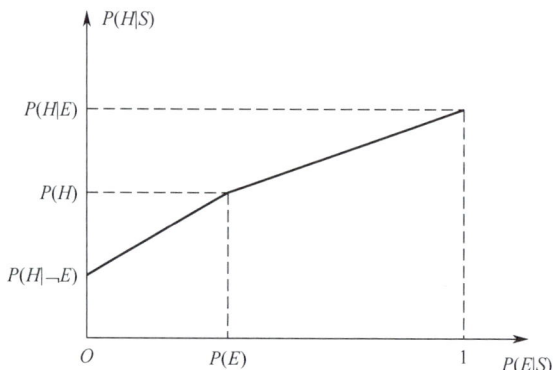

图 5-1   分段线性插值函数

对于初始证据，由于其不确定性是用可信度 $C(E \mid S)$ 给出，此时只要把 $P(E \mid S)$ 与 $C(E \mid S)$ 的对应关系转换公式代入 EH 公式，就可以得到用可信度 $C(E \mid S)$ 计算 $P(H \mid S)$ 的公式

$$P(H \mid S) = \begin{cases} P(H \mid \neg E) + \left[P(H) - P(H \mid \neg E) \right] \times \left[\dfrac{C(E \mid S)}{5} + 1 \right], & C(E \mid S) \leqslant 0 \\[4mm] P(H) + \left[P(H \mid E) - P(H) \right] \times \dfrac{C(E \mid S)}{5}, & C(E \mid S) > 0 \end{cases} \tag{5.30}$$

上式被称为 CP 公式。

综上，当用初始证据进行推理时，根据用户告知的 $C(E \mid S)$，用 CP 公式可以求出 $P(H \mid S)$；当用推理过程中得到的中间结论作为证据进行推理时，用 EH 公式可以求出 $P(H \mid S)$。

5.3.5 结论不确定性的合成

若有 n 条规则都支持相同的结论，且每条规则的前提条件对应的证据 E_i（$i = 1, 2, \cdots, n$）都有相应的观察 S_i 与之对应，此时只要先对每条规则分别求出 H 的后验几率 $O(H \mid S_i)$，再根据下述公式求出所在观察下 H 的后验几率：

$$O(H \mid S_1 S_2 \cdots S_n) = \frac{O(H \mid S_1)}{O(H)} \times \frac{O(H \mid S_2)}{O(H)} \times \cdots \times \frac{O(H \mid S_n)}{O(H)} \times O(H) \tag{5.31}$$

为了进一步说明主观贝叶斯方法的推理过程，下面给出几个例子。

例 5-3   设有规则：

$$R_1 : \text{IF} \quad E_1 \quad \text{THEN} \quad (200, 0.1) \quad H$$
$$R_2 : \text{IF} \quad E_2 \quad \text{THEN} \quad (30, 0.01) \quad H$$

已知证据 E_1 和 E_2 必然发生，并且 $P(H) = 0.03$，求 H 的后验概率 $P(H \mid E_1 E_2)$。

解 $P(H) = 0.03$，则

$$O(H) = \frac{0.03}{1-0.03} = 0.0309$$

根据 R_1，有

$$O(H|E_1) = \text{LS}_1 \times O(H) = 200 \times 0.0309 = 6.18$$

根据 R_2，有

$$O(H|E_2) = \text{LS}_2 \times O(H) = 30 \times 0.0309 = 0.927$$

那么

$$O(H|E_1 E_2) = \frac{O(H|E_1)}{O(H)} \times \frac{O(H|E_2)}{O(H)} \times O(H)$$

$$= \frac{6.18}{0.0309} \times \frac{0.927}{0.0309} \times 0.0309 = 185.4$$

所以 H 的后验概率为

$$P(H|E_1 E_2) = \frac{O(H|E_1 E_2)}{1 + O(H|E_1 E_2)} = \frac{185.4}{1 + 185.4} = 0.9946$$

例 5-4 设有如下知识：

$$R_1 : \text{IF} \quad E_1 \quad \text{THEN} \quad (10, 0.1) \quad H_1$$
$$R_2 : \text{IF} \quad E_2 \quad \text{THEN} \quad (20, 0.1) \quad H_2$$
$$R_3 : \text{IF} \quad E_3 \quad \text{THEN} \quad (1, 1) \quad H_3$$

已知 $P(H_1) = 0.03$，$P(H_2) = 0.05$，$P(H_3) = 0.3$，求：当证据 E_1、E_2、E_3 分别存在和不存在时，$P(H_i | E_i)$ 及 $P(H_i | \neg E_i)$ 的值各是多少。

解 （1）当证据 E_1、E_2、E_3 都存在时，有

$$P(H_1 | E_1) = \frac{\text{LS}_1 \times P(H_1)}{(\text{LS}_1 - 1) \times P(H_1) + 1} = \frac{10 \times 0.03}{(10-1) \times 0.03 + 1} = 0.2362$$

$$P(H_2 | E_2) = \frac{\text{LS}_2 \times P(H_2)}{(\text{LS}_2 - 1) \times P(H_2) + 1} = \frac{20 \times 0.05}{(20-1) \times 0.05 + 1} = 0.5128$$

对于 R_3，由于 LS₁=1，因此 E_3 的存在对 H_3 无影响，即 $P(H_3 | E_3) = 0.3$。

由此可以看出，E_1 的存在使 H_1 为真的可能性增加至原来的近 8 倍，E_2 的存在使 H_2 为真的可能性增加至原来的 10 多倍。

（2）当证据 E_1、E_2、E_3 都不存在时，有

$$P(H_1 | \neg E_1) = \frac{\text{LN}_1 \times P(H_1)}{(\text{LN}_1 - 1) \times P(H_1) + 1} = \frac{0.1 \times 0.03}{(0.1-1) \times 0.03 + 1} = 0.003$$

$$P(H_1 | \neg E_2) = \frac{\text{LN}_2 \times P(H_2)}{(\text{LN}_2 - 1) \times P(H_2) + 1} = \frac{0.1 \times 0.05}{(0.1-1) \times 0.05 + 1} = 0.005$$

对于 R_3，由于 LN₃=1，因此 E_3 的不存在对 H_3 无影响，即 $P(H_3 | \neg E_3) = 0.3$。

由此可以看出，E_1、E_2 的不存在使 H_1、H_2 为真的可能性削弱为原来的 1/10。

例 5-5 设有规则：

$$R_1 : \text{IF} \quad E_1 \quad \text{THEN} \quad (2, 0.001) \quad H_1$$
$$R_2 : \text{IF} \quad E_1 \quad \text{AND} \quad E_2 \quad \text{THEN} \quad (100, 0.001) \quad H_1$$
$$R_3 : \text{IF} \quad H_1 \quad \text{THEN} \quad (200, 0.01) \quad H_2$$

已知

$$P(E_1) = P(E_2) = 0.6 \qquad P(H_1) = 0.091 \qquad P(H_2) = 0.01$$
$$P(E_1 \mid S_1) = 0.76 \qquad P(E_2 \mid S_2) = 0.68$$

求 $P(H_1 \mid S_1 S_2)$。

解 由已知知识得到的推理网络如图 5-2 所示。

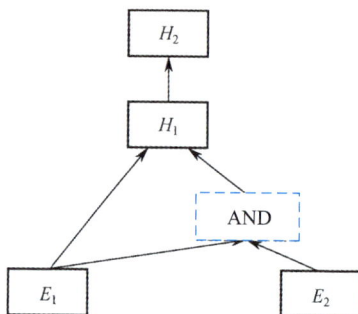

图 5-2　例 5-5 的推理网络

（1）计算 $O(H_1 \mid S_1)$

先把 $P(H_1)$ 更新为 E_1 下的后验概率：

$$P(H_1 \mid E_1) = \frac{\text{LS}_1 \times P(H_1)}{(\text{LS}_1 - 1) \times P(H_1) + 1} = \frac{2 \times 0.091}{(2-1) \times 0.091 + 1} = 0.167$$

由于 $P(E_1 \mid S_1) = 0.76 > P(E_1)$，使用式（5.29），则

$$P(H_1 \mid S_1) = P(H_1) + \frac{P(H_1 \mid E_1) - P(H_1)}{1 - P(E_1)} \times [P(E_1 \mid S_1) - P(E_1)]$$

$$= 0.091 + \frac{0.167 - 0.091}{1 - 0.6} \times (0.76 - 0.6) = 0.121$$

故

$$O(H_1 \mid S_1) = \frac{P(H_1 \mid S_1)}{1 - P(H_1 \mid S_1)} = \frac{0.121}{1 - 0.121} = 0.138$$

（2）计算 $O(H_1 \mid S_2)$

R_2 的前件是 E_1、E_2 的合取关系，且 $P(E_1 \mid S_1) = 0.76$，$P(E_2 \mid S_2) = 0.68$，则 $P(E_2 \mid S_2) < P(E_1 \mid S_1)$。按合取取最小的原则，这里仅考虑 E_2 对 H_1 的影响，即把计算 $P(H_1 \mid S_1 \text{ AND } S_2)$ 的问题转化为计算 $O(H_1 \mid S_2)$ 的问题。

把 H_1 的先验概率 $P(H_1)$ 更新为在 E_2 下的后验概率：

$$P(H_1 \mid E_2) = \frac{\text{LS}_2 \times P(H_1)}{(\text{LS}_2 - 1) \times P(H_1) + 1} = \frac{100 \times 0.091}{(100-1) \times 0.091 + 1} = 0.909$$

又由于 $P(E_2 \mid S_2) = 0.68 > P(E_2)$，使用式（5.29），则

$$P(H_1 \mid S_2) = P(H_1) + \frac{P(H_1 \mid E_2) - P(H_1)}{1 - P(E_2)} \times \left[P(E_2 \mid S_2) - P(E_2) \right]$$

$$= 0.091 + \frac{0.909 - 0.091}{1 - 0.6} \times (0.68 - 0.6)$$

$$= 0.255$$

故

$$O(H_1 \mid S_2) = \frac{P(H_1 \mid S_2)}{1 - P(H_1 \mid S_2)} = \frac{0.255}{1 - 0.255} = 0.342$$

（3）计算 $O(H_1 \mid S_1 S_2)$

先将 H_1 的先验概率转换为先验几率：

$$O(H_1) = \frac{P(H_1)}{1 - P(H_1)} = \frac{0.091}{1 - 0.091} = 0.1$$

再根据合成公式计算 H_1 的后验几率：

$$O(H_1 \mid S_1 S_2) = \frac{O(H_1 \mid S_1)}{O(H_1)} \times \frac{O(H_1 \mid S_2)}{O(H_1)} \times O(H_1) = \frac{0.138}{0.1} \times \frac{0.342}{0.1} \times 0.1 = 0.472$$

然后将后验几率转换为后验概率：

$$P(H_1 \mid S_1 S_2) = \frac{O(H_1 \mid S_1 S_2)}{1 + O(H_1 \mid S_1 S_2)} = \frac{0.472}{1 + 0.472} = 0.321$$

（4）计算 $P(H_2 \mid S_1 S_2)$

对于 R_3，H_1 相当于已知事实，H_2 为结论。将 H_1 的先验概率 $P(H_2)$ 更新为在 H_1 下的后验概率 $P(H_2 \mid H_1)$，由于 $P(H_1 \mid S_1, S_2) = 0.321 > P(H_1)$，仍使用式（5.29）的后半部分，则得到在当前观察 S_1、S_2 下 H_2 的后验概率：

$$P(H_2 \mid H_1) = \frac{LS_3 \times P(H_2)}{(LS_3 - 1) \times P(H_2) + 1} = \frac{200 \times 0.01}{(200 - 1) \times 0.01 + 1} = 0.669$$

$$P(H_2 \mid S_1 S_2) = P(H_2) \times \frac{P(H_2 \mid H_1) - P(H_2)}{1 - P(H_1)} \times [P(H_1 \mid S_1 S_2) - P(H_1)]$$

$$= 0.01 + \frac{0.669 - 0.01}{1 - 0.091} \times (0.321 - 0.091)$$

$$= 0.177$$

可以看出，H_2 的先验概率是 0.01，通过 R_1、R_2、R_3 及初始证据进行推理，最后推出 H_2 的后验概率为 0.177，相当于概率增加至原来的 17 倍多。

5.3.6 主观贝叶斯方法的特点

主观贝叶斯方法的优点如下：在概率论的基础上发展起来，具有较完善的理论基础，且知识的输入转化为对 LS 和 LN 的赋值，这就避免了大量的数据统计工作，是一种比较实用且较灵活的不确定性推理方法。

主观贝叶斯方法的缺点如下：① 要求用大量的概率数据来构造知识库，并且难以对数据进行解释；② 在原始数据具有相互独立性并能提供精确且一致的主观概率数据的情况下，该方法可以令人满意地处理不确定推理，但在实际中，这些概率值很难保持一致性。

5.4 可信度方法

确定性理论（Certainty Theory，CT）是由美国斯坦福大学肖特利夫（E.H. Shortliffe）等人在考察了非概率的和非形式化的推理过程后，于 1975 年提出的一种不确定性推理模型，并于

1976 年首次在血液病诊断专家系统 MYCIN 中得到了成功应用。在确定性理论中，不确定性是用可信度来表示的，因此人们也称其为可信度方法。确定性理论是不确定性推理中非常简单且十分有效的一种推理方法。目前，许多成功的专家系统都基于该方法建立。

5.4.1　可信度的概念

可信度是指人们根据以往的经验对某事物或某现象为真的程度的一个判断，或者是人们对某事物或某现象为真的相信程度。

1. 可信度的定义

定义 5-5　在 CT 模型中，可信度最初定义为信任与不信任的差，即 $CF(H,E)$ 定义为

$$CF(H,E) = MB(H,E) - MD(H,E) \tag{5.32}$$

其中，CT 是由证据 E 得到假设 H 的可信度，也被称为 CF（Certainty Factor，确定性因子）。

MB（Measure Belief）称为信任增长度，表示因为与前提条件 E 匹配的证据的出现，使结论 H 为真的信任的增长程度。$MB(H,E)$ 定义为

$$MB(H,E) = \begin{cases} 1, & P(H) = 1 \\ \dfrac{\max\{P(H \mid E), P(H)\} - P(H)}{1 - P(H)}, & \text{其他} \end{cases} \tag{5.33}$$

MD（Measure Disbelief）称为不信任增长度，表示因为与前提条件 E 匹配的证据的出现，对结论 H 的不信任的增长程度。$MD(H,E)$ 定义为

$$MD(H,E) = \begin{cases} 1, & P(H) = 0 \\ \dfrac{\min\{P(H \mid E), P(H)\} - P(H)}{-P(H)}, & \text{其他} \end{cases} \tag{5.34}$$

其中，$P(H)$ 表示 H 的先验概率；$P(H \mid E)$ 表示在前提条件 E 对应的证据出现的情况下结论 H 的条件概率（后验概率）。

由 MB 和 MD 的定义可以得出如下结论：

❖ 当 $MB(H,E) > 0$ 时，有 $P(H \mid E) > P(H)$，这说明由于 E 对应的证据的出现增加了 H 的信任程度，但不信任程度没有变化。

❖ 当 $MD(H,E) > 0$ 时，有 $P(H \mid E) < P(H)$，这说明由于 E 对应的证据的出现增加了 H 的不信任程度，而不改变对其信任的程度。

根据前面对 $CF(H,E)$、$MB(H,E)$、$MD(H,E)$ 的定义，可得到 $CF(H,E)$ 的计算公式

$$CF(H,E) = \begin{cases} MB(H,E) - 0 = \dfrac{P(H \mid E) - P(H)}{1 - P(H)}, & P(H \mid E) > P(H) \\ 0, & P(H \mid E) = P(H) \\ 0 - MD(H,E) = -\dfrac{P(H) - P(H \mid E)}{P(H)}, & P(H \mid E) < P(H) \end{cases} \tag{5.35}$$

从上式可知：

❖ 若 $CF(H,E) > 0$，则 $P(H \mid E) > P(H)$。这说明：由于前提条件 E 对应证据的出现增加了 H 为真的概率，即增加了 H 的可信度；$CF(H,E)$ 的值越大，增加 H 为真的可信度就越大。

❖ 若$CF(H,E)<0$，则$P(H|E)<P(H)$。这说明：由于前提条件 E 对应证据的出现减少了 H 为真的概率，即增加了 H 为假的可信度；$CF(H,E)$ 的值越小，增加 H 为假的可信度就越大。

2．可信度的性质

根据以上 CF、MB、MD 的定义，可得到它们的性质如下。

① 互斥性。同一证据不可能既增加对 H 的信任程度，又增加对 H 的不信任程度，这说明 MB 与 MD 是互斥的，即有如下互斥性：

❖ 当$MB(H,E)>0$时，$MD(H,E)=0$。

❖ 当$MD(H,E)>0$时，$MB(H,E)=0$。

② 值域：$0\leqslant MB(H,E)\leqslant 1$，$0\leqslant MD(H,E)\leqslant 1$，$-1\leqslant CF(H,E)\leqslant 1$。

③ 典型值：

❖ 当$CF(H,E)=1$时，有 $P(H|E)=1$，说明由于 E 对应证据的出现使 H 为真，此时 $MB(H,E)=1$，$MD(H,E)=0$。

❖ 当$CF(H,E)=-1$时，有 $P(H|E)=0$，说明由于 E 对应证据的出现使 H 为假，此时 $MB(H,E)=0$，$MD(H,E)=1$。

❖ 当$CF(H,E)=0$时，有 $P(H|E)=P(H)$，表示 H 与 E 独立，即 E 对应的证据的出现对 H 没有影响。

④ 对 H 的信任增长度等于非 H 的不信任增长度。根据 MB、MD 的定义及概率的性质，有

$$MD(\neg H,E)=\frac{P(\neg H|E)-P(\neg H)}{-P(\neg H)}=\frac{(1-P(H|E))-(1-P(H))}{-(1-P(H))}$$

$$=\frac{-P(H|E)+P(H)}{-(1-P(H))}=MB(H,E)$$

⑤ 对 H 的可信度与对非 H 的可信度之和等于0。根据 CF 的定义及 MB、MD 的互斥性，有

$$CF(H,E)+CF(\neg H,E)=(MB(H,E)-MD(H,E))+(MB(\neg H,E)-MD(\neg H,E))$$
$$=(MB(H,E)-0)+(0-MD(\neg H,E))$$
$$=MB(H,E)-MD(\neg H,E)$$
$$=0$$

⑥ 可信度不是概率。对于概率，有 $P(H)+P(\neg H)=1$，且 $0\leqslant P(H),P(\neg H)\leqslant 1$，而可信度不满足此条件。

⑦ 对同一前提 E，若支持若干不同的结论 H_i（$i=1,2,\cdots,n$），则

$$\sum_{i=1}^{n}CF(H_i,E)\leqslant 1$$

因此，如果发现专家给出的知识有如下情况：$CF(H_1,E)=0.7$，$CF(H_2,E)=0.4$，那么因为 $0.7+0.4=1.1>1$ 非法，所以应进行调整或规范化。

实际应用中，$P(H)$ 和 $P(H|E)$ 的值是很难获得的，因此$CF(H,E)$ 的值应由领域专家给出，原则为：若相应证据的出现会增加 H 为真的可信度，则$CF(H,E)>0$，证据的出现对 H 为真

的支持程度越高，则 $CF(H,E)$ 的值越大；若证据的出现减少 H 为真的可信度，则 $CF(H,E)<0$，证据的出现对 H 为假的支持程度越高，则 $CF(H,E)$ 的值越小；若相应证据的出现与 H 无关，则 $CF(H,E)=0$。

5.4.2 规则不确定性的表示

确定性因子（Certainty Factor，CF）模型是肖特利夫等人在开发细菌感染疾病诊断专家系统 MYCIN 中提出的一种不确定性推理模型，是基于确定性理论、结合概率论和模糊集合论等方法提出的一种推理方法。

在 CF 模型中，规则用产生式规则表示：

$$\text{IF } E \text{ THEN } H \text{ } (CF(H,E)) \tag{5.36}$$

其中，E 是规则的前提条件；H 是规则的结论；$CF(H,E)$ 是规则的可信度，也称为规则强度，它描述的是知识的静态强度。

$CF(H,E)$ 取值范围是 $[-1,1]$，其值表示当证据 E 为真时，该证据对结论 H 为真的支持程度，$CF(H,E)$ 的值越大，说明 E 对结论 H 为真的支持程度越大。

5.4.3 证据不确定性的表示

在 CF 模型中，证据 E 的不确定性也用可信度因子 $CF(E)$ 来表示，其取值范围同样是 $[-1,1]$，其典型值为：① 当证据 E 肯定为真时，$CF(E)=1$；② 当证据 E 肯定为假时，$CF(E)=-1$；③ 当对证据 E 一无所知时，$CF(E)=0$。

证据可信度的来源有以下两种情况：如果是初始证据，那么其可信度是由提供证据的用户给出的；如果是先前推出的中间结论又作为当前推理的证据，那么其可信度是原来在推出该结论时由不确定性的更新算法计算得到的。

$CF(E)$ 描述的是证据的动态强度。尽管它与知识的静态强度在表示方法上类似，但二者的含义完全不同。知识的静态强度 $CF(H,E)$ 表示的是规则的强度，即当 E 对应的证据为真时对 H 的影响程度，而知识的动态强度 $CF(E)$ 表示的是证据 E 当前的不确定性程度。

5.4.4 组合证据不确定性的计算

对证据的组合形式可分为合取和析取两种基本情况。

当组合证据是多个单一证据的合取时，即 $E = E_1 \text{ AND } E_2 \text{ AND } \cdots \text{ AND } E_n$ 时，若已知 $CF(E_1),CF(E_2),\cdots,CF(E_n)$，则

$$CF(E) = \min\{CF(E_1),CF(E_2),\cdots,CF(E_n)\} \tag{5.37}$$

当组合证据是多个单一证据的析取时，即 $E = E_1 \text{ OR } E_2 \text{ OR } \cdots \text{ OR } E_n$ 时，若已知 $CF(E_1),CF(E_2),\cdots,CF(E_n)$，则

$$CF(E) = \max\{CF(E_1),CF(E_2),\cdots,CF(E_n)\} \tag{5.38}$$

对于"非"运算，设 E 为证据，则该证据的否定记为 $\neg E$，若已知 E 的可信度为 $CF(E)$，

则

$$CF(\neg E) = \neg CF(E) \qquad (5.39)$$

5.4.5 不确定性的推理

CF 模型中的不确定性推理实际上是从不确定性的初始证据出发，不断运用相关的不确定性规则，逐步推出最终结论和该结论的可信度的过程，而每次运用不确定性知识都需要由证据的不确定性和规则的不确定性去计算结论的不确定性。

① 证据肯定存在即 $CF(E) = 1$ 时，则

$$CF(H) = CF(H, E)$$

这说明，规则强度 $CF(H, E)$ 实际上就是在前提条件对应的证据为真时结论 H 的可信度。

② 证据不是肯定存在即 $CF(E) \neq 1$ 时，则

$$CF(H) = CF(H, E) \times \max\{0, CF(E)\} \qquad (5.40)$$

可以看出，若 $CF(E) < 0$，即相应证据以某种程度为假，则 $CF(H) = 0$。这说明在该模型中没有考虑证据为假时对结论 H 所产生的影响。

5.4.6 结论不确定性的合成

证据是多个条件组合的情况，即：如果有两条规则推出一个相同结论，并且这两条规则的前提相互独立，结论的可信度又不相同，那么可以用不确定性的合成算法求出该结论的综合可信度。

设有如下规则：

$$\text{IF } E_1 \ \text{ THEN } H \ (CF(H, E_1))$$
$$\text{IF } E_2 \ \text{ THEN } H \ (CF(H, E_2))$$

则结论 H 的综合可信度可分以下两步计算。

（1）分别对每条规则求出其 $CF(H)$，即

$$CF_1(H) = CF(H, E_1) \times \max\{0, CF(E_1)\}$$
$$CF_2(H) = CF(H, E_2) \times \max\{0, CF(E_2)\}$$

（2）求 E_1 与 E_2 对 H 的综合可信度，即

$$CF(H) = \begin{cases} CF_1(H) + CF_2(H) - CF_1(H) \times CF_2(H), & CF_1(H) \geqslant 0 \text{且} CF_2(H) \geqslant 0 \\ CF_1(H) + CF_2(H) + CF_1(H) \times CF_2(H), & CF_1(H) < 0 \text{且} CF_2(H) < 0 \\ CF_1(H) + CF_2(H), & CF_1(H) \text{与} CF_2(H) \text{异号} \end{cases}$$

在后来基于 MYCIN 基础上形成的 EMYCIN 中，对上式进行如下修改。如果 $CF_1(H)$ 与 $CF_2(H)$ 异号，那么

$$CF(H) = \frac{CF_1(H) + CF_2(H)}{1 - \min\{|CF_1(H)|, |CF_2(H)|\}} \qquad (5.41)$$

其他情况不变。

如果可由多条知识推出同一个结论，并且这些规则的前提相互独立，结论的可信度又不相同，就可以将上述合成过程推广应用到多条规则支持同一条结论，且规则前提可以包含多个证

据的情况。这时合成过程是先把第一条与第二条合成，再用合成后的结论与第三条合成，依次进行，直到全部合成完为止。

例 5-6 已知：

$$R_1 : \text{IF } E_1 \text{ THEN } H_1 \ (0.8)$$

$$R_2 : \text{IF } E_2 \text{ THEN } H_1 \ (0.5)$$

$$R_3 : \text{IF } E_3 \ AND \ H_1 \text{ THEN } H_2 \ (0.8)$$

且已知初始可信度 $\text{CF}(E_1) = \text{CF}(E_2) = \text{CF}(E_3) = 1$，求 $\text{CF}(H_1)$ 和 $\text{CF}(H_2)$。

解

（1）对知识 R_1 和 R_2，分别计算可信度：

$$\text{CF}_1(H_1) = \text{CF}(H_1, E_1) \times \max\{0, \text{CF}(E_1)\} = 0.8 \times \max\{0,1\} = 0.8$$

$$\text{CF}_2(H_1) = \text{CF}(H_1, E_2) \times \max\{0, \text{CF}(E_2)\} = 0.5 \times \max\{0,1\} = 0.5$$

（2）利用合成算法，计算 H_1 的综合可信度：

$$\text{CF}_{1,2}(H_1) = \text{CF}_1(H_1) + \text{CF}_2(H_1) - \text{CF}_1(H_1) \times \text{CF}_2(H_1)$$

$$= 0.8 + 0.5 - 0.8 \times 0.5 = 0.9$$

（3）计算 H_2 的可信度。这时 H_1 作为 H_2 的证据，其可信度已由前面计算，即 $\text{CF}(H_1) = 0.9$，又 $\text{CF}(E_3) = 1$，故

$$\text{CF}(H_2) = \text{CF}(H_2, E_3 \ AND \ H_1) \times \max\{0, \text{CF}(E_3 \ AND \ H_1)\}$$

$$= 0.8 \times \max\{0, 0.9\} = 0.72$$

例 5-7 设有如下一组规则：

$$R_1 : \text{IF } E_1 \text{ THEN } H \ (0.9)$$

$$R_2 : \text{IF } E_2 \text{ THEN } H \ (0.6)$$

$$R_3 : \text{IF } E_3 \text{ THEN } H \ (-0.5)$$

$$R_4 : \text{IF } E_4 \ AND \ (E_5 \ OR \ E_6) \text{ THEN } E_1 \ (0.8)$$

已知：$\text{CF}(E_2) = 0.8$，$\text{CF}(E_3) = 0.6$，$\text{CF}(E_4) = 0.5$，$\text{CF}(E_5) = 0.6$，$\text{CF}(E_6) = 0.8$，求 H 的综合可信度 $\text{CF}(H)$。

解 由 R_4 得到：

$$\text{CF}(E_1) = 0.8 \times \max\{0, \text{CF}(E_4 \ AND \ (E_5 \ OR \ E_6))\}$$

$$= 0.8 \times \max\{0, \min\{\text{CF}(E_4), \text{CF}(E_5 \ OR \ E_6)\}\}$$

$$= 0.8 \times \max\{0, \min\{\text{CF}(E_4), \max\{\text{CF}(E_5), \text{CF}(E_6)\}\}\}$$

$$= 0.8 \times \max\{0, \min\{0.5, 0.8\}\}$$

$$= 0.8 \times \max\{0, 0.5\}$$

$$= 0.4$$

由 R_1 得到：

$$\text{CF}_1(H) = \text{CF}(H, E_1) \times \max\{0, \text{CF}(E_1)\}$$

$$= 0.9 \times \max\{0, 0.4\}$$

$$= 0.36$$

由 R_2 得到：

$$CF_2(H) = CF(H, E_2) \times \max\{0, CF(E_2)\}$$
$$= 0.6 \times \max\{0, 0.8\}$$
$$= 0.48$$

由 R_3 得到：
$$CF_3(H) = CF(H, E_3) \times \max\{0, CF(E_3)\}$$
$$= -0.5 \times \max\{0, 0.6\}$$
$$= -0.3$$

根据结论不确定性的合成算法，得到：
$$CF_{1,2}(H) = CF_1(H) + CF_2(H) - CF_1(H) \times CF_2(H)$$
$$= 0.36 + 0.48 - 0.36 \times 0.48$$
$$= 0.67$$

$$CF_{1,2,3}(H) = \frac{CF_{1,2}(H) + CF_3(H)}{1 - \min\{|CF_{1,2}(H)|, |CF_3(H)|\}}$$
$$= \frac{0.67 - 0.3}{1 - \min\{0.67, 0.3\}} = \frac{0.37}{0.7}$$
$$= 0.53$$

这就是所求的综合可信度，即 $CF(H) = 0.53$。

5.4.7　可信度方法的扩展

1．带有阈值限度的不确定性推理

带有阈值的不确定推理是在 CF 模型的基础上提出的更具有一般性的处理方法。其主要思想是给规则的使用设定一定的门限，当规则的可信度大于这个门限时，可以使用这条规则，规则的可信度小于这个门限时不使用这条规则。这种方法在实际应用中可以提高推理的效率。

1）知识不确定性的表示

在带有阈值限度的不确定性推理中，规则的主体和可信度的推理表示相同，形式表示为
$$\text{IF } E \text{ THEN } H \ (CF(H,E), \lambda)$$

其中：

① E 可以是一个证据，也可以是多个证据的合取和析取。

② $CF(H, E)$ 是规则的可信度，指出规则为真的可信程度，取值范围为 $0 < CF(H, E) < 1$。

③ λ 为规则的阈值，对规则的强度规定了一个门限，只有当规则的相应证据 e 的可信度 $CF(H, E) \geqslant \lambda$ 时，该规则才有可能被使用，λ 的取值范围为 $0 < \lambda \leqslant 1$。使用规则的阈值可以减少一些不必要的匹配和计算，如果在决策支持系统推理中使用该方法，将大大提高系统的运行效率。

2）证据不确定性的表示

证据可信度的取值范围也有改变，即 $0 \leqslant CF(H, E) \leqslant 1$。当 $CF(H, E) = 0$ 时，表示该证据可信度无法得知。

3）组合证据的不确定计算

证据组合的不确定计算与可信度的不确定计算 CF 模型一样，多个证据的合取组合的可信

度为多个证据可信度的极小值，多个证据的析取组合的可信度为多个证据可信度的极大值。计算多个证据的合取组合和析取组合的可信度为

$$\mathrm{CF}(E_1 \wedge E_2 \wedge \cdots \wedge E_n) = \min\{\mathrm{CF}(E_1), \mathrm{CF}(E_2), \cdots, \mathrm{CF}(E_n)\}$$

$$\mathrm{CF}(E_1 \vee E_2 \vee \cdots \vee E_n) = \max\{\mathrm{CF}(E_1), \mathrm{CF}(E_2), \cdots, \mathrm{CF}(E_n)\} \tag{5.42}$$

4）不确定性的传递算法

当 $\mathrm{CF}(E) \geq 0$ 时，结论 H 的可信度 $\mathrm{CF}(H)$ 为

$$\mathrm{CF}(H) = \mathrm{CF}(H, E) \times \mathrm{CF}(E) \tag{5.43}$$

由于 $\mathrm{CF}(E) \geq 0$，因此用 $\mathrm{CF}(E)$ 与 $\mathrm{CF}(H, E)$ "相乘"，而不是 $\max\{0, \mathrm{CF}(E)\}$；并且这里的"×"既可为"相乘"运算，也可为"取极小"或其他运算，要按实际情况定。

5）结论不确定的合成算法

设有多条规则有相同的结论，即

$$\begin{array}{lllll}
\mathrm{IF} & E_1 & \mathrm{THEN} & H & (\mathrm{CF}(H, E_1), \lambda_1) \\
\mathrm{IF} & E_2 & \mathrm{THEN} & H & (\mathrm{CF}(H, E_2), \lambda_2) \\
& & \vdots & & \\
\mathrm{IF} & E_n & \mathrm{THEN} & H & (\mathrm{CF}(H, E_n), \lambda_n)
\end{array} \tag{5.44}$$

首先，判断规则是否满足：$\mathrm{CF}(E_i) \geq \lambda_i$（$i = 1, 2, \cdots, n$）。然后对满足门限的规则进行计算，分别对每条规则求出结论可信度 $\mathrm{CF}_i(H)$，定义：

$$\mathrm{CF}_i(H) = \mathrm{CF}(H, E_i) \times \mathrm{CF}(E_i) \tag{5.45}$$

然后，选择下述方法中的一种方法求出结论 H 的可信度 $\mathrm{CF}(H)$。

① 求极大值法：对 n 个 $\mathrm{CF}_i(H)$ 取极大，即

$$\mathrm{CF}(H) = \max\{\mathrm{CF}_1(H), \mathrm{CF}_2(H), \cdots, \mathrm{CF}_n(H)\} \tag{5.46}$$

② 加权求和法：用下式计算 $\mathrm{CF}(H)$

$$\mathrm{CF}(H) = \frac{1}{\displaystyle\sum_{i=1}^{n} \mathrm{CF}(H, E_i)} \sum_{i=1}^{n} \mathrm{CF}(H, E_i) \times \mathrm{CF}(E_i) \tag{5.47}$$

③ 有限和法：对 n 个 $\mathrm{CF}_i(H)$ 用下式计算 $\mathrm{CF}(H)$

$$\mathrm{CF}(H) = \min\left\{\sum_{i=1}^{n} \mathrm{CF}_i(H), 1\right\} \tag{5.48}$$

④ 递推计算法：从 $\mathrm{CF}_1(H)$ 开始，按知识被应用的顺序逐步进行递推，可用以下公式表示：

$$C_k = \begin{cases} \mathrm{CF}(H, E_1) \times \mathrm{CF}(E_1), & k = 1 \\ C_{k-1} + (1 - C_{k-1}) \times \mathrm{CF}(H, E_k) \times \mathrm{CF}(E_k), & k > 1 \end{cases}$$

当 $k = n$ 时，C_k 就是综合可信度 $\mathrm{CF}(H)$。

6）顺序规则的不确定计算

判断规则是否满足：$\mathrm{CF}(E_i) \geq \lambda_i$。

假设有如下两条规则：

$$\mathrm{IF}\, E_1\, \mathrm{THEN}\, E_2 \quad (\mathrm{CF}(E_2, E_1), \lambda_1)$$

$$\mathrm{IF}\, E_2\, \mathrm{THEN}\, H \quad (\mathrm{CF}(H, E_2), \lambda_2)$$

若 $\mathrm{CF}(E_1) \geq \lambda_1$，且第一条规则满足门限被使用，则 E_2 的可信度为

$$\mathrm{CF}(E_2) = \mathrm{CF}(E_2, E_1) \times \mathrm{CF}(E_1) \tag{5.49}$$

若 $CF(E_2) \geqslant \lambda_2$ ，且第一条规则满足门限被使用，则结论 H 的可信度为

$$CF(H) = CF(H, E_2) \times CF(E_2) = CF(H, E_2) \times CF(E_2, E_1) \times CF(E_1) \qquad (5.50)$$

2．加权的不确定性推理

当知识的前提条件 E 符合条件 $E = E_1 \text{ AND } E_2 \text{ AND } \cdots E_n$ 时，前面讨论的方法都默认要求 $E_1, E_2, \cdots, E_n$ 是彼此独立的，但现实情况不是这样的。例如：

  IF 天气预报说有寒流来到本地 AND 气温急剧下降 AND 你感到有些冷

  THEN 你应多穿衣服

这里各子条件之间存在着依赖关系，如"气温急剧下降"依赖于"天气预报说有寒流来到本地"。另外，各子条件也不是平等的。也就是说，各子条件对结论的"贡献"（支持程度）是不同的。例如：

  IF 该论文有创见 AND 文字通顺流畅 AND 书写清楚规范

  THEN 该论文可发表

这里"该论文有创见"比"文字通顺流畅"和"书写清楚规范"重要得多。

为了解决上述两个问题，我们可以在前提条件中代入加权因子，使不同的子问题具有不同的"权"，代表该子条件的重要性或独立性。

（1）知识不确定性的表示

  IF $E_1(W_1) \text{ AND } E_2(W_2) \text{ AND } \cdots \text{ AND } E_n(W_n)$

  THEN $H(CF(H, E), \lambda)$

其中，W_i（$i = 1, 2, \cdots, n$）是加权因子；λ 是阈值，均由领域专家给出。

某子条件对结论成立的重要性越大，其权值应该相应增大；某子条件具有较大的独立性，而其他子条件对它有依赖关系，则该子条件应该具有较大的权值。另外，权值应该满足以下条件（归一条件）：

$$\sum_{i=1}^{n} W_i = 1 \quad (0 \leqslant W_i \leqslant 1 \quad i = 1, 2, \cdots, n) \qquad (5.51)$$

（2）组合证据不确定性的算法

$$CF(E) = \sum_{i=1}^{n} W_i \times CF(E_i) \qquad (5.52)$$

不是用 $\min\{CF(E_i)\}$（$i = 1, 2, \cdots, n$）计算。当 W_i 不满足归一条件时，即

$$\sum_{i=1}^{n} W_i \neq 1 \qquad (5.53)$$

则

$$CF(E) = \frac{1}{\displaystyle\sum_{i=1}^{n} W_i} \sum_{i=1}^{n} (W_i \times CF(E_i)) \qquad (5.54)$$

问题：如果换成 OR 连接的情况，那么该如何计算？

（3）不确定性的传递算法

只要一条知识的 $CF(E)$ 满足 $CF(E_i) \geqslant \lambda_i$ 时，该知识就可以被应用。传递公式为

$$CF(H) = CF(H, E) \times CF(E) \qquad (5.55)$$

（4）加权因子不仅解决了证据的重要性、独立性问题，还解决了证据不完全和冲突消解问题。

① 证据不完全性问题。

先举一个例子：

IF 该动物有蹄（0.3） —— E_1

AND 该动物有长腿（0.2） —— E_2

AND 该动物有长颈（0.2） —— E_3

AND 该动物是黄褐色（0.13） —— E_4

AND 该动物身上有暗黑色斑点（0.13） —— E_5

AND 该动物的体重在 200 kg 以上（0.04） —— E_6

THEN 该动物是长颈鹿（0.95，0.8） —— H

如果有一位小朋友在动物园看到一种动物后，提供了以下证据：

该动物有蹄，其可信度 $CF(E_1)=1$

该动物有长腿，其可信度 $CF(E_2)=1$

该动物有长颈，其可信度 $CF(E_3)=1$

该动物是黄褐色，其可信度 $CF(E_4)=0.8$

该动物身上有暗黑色斑点，其可信度 $CF(E_5)=0.6$

那么，该动物是什么动物？

显然，小朋友提供的证据少了"该动物的体重在 200 kg 以上"这个条件。如果按不带加权因子的不确定性推理来计算是不行的。因为

$$CF(E_1 \ AND \ E_2 \ AND \ E_3 \ AND \ E_4 \ AND \ E_5 \ AND \ E_6)$$
$$= \min\{CF(E_1), CF(E_2), CF(E_3), CF(E_4), CF(E_5), CF(E_6))\}$$
$$= 0 \qquad (\because CF(CF(E_1)=0)$$

所以该知识不能应用。但对于加权不确定性推理来说，它就有可能被应用，因为应用与否取决于是否满足 $CF(E) \geq \lambda$。这里

$$CF(E) = \sum_{i=1}^{n} W_1 \times CF(E_i)$$
$$= 0.3 \times 1 + 0.2 \times 1 + 0.2 \times 1 + 0.13 \times 0.8 + 0.13 \times 0.6$$
$$= 0.882$$

因为 $\lambda = 0.8$，所以该知识能被应用，并推出结论 H "该动物是长颈鹿"的可信度

$$CF(H) = CF(H, E) \times CF(E) = 0.95 \times 0.882 \approx 0.84$$

由此可见，虽然有些证据没有被提供，但如果它的重要性不大（权值小），那么需要用它的知识也有可能被应用并推出结论，只要组合证据的可信度大于或等于 λ 即可。

② 冲突消解。

当有两条或以上知识应用并推出不同的结论且均满足 $CF(E) \geq \lambda$ 时，就会出现冲突。

对此，若

$$\max\{CF(E_1), CF(E_2), \cdots, CF(E_k), \cdots, CF(E_n)\} = CF(E_k)$$

则先用 $CF(E_k)$ 对应的知识，再用值次大的，以此类推。（注意：$CF(E_i)$ 表示第 i 条知识的组合证据的可信度。）

例 5-8 设有如下一组规则：

$$R_1 : \text{IF } E_1(0.6) \text{ AND } E_2(0.4) \quad \text{THEN } E_6(0.8, 0.75)$$

$$R_2 : \text{IF } E_3(0.5) \text{ AND } E_4(0.3) \text{ AND } E_5(0.2) \quad \text{THEN } E_7(0.7, 0.6)$$

$$R_3 : \text{IF } E_6(0.7) \text{ AND } E_7(0.3) \quad \text{THEN } H(0.75, 0.6)$$

已知

$$\text{CF}(E_1) = 0.9 \quad \text{CF}(E_2) = 0.8 \quad \text{CF}(E_3) = 0.7 \quad \text{CF}(E_4) = 0.6 \quad \text{CF}(E_5) = 0.5$$

求 $\text{CF}(H)$。

解 由 R_1 得:

$$\begin{aligned}
\text{CF}(E_1(0.6) \text{ AND } E_2(0.4)) &= W_1 \times \text{CF}(E_1) + W_2 \times \text{CF}(E_2) \\
&= 0.6 \times 0.9 + 0.4 \times 0.8 \\
&= 0.86
\end{aligned}$$

因为 $\lambda_1 = 0.75$,所以 R_1 具备了可被应用的条件。

由 R_2 得:

$$\begin{aligned}
\text{CF}(E_3(0.5) \text{ AND } E_4(0.3) \text{ AND } E_5(0.2)) &= W_3 \times \text{CF}(E_3) + W_4 \times \text{CF}(E_4) + W_5 \times \text{CF}(E_5) \\
&= 0.5 \times 0.7 + 0.3 \times 0.6 + 0.2 \times 0.5 \\
&= 0.63
\end{aligned}$$

因为 $\lambda_2 = 0.6$,所以 R_2 也具备了可被应用的条件。

又

$$\text{CF}(E_1(0.6) \text{ AND } E_2(0.4)) > \text{CF}(E_3(0.5) \text{ AND } E_4(0.3) \text{ AND } E_5(0.2))$$

所以 R_1 先被应用,然后才能应用 R_2。

由 R_1 得:

$$\text{CF}(E_6) = 0.8 \times 0.86 = 0.69$$

由 R_2 得:

$$\text{CF}(E_7) = 0.7 \times 0.63 = 0.44$$

由 R_3 得:

$$\begin{aligned}
\text{CF}(E_6(0.7) \text{ AND } E_7(0.3)) &= W_6 \times \text{CF}(E_6) + W_7 \times \text{CF}(E_7) \\
&= 0.7 \times 0.69 + 0.3 \times 0.44 \\
&= 0.483 + 0.132 \\
&= 0.615
\end{aligned}$$

因为

$$\text{CF}(E_6(0.7) \text{ AND } E_7(0.3)) > \lambda_3$$

所以,R_3 可被应用,得

$$\text{CF}(H) = 0.75 \times 0.615 = 0.46$$

问题: ① 什么时候知识应用分先后? ② 上例中,R_1 和 R_2 应用的先后顺序并不影响推理过程和结论。

解决:

① 对同一个问题应用不同的知识推出不一样的结论、产生冲突时,此时知识应用就分先后;如果推出的结论一样,就可用前面介绍的方法合成各结论的可信度。

② 上例中,R_1 和 R_2 分别推出的 E_6 和 E_7 在 R_3 中作为证据的地位是平等的,所以分不分先后并不影响结论。上题改成如下形式,就能体现出知识应用分先后的重要性了:

$$R_1 : \text{IF } E_1(0.6) \text{ AND } E_2(0.4) \text{ THEN } E_6(0.8, 0.75)$$
$$R_2 : \text{IF } E_3(0.5) \text{ AND } E_4(0.3) \text{ AND } E_5(0.2) \text{ THEN } E_6(0.8, 0.75)$$
$$R_3 : \text{IF } E_6(0.7) \text{ AND } E_8(0.4) \text{ THEN } H_1(0.75, 0.6)$$
$$R_4 : \text{IF } E_7(0.6) \text{ AND } E_9(0.4) \text{ THEN } H_2(0.8, 0.65)$$

可以看出，由于 E_6 和 E_7 分别推出的结论不一样，因此先后启用的顺序就显得很重要。如果推出的结论一样，启用的顺序就不重要了，只需最后进行结论的合成运算。

3．前提条件中带有可信度因子的不确定性推理

前述方法的一个共同特点是，它们都没有为前提条件 E 或其子条件指出所需的可信度值，都是在前提条件 E 为真的前提下为 $CF(H, E)$ 取值的。实际应用中，有时这样做不能准确地反映领域专家的知识。为此，有些专家系统提出了在前提条件中设置可信度的方法。

（1）知识不确定性的表示

$$\text{IF } E_1(\text{CF}_1) \text{ AND } E_2(\text{CF}_2) \text{ AND } \cdots \text{ AND } E_n(\text{CF}_n)$$
$$\text{THEN } H(\text{CF}(H, E), \lambda)$$

或者

$$\text{IF } E_1(\text{CF}_1, W_1) \text{ AND } E_2(\text{CF}_2, W_2) \text{ AND } \cdots \text{ AND } E_n(\text{CF}_n, W_n)$$
$$\text{THEN } H(\text{CF}(H, E), \lambda)$$

其中：

① 前一种是不带加权因子的表示形式，后一种是带加权因子的表示形式。

② CF_i（$i = 1, 2, \cdots, n$）是对于条件 E_i 指出的可信度，表示当子条件 E_i 对应的证据存在且具有 CF_i 大小的可信度时，结论 H 具有可信度 $\text{CF}(H, E)$。CF_i 在[0,1]上取值，其值由领域专家给出。

③ W_i 是子条件 E_i 的权值，在[0,1]上取值且应满足 $\sum_{i=1}^{n} W_i = 1$。W_i 的值由领域专家给出。

④ $\text{CF}(H, E)$ 和 λ 分别为知识的静态强度、权值，其值由领域专家给出。

（2）证据不确定性的表示。与前面的方法类似，证据 E_i 的可信度记为 CF_i'。

（3）不确定性匹配算法。前面讨论的不确定性推理方法中都没有明确提出不确定性匹配问题，因为这些方法在推理时都是以证据的可信度作为相应条件的可信度的，一条知识是否可用于当前的推理，关键因素是其前提条件所要求的证据是否已经出现。前面的方法虽然要对符合证据的可信度进行判断，看其是否满足阈值条件，从而决定相应的知识是否可以被应用，并没有看每个证据对每个子条件是否匹配。（其实是不需要的，实质上 $\text{CF}_i = 1$。）

在介绍基本概念时已指出，当知识的前提条件与相应的证据不完全一致时，需要用相应的不确定性匹配算法检查两者相似的程度是否落在阈值指定的限度内。如果落在阈值指定的限度内，就认为它们是可匹配的，相应的知识可被应用；否则，就认为它们是不可匹配的，相应知识不可用于当前的推理中。在目前讨论的方法中，由于知识中为各子条件指出的可信度 CF_i 与相应证据实际具有的可信度 CF_i' 不一定完全一致，因此需要用不确定性匹配算法确定它们是否可以匹配。

① 不带加权因子的匹配算法：

$$\text{IF } E_1(\text{CF}_1) \text{ AND } E_2(\text{CF}_2) \text{ AND } \cdots \text{ AND } E_n(\text{CF}_n)$$

$$\text{THEN } H(\mathrm{CF}(H,E),\lambda)$$

有如下证据存在：

$$E_1(\mathrm{CF}_1'), E_2(\mathrm{CF}_2'), \cdots, E_n(\mathrm{CF}_n') \tag{5.56}$$

其中，CF_i' 是证据的 E_i 的可信度，则不确定性匹配算法为

$$\max\{0, \mathrm{CF}_1 - \mathrm{CF}_1'\} + \max\{0, \mathrm{CF}_2 - \mathrm{CF}_2'\} + \cdots + \max\{0, \mathrm{CF}_n - \mathrm{CF}_n'\} \leqslant \lambda \tag{5.57}$$

这里的相加运算"+"可改为取极大运算"∨"，应用时可根据实际情况确定。

② 带加权因子的匹配算法：

$$\text{IF } E_1(\mathrm{CF}_1, w_1) \text{ AND } E_2(\mathrm{CF}_2, w_2) \text{ AND } \cdots \text{ AND } E_n(\mathrm{CF}_n, w_n)$$
$$\text{THEN } H(\mathrm{CF}(H,E),\lambda)$$

有证据 $E_1(\mathrm{CF}_1'), E_2(\mathrm{CF}_2'), \cdots, E_n(\mathrm{CF}_n')$ 存在，则匹配算法为

$$(W_1 \times \max\{0, \mathrm{CF}_1 - \mathrm{CF}_1'\}) + (W_2 \times \max\{0, \mathrm{CF}_2 - \mathrm{CF}_2'\}) + \cdots + (W_n \times \max\{0, \mathrm{CF}_n - \mathrm{CF}_n'\}) \leqslant \lambda \tag{5.58}$$

这里的相加运算"+"可根据实际需要改为取极大"∨"运算。

由上面列出的匹配算法可以看出：当证据 E_i 的可信度 CF_i' 大于或等于相应子条件的可信度 CF_i 即 $\mathrm{CF}_i' \geqslant \mathrm{CF}_i$ 时，均有

$$\max\{0, \mathrm{CF}_1 - \mathrm{CF}_1'\} + \max\{0, \mathrm{CF}_2 - \mathrm{CF}_2'\} + \cdots + \max\{0, \mathrm{CF}_n - \mathrm{CF}_n'\} = 0$$
$$(W_1 \times \max\{0, \mathrm{CF}_1 - \mathrm{CF}_1'\}) + (W_2 \times \max\{0, \mathrm{CF}_2 - \mathrm{CF}_2'\}) + \cdots + (W_n \times \max\{0, \mathrm{CF}_n - \mathrm{CF}_n'\}) = 0 \tag{5.59}$$

它们都满足"小于或等于 λ"的条件，所以知识的前提条件可与相应的根据相匹配。至于 CF_i' 小于 CF_i 或部分小于的情况，究竟能否匹配，这取决于对 λ 的取值，还要对上述两种算法进行计算才能决定。

（4）不确定性的传递算法。

① 不带加权因子的算法。在进行匹配算法成功后，用下式计算：

$$\mathrm{CF}(H) = [(1 - \max\{0, \mathrm{CF}_1 - \mathrm{CF}_1'\}) \times (1 - \max\{0, \mathrm{CF}_2 - \mathrm{CF}_2'\}) \times \cdots \times$$
$$(1 - \max\{0, \mathrm{CF}_n - \mathrm{CF}_n'\})] \times \mathrm{CF}(H,E) \tag{5.60}$$

可以看出：当 $\mathrm{CF}_i' \geqslant \mathrm{CF}_i$ 时，有 $\mathrm{CF}(H) = \mathrm{CF}(H,E)$。

② 带加权因子的算法：

$$\mathrm{CF}(H) = [(W_1 \times (1 - \max\{0, \mathrm{CF}_1 - \mathrm{CF}_1'\})) \times (W_2 \times (1 - \max\{0, \mathrm{CF}_2 - \mathrm{CF}_2'\})) \times \cdots \times$$
$$(W_n \times (1 - \max\{0, \mathrm{CF}_n - \mathrm{CF}_n'\}))] \times \mathrm{CF}(H,E) \tag{5.61}$$

5.4.8　可信度方法的特点

可信度方法的优点如下：

① 简洁、直观。通过简单的计算，不确定性就可以在系统中传播，并且计算具有线性的复杂度，推理的近似效果也比较理想。

② 容易理解，并且清楚地区分不信任和信任。

可信度方法的缺点如下：

① CF 值可能与条件概率得出的值相反。例如：

$$P(H_1) = 0.8, \quad P(H_2) = 0.2, \quad P(H_1 \mid E) = 0.9, \quad P(H_2 \mid E) = 0.8$$

则

$$P(H_1,E)=0.5, \quad P(H_2,E)=0.75$$

如果一种疾病具有很高的概率却有很低的 CF 值，就可能产生矛盾。

② 通常

$$P(H\,|\,E) \neq P(H\,|\,S) \times P(S\,|\,E)$$

其中，S 是基于证据 E 的某些中间假设，但推理链中的两条规则的 CF 是作为独立概率计算的：

$$CF(H,E)=CF(H,S) \times CF(S,E)$$

③ MYCIN 一般用于短推理链且假设简单的问题。如果把该方法应用于不具备短推理链、假设简单的领域，就可能出问题。

④ 由于可能导致计算的累计误差，如果多个规则逻辑等价于一个规则，那么采用一个规则和多个规则计算的 CF 值可能不同。

⑤ 组合规则使用的顺序不同，可能得出不同的结果。

5.5 证据理论

证据理论（Evidential Theory，ET），也称为 Dempster-Shafer（DS）理论，最早是基于德姆斯特（A.P. Dempster）所做的工作。他试图用一个概率范围而不是单个的概率值去模拟不确定性。莎弗（G. Shafer）拓展了德姆斯特的工作，称为证据推理（Evidential Reasoning），用于处理不确定性、不精确以及不准确的信息。由于证据理论将概率论中的单点赋值扩展为集合赋值，弱化了相应的公理系统，满足了比概率更弱的要求，因此可看成一种广义概率论。

证据理论引入了信任函数来度量不确定性，并引用似然函数来处理由于"不知道"引起的不确定性，不必事先给出知识的先验概率，与主观贝叶斯方法相比，具有较大的灵活性。因此，证据理论得到了广泛的应用。同时，可信度可以看成证据理论的一个特例，证据理论给了可信度一个理论性的基础。

5.5.1 证据理论的形式描述

在证据理论中，信任函数、似然函数及类概率函数可以分别用来描述知识的精确信任度、不可驳斥信任度、估计信任度，即可以从不同角度刻画命题的不确定性。

证据理论处理的是集合的不确定性问题。为适应这个需要，首先应该建立命题与集合之间的一一对应关系，把命题的不确定性转化为集合的不确定性问题。

设 Ω 为变量 x 的所有可能取值的有限集合（亦称样本空间），且每个元素相互独立，则由 Ω 的所有子集构成的集合称为幂集，记为 2^{Ω}。当 Ω 中的元素个数为 N 时，其幂集的元素个数为 $2N$，且其中的每个元素 A 都对应一个关于 x 的命题，称该命题为"x 的值在 A 中"。

1．概率分配函数

例 5-9　设 Ω ={黑，白，蓝}，求 Ω 的幂集。

解　Ω 的幂集可以包括如下子集：

$$A_0 = \phi, \qquad A_1 = \{黑\}, \qquad A_2 = \{白\}, \qquad A_3 = \{蓝\}$$
$$A_4 = \{黑,白\}, \quad A_5 = \{黑,蓝\}, \quad A_6 = \{白,蓝\}, \quad A_7 = \{黑,白,蓝\}$$

其中，ϕ 表示空集，上述子集的个数正好是 $2^3 = 8$，所以

$$2^\Omega = \{A_0, A_1, A_2, A_3, A_4, A_5, A_6, A_7\}$$

定义 5-6 设函数 $m : 2^\Omega \to [0,1]$ 且满足

$$m(\phi) = 0$$

$$\sum_{A \subseteq \Omega} m(A) = 1$$

则称 m 是 2^Ω 上的概率分配函数，$m(A)$ 是 A 的基本概率数，表示依据当前的环境对假设集 A 的信任程度。

对例 5-9 所给出的有限集 Ω，若定义 2^Ω 上的一个基本函数 m：

$$m(\{\phi\},\{黑\},\{白\},\{蓝\},\{黑,白\},\{黑,蓝\},\{白,蓝\},\{黑,白,蓝\})$$
$$= (0, 0.3, 0, 0.1, 0.2, 0.2, 0, 0.2)$$

其中，$(0, 0.3, 0, 0.1, 0.2, 0.2, 0, 0.2)$ 分别是幂集中各子集的基本概率数。显然，m 满足概率分配函数的定义。

对概率分配函数的几点说明：

① 概率分配函数的作用是把 Ω 的任意一个子集都映射为 $[0,1]$ 上的一个数 $m(A)$。

当 A 包含于 Ω 且 A 由单个元素组成时，$m(A)$ 表示对 A 的精确信任度；当 A 包含于 Ω、$A \neq \Omega$ 且 A 由多个元素组成时，$m(A)$ 也表示对 A 的精确信任度，但不知道这部分信任度该分给 A 中的哪些元素；当 $A = \Omega$ 时，则 $m(A)$ 是对 Ω 的各子集进行信任分配后剩下的部分，表示不知道该如何对它进行分配。

例如，对上例所给出的有限集 Ω 及基本函数 m：

❖ 当 $A_1 = \{黑\}$ 时，有 $m(A_1) = 0.3$，表示对命题 "x 是黑色" 的精确信任度为 0.3。

❖ 当 $A_4 = \{黑，白\}$ 时，有 $m(A_4) = 0.2$，表示对命题 "x 或者是黑色，或者是白色" 的精确信任度为 0.2，却不知道应该把 0.2 分给 $\{黑\}$ 还是分给 $\{白\}$。

❖ 当 $A_7 = \Omega = \{黑，白，蓝\}$ 时，有 $m(A_7) = 0.2$，表示不知道应该对 0.2 如何分配，但它不属于 $\{红\}$，就一定属于 $\{黑\}$、$\{白\}$ 或 $\{蓝\}$，只是在现有认识下不知道该如何分配。

② m 是 2^Ω 上而非 Ω 上的概率分布，所以概率分配函数不是概率，它们不必相等，而且 $m(A) \neq 1 - m(\neg A)$。

例如，在例 5-9 中，m 符合概率分配函数的定义，但是

$$m(\{黑\}) + m(\{白\}) + m(\{蓝\}) = 0.3 + 0 + 0.1 = 0.4 < 1$$

而概率要求

$$P(\{黑\}) + P(\{白\}) + P(\{蓝\}) = 1$$

因此 m 不是概率。

2．信任函数

定义 5-7 定义信任函数（Belief Function）

$$\mathrm{Bel} : 2^\Omega \to [0,1]$$

对任意的 A 包含于 Ω，有

$$\text{Bel}(A) = \sum_{B \subseteq A} m(B)$$

$\text{Bel}(A)$ 表示当前环境下，对假设集 A 的信任程度，其值为 A 的所有子集的基本概率之和，表示对 A 的总的信任度。当 A 为单一元素组成的集合时，$\text{Bel}(A) = m(A)$，因此 $\text{Bel}(A)$ 又被称为下限函数。

例如，对例 5-9 有

$$\text{Bel}(A_1) = 0.3$$

$$\text{Bel}(\{\text{黑},\text{白}\}) = m(\{\text{黑}\}) + m(\{\text{白}\}) + m(\{\text{黑},\text{白}\}) = 0.3 + 0 + 0.2 = 0.5$$

3. 似然函数

定义 5-8   定义似然函数（Plausibility Function）

$$\text{Pl}: 2^{\Omega} \rightarrow [0,1]$$

对任意的 A 包含于 Ω，有

$$\text{Pl}(A) = 1 - \text{Bel}(\neg A)$$

其中，$\neg A = \Omega - A$。

似然函数又称为不可驳斥函数或上限函数。由于 $\text{Bel}(A)$ 表示对 A 为真的信任度，$\text{Bel}(\neg A)$ 表示对 $\neg A$ 的信任度，即 A 为假的信任度，因此 $\text{Pl}(A)$ 表示对 A 为非假的信任度。

例如，对例 5-9 有

$$\begin{aligned}
\text{Pl}(\{\text{蓝}\}) &= 1 - \text{Bel}(\neg\{\text{蓝}\}) \\
&= 1 - (m(\{\text{黑}\}) + m(\{\text{白}\}) + m(\{\text{黑},\text{白}\})) \\
&= 1 - (0.3 + 0 + 0.2) = 0.5
\end{aligned}$$

这里的 0.5 是对"蓝"为非假的信任度。由于"蓝"为真的精确信任度为 0.1，剩下的 0.5−0.1=0.4，则是知道非假但不能肯定为真的那部分。

推论 5.1   设有信任函数 m，似然函数 Pl，则

$$\text{Pl}(A) = \sum_{A \cap B \neq \phi} m(B)$$

证明：

$$\begin{aligned}
\text{Pl}(A) - \sum_{A \cap B \neq \phi} m(B) &= 1 - \text{Bel}(\neg A) - \sum_{A \cap B \neq \phi} m(B) \\
&= 1 - \left(\text{Bel}(\neg A) + \sum_{A \cap B \neq \phi} m(B)\right) \\
&= 1 - \left(\sum_{C \subseteq \neg A} m(C) + \sum_{A \cap B \neq \phi} m(B)\right) \\
&= 1 - \sum_{D \subseteq \Omega} m(D) = 0
\end{aligned}$$

所以

$$\text{Pl}(A) = \sum_{A \cap B \neq \phi} m(B)$$

因此，命题"x 在 A 中"的似然性由与命题"x 在 B 中"有关的 m 值确定，其中命题"x 在 B 中"并不会使得命题"x 不在 A 中"成立。所以，一个事件的似然性是建立在对其相反事件不信任的基础上的。

4. 信任函数和似然函数的性质

信任函数和似然函数满足下列性质：

① $\text{Bel}(\phi)=0$，$\text{Bel}(\Omega)=1$，$\text{Pl}(\phi)=0$，$\text{Pl}(\Omega)=1$。

② 如果 $A\subseteq B$，那么 $\text{Bel}(A)\leqslant\text{Bel}(B)$，$\text{Pl}(A)\leqslant\text{Pl}(B)$。

③ 如果 $\forall A\subseteq\Omega$，那么 $\text{Pl}(A)\geqslant\text{Bel}(A)$。

④ 如果 $\forall A\subseteq\Omega$，那么 $\text{Bel}(A)+\text{Bel}(\neg A)\leqslant 1$，$\text{Pl}(A)+\text{Pl}(\neg A)\geqslant 1$。

由于 $\text{Bel}(A)$ 和 $\text{Pl}(A)$ 分别表示 A 为真的信任度和 A 为非假的信任度，因此可分别称为对 A 信任程度的下限和上限，记为

$$A[\text{Bel}(A),\text{Pl}(A)]$$

$\text{Pl}(A)-\text{Bel}(A)$ 表示既不信任 A 也不信任 $\neg A$ 的程度，即不知道 A 是真是假的程度。

5. 概率分配函数的正交和

在实际问题中，对于相同的证据，由于来源不同，可能得到不同的概率分配函数。例如，考虑 $\Omega=\{\text{黑},\text{白}\}$，假设从不同知识源得到的概率分配函数分别为

$$m_1(\phi,\{\text{黑}\},\{\text{白}\},\{\text{黑},\text{白}\})=(0,0.4,0.5,0.1)$$
$$m_2(\phi,\{\text{黑}\},\{\text{白}\},\{\text{黑},\text{白}\})=(0,0.6,0.2,0.2)$$

在这种情况下，需要对它们进行组合。

定义 5-9 设 m_1 和 m_2 是两个不同的概率分配函数，则其正交和 $m=m_1\oplus m_2$ 满足

$$m(\phi)=0$$
$$m(A)=K^{-1}\times\sum_{x\cap y=A}m_1(x)\times m_2(y) \tag{5.62}$$

其中：

$$K=1-\sum_{x\cap y=\phi}m_1(x)\times m_2(y)=\sum_{x\cap y\neq\phi}m_1(x)\times m_2(y) \tag{5.63}$$

若 $K\neq 0$，则正交和 m 也是一个概率分配函数；若 $K=0$，则不存在正交和 m，称 m_1 与 m_2 矛盾。

例 5-10 设 $\Omega=\{a,b\}$，且从不同知识源得到的概率分配函数分别为

$$m_1(\phi,\{a\},\{b\},\{a,b\})=(0,0.5,0.3,0.2)$$
$$m_2(\phi,\{a\},\{b\},\{a,b\})=(0,0.3,0.6,0.1)$$

求正交和 $m=m_1\oplus m_2$。

解 先求 K。

$$K=1-\sum_{x\cap y=\phi}m_1(x)\times m_2(y)$$
$$=1-(m_1(\{a\})\times m_{21}(\{b\})+m_{11}(\{b\})\times m_{21}(\{a\}))$$
$$=1-(0.5\times 0.6+0.3\times 0.3)$$
$$=0.61$$

再求 $m(\phi,\{a\},\{b\},\{a,b\})$，由于

$$m(\{a\})=\frac{1}{0.61}\times\sum_{x\cap y=\{a\}}m_1(x)\times m_2(y)$$
$$=\frac{1}{0.61}\times(m_1(\{a\})\times m_2(\{a\})+m_1(\{a\})\times m_2(\{a,b\})+m_1(\{a,b\})\times m_2(\{a\}))$$

$$= \frac{1}{0.61} \times (0.5 \times 0.3 + 0.5 \times 0.1 + 0.2 \times 0.3)$$
$$= 0.43$$

同理可得：

$$m(\{b\}) = 0.54$$
$$m(\{a,b\}) = 0.03$$

从而

$$m(\phi, \{a\}, \{b\}, \{a,b\}) = (0, 0.43, 0.54, 0.03)$$

5.5.2 证据理论的推理模型

在上述证据理论的形式描述中，信任函数 Bel(A) 和似然函数 Pl(A) 分别表示命题 A 的信任度的下限和上限，同样可用来表述知识强度的下限和上限，这样就可在此表示的基础上建立相应的不确定性推理模型。

另一方面，从信任函数和似然函数的定义可以看出，它们都是建立在概率分配函数的基础上的。那么，当概率分配函数的定义不同时，将得到不同的推理模型。下面给出一个特殊的概率分配函数，并在该函数的基础上建立一个具体的不确定性推理模型。

1. 一个特殊的概率分配函数

定义 5-10 设 $\Omega = \{s_1, s_2, \cdots, s_n\}$，$m$ 为定义在 2^{Ω} 上的概率分配函数且满足：

① $m(\{s_i\}) \geqslant 0$，对任意 $s_i \in \Omega$。

② $\sum\limits_{i=1}^{n} m(\{s_i\}) \leqslant 1$。

③ $m(\Omega) = 1 - \sum\limits_{i=1}^{n} m(\{s_i\})$。

④ 当 $A \subset \Omega$ 且 $|A| > 1$ 或 $|A| = 0$ 时，$m(A) = 0$。其中，$|A|$ 表示命题 A 对应的集合中元素的个数。

这里定义的是一个特殊的概率分配函数，只有当子集中的元素个数为 1 时，其概率分配函数才有可能大于 0；当子集中有多个或空集且不等于全集时，其概率分配函数均为 0；全集 Ω 的概率分配函数按第③式计算。

例 5-11 设 $\Omega = \{红，黄，白\}$，有如下概率分配函数
$$m_1(\phi, \{红\}, \{黄\}, \{白\}, \Omega) = (0, 0.6, 0.2, 0.1, 0.1)$$
其中，$m(\{红，黄\}) = m(\{红，白\}) = m(\{黄，白\}) = 0$ 符合上述概率分配函数的定义。

下面讨论满足上述特殊概率分配函数的信任函数、似然函数，以及它们的正交和。

定义 5-11 设 m 为上述定义的一个特殊概率分配函数，对任意命题 $A \subseteq \Omega$，则其信任函数为

$$\mathrm{Bel}(A) = \sum_{s_i \in A} m(\{s_i\})$$

$$\mathrm{Bel}(\Omega) = \sum_{B \subseteq \Omega} m(B) = \sum_{i=1}^{n} m(\{s_i\}) + m(\Omega) = 1$$

其似然函数为

$$Pl(A) = 1 - Bel(\neg A) = 1 - \sum_{s_i \in \neg A} m(\{s_i\})$$

$$= 1 - \sum_{s_i \in \neg A} m(\{s_i\}) = 1 - \left[\sum_{i=1}^{n} m(\{s_i\}) - \sum_{s_i \in A} m(\{s_i\})\right]$$

$$= 1 - [1 - m(\Omega) - Bel(A)]$$

$$= m(\Omega) + Bel(A)$$

$$Pl(\Omega) = 1 - Bel(\neg\Omega)$$

$$= 1 - Bel(\phi)$$

$$= 1$$

从上面的定义可以看出，对任何命题 $A \subseteq \Omega$ 和 $B \subseteq \Omega$，均有

$$Pl(A) - Bel(A) = Pl(B) - Bel(B) = m(\Omega)$$

例 5-12　设 Ω 和 m 与例 5-11 的相同，$A = \{红，黄\}$，求 $m(\Omega)$、$Bel(A)$ 和 $Pl(A)$ 的值。

解

$$m(\Omega) = 1 - (m(\{红\}) + m(\{黄\}) + m(\{白\}))$$

$$= 1 - (0.6 + 0.2 + 0.1)$$

$$= 0.1$$

$$Bel(\{红,黄\}) = m(\{红\}) + m(\{黄\})$$

$$= 0.6 + 0.2$$

$$= 0.8$$

$$Pl(\{红,黄\}) = m(\Omega) + Bel(\{红,黄\})$$

$$= 0.1 + 0.8$$

$$= 0.9$$

或

$$Pl(\{红,黄\}) = 1 - Bel(\{红,黄\})$$

$$= 1 - 0.1$$

$$= 0.9$$

2．类概率函数

利用信任函数 $Bel(A)$ 和似然函数 $Pl(A)$，可以定义 A 的类概率函数，并把它作为 A 的不确定性度量。

定义 5-12　设 Ω 为有限域，对任意命题 $A \subseteq \Omega$，命题 A 的类概率函数为

$$f(A) = Bel(A) + \frac{|A|}{|\Omega|}(Pl(A) - Bel(A)) \tag{5.64}$$

其中，$|A|$、$|\Omega|$ 分别表示 A 和 Ω 中包含元素的个数。

类概率函数 $f(A)$ 具有以下性质：

① $f(\phi) = 0, f(\Omega) = 1$

② $0 \leqslant f(A) \leqslant 1 \ (\forall A \subseteq \Omega)$

③ $Bel(A) \leqslant f(A) \leqslant Pl(A) \ (\forall A \subseteq \Omega)$

④ $f(\neg A) = 1 - f(A) \ (\forall A \subseteq \Omega)$

5.5.3　规则不确定性的表示

在证据理论中，规则的不确定性可表示为

$$\text{IF } E \text{ THEN } H, \text{CF}$$

其中，H 为假设，E 为支持 H 成立的假设集，它们是命题的逻辑组合。CF 为可信度因子。

$H = \{a_1, a_2, \cdots, a_m\}$，其中 $a_i \in \Omega$（$i = 1, 2, \cdots, m$），H 为假设集合 Ω 的子集。

$\text{CF} = \{c_1, c_2, \cdots, c_m\}$，其中 c_i（$i = 1, 2, \cdots, m$）用来描述前提 E 成立时 a_i 的可信度。CF 应满足如下条件：

①
$$c_i \geqslant 0 \quad (1 \leqslant i \leqslant m)$$

②
$$\sum_{i=1}^{m} c_i \leqslant 1$$

5.5.4　证据不确定性的表示

在证据理论中，所有输入的已知数据、规则前提条件及结论部分的命题都被称为证据。证据 E 的不确定性可以用类概率函数 $f(E)$ 表示。

在实际系统中，如果是初始证据，那么其不确定性是由用户给出的，如果是推理过程中得到的中间结论，那么其不确定性由推理得到。

5.5.5　组合证据的不确定性计算

当组合证据是多个单一证据的合取时，即

$$E = E_1 \text{ AND } E_2 \text{ AND } \cdots \text{ AND } E_n \tag{5.65}$$

若每个单一证据 E_i 有类概率 $f(E_1), f(E_2), \cdots, f(E_n)$，则

$$f(E) = \min\{f(E_1), f(E_2), \cdots, f(E_n)\} \tag{5.66}$$

当组合证据是多个单一证据的析取时，即

$$E = E_1 \text{ OR } E_2 \text{ OR } \cdots \text{ OR } E_n \tag{5.67}$$

若每个单一证据 E_i 有类概率 $f(E_1), f(E_2), \cdots, f(E_n)$，则

$$f(E) = \max\{f(E_1), f(E_2), \cdots, f(E_n)\} \tag{5.68}$$

5.5.6　推理的不确定性

定义 5-13　不确定性规则

$$\text{IF } E \text{ THEN } H, \text{CF}$$

可以定义为

$$m(\{a_i\}) = f(E)c_i \quad (i = 1, 2, \cdots, m)$$

或表示为

$$m(\{a_1\}, \{a_2\}, \cdots, \{a_m\}) = (f(E)c_1, f(E)c_2, \cdots, f(E)c_m)$$

规定：

$$m(\Omega) = 1 - \sum_{i=1}^{m} m(\{a_i\})$$

而对于 Ω 的所有其他子集 H，均有 $m(H) = 0$。

当 H 为 Ω 的真子集时，有

$$\mathrm{Bel}(H) = \sum_{B \subseteq H} m(B) = \sum_{i=1}^{m} m(\{a_i\}) \qquad (5.69)$$

可进一步计算 $\mathrm{Pl}(H)$ 和 $f(H)$。

5.5.7 结论不确定性的合成

当有多条规则支持同一结论时，如果 $H = \{a_1, a_2, \cdots, a_n\}$，那么

IF E_1 THEN H, CF_1 $(\mathrm{CF}_1 = \{c_{11}, c_{12}, \cdots, c_{1n}\})$

IF E_2 THEN H, CF_2 $(\mathrm{CF}_2 = \{c_{21}, c_{22}, \cdots, c_{2n}\})$

...

IF E_m THEN H, CF_m $(\mathrm{CF}_m = \{c_{m1}, c_{m2}, \cdots, c_{mn}\})$

如果这些规则相互独立地支持结论 H 的成立，可以先计算

$$m_i(\{a_1\}, \{a_2\}, \cdots, \{a_m\}) = (f(E_i)c_{i1}, f(E_i)c_{i2}, \cdots, f(E_i)c_{im}) \qquad (i = 1, 2, \cdots, m)$$

再根据前面介绍的求正交和的方法，对这些 m_i 求正交和，以组合所有规则对结论 H 的支持。一旦累加的正交和 $m(H)$ 计算出来，就可以计算 $\mathrm{Bel}(H)$、$\mathrm{Pl}(H)$、$f(H)$。

例 5-13 有如下推理规则：

R_1: IF $E_1 \lor (E_2 \land E_3)$ THEN $A_1 = \{a_{11}, a_{12}, a_{13}\}$ $(\mathrm{CF} = \{0.4, 0.3, 0.2\})$

R_2: IF $E_4 \land (E_5 \lor E_6)$ THEN $A_2 = \{a_{21}\}$ $(\mathrm{CF}_2 = \{0.7\})$

R_3: IF A_1 THEN $A = \{a_1, a_2\}$ $(\mathrm{CF}_3 = \{0.5, 0.4\})$

R_4: IF A_2 THEN $A = \{a_1, a_2\}$ $(\mathrm{CF}_4 = \{0.5, 0.4\})$

这些规则形成如图 5-3 所示的推理网络，原始数据的概率在系统中已经给出：

$$f(E_1) = 0.5, f(E_2) = 0.9, f(E_3) = 0.7, f(E_4) = 0.9, f(E_5) = 0.7, f(E_6) = 0.8$$

假设 $|\Omega| = 20$，$|\Omega_1| = |\Omega_2| = 10$，现在需要求出 A 的确定性 。

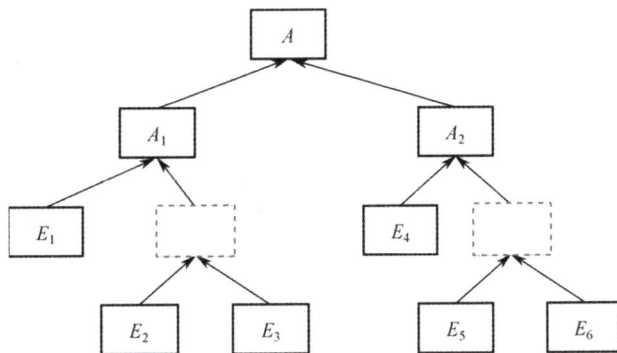

图 5-3 例 5-13 推理网络

解

（1）求 A_1 的确定性。

$$f(E_1 \vee (E_2 \wedge E_3)) = \max\{0.5, \min(0.9, 0.7)\}$$
$$= 0.7$$
$$m_1(\{a_{11}\}, \{a_{12}\}, \{a_{13}\}) = (0.7 \times 0.4, 0.7 \times 0.3, 0.7 \times 0.2)$$
$$= (0.28, 0.21, 0.14)$$
$$\mathrm{Bel}(A_1) = m_1(\{a_{11}\}) + m_1(\{a_{12}\}) + m_1(\{a_{13}\})$$
$$= 0.28 + 0.21 + 0.14$$
$$= 0.63$$
$$\mathrm{Pl}(A_1) = 1 - \mathrm{Bel}(\neg A_1)$$
$$= 1 - 0$$
$$= 1$$
$$f(A_1) = \mathrm{Bel}(A_1) + \frac{|A_1|}{|\Omega_1|} \times (\mathrm{Pl}(A_1) - \mathrm{Bel}(A_1))$$
$$= 0.63 + \frac{3}{10} \times (1 - 0.63)$$
$$= 0.74$$

（2）求 A_2 的确定性。
$$f(E_4 \wedge (E_5 \vee E_6)) = \min\{0.9, \max(0.7, 0.8)\}$$
$$= 0.8$$
$$m_2(\{a_{21}\}) = 0.8 \times 0.7$$
$$= 0.56$$
$$\mathrm{Bel}(A_2) = m_2(\{a_{21}\})$$
$$= 0.56$$
$$\mathrm{Pl}(A_2) = 1 - \mathrm{Bel}(\neg A_2)$$
$$= 1 - 0$$
$$= 1$$
$$f(A_2) = \mathrm{Bel}(A_2) + \frac{|A_2|}{|\Omega_2|} \times (\mathrm{Pl}(A_2) - \mathrm{Bel}(A_2))$$
$$= 0.56 + \frac{1}{10} \times (1 - 0.56)$$
$$= 0.60$$

（3）求 A 的确定性。根据 R_3 和 R_4，有
$$m_3(\{a_1\}, \{a_2\}) = (0.74 \times 0.5, 0.74 \times 0.4)$$
$$= (0.37, 0.296)$$
$$m_4(\{a_1\}, \{a_2\}) = (0.6 \times 0.4, 0.6 \times 0.4)$$
$$= (0.24, 0.24)$$
$$m_3(\Omega) = 1 - (m_3(\{a_1\}) + m_3(\{a_2\}))$$
$$= 1 - (0.37 + 0.296)$$
$$= 0.334$$

$$m_4(\Omega) = 1 - (m_4(\{a_1\}) + m_4(\{a_2\}))$$
$$= 1 - (0.24 + 0.24)$$
$$= 0.52$$

由正交和公式得到

$$K = 1 - \sum_{x \cap y = \phi} m_3(x) \times m_4(y)$$
$$= 1 - (m_3(\{a_1\}) \times m_4(\{a_2\}) + m_3(\{a_2\}) \times m_4(\{a_1\}))$$
$$= 1 - (0.37 \times 0.24 + 0.296 \times 0.24)$$
$$= 0.84$$

则

$$m(\{a_1\}) = K^{-1} \times \sum_{x \cap y = \{a_1\}} m_1(x) \times m_2(y)$$
$$= \frac{1}{0.84} \times (m_3(\Omega) \times m_4(\{a_1\}) + m_3(\{a_1\}) \times m_4(\Omega) + m_3(\{a_1\}) \times m_4(\{a_1\}))$$
$$= \frac{1}{0.84} \times (0.334 \times 0.24 + 0.37 \times 0.52 + 0.37 \times 0.24)$$
$$= 0.43$$

$$m(\{a_2\}) = K^{-1} \times \sum_{x \cap y = \{a_2\}} m_1(x) \times m_2(y)$$
$$= \frac{1}{0.84} \times (m_3(\Omega) \times m_4(\{a_2\}) + m_3(\{a_2\}) \times m_4(\Omega) + m_3(\{a_2\}) \times m_4(\{a_2\}))$$
$$= \frac{1}{0.84} \times (0.334 \times 0.24 + 0.296 \times 0.52 + 0.296 \times 0.24)$$
$$= 0.36$$

于是

$$\mathrm{Bel}(A) = m(\{a_1\}) + m(\{a_2\})$$
$$= 0.43 + 0.36$$
$$= 0.79$$
$$\mathrm{Pl}(A) = 1 - \mathrm{Bel}(\neg A)$$
$$= 1 - 0$$
$$= 1$$
$$f(A) = \mathrm{Bel}(A) + \frac{|A|}{|\Omega|} \times (\mathrm{Pl}(A) - \mathrm{Bel}(A))$$
$$= 0.79 + \frac{2}{20} \times (1 - 0.79)$$
$$= 0.811$$

5.5.8　证据理论的特点

证据理论的优点：能够满足比概率论更弱的公理系统，可以区分不知道和不确定的情况，可以依赖证据的积累，不断缩小假设的集合。

证据理论的缺点：在证据理论中，证据的独立性不易得到保证，基本概率分配函数要求给的值太多，计算传递关系复杂；随着诊断问题可能答案的增加，证据理论的计算呈指数增长，传递关系复杂，比较难以实现。

5.6 模糊推理

模糊推理的理论基础是模糊集理论以及在此基础上发展起来的模糊逻辑，起源于 1965 年美国 California 大学的扎德在 *Information And Control* 上发表的论文 *Fuzzy Sets*。模糊逻辑所处理的事物自身是模糊的，概念本身没有明确的外延，一个对象是否符合这个概念难以确定，模糊推理是对这种不确定性即模糊性的表示和处理。模糊推理是利用模糊性知识进行的一种推理，与前面讨论的不确定性推理有着实质性的区别。不确定性推理的理论基础是概率论，所研究的事件本身有明确而确定的含义，只是由于发生的条件不充分，使得在条件与事件之间不能出现确定的因果关系，从而在事件的出现与否上表现出不确定性。

在人工智能的应用领域中，知识及信息的不确定性大多是由模糊性引起的，这就使得对模糊推理的研究显得格外重要。本节以模糊数学为基础，讨论模糊假言推理。

5.6.1 模糊数学的基本知识

1．模糊集合

1）隶属度
集合元素对集合的隶属程度称为隶属度，用 μ 表示。

设 A 是论域 U 上的模糊集合，U 中完全属于 A 的元素的 μ 值为 1，完全不属于 A 的元素的值为 0，对于 $(0,1)$ 内的 μ 值，其值越大，隶属程度越高。

当 μ 值为 1 时，就是经典集合的"属于"，当 μ 值为 0 时，就是经典集合的"不属于"。

模糊集合用"隶属度/元素"的形式来记，如

$$A = \mu_1 / x_1 + \mu_2 / x_2 + \cdots + \mu_n / x_n$$

注意：这里的"+"并不是求和，"/"也不是求商，仅仅是一种记法，是模糊数学创始人扎德给出的记法。当某项的 μ 值为 0 时，可以省略不写。由于这种记法中的"+"的原意是求和，扎德又用记号

$$A = \int_{u \in U} \mu_A(u) / u$$

作为模糊集合 A 的一般表示形式。当然，这里的积分符号也不是求和，只是一种记法。

模糊集合中，论域的概念十分重要，论域是一个经典集合。任何一个模糊集合都建立在一个论域之上，模糊集合中的元素 x_i 取自其论域，因此空谈模糊集合是没有意义的。谈到某一模糊集合，必须声明它是哪一论域上的模糊集合。

2）模糊集合相等
两个模糊集合相等，当且仅当它们的隶属函数在论域 U 上恒等，即 $A = B$，即当且仅当 $\forall x \in U$ 时，$\mu_A(x) = \mu_B(x)$。

3）模糊集合的包含
模糊集合 A 包含于模糊集合 B 中，当且仅当对于论域 U 上所有元素 x，恒有 $\mu_A(x) \leqslant \mu_B(x)$。

4）模糊集合的并、交、补

$$\mu_{A\cup B}(x) = \max\{\mu_A(x), \mu_B(x)\} \qquad (\forall x \in U)$$

$$\mu_{A\cap B}(x) = \min\{\mu_A(x), \mu_B(x)\} \qquad (\forall x \in U)$$

$$\mu_{\neg A}(x) = 1 - \mu_A(x) \qquad (\forall x \in U)$$

5）模糊集合的积

设 A、B 分别是论域 U 和论域 V 上的模糊集合，那么

$$A \times B = \int_{U \times V} (\mu_A(u_i) \wedge \mu_B(v_j))/(u_i, v_j)$$

特别地，当 A 或 B 有一个是论域时，上面表达式可以简化如下：

$$A \times V = \int_{U \times V} \mu_A(u_i)/(u_i, v_j)$$

$$U \times B = \int_{U \times V} \mu_B(v_j)/(u_i, v_j)$$

2．模糊关系及其运算

1）模糊关系

设 U、V 是论域，从 U 到 V 上的模糊关系 R 是指 $U \times V$ 上的一个模糊集合，由隶属函数 $\mu_R(x)$ 刻画，$\mu_R(x, y)$ 代表有序对 $<x, y>$ 具有关系 R 的程度。

例 5-14　设论域 $U = V = \{1, 2, 3, 4\}$，模糊关系 R 小得多，$\mu(x, y)$ 表示 x 比 y 小的程度，如表 5-1 所示。

表 5-1　$\mu(x, y)$ 值

x	y			
	1	2	3	4
1	0	0.1	0.6	1
2	0	0	0.1	0.6
3	0	0	0	0.1
4	0	0	0	0

模糊关系 R 通常用矩阵表示，将上面表格表示转化成矩阵表示如下：

$$\begin{bmatrix} 0 & 0.1 & 0.6 & 1.0 \\ 0 & 0 & 0.1 & 0.6 \\ 0 & 0 & 0 & 0.1 \\ 0 & 0 & 0 & 0 \end{bmatrix}$$

R 被称为模糊关系矩阵。

2）模糊关系的合成

设 R 是 $U \times V$ 上的模糊关系，S 是 $V \times W$ 上的模糊关系，则 R、S 的合成是 $U \times W$ 上的模糊关系 T，记为

$$T = R \circ S$$

其隶属函数为

$$T(x,y) = R(x,y) \circ S(y,z)$$
$$= \underset{y \in V}{\text{SUP}} \min(\mu_R(x,y), \mu_S(y,z))$$
$$= \bigcup_{y \in V} (\mu_R(x,y) \wedge \mu_S(y,z))$$

其中，$\underset{y \in V}{\text{SUP}}$ 表示对所有 $y \in V$ 取最小上界。

当论域为有限集时，模糊关系的合成运算可转化为模糊关系矩阵的乘法运算，该乘法运算类似普通矩阵的乘法运算，区别是：将普通矩阵乘法中的"×"换为取极小值∧，将普通矩阵乘法中的"+"换为取极大值∨。

设 R 为 $n \times m$ 阶矩阵，S 为 $m \times p$ 阶矩阵，则 $T = R \circ S$ 是 $n \times p$ 阶矩阵，而 T 的元素 t_{ij} 计算如下：

$$t_{ij} \bigcup_{k=1}^{m} (r_{ik} \wedge s_{kj}) \qquad (i, j =, 2, \cdots, n)$$

两个模糊关系能够进行合成运算的条件:第一个模糊关系矩阵的列数等于第二个模糊关系矩阵的行数。这与两个普通矩阵的乘法运算的条件相同。

例 5-15　有如下两个模糊关系：

$$R_1 = \begin{bmatrix} 0.3 & 0.7 & 0.2 \\ 1 & 0 & 0.4 \\ 0 & 0.5 & 1 \\ 0.6 & 0.7 & 0.8 \end{bmatrix} \qquad R_2 = \begin{bmatrix} 0.2 & 0.8 \\ 0.6 & 0.4 \\ 0.9 & 0.1 \end{bmatrix}$$

求 $R_1 \circ R_2$。

解　R_1 是 4×3 模糊关系矩阵，R_2 是 3×2 模糊关系矩阵，因此 $R_1 \circ R_2$ 是 4×2 的模糊关系矩阵。令 $T = R_1 \circ R_2$，则

$$T(1,1) = (0.3 \wedge 0.2) \vee (0.7 \wedge 0.6) \vee (0.2 \wedge 0.9) = 0.6$$
$$T(1,2) = (0.3 \wedge 0.8) \vee (0.7 \wedge 0.4) \vee (0.2 \wedge 0.1) = 0.4$$
$$T(2,1) = (1 \wedge 0.2) \vee (0 \wedge 0.6) \vee (0.4 \wedge 0.9) = 0.4$$
$$T(2,2) = (1 \wedge 0.8) \vee (0 \wedge 0.4) \vee (0.4 \wedge 0.1) = 0.8$$
$$T(3,1) = (0 \wedge 0.2) \vee (0.5 \wedge 0.6) \vee (1 \wedge 0.9) = 0.9$$
$$T(3,2) = (0 \wedge 0.8) \vee (0.5 \wedge 0.4) \vee (1 \wedge 0.1) = 0.4$$
$$T(4,1) = (0.6 \wedge 0.2) \vee (0.7 \wedge 0.6) \vee (0.8 \wedge 0.9) = 0.8$$
$$T(4,2) = (0.6 \wedge 0.8) \vee (0.7 \wedge 0.4) \vee (0.8 \wedge 0.1) = 0.6$$

所以，得到模糊关系矩阵为

$$T = \begin{bmatrix} 0.6 & 0.4 \\ 0.4 & 0.8 \\ 0.9 & 0.4 \\ 0.8 & 0.6 \end{bmatrix}$$

5.6.2　模糊规则的表示

模糊产生式规则的一般形式为

$$\text{IF} \quad E \quad \text{THEN} \quad R(CF, \lambda)$$

其中，E 是用模糊命题表示的模糊条件，既可以是由单个模糊命题表示的简单条件，也可以是由多个模糊命题构成的复合条件；R 是用模糊命题表示的模糊结论；CF 是该产生式规则所表示的知识的可信度因子，既可以是一个确定的实数，也可以是一个模糊数或模糊语言值，CF 的值由领域专家在给出规则时同时给出；λ 是阈值，用于指出相应知识在什么情况下可被应用。

例如，有如下规则：

$$\text{IF } x \text{ is } A \text{ THEN } y \text{ is } B(\lambda)$$

$$\text{IF } x \text{ is } A \text{ THEN } y \text{ is } B(CF, \lambda)$$

$$\text{IF } x_1 \text{ is } A_1 \text{ AND } x_2 \text{ is } A_2 \text{ THEN } y \text{ is } B(\lambda)$$

$$\text{IF } x_1 \text{ is } A_1 \text{ AND } x_2 \text{ is } A_2 \text{ AND } x_3 \text{ is } A_3 \text{ THEN } y \text{ is } B(CF, \lambda)$$

推理中所用的证据也是用模糊命题表示的，一般形式为

$$x \text{ is } A'$$

或

$$x \text{ is } A'(CF)$$

5.6.3　模糊证据的匹配

在模糊推理中，规则的前提条件中的 A 与证据中的 A' 不一定完全相同，因此在决定选用哪条规则进行推理时必须首先考虑哪条规则的 A 可与 A' 近似匹配的问题，即它们的相似程度是否大于某个预先设定的阈值。例如，设有如下规则及证据：

$$\text{IF } x \text{ is } 小 \quad \text{THEN } y \text{ is } 大 \ (0.6)$$

$$x \text{ is } 较小$$

那么，是否有"y is 大"这个结论呢？这决定于 λ 值，若"x is 较小"与"x is 小"的接近程度大于或等于 λ 值，则有"y is 大"的模糊结论（其模糊值需计算），否则没有这个结论。

如何计算接近程度？有多种方法，这里举其中一种：贴近度。

设 A、B 分别是论域 $U = \{u_1, u_2, \cdots, u_n\}$ 上的模糊集合，它们的贴近度定义为

$$(A, B) = \frac{1}{2}[A \cdot B + (1 - A \odot B)]$$

其中

$$A \cdot B = \vee_U (\mu_A(u_i) \wedge \mu_B(u_i))$$

$$A \odot B = \wedge_U (\mu_A(u_i) \vee \mu_B(u_i))$$

"$\wedge$"表示取极小值，"$\vee$"表示取极大值。

例 5-15　设 $U = \{a, b, c, d, e\}$，有

$$A = 0.6/a + 0.8/b + 1/c + 0.8/d + 0.6/f + 0.4/f$$

$$B = 0.4/a + 0.6/b + 0.8/c + 1/d + 0.8/f + 0.6/f$$

求 (A, B)。

解

$$A \cdot B = 0.4 \vee 0.6 \vee 0.8 \vee 0.8 \vee 0.6 \vee 0.4 = 0.8$$

$$A \odot B = 0.6 \wedge 0.8 \wedge 1 \wedge 1 \wedge 0.8 \wedge 0.6 = 0.6$$

那么

$$(A,B)=\frac{1}{2}[0.8+(1-0.6)]=0.6$$

5.6.4 简单模糊推理

简单模糊推理是指规则的前提 E 是单一条件，结论 R 不含 CF，即

$$\text{IF} \quad x \text{ is } A \quad \text{THEN} \quad y \text{ is } B(\lambda)$$

首先构造 A、B 之间的模糊关系 $\mathbf{R}$，然后通过 $\mathbf{R}$ 与前提的合成求出结论。如果已知证据是 $x \text{ is } A'$ 且 $(A,A') \geqslant \lambda$，那么有结论

$$y \text{ is } B'$$

其中，$B' = A' \circ \mathbf{R}$。

所以在这种推理方法中，关键是如何构造模糊关系 $\mathbf{R}$。构造模糊关系有多种方法，这里只介绍扎德方法。扎德提出两种方法：条件命题的极大极小规则和条件命题的算术规则，得到的模糊关系分别记为 $\mathbf{R}_m$ 和 $\mathbf{R}_a$。

设 A、B 分别表示为

$$A = \int_U \mu_A(u)/u$$

$$B = \int_U \mu_B(v)/v$$

则

$$\mathbf{R}_m = (A \times B) \bigcup (\neg A \times V) = \int_{U \times V} (\mu_A(u) \wedge \mu_B(v)) \vee (1 - \mu_A(u))/(u,v)$$

$$\mathbf{R}_a = (\neg A \times V) \oplus (U \times B) = \int_{U \times V} 1 \wedge (1 - \mu_A(u) + \mu_B(v))/(u,v)$$

其中，$\oplus$ 表示界和，定义为

$$A \oplus B = \min\{1, \mu_A(u) + \mu_B(v)\}$$

对于模糊假言推理，已知证据为 $x \text{ is } A'$ 且 $(A,A') > \lambda$，则由 $\mathbf{R}_m$ 和 $\mathbf{R}_a$ 求得 B'_m、B'_a 分别为

$$B'_m = A' \circ \mathbf{R}_m = A' \circ [(A \times B) \bigcup (\neg A \times V)]$$

$$B'_a = A' \circ \mathbf{R}_a = A' \circ [(\neg A \times V) \bigcup (U \times B)]$$

它们的隶属函数分别为

$$\mu_{B'_m}(v) = \bigvee_{u \in U} \{\mu_{A'}(u) \wedge [(\mu_A(u) \wedge \mu_B(v)) \vee (1 - \mu_A(u))]\}$$

$$\mu_{B'_a}(v) = \bigvee_{u \in U} \{\mu_{A'}(u) \wedge [1 \wedge (1 - \mu_A(u) + \mu_B(u))]\}$$

解题思路：先求 $\mathbf{R}_m(\mathbf{R}_a)$，再由合成关系求 $B'_m(B'_a)$。

例 5-16 设 $U = V = \{1,2,3,4\}$，有

$$A = 1/1 + 0.5/2, \qquad B = 0.4/3 + 0.6/4 + 1/5$$

模糊规则为

$$\text{IF} \quad x \text{ is } A \quad \text{THEN} \quad y \text{ is } B(\lambda)$$

证据为 $x \text{ is } A'$ 且 $(A,A') > \lambda$，求 B'_m 和 B'_a。

解 先求 $\mathbf{R}_m$ 和 $\mathbf{R}_a$。由前面的 $\mathbf{R}_m$ 和 $\mathbf{R}_a$ 定义，可知

$$R_m(i,j) = (\mu_A(u_i) \wedge \mu_B(v_j)) \vee (1 - \mu_A(u_i))$$

$$R_a(i,j) = 1 \wedge (1 - \mu_A(u_i) + \mu_B(v_j))$$

$R_m(i,j)$ 和 $R_a(i,j)$ 分别是 $\boldsymbol{R}_m$、$\boldsymbol{R}_a$ 的第 i 行第 j 列元素。例如：

$$R_m(1,3) = (\mu_A(u_1) \wedge \mu_B(v_3)) \vee (1 - \mu_A(u_1)) = (1 \wedge 0.4) \vee (1-1) = 0.4$$

$$R_a(1,3) = 1 \wedge (1 - \mu_A(u_1) + \mu_B(v_3)) = 1 \wedge (1 - 1 + 0.4) = 0.4$$

由此求出 $\boldsymbol{R}_m$ 和 $\boldsymbol{R}_a$ 如下：

$$\boldsymbol{R}_m = \begin{bmatrix} 0 & 0 & 0.4 & 0.6 & 1 \\ 0.5 & 0.5 & 0.5 & 0.5 & 0.5 \\ 1 & 1 & 1 & 1 & 1 \\ 1 & 1 & 1 & 1 & 1 \\ 1 & 1 & 1 & 1 & 1 \end{bmatrix} \qquad \boldsymbol{R}_a = \begin{bmatrix} 0 & 0 & 0.4 & 0.6 & 1 \\ 0.5 & 0.5 & 0.9 & 1 & 1 \\ 1 & 1 & 1 & 1 & 1 \\ 1 & 1 & 1 & 1 & 1 \\ 1 & 1 & 1 & 1 & 1 \end{bmatrix}$$

下面求 $\boldsymbol{B}'_m$ 和 $\boldsymbol{B}'_a$：

$$\boldsymbol{B}'_m = A' \circ \boldsymbol{R}_m$$

$$= \{1, 0.4, 0.2, 0, 0\} \circ \begin{bmatrix} 0 & 0 & 0.4 & 0.6 & 1 \\ 0.5 & 0.5 & 0.5 & 0.5 & 0.5 \\ 1 & 1 & 1 & 1 & 1 \\ 1 & 1 & 1 & 1 & 1 \\ 1 & 1 & 1 & 1 & 1 \end{bmatrix}$$

$$= \{0.4, 0.4, 0.4, 0.6, 1\}$$

$$\boldsymbol{B}'_a = A' \circ \boldsymbol{R}_a$$

$$= \{1, 0.4, 0.2, 0, 0\} \circ \begin{bmatrix} 0 & 0 & 0.4 & 0.6 & 1 \\ 0.5 & 0.5 & 0.9 & 1 & 1 \\ 1 & 1 & 1 & 1 & 1 \\ 1 & 1 & 1 & 1 & 1 \\ 1 & 1 & 1 & 1 & 1 \end{bmatrix}$$

$$= \{0.4, 0.4, 0.4, 0.6, 1\}$$

这里，$\boldsymbol{B}'_m = \boldsymbol{B}'_a$ 只是一个巧合，一般来说它们不一定相同。

本章小结

本章首先讨论了不确定性推理的基本概念、不确定性研究的主要问题和主要方法。"不确定性"是针对已知事实和推理中所用到的知识而言的，应用这种不确定性的事实和知识的推理称为不确定性推理。

目前，关于不确定性处理方法的研究主要沿着两条路线发展。一是在推理级上扩展确定性推理，建立各种不确定性推理的模型，又分为数值方法和非数值方法。本章主要讨论数值方法，如概率方法、主观贝叶斯方法、可信度方法、证据理论、模糊方法等。二是在控制级上处理不确定性，称为控制方法。对于处理不确定性的最优方法，目前还没有统一的意见。

概率方法是一个以概率论中有关理论为基础建立的纯概率方法,由于在使用过程中需要事先确定给出先验概率和条件概率,并且计算量较大,因此应用受到了限制。主观贝叶斯方法、可信度方法、证据理论、模糊理论等方法都是处理专家系统中不确定性的方法。

主观贝叶斯方法通过使用专家的主观概率,避免了所需的大量统计计算工作。本章讨论了信任与概率的关系、似然性问题,介绍了主观贝叶斯方法知识表示和推理方法。

可信度方法比较简单、直观,易于掌握和使用,已成功地应用于如 MYCIN 这样的推理链较短、概率计算精度要求不高的专家系统中。但是当推理链长度较长时,由可信度的不精确估计而产生的积累误差会很大,所以它不适合长推理链的情况。

证据理论是用集合表示命题的一种处理不确定性的理论,引入信任函数而非概率来度量不确定性,并引入似然函数来处理不知道所引起的不确定性问题,只需满足比概率论更弱的公理系统。证据理论基础严密,专门针对专家系统,是一种很有吸引力的不确定性推理模型。但如何把它普遍应用于专家系统,目前还没有统一的意见。

模糊推理建立在传统的假言推理之上,涉及两方面。一方面,前提是否匹配。传统的假言推理要求严格的匹配,而模糊假言推理是模糊匹配,引入了贴近度的概念,只有前提的模糊集与证据的模糊集的贴近度超过专家给定的阈值,才被认为是匹配的。另一方面,当前提与证据模糊匹配后,结论的模糊性如何计算。本章的方法是按照扎德给出的条件命题的极大极小规则和条件命题的算术规则,得到模糊关系 R_m 和 R_a,再经过模糊关系的合成,计算结论的模糊性。

习 题 5

5.1 不确定推理的概念是什么?为什么要采用不确定推理?

5.2 不确定推理中需要解决的基本问题是什么?

5.3 主观贝叶斯方法的优点是什么?有什么问题?试说明 LS 和 LN 的意义。

5.4 为什么要在 MYCIN 中提出可信度方法?可信度方法还有什么问题?

5.5 何谓可信度?说明规则强度 $CF(H,E)$ 的含义。

5.6 设有三个独立的结论 H_1、H_2、H_3 及两个独立的证据 E_1、E_2,它们的先验概率和条件概率分别为:

$$P(H_1) = 0.4 \qquad P(H_2) = 0.3 \qquad P(H_3) = 0.3$$
$$P(E_1 \mid H_1) = 0.5 \qquad P(E_1 \mid H_2) = 0.3 \qquad P(E_1 \mid H_3) = 0.5$$
$$P(E_2 \mid H_1) = 0.7 \qquad P(E_2 \mid H_2) = 0.9 \qquad P(E_2 \mid H_3) = 0.1$$

(1)当只有证据 E_1 出现时,利用概率方法,计算 $P(H_1 \mid E_1)$、$P(H_2 \mid E_1)$ 和 $P(H_1 \mid E_1)$ 的值;并说明 E_1 的出现对 H_1、H_2、H_3 的影响。

(2)当 E_1 和 E_2 同时出现时,利用概率方法,计算 $P(H_1 \mid E_1, E_2)$、$P(H_2 \mid E_1, E_2)$ 和 $P(H_3 \mid E_1, E_2)$ 的值;并说明 E_1 和 E_2 同时出现对 H_1、H_2、H_3 的影响。

5.7 设有如下知识:

$$R_1 : IF \quad E_1 \quad THEN \quad (20,1) \quad H_1(0.06)$$
$$R_2 : IF \quad E_2 \quad THEN \quad (10,1) \quad H_2(0.05)$$
$$R_3 : IF \quad E_3 \quad THEN \quad (1,0.08) \quad H_3(0.4)$$

求：当证据 E_1、E_2、E_3 分别存在时，$P(H_i | E_i)$ 的值各是多少。

5.8 设有如下规则：

$$R_1: \text{IF} \quad E_1 \quad \text{THEN} \quad (400,1) \quad H$$

$$R_2: \text{IF} \quad E_2 \quad \text{THEN} \quad (60,1) \quad H$$

已知证据 E_1 和 E_2 必然发生，并且 $P(H) = 0.04$，求 H 的后验概率。

5.9 设有如下规则：

$$R_1: \text{IF} \quad E_1 \quad \text{THEN} \quad (65, 0.01) \quad H$$

$$R_2: \text{IF} \quad E_2 \quad \text{THEN} \quad (300, 0.0001) \quad H$$

已知 $P(E_1 | S_1) = 0.5$，$P(E_2 | S_2) = 0.2$，$P(E_1) = 0.1$，$P(E_2) = 0.03$，$P(H) = 0.01$，求 $P(H | S_1, S_2)$。

5.10 设有如下规则：

$$R_1: \text{IF} \quad E_1 \quad \text{THEN} \quad H(0.8)$$

$$R_2: \text{IF} \quad E_2 \quad \text{THEN} \quad H(0.6)$$

$$R_3: \text{IF} \quad E_3 \quad \text{THEN} \quad H(-0.5)$$

$$R_4: \text{IF} \quad E_4 \quad \text{AND} \quad (E_5 \text{ OR } E_6) \quad \text{THEN} \quad E_1(0.7)$$

$$R_5: \text{IF} \quad E_7 \quad \text{AND} \quad E_8 \quad \text{THEN} \quad E_3(0.9)$$

且已知 $CF(E_2) = 0.8$，$CF(E_4) = 0.5$，$CF(E_5) = 0.6$，$CF(E_6) = 0.7$，$CF(E_7) = 0.6$，$CF(E_8) = 0.9$，求 H 的综合可信度 $CF(H)$。

5.11 请说明证据理论中概率分配函数、信任函数、似然函数及类概率函数的含义。

5.12 设 $\Omega = \{红，黄，绿\}$，有如下概率分配函数

$$m(\{\phi\},\{红\},\{黄\},\{绿\},\{红,黄,绿\}) = (0,0.6,0.2,0.1,0.1)$$

设 $A = \{红，黄\}$，求 $m(\Omega)$、$Bel(A)$、$Pl(A)$ 和 $f(A)$ 的值。

5.13 已知 $f(E_1) = 0.6$，$f(E_2) = 0.8$，$|\Omega| = 20$，$E_1 \wedge E_2 \to H$，$H = \{h_1, h_2\}$，$(c_1, c_2) = (0.5, 0.3)$，计算 $f(H)$。

5.14 设有如下规则：

$$R_1: \text{IF} \quad E_1 \quad \text{AND} \quad E_2 \quad \text{THEN} \quad A = \{a_1, a_2\} \quad CF = \{0.3, 0.5\}$$

$$R_2: \text{IF} \quad E_3 \quad \text{AND} \quad (E_4 \text{ OR } E_5) \quad \text{THEN} \quad B = \{b_1\} \quad CF = \{0.7\}$$

$$R_3: \text{IF} \quad A \quad \text{THEN} \quad H = \{h_1, h_2, h_3\} \quad CF = \{0.1, 0.5, 0.3\}$$

$$R_4: \text{IF} \quad B \quad \text{THEN} \quad H = \{h_1, h_2, h_3\} \quad CF = \{0.4, 0.2, 0.1\}$$

已知用户对初始证据给出的确定性为 $f(E_1) = 0.8$，$f(E_2) = 0.6$，$f(E_3) = 0.9$，$f(E_4) = 0.5$，$f(E_5) = 0.7$，并假定 Ω 中的元素个数 $|\Omega| = 10$，求 $f(H)$。

5.15 设有如下两个模糊关系：

$$\boldsymbol{R}_1 = \begin{bmatrix} 0.5 & 0.6 & 0.3 \\ 0.7 & 0.4 & 1 \\ 0 & 0.8 & 0 \\ 1 & 0.2 & 0.9 \end{bmatrix}$$

$$\boldsymbol{R}_2 = \begin{bmatrix} 0.2 & 1 \\ 0.8 & 0.4 \\ 0.5 & 0.3 \end{bmatrix}$$

求 $\boldsymbol{R}_1 \circ \boldsymbol{R}_2$。

5.16 设 $U = V = \{1, 2, 3, 4\}$，有

$$A = 0.8 / 1 + 0.5 / 2 + 0.2 / 3$$
$$B = 0.3 / 2 + 0.7 / 3 + 0.9 / 4$$

模糊规则为

$$\text{IF } x \text{ is } A \quad \text{THEN } y \text{ is } B(\lambda)$$

证据为

$$x \text{ is } A'$$

且有 $(A, A') > \lambda$，求 $\boldsymbol{B}'_m$、$\boldsymbol{B}'_a$。

第 6 章

机器学习

学习是人类获取知识和体现人类智能的重要方式，相应地，机器学习是计算机获取知识和体现人工智能的关键标志。在人工智能系统中，知识获取一直是一个瓶颈问题，提高计算机的学习能力则是解决这个问题的关键。

本章将介绍机器学习的基本知识和目前主要的机器学习策略，包括归纳学习、基于实例的学习和强化学习。具体的学习方法，如支持向量机、神经网络、进化计算等内容，将在后续章节中详细介绍。

6.1　机器学习概述

6.1.1　学习与机器学习

1．学习的概念

学习是一种综合的心理活动，与记忆、思维、知觉、感觉等多种心理活动密切相关，人们目前尚未完全清楚其机理，而且学习是一种多侧面的实践活动，使得人们很难把握其本质。因此，什么是学习，至今还没有一个统一的定义。在各种学习观点中，影响最大的有以下几种。

① 心理学中对学习的解释是：学习是指（人或动物）依靠经验的获得而使行为持久变化的过程。

② 西蒙（Simon）对学习的阐述（1983 年）：如果一个系统能够通过执行某种过程而改进它自身的性能，这就是学习。这个阐述包含三个要点：学习是一个过程；学习是对一个系统而言的，这个系统可以是简单的一个人或一台机器，也可以是相当复杂的一个计算系统，甚至是包括人在内的人机计算系统；学习能够改进系统性能。

③ 米切尔（T.M. Mitchell）在《机器学习》一书中对学习的定义是：对于某类任务 T 和性能度 P，如果一个程序在 T 上以 P 衡量的性能随着经验 E 而自我完善，那么我们称这个程序从经验 E 中学习。

当前关于"学习"的观点是：学习是一个有特定目的的知识获取和能力增长过程，其内在行为是获得知识、积累经验、发现规律等，其外部表现是改进性能、适应环境、实现自我完善等。学习的基本机制是，设法把在一种情况下被确定是成功的表现行为转移到另一种类似的新情况中。学习能力是人类智能的根本特征，人类通过学习来提高和改进自己的能力。任何具有智能的系统都必须具备学习的能力。

2．机器学习的概念

机器学习是定义在学习之上的，由于学习目前尚无严格的定义，因此机器学习也不可能给出一个严格的定义。

从直观上理解，机器学习（Machine Learning，ML）是研究计算机模拟人类的学习活动，获取知识和技能的理论和方法，改善系统性能的学科。正如香克（R. Shank）所说："一台计算机如果不会学习，就不能称为具有智能。"机器学习是使计算机具有智能的根本途径，是人工智能中最具有智能特征的前沿研究领域之一。

6.1.2　学习系统

要使计算机具有某种程度的学习能力，即计算机能够通过学习增长知识、改进性能、提高智能水平，就需要为它建立相应的学习系统。

1．学习系统的概念

学习系统是指能够在一定程度上实现机器学习的系统。1973 年，萨里斯（A. Saris）曾对

"学习系统"给过如下定义：如果一个系统能够从某个过程和环境的未知特征中学到有关信息，并且能够把学到的信息用于未来的估计、分类、决策和控制，以便改进系统的性能，那么它就是学习系统。1977年，史密斯（T.B. Smith）给出了类似定义：如果一个系统在与环境相互作用时，能利用过去与环境作用时得到的信息，并提高其性能，这样的系统就是学习系统。

2．学习系统的基本要求

通常，一个学习系统应该满足如下基本要求。

① 具有适当的学习环境。前面两个关于学习系统的定义中都使用了"环境"这个术语。学习系统中的环境并非指通常的物理条件，而是指学习系统进行学习时所需的信息来源。

② 具有一定的学习能力。环境只是为学习系统提供了相应的信息和条件，要从中学习到知识，还必须具有适当的学习方法和一定的学习能力。

③ 能用所学的知识解决问题。学以致用是对人类学习的一种要求，机器学习系统也是如此。在萨里斯的定义中明确指出，学习系统应该把学到的信息用于未来的估计、分类、决策和控制，以便改进系统的性能。事实上，无论是人还是学习系统，如果不能用学到的知识解决实际问题，就失去了学习的作用和意义。

④ 能通过学习提高系统的性能。提高系统的性能是学习系统的最终目标。通过学习，系统随之增长知识，提高解决问题的能力，以便完成原来不能完成的任务，或者比原来做得更好。

3．学习系统的基本模型

通过以上分析可以看出，一个学习系统至少应包括四部分：环境、知识库、学习环节和执行环节。典型的机器学习系统如迪特里奇（T. Dietterich）的学习模型如图6-1所示。环境向系统的学习环节提供某些信息，学习环节利用这些信息修改知识库，增强执行环节的效能；执行环节根据知识库完成任务，同时把获得的信息再反馈给学习环节。

图6-1　迪特里奇的学习模型

下面进行详细讨论。

1）环境与学习环节

环境中信息的水平和质量是影响学习系统设计的第一个重要因素。

信息的水平是指信息的一般化程度，或者指信息适用范围的广泛性。信息的一般化程度又是相对执行环节而言的。高水平信息的一般化程度比较高，能适应更广泛的问题；低水平信息的一般化程度比较低，只适应个别问题。无论环境中的信息水平是高还是低，这些信息与执行环节所需的信息水平往往会有差距。学习环节的任务是缩小这个差距。如果环境提供的是高水平信息，学习环节就要补充遗漏的细节，以便执行环节将其用于更具体的情况。如果环境提供的是低水平信息，学习环节是由这些具体实例归纳出适合一般情况的规则，以便执行环节将其用于更广泛的任务。

信息的质量是指信息的正确性和信息在组织上的合理性等。环境中的信息质量对学习难度有明显的影响。例如，如果环境的示例中有干扰，或示例的次序不合理，那么学习环节很难对其进行归纳。

2）知识库

知识库的形式和内容是影响学习系统设计的第二个因素。知识库的形式与知识表示方法直接相关，常用的知识表示方法有谓词逻辑、产生式、语义网络、框架等。选择知识表示方法的准则有可表达性、可推理性、可修改性和可扩充性等。

知识库的初始知识非常重要。学习系统不可能在没有任何知识的情况下凭空获取知识，总是先利用初始知识去理解环境提供的信息，并逐步进行学习。学习系统的学习过程实质上是对原有知识库的扩充和完善的过程。

3）执行环节

执行环节是整个学习系统的核心，与学习环节相互联系。学习环节的目的是改善执行环节的行为，而执行环节的复杂度、反馈作用及透明性又会对学习环节产生一定的影响。

① 复杂度。不同复杂度的任务所需的知识不一样。一般，一个任务越复杂，所需的知识就会越多。

② 反馈。所有的学习系统都必须有从执行环节到学习环节的反馈信息。反馈信息是根据执行环节的执行情况，对学习环节所获知识的评价。学习环节根据反馈信息来决定是否需要从环境中进一步获取信息，以修改、完善知识库中的知识。目前，学习系统采取的评价方式主要有两种：一种是由系统自动进行评价，另一种是由人来协助完成评价。由系统自动完成评价是指将评价时所需的性能指标直接建立在学习系统中，然后由系统对执行环节得到的结果自动进行评价；由人来协助完成评价是指由人提出外部执行标准，然后观察执行环节相对这个标准的执行情况，并将比较结果反馈给学习环节。

③ 透明性。透明性是指从系统执行部分的动作效果可以容易地对知识库的规则进行评价。由此可见，执行环节的透明性应该越高越好。

6.1.3　机器学习的发展简史

机器学习的发展过程可以划分为若干阶段，至于如何划分有多种方法。例如，按照机器学习的发展形势，可以分为热烈时期、冷静时期、复兴时期和蓬勃发展时期；按照机器学习的研究途径和目标，可以分为神经元模型研究、符号概念获取研究、基于知识的各种学习系统研究、联结学习和符号学习共同发展四个阶段。

下面按照后一种划分方法进行讨论。

1．神经元模型研究阶段

这个阶段为 20 世纪 50 年代中期到 60 年代初期，也被称为机器学习的热烈时期，研究的是"没有知识"的学习，主要研究目标是各种自组织系统和自适应系统。其基本思想是：如果给系统一组刺激、一个反馈源，以及修改自身的足够的自由度，那么系统将自适应地趋向最优组织；采用的主要研究方法是不断修改系统的控制参数，以改进系统的执行能力，而不涉及与具体任务有关的知识；所依据的主要理论基础是在 40 年代就开始研究的神经网络模型。

这个阶段最具代表性的工作是罗森布拉特（F. Rosenblaft）于 1957 年提出的感知器模型。该模型试图利用感知器网络来模拟人脑的感知和学习能力。但遗憾的是，大多数想用它来产生某些复杂智能系统的企图都失败了。同时，明斯基（M.L. Minsky）1969 年在其著名论著 *Perceptron* 中对感知器得出的悲观结论，以及感知器模型自身存在的缺陷，使得基于神经元模型的机器学习研究落入了低谷。

2．符号概念获取研究阶段

这个阶段是 20 世纪 60 年代中期到 70 年代初期。机器学习的研究进入第二阶段，心理学和人类学习的模式占据主导地位，其特点是使用符号而不是数值表示来研究学习问题，目标是用学习来表达高级知识的符号描述。在该观点的影响下，其主要技术是概念获取和各种模式识别系统的应用。研究人员一方面深入探讨学习的简单概念，另一方面把大量的领域知识并入学习系统，以便它们发现高深的概念。

这个阶段的代表性工作是温斯顿（P.H. Winston）于 1975 年提出的基于示例归纳的结构化概念学习系统。

3．基于知识的各种学习系统研究阶段

机器学习发展的第三个阶段始于 20 世纪 70 年代中期，不再局限于构造概念学习系统和获取上下文知识，而是结合了问题求解中的学习、概念聚类、类比推理及机器发现的工作。

相应的学习方法相继推出，如示例学习、示教学习、观察和发现学习、类比学习、基于解释的学习等，这些方法强调应用面向任务的知识和指导学习过程的约束，启发式知识应用于学习任务的生成和选择，包括提出收集数据的方式、选择要获取的概念、控制系统的注意力等。

4．联结学习和符号学习共同发展阶段

20 世纪 80 年代后期以来，形成了联结学习和符号学习共同发展的阶段。在该时期，用隐单元来计算和学习非线性函数的方法被提出，从而克服了早期神经元模型的局限性；同时，由于计算机硬件的迅速发展，神经网络的物理实现变成可能，在语音识别、图像处理等领域，神经网络取得了很大成功。

在这个阶段，符号学习伴随人工智能的进展也日益成熟，应用领域不断扩大，最杰出的工作有分析学习（特别是解释学习）、遗传算法、决策树归纳等。如今，基于计算机网络的各种具有学习能力和自适应能力的软件系统的开发将机器学习的研究推向新的高度。

6.1.4 机器学习的分类

1．基于学习策略的分类

1）模拟人脑的机器学习

模拟人脑的机器学习分为如下两种。

符号学习：模拟人脑的宏观心理学习过程，以认知心理学原理为基础，以符号数据为输入，以符号运算为方法，用推理过程在图或状态空间中搜索，学习的目标为概念或规则等。符号学习的典型方法包括记忆学习、示例学习、演绎学习、类比学习、解释学习等。

神经网络学习（或联结学习）：模拟人脑的微观生理学习过程，以脑科学和神经科学原理为基础，以人工神经网络为函数模型，以数值数据为输入，以数值运算为方法，用迭代过程在系数向量空间中搜索，学习的目标为函数。典型的联结学习包括权值修正学习、拓扑结构学习。

2）直接采用数学方法的机器学习

这类机器学习主要指统计机器学习，其内容包括贝叶斯学习、贝叶斯网络学习、几何分类学习、支持向量机（Support Vector Machine，SVM）。

2．基于学习方法的分类

归纳学习：应用归纳推理进行学习的方法。归纳推理是应用归纳方法，从足够多的具体事例中归纳出一般性知识，提取事物的一般规律，是从个别到一般的推理。

解释学习：基于解释的学习（Explanation-Based Learning，EBL），根据任务所在领域知识和正在学习的概念知识，对当前实例进行分析和求解，得出一个表征求解过程的因果解释树，以获取新的知识。在获取新知识的过程中，通过对属性、表征现象和内在关系等进行解释而学习到新的知识。

神经学习：基于神经网络的学习（Neural Networks-Based Learning，NNBL）。神经网络的性质主要取决于两个因素：网络的拓扑结构，网络的权值、工作规则。二者结合起来就可以构成一个网络的主要特征。神经学习是指神经网络的训练过程，其主要表现为网络的权值的调整。神经网络的连接权值的确定方式一般有两种：一种是通过设计计算确定，即死记式学习；另一种是网络按一定的规则通过学习得到。大多数神经网络使用后一种方法确定其网络的权值，如反向传播算法、Hopfield 网络等。

知识发现：数据库的知识发现（Knowledge Discovery from Database，KDD），是指从大量数据中辨识出有效的、新颖的、潜在有用的、可被理解的模式的高级处理过程。

3．基于学习方式的分类

有教师学习（监督学习）：输入数据中有教师信号，以概率函数、代数函数或人工神经网络为基函数模型，采用迭代计算方法，学习结果为函数。典型的有教师学习包括神经学习、分类学习等。

无教师学习（非监督学习）：输入数据中无教师信号，采用聚类方法，学习结果为类别。典型的无教师学习包括发现学习、聚类学习、竞争学习等。

强化学习（增强学习）：以环境反馈（奖惩信号）作为输入，以统计和动态规划技术为指导的一种学习方法。

4．基于数据形式的分类

结构化学习：以结构化数据为输入，以数值计算或符号推演为方法。典型的结构化学习包括神经网络学习、统计学习、决策树学习、规则学习。

非结构化学习：以非结构化数据为输入。典型的非结构化学习包括类比学习、案例学习、解释学习、文本挖掘、图像挖掘、Web 挖掘等。

5．基于学习目标的分类

概念学习：学习的目标和结果为概念，或者说是为了获得概念的一种学习。典型的概念学习是示例学习。

规则学习：学习的目标和结果为规则，或者说是为了获得规则的一种学习。典型的规则学习是决策树学习。

函数学习：学习的目标和结果为函数，或者说是为了获得函数的一种学习。典型的函数学习是神经网络学习。

类别学习：学习的目标和结果为对象类，或者说是为了获得类别的一种学习。典型的类别学习是聚类分析。

贝叶斯网络学习：学习的目标和结果是贝叶斯网络，或者说是为了获得贝叶斯网络的一种学习，可分为结构学习和参数学习。

6.1.5　机器学习的应用和研究目标

1. 机器学习的应用

研究表明，目前在众多涉及计算机处理的技术应用中，机器学习在许多领域都取得了很大的进步，如用于人工智能、数据挖掘、自然语言处理、汉字识别、机器翻译、专家系统、商业领域等。可以说，系统是否具有"学习"功能已成为衡量其是否具有"智能"的一个重要标志。

20世纪90年代逐渐成熟的基于机器学习的文本分类方法更注重分类器的模型自动挖掘和生成及动态优化能力，在分类效果和灵活性上比之前基于知识工程和专家系统的文本分类模式有所突破，成为相关领域研究和应用的经典范例。

近年来，机器学习与自然语言处理的结合越来越紧密，自然语言学习技术的发展也随之加快。在自然语言处理及机器翻译方面，基于实例的学习是一种既传统又流行的机器学习方法。这种方法给定一些有代表性的实例，从中总结出一些规律，使其具有代表性和高精确度，并把学习得到的这些特性作为系统，赋给另一个从未见过的新事物。比较典型的应用有基于机器学习方法的自动文摘技术及用于智能中文关联词语识别、中文语句的生成和诊断系统等。

机器学习方法在专家系统及智能决策系统方面的典型应用很普遍，包括：机械设备智能诊断系统的机器学习机制，故障诊断专家系统中机器学习方法的研究，基于机器学习理论的智能决策支持系统模型操纵方法的研究，智能制造系统中机器学习方法的应用研究等。

机器学习技术也应用于市场营销、金融、网络分析和电信领域。在市场营销领域，机器学习技术广泛应用于分类型任务和关联型任务；在金融领域，机器学习技术广泛应用于预测型任务；在网络分析领域，机器学习技术广泛应用于关联型任务；在电信领域，机器学习技术在分类、预测、侦察等任务方面也有广泛的应用。此外，机器学习通常应用于数据挖掘领域，并与其他应用技术相结合，比较典型的有基于机器学习的神经网络初始化方法、进化计算在机器学习中的应用研究、层次分类中的机器学习方法研究、基于 Rough 集方法的数据约简与机器学习、预测支持系统中的人机界面 Agent 及其机器学习。

2. 机器学习的研究目标

人类学习过程的认知模型：研究人类学习机理的认知模型，对人类的教育和对开发机器学习系统都有重要的意义。

通用学习算法：通过对人类学习过程的研究，探索各种可能的学习方法，开发具体应用领域的通用学习算法。

构造面向任务的专用学习系统：研究智能系统的构建，解决专门的实际问题，并开发完成这些专门任务的学习系统。

6.2 归纳学习

归纳学习是一种被广泛用于研究符号学习的方法，表示从例子设想出假设的过程。归纳学习也可以看成一个搜索问题的过程，在预定义的假设空间中搜索假设，使其与训练样例具有最佳的拟合度。归纳学习能够获得新的概念，创立新的规则，发现新的理论，一般操作是泛化（Generalization）和特化（Specialization）。泛化被用来扩展假设的语义信息，以便包含更多的正例，应用于更多的情况。特化是泛化的相反操作，用于限制概念描述的应用范围。

6.2.1 归纳学习的基本概念

归纳是指从个别到一般、从部分到整体的一类推论行为。归纳推理是应用归纳方法所进行的推理，即从足够多的事例中归纳出一般性的知识，是一种从个别到一般的推理。由于在进行归纳时，多数情况下不可能考察全部有关的事例，因而归纳出的结论不能绝对保证它的正确性，只能以某种程度相信它为真，这是归纳推理的一个重要特征。

归纳推理是一种常用的推理方法，人们通过大量的实践总结出了多种归纳方法，如枚举归纳、联想归纳、类比归纳、逆推理归纳、消除归纳等。

归纳学习是应用归纳推理进行学习的一种学习方法，旨在从大量的经验数据中归纳抽取出一般的判定规则和模式，是从特殊情况推导出一般规则的学习方法，其目标是形成合理的能解释已知事实和预见新事实的一般性结论。例如，为系统提供各种动物的例子，并且告诉系统哪些是鸟，哪些不是鸟，系统通过归纳学习可以总结出识别鸟的一般规则，将鸟与其他动物区分。

归纳学习依赖于经验数据，因此被称为经验学习（Empirical Learning，EL），由于依赖于数据间的相似性，因此也被称为基于相似性的学习（Similarity-Based Learning，SBL）。

1. 归纳学习的双空间模型

归纳学习使用训练实例来引导出一般规则。全体可能的实例构成实例空间，全体可能的规则构成规则空间。基于规则空间和实例空间的学习就是在规则空间中搜索要求的规则，并从实例空间中选出一些示教的例子，以便解决规则空间中某些规则的二义性问题。学习的过程就是完成实例空间和规则空间之间同时、协调的搜索，最终找到要求的规则。用于归纳学习的双空间模型如图 6-2 所示。

图 6-2　归纳学习的双空间模型

依据双空间模型建立的归纳学习系统，其执行过程可以大致描述为：首先由施教者给实例空间提供一些初始示教例子，由于示教例子在形式上往往与规则形式不同，因此需要对这些例子进行转换，解释为规则空间接受的形式，然后利用解释后的例子搜索规则空间。由于一般情况下不能一次性从规则空间中搜索到要求的规则，因此还要寻找一些新的示教例子，这个过程就是实例选择。程序会选择对搜索规则空间最有用的例子，对这些示例重复上述循环。如此循环多次，直到找到所要求的例子。

2．归纳学习的分类

按有无教师指导，归纳学习可分为示例学习、观察与发现学习。

示例学习，又称为实例学习或概念获取，是指给定某个概念的一系列已知的正例和反例，其任务是从中归纳出一般性的概念描述。因此示例学习是有教师学习。

观察与发现学习没有教师的帮助，目标是产生和解释所有或大多数观察的规律和规则，包括概念聚类、发现定理、形成理论等，是无教师学习。

按所学习的概念的类型，归纳学习可以分为单概念学习和多概念学习两类。这里，概念是指用某种描述性语言表示的谓词。应用于概念的正实例时，谓词为真；应用于概念的负实例时，谓词为假。从而，概念谓词将实例空间划分为正、反两个子集。

对于单概念学习，学习目的是从概念空间（规则空间）中寻找某个与实例空间一致的概念。

对于多概念学习，学习目的是从概念空间中找出若干概念描述，对于每个概念描述，实例空间中均有相应的空间与之对应。

典型的单概念学习系统包括米切尔的基于数据驱动的变型空间法、昆兰（J.R. Quinlan）的 ID3 方法、迪特里奇（T.G. Dietterich）和米哈尔斯基（R.S. Michalski）提出的基于模型驱动的 Induce 算法。典型的多概念学习方法和系统有米哈尔斯基的 AQ11、DENDRAL 和 AM 程序等。多概念学习任务可以分为多个单概念学习任务来完成。与单概念学习相比，多概念学习方法需要解决概念之间的冲突问题。

6.2.2　变型空间学习

变型空间学习（Version Space Learning）是米切尔于 1977 年提出的一种数据驱动型的学习方法，是一种重要的有教师学习的归纳学习方法。变型空间学习方法以整个规则空间或其子集为初始的假设规则集合 H，依据示教例子中的信息，对集合 H 进行泛化或特化处理，逐步缩小集合 H，最后使得 H 收敛到只含有要求的规则。由于被搜索的假设规则集合 H 逐渐缩小，故变型空间学习方法也被称为变型空间法，H 被称为假设空间。

1．变型空间的结构

在变型空间中，表示规则的点与点之间存在着一种由一般到特殊（more general than）的偏序关系，被定义为覆盖。如 color(X, Y)覆盖 color(ball, Z)，于是覆盖 color(ball, red)。

假设空间 H 由两个子集 G 和 S 所限定，子集 G 中的元素表示 H 中最一般的概念，子集 S 中的元素表示 H 中最特殊的概念。空间 H 的确切组成是：G 中包含的假设，S 中包含的假设，以及 G 和 S 之间偏序结构所规定的假设，即

$$H = G \cup S \cup \{k \mid S < k < G\}$$

其中，"<"表示变型空间中的偏序关系。

作为一个简单的例子，考虑有如下属性和值的对象域：

$$Colors = \{red, =, blue\}$$

Shapes = {ball, cube}

这些对象可以用谓词 G(Colors, Shapes)或 G(x, y)来表示，其变型空间的偏序关系如图 6-3 所示。

在图 6-3 中，整个变型空间包含 9 个假设，假设箭头表示一般到特殊的偏序关系，只要给定集合 S 和 G，就可以列举出变型空间中的所有成员，方法是使用一般到特殊的偏序结构来生成集合 S 与集合 G 之间的所有假设。

正如图 6-4 所描述的，变型空间法的初始集合 G 是空间中最上面的一个点（最一般的概念），初始集合 H 是整个空间，S 是空间中最下面的直线的点（示教例子）。在搜索过程中，G 集逐渐下移（特化），S 集不断上移（泛化），集合 H 逐步缩小。最后集合 H 收敛为只含有一个概念时，就发现了所要学习的概念。在变型空间中，这种学习算法被称为候选消除算法。

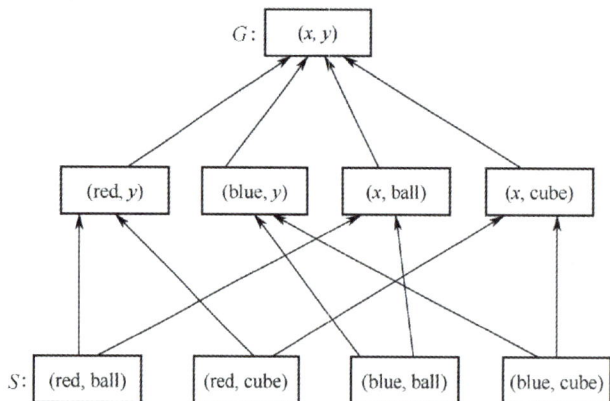

图 6-3　变型空间的偏序关系　　　　图 6-4　变型空间排序关系

2．候选消除算法

算法 6-1　候选消除算法。

（1）把集合 H 初始化为整个规则空间。这时集合 G 仅包含空描述，即最一般的描述。S 包含所有最特殊的概念。实际上，为了避免 S 过大，算法把 S 初始化为仅包含第一个示教正例。

（2）接受一个新的示教例子。如果这个例子是正例，那么从 G 集合中删除所有不覆盖该例的概念，然后修改 S 为由新正例和 S 原有元素共同归纳出的最特殊的结果，就是对 S 尽量小的泛化。这个过程称为对集合 S 的修改过程。

如果这个例子是反例，那么从 S 集合中删去所有覆盖这个反例的概念，再对 G 作尽量小的特殊化处理，使之不覆盖这个反例，这个过程称为对集合 G 的修改过程。

（3）重复步骤（2），直到 G = S，且使这两个集合都只含有一个元素为止。

（4）输出 H 中的概念（输出 G 或 S）。

下面给出一个实例。

例 6-1　假设有一个物体，用两个属性来描述：大小和形状。大小只有两个值：大的（lg）或小的（sm）；形状有三个值：圆的（cir）、方的（squ）或三角的（tri）。每个物体可以用一个向量 (x, y) 表示：x 表示物体的大小，y 表示物体的形状。初始变形空间如图 6-5 所示。

假设要学习的概念为"圆"，即 (x, cir)，可以先将集合 H 初始化为整个规则空间 $<G_0, S_0>$：
$$G_0 = \{(x, y)\}$$
$$S_0 = \{(sm, squ), (sm, cir), (sm, tri), (lg, squ), (lg, cir), (lg, tri)\}$$

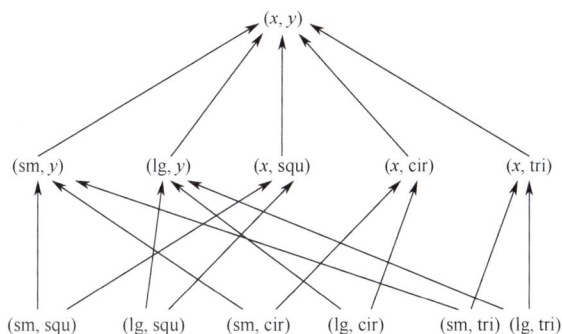

图 6-5 初始变型空间

第一个训练例子是正例(sm, cir)，这表示小圆是圆。初始化 S 为第一个正例，G 覆盖了该例，所以不需要修改。$<G_0, S_0>$ 更新为 $<G_1, S_1>$，其中

$$G_1 = \{(x, y)\}$$
$$S_1 = \{(sm, cir)\}$$

新的描述空间如图 6-6 所示。

第二个训练例子是反例(lg, tri)，表示大三角不是圆。这时 G 过于一般了，包含了该反例，应对 G 进行特化处理，使它能对此反例进行正确分类。有两个属性可以使 G 特化，这里有 3 种可选的极小或更特殊的假设。*S 中不包含该反例，所以不需要修改。* $<G_1, S_1>$ 更新为

$$G_2 = \{(x, cir), (x, squ), (sm, y)\}$$
$$S_2 = \{(sm, cir)\}$$

新的描述空间如图 6-7 所示。

图 6-6 新的描述空间 1

图 6-7 新的描述空间 2

第三个训练例子是正例(lg, cir)，表示大圆是圆。先从 G 中去掉不满足此正例的概念(sm, y)、(x, squ)，再对 S 依据此正例作泛化。$<G_2, S_2>$ 更新为

$$G_3 = \{(x, cir)\}$$
$$S_3 = \{(x, cir)\}$$

这时算法结束，输出概念 (x, cir)。

6.2.3 归纳偏置

1. 归纳偏置的概念

候选消除算法收敛到描述目标概念的假设的条件是：① 训练样例中没有错误；② H 中确实包含描述目标概念的正确假设。如果样例中存在错误或目标概念不能由假设表示方式所描

述，在给定足够的训练数据的情况下，那么通过对 S 的泛化和对 G 的特化，变型空间会收敛得到一个空集。

为了确保目标概念存在于假设空间中，需要能够表达实例集 X 的所有可能的子集的假设空间。假设实例空间 X 由 n 种属性描述，n 种属性的取值分别为 $m_1, m_2, \cdots, m_n$，则实例空间 X 中学习实例的总数为 $K = m_1 \times m_2 \times \cdots \times m_n$，因此在这个实例空间上可以定义 2^K 个不同的目标概念，这就是需要学习的目标概念的数目。学习空间如此庞大，如果没有一些方法来修剪它们，基于搜索的学习就没有实用性，因此应该有一些启发式的限制，使得学习程序能够有效地在整个空间最小的域中搜索。

以上分析说明归纳学习需要某种形式的预先假设，被称为归纳偏置。严格来说，归纳偏置是指学习程序用来限制概念空间或者在这个空间中选择概念的任何标准。

2. 归纳偏置的强化

归纳偏置有如下两个特点。

❖ 强偏置是把概念学习集中于相对少量的假设，弱偏置需要学习的假设量相对大。

❖ 正确偏置允许概念学习选择目标概念，不正确偏置就不能选择目标概念。

可见，归纳偏置在归纳学习中非常重要。当偏置很强且正确时，概念学习能较快地选择可用的目标概念，所以经常需要把较弱的偏置变换成较强的偏置，一般有以下方法。

❖ 经过启发式方法，推荐新概念描述加到概念描述语言，以确定一个更好的偏置。

❖ 变换推荐的描述成为概念描述语言中已形式化表示的新概念描述，同化任何新概念进入假设的限定空间，保持假设空间机制，使得新概念描述语言较前面的语言更好。

机器学习已经探索出一些表象上的偏置。

❖ 合取偏置：限定知识的表示为合取范式的形式。

❖ 限制析取的数量：纯粹的合取偏置对于很多应用来说限制太多，可以选择限制析取的数量。

❖ 特征向量：把对象描述为特征集合的一种表示，对象之间的特征值不同。

❖ 决策树：ID3（见 6.3.3 节）是已经被证实的一种有效的概念表示。

❖ Horn 子句：需要对蕴含式的形式加以限制，在自动推理和从实例中学习规则的大量程序都用到了蕴含式。

除此之外，很多程序运用特定领域知识来考虑域中已知或者假定的语义，也可以提供极为有效的偏置。

6.3 决策树学习

决策树学习是离散函数的一种树型表示，表示能力强，可以表示任意的离散函数，是一种重要的归纳学习方法。

决策树是实现分治策略的数据结构，通过把实例从根结点排列到某叶结点来分类实例，可用于分类和回归。决策树代表实例属性值约束的合取的析取式，从根结点到叶结点的每条路径对应一组属性测试的合取，树本身对应这些合取的析取。

6.3.1 决策树的组成及分类

1．决策树的组成

决策树由一些决策结点和终端叶结点组成，每个决策结点 m 实现一个具有离散输出的测试函数 $f_m(x)$，用于标记分支。给定一个输入，在每个结点应用一个测试，并根据测试的输出确定一个分支。这个过程从根结点开始，并递归地重复，直至到达一个叶结点。该叶结点中的值形成输出。

每个 $f_m(x)$ 定义了一个 d 维输入空间中的判别式，将空间划分成较小区域，在从根结点沿一条路径向下时，这些较小的区域被进一步划分。每个叶结点有一个输出标号，对于分类，该标号是类代码；对于回归，则是一个数值。一个叶结点定义了输入空间的一个局部区域，落入该区域的实例具有相同的输出。

根据每个结点所测试的属性的个数，决策树可以分为单变量树和多变量树。

2．单变量树

在单变量树中，每个结点的测试值使用一个输入维，即只测试一个属性。如图 6-8 所示，圆结点是决策结点，方结点是叶结点。单变量的结点沿着一个轴划分，相继决策结点使用其他属性进一步把它们划分。第一次划分之后，$\{x \mid x_1 \leqslant w_{10}\}$ 已是纯的，因此不需要再划分。

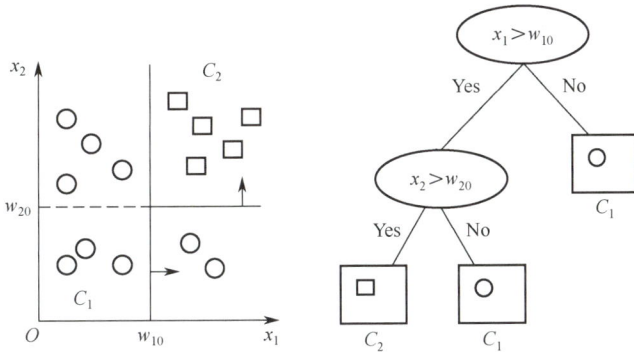

图 6-8 单变量树举例

3．多变量树

传统的单变量决策树构造算法对一个结点只选择一个属性进行测试、分支，忽视了信息系统中广泛存在的属性间的关联作用，因而可能引起重复子树问题，且某些属性可能被多次检验。为此出现了多变量归纳学习系统，即在树的各结点中选择多个属性的组合进行测试，一般表现为通过数学或逻辑算子将一些属性组合起来，形成新的属性，作为测试属性，因而称这样形成的决策树为多变量决策树，简称多变量树。这种方法可以减小决策树的规模，并且对于解决属性间的交互作用和重复子树问题有良好的效果。当然，这可能导致搜索空间变大，计算复杂性增加。

根据属性组合的方式，结点可以分为线性多变量结点和非线性多变量结点。图 6-9 是一个线性多变量树。

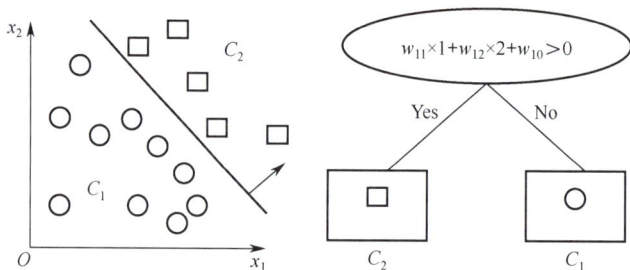

图 6-9　线性多变量树

6.3.2　决策树的构造算法

亨特（Hunt）于 1966 年研制了一个概念学习系统（Concept Learning System，CLS），可以学习单个概念，并用此学到的概念分类新的实例。这是一种早期的基于决策树的归纳学习系统。昆兰（J.R. Quinlan）于 1983 年对此进行了发展，研制了 ID3 算法。该算法不仅能方便地表示概念属性－值信息的结构，还能从大量实例数据中有效地生成相应的决策树模型。在 CLS 决策树中，结点对应待分类对象的属性，由某结点引出的弧对应该属性可能取的值，叶结点对应分类的结果。

为了构造 CLS 算法，假设如下：给定训练集 TR，其元素由特征向量及其分类结果表示，分类对象的属性表 AttrList 为 $[A_1, A_2, \cdots, A_n]$，全部分类结果构成的集合 Class 为 $\{C_1, C_2, \cdots, C_m\}$，一般 $n \geq 1$ 和 $m \geq 2$。对每个属性 A_i，其值域为 ValueType(A_i)，可以是离散的或者连续的。这样，决策树 TR 的元素可表示成 $< X, C >$ 形式，其中 $X = (a_1, a_2, \cdots, a_n)$，$a_i$ 对应实例第 i 个属性的取值，$C \in$ Class 为实例 X 的分类结果。

$V(X, A_i)$ 记为特征向量 X 属性 A_i 的值，决策树的构造算法 CLS 可递归地描述如下。

算法 6-2　决策树构造算法 CLS。

（1）如果 TR 中所有实例分类结果均为 C_i，那么返回 C_i。

（2）从属性表中选择某属性 A_i 作为检测属性。

（3）假设 $|\text{ValueType}(A_i)| = k$，根据 A_i 值的不同，TR 分为 k 个训练集 $\text{TR}_1, \text{TR}_2, \cdots, \text{TR}_k$。其中：

$$\text{TR}_i = \{< X, C > |< X, C > \in \text{TR} \text{ 且 } V(X, A_i) \text{ 为属性 } A \text{ 的第 } i \text{ 个值}\}$$

（4）从属性表中去掉已做检测的属性 A_i。

（5）对每个 i（$1 \leq i \leq k$），用 TR_i 和新的属性表递归调用 CLS 生成分支决策树 DTR_i。

（6）返回以属性 A_i 为根、以 $\text{TR}_1, \text{TR}_2, \cdots, \text{TR}_k$ 为子树的决策树。

例 6-2　考虑鸟是否能飞的实例，如表 6-1 所示。

在该例中，属性表为

$$\text{AttrList} = \{\text{No. of Wings, Broken Wings, Status, Area/Weight}\}$$

各属性的值域为

$$\text{ValueType(No. of Wings)} = \{0, 1, 2\}$$

$$\text{ValueType(Broken Wings)} = \{0, 1, 2\}$$

$$\text{ValueType(Status)} = \{\text{alive, dead}\}$$

$$\text{ValueType(Area/Weight)} \in \text{实数且大于或等于 } 0$$

表 6-1　训练实例

Instances	No. of Wings	Broken Wings	Living status	Area/Weight	Fly
1	2	0	alive	2.5	T
2	2	1	alive	2.5	F
3	2	2	alive	2.6	F
4	2	0	alive	3.0	T
5	2	0	dead	3.2	F
6	0	0	alive	0	F
7	1	0	alive	0	F
8	2	0	alive	3.4	T
9	2	0	alive	2.0	F

系统分类结果集合为 Class={T, F}，训练集共 9 个实例。

根据 CLS 构造算法，其决策树如图 6-10 所示，每个叶结点表示鸟是否能飞的描述。

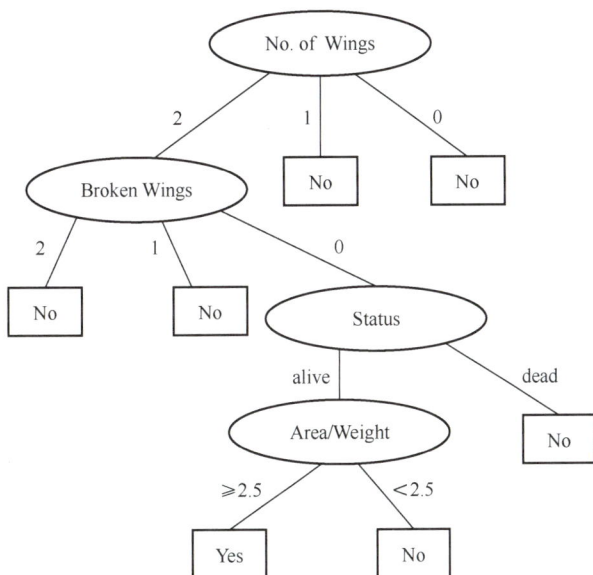

图 6-10　鸟飞的决策树

由该决策树可以看出：

Fly=(No. of Wings=2)∧(Broken Wings=0)∧(Status=alive)∧(Area/Weight≥2.5)

6.3.3　基本的决策树算法

1．ID3 算法

大多数决策树学习算法都是核心算法的变体，采用自顶向下的贪婪搜索遍历可能的决策树空间，ID3 是这种算法的代表。基本的决策树学习算法 ID3 是通过自顶向下构造决策树来进行学习的。构造过程是从"哪一个属性将在树的根结点被测试"这个问题开始的。为了回答这个问题，使用统计测试来确定每个实例属性单独分类训练样例的能力，分类能力最好的属性被选作树的根结点来进行测试，再为根结点属性的每个可能值产生一个分支，并把训练样例排列到适当的分支之下。然后，重复整个过程。

算法 6-3 基本的决策树学习算法 ID3。

`/* Examples` 即训练样例集，`Target_attribute` 是这棵树要预测的目标属性，`Attributes` 是除目标属性之外供学习的决策树要测试的属性列表 `*/`

`ID3(Examples, Target_attribute, Attributes)`

（1）创建树的 `Root`（根）结点。

（2）如果 `Examples` 都为正，那么返回 `label=+` 的单结点树 `Root`。

（3）如果 `Examples` 都为反，那么返回 `label=-` 的单结点树 `Root`。

（4）如果 `Examples` 为空，那么返回单结点树 `Root` 和 `label=Examples` 中最普遍的 `Target_attribute` 值。

（5）否则开始：

`/*` 具有最高信息增益（`Information gain`）的属性是最好的属性 `*/`

① `A←Attributes` 中分类 `Examples` 能力最好的属性。

② `Root` 的决策属性 `←A`。

③ 对于 `A` 的每个可能值 v_i：

a．在 `Root` 下加一个新的分支，对应测试 `A=`v_i。

b．令 `Examples(`v_i`)` 为 `Examples` 中满足 `A` 属性值为 v_i 的子集。

c．若 `Examples(`v_i`)` 为空，则在这个新分支下加一个叶结点，结点的 `label=Examples` 中最普遍的 `Target_attribute` 值；否则在这个新分支下加一个子树 `ID3(Examples(vi), Target_attribute, attribute-{A})`。

（6）结束。

（7）返回 `Root`。

ID3 算法是一种自顶向下增长树的贪婪算法，每个结点选取能最好的分类样例的属性。继续这个过程，直到这棵树能完美分类训练样例，或者所有的属性都已被使用过。

那么，在决策树生成过程中，应该以什么样的顺序来选取实例的属性，以进行扩展呢？可以从第一个属性开始，然后依次取第二个属性作为决策树的下一层扩展属性，如此下去，直到某一层所有窗口仅包含同一类实例为止。但是，一般来说，每个属性的重要性是不同的。那么，如何选择具有最高信息增益的属性（分类能力最好的属性）呢？

2．信息论简介

为了评价属性的重要性，昆兰根据检验每个属性所得到的信息量的值，给出了如下扩展属性的选取方法，其中信息量与熵有关。

1）自信息量 $I(a)$

设信源 X 发出符号 a 的概率为 $p(a)$，则 $I(a)$ 定义为

$$I(a) = -\log_2 p(a) \quad （单位：bit）$$

表示收信者在收到符号 a 之前，对 a 的不确定性，收到后获得的关于 a 的信息量。

2）信息熵 $H(X)$

设信源 X 的概率分布为 $(X, p(x))$，则 $H(X)$ 定义为

$$H(X) = -\sum p(x)\log_2 p(x)$$

表示信源 X 的整体不确定性，反映了信源每发出一个符号所提供的平均信息量。

3）条件熵 $H(X|Y)$

设信源 X、Y 的联合概率分布为 $p(x,y)$，则 $H(X|Y)$ 定义为

$$H(X|Y) = -\sum\sum p(x,y)\log_2 p(x|y)$$

表示收信者在收到 Y 后对 X 的不确定性估计。

设给定正负实例的集合为 S，构成训练窗口。ID3 算法视 S 为一个离散信息系统，并用信息熵表示该系统的信息量。当决策有 k 个不同的输出时，S 的熵为

$$\text{Entropy}(S) = -\sum_{i=1}^{k} P_i \log_2 P_i$$

其中，P_i 表示第 i 类输出所占训练窗口中总的输出数量的比例。

为了检测每个属性的重要性，可以通过属性的信息增益 Gain 来评估其重要性。对于属性 A，假设其值域为 $(v_1, v_2, \cdots, v_n)$，则训练实例 S 中属性 A 的信息增益 Gain 可以定义为

$$\text{Gain}(S, A) = \text{Entropy}(S) - \sum_{i=1}^{n} \frac{|S_i|}{|S|} \text{Entropy}(S_i)$$

$$= \text{Entropy}(S) - \text{Entropy}(S \mid A_i) = H(S) - H(S \mid A_i)$$

其中，S_i 表示 S 中属性 A 的值为 v_i 的子集；$|S_i|$ 表示集合的势。

昆兰建议选取获得信息量最大的属性作为扩展属性。这种启发式规则又被称为最小熵原理。因为获得的信息量最大，即 Gain 最大，等价于使不确定性最小，也就是使熵最小，即条件熵 $H(S \mid A_i)$ 为最小。因此也可以以条件熵最小作为选择属性重要性的标准。$H(S \mid A_i)$ 越小，说明 A_i 引入的信息越多，系统熵下降得越快。ID3 算法是一种贪婪搜索（Greedy Search，GS）算法，即选择信息量最大的属性进行决策树分裂，以便使训练集的熵下降最快。

例 6-3　对于表 6-1 的例子，试求出决策树的根节点属性。

解　选取整个训练集为训练窗口，则包括有 3 个正实例、6 个负实例，采用记号[3+,6−]表示总的样本数据，则 S 的熵为

$$\text{Entropy}[3+,6-] = -\frac{3}{9}\log_2(3/9) - \frac{6}{9}\log_2(6/9) = 0.9183\text{bit}$$

计算属性 Living Status 的信息增益，该属性的值域为(alive, dead)，则

$$S = [3+,6-], \qquad S_{\text{alive}} = [3+,5-], \qquad S_{\text{dead}} = [0+,1-]$$

先计算 $\text{Entropy}(S_{\text{alive}})$ 和 $\text{Entropy}(S_{\text{dead}})$：

$$\text{Entropy}(S_{\text{alive}}) = \text{Entropy}[3+,5-] = -\frac{3}{8}\log_2\left(\frac{3}{8}\right) - \frac{5}{8}\log_2\left(\frac{5}{8}\right) = 0.9544\text{bit}$$

$$\text{Entropy}(S_{\text{dead}}) = \text{Entropy}[0+,1-] = -\frac{0}{1}\log_2\left(\frac{0}{1}\right) - \frac{1}{1}\log_2\left(\frac{1}{1}\right) = 0\text{bit}$$

所以，Living Status 的信息增益为

$$\text{Gain}(S, \text{status}) = \text{Entropy}(S) - \sum_{v \in \{\text{alive},\text{dead}\}} \frac{|S_v|}{|S|} \text{Entropy}(S_v)$$

$$= \text{Entropy}(S) - \frac{|S_{\text{alive}}|}{|S|} \text{Entropy}(S_{\text{alive}}) - \frac{|S_{\text{dead}}|}{|S|} \text{Entropy}(S_{\text{dead}})$$

$$= 0.9183 - \frac{8}{9} \times 0.9544 = 0.0699\text{bit}$$

同样可计算其他属性的信息增益，分别如下。

属性 No. of Wings 的信息增益：$\text{Gain}(S, \text{wings}) = 0.1520\text{bit}$

属性 Broken Wings 的信息增益：$\text{Gain}(S, \text{wings}) = 0.1520\text{bit}$

属性 Area/Weight 的信息增益：$\text{Gain}(S, \text{area}) = 0.2516\text{bit}$

根据最小熵原理，选取信息量最大的属性 Area/Weight 作为决策树的根节点属性。

ID3 算法的优点是分类和测试速度快，特别适合大数据库的分类问题。其缺点是：① 决策树的知识表示没有规则易于理解；② 两棵决策树比较是否等价问题是子图匹配问题，是 NP 完全的；③ 不能处理未知属性值的情况，对噪声问题没有好的处理办法。

6.3.4　决策树的偏置

对于给定的训练样例的集合，很多决策树往往与这些样例一致，ID3 的搜索策略是选择信息增益高的属性离根结点较近的树，即优先选择较小的树。寻找最小的树实际上是决策树的重要偏置方法，在众多能够拟合给定训练例子的决策树中，树越小，其预测能力越强。树的大小用树中的结点数量和决策结点的复杂性度量。

构造好的决策树的关键在于选择好的属性，属性选择依赖于信息增益、信息增益比、Gini 参数、距离度量、J-度量、最小描述长度、正交法度量等。比如，上述 ID3 算法优先选取信息增益最大的属性作为扩展属性。

决策树还可以通过剪枝来寻找最小的树。通常，如果到达一个结点的训练实例数小于一定比例（如 5%），则无论是否不纯或是否有错误，该结点都不会进一步分裂。基于过少实例的决策树可能导致较大的方差，从而导致较大的泛化误差。在树完全构造出来之前提前停止构造，称为树的先剪枝。

得到较小树的另一种可能方法是后剪枝。树完全增长，直到所有的树叶都是纯的并且其训练误差为 0，则找出导致过分拟合的子树并剪掉。从最初的被标记的数据集中保留一个剪枝集，在训练阶段不使用，对于每棵子树，用一个被该子树覆盖的训练实例标记的叶结点替换，如果该叶结点在剪枝集上的性能不比该子树差，那么剪掉该子树并保留叶结点，因为子树的附加的复杂性是不必要的，否则保留子树。

剪枝还可以依据最小长度等其他准则。先剪枝训练较快，但后剪枝通常生成更准确的树。

6.4　基于实例的学习

基于实例的学习采用保存实例本身的方法来表达从实例集里提取出的知识，并将类未知的新实例与现有的类已知的实例联系起来进行操作。这种方法直接在样本上工作，不需要建立规则。基于实例的学习方法包括最近邻法、局部加权回归法、基于范例的推理法等。基于实例的学习只是简单地把训练样例存储起来，从这些实例中泛化的工作被推迟到必须分类新的实例时，所以有时被称为消极学习法。

6.4.1　*k*-最近邻算法

最近邻法通过距离函数来判定训练集中的某个实例与某位置的测试实例是否最靠近。一旦找到最靠近的训练实例，那么最靠近实例所属的类就被预测为测试实例的类。即实质性的工作在对新的实例进行分类时进行，通过距离衡量将每个新实例与现有实例进行比较，利用最接近的现存实例赋予新实例类别，这就是最近邻分类方法。有时使用多个最近邻实例，并且用最近的 k 个邻居所属的多数类（如果类是数值型，就是距离加权的平均值）赋予新的实例，这就是 k-最近邻算法。

基于实例的机器学习方法把实例表示为 n 维欧式空间 R^n 中的实数点，使用欧氏距离函数，任意实例 x 可以表示为这样的特征向量：$< a_1(x), a_2,(x), \cdots, a_r(x), \cdots, a_n(x) >$，那么两个实例 x_i 与 x_j 之间的距离定义为 $d(x_i, x_j)$，则

$$d(x_i, x_j) = \sqrt{\sum_{r=1}^{n} (a_r(x_i) - a_r(x_j))^2}$$

在最近邻学习中，目标函数的值可以是离散值，也可以是连续值。针对离散目标函数 $f : R^n \rightarrow V$（$V = \{v_1, v_2, \cdots, v_s\}$），下面给出逼近离散值函数 $f : R^n \rightarrow V$ 的 k-最近邻算法（k-Nearest Neighbor，kNN）。

算法 6-4 逼近离散值函数 $f : R^n \rightarrow V$ 的 k-最近邻算法。

训练算法：将每个训练样例 $< x, f(x) >$ 加入列表 training_examples。

分类算法：

（1）给定一个要分类的查询实例 x_q。

（2）在 `training_examples` 中选出最靠近 x_q 的 k 个实例，并用 $x_1, \cdots, x_k$ 表示。

（3）返回

$$\hat{f}(x_q) \leftarrow \underset{v \in V}{\arg\max} \sum_{i=1}^{k} \delta(v, f(x_i))$$

其中

$$\delta(a, b) = \begin{cases} 1, & a = b \\ 0, & a \neq b \end{cases}$$

算法返回值是对 $f(x_q)$ 的估计，它是距离 x_q 最近的 k 个训练样例中最普遍的 f 值，结果与 k 的取值相关。如果选择 $k = 1$，那么"1-最近邻算法"把 $f(x_i)$ 赋给估计值，其中 x_i 是最靠近 x_q 的训练实例。对于较大的 k 值，k-最近邻算法返回前 k 个最靠近训练实例的最普遍的值。

离散的 k-最近邻算法简单修改后，可用于逼近连续值的目标函数，即计算 k 个最接近样例的平均值，而不是计算其中的最普遍的值，为逼近 $f : R^n \rightarrow V$，计算式如下：

$$\hat{f}(x_q) \leftarrow \frac{\sum_{i=1}^{k} f(x_i)}{k} \tag{6.1}$$

6.4.2 距离加权最近邻法

k-最近邻算法的一个改进是对 k 个近邻的贡献加权，越近的距离赋予越大的权值。比如：

$$\hat{f}(x_q) \leftarrow \underset{v \in V}{\arg\max} \sum_{i=1}^{k} w_i \delta(v, f(x_i))$$

其中

$$w_i = \frac{1}{d(x_q, x_i)^2}$$

为了处理查询点 x_q 恰好匹配某个训练样例 x_i，从而导致 $d(x_q, x_i) = 0$ 的情况，令这种情况

下的 $\widehat{f}(x_q) = f(x_i)$，如果有多个这样的训练样例，我们使用它们占多数的分类。

也可以用类似的方式对实值目标函数进行距离加权，用式（6.2）代替式（6.1）中的计算式，w_i 的定义与前相同：

$$\widehat{f}(x_q) \leftarrow \frac{\sum\limits_{i=1}^{k} w_i f(x_i)}{\sum\limits_{i=1}^{k} w_i} \qquad (6.2)$$

k-最近邻算法的所有变体都只考虑 k 个最近邻的分类查询点，如果使用按距离加权，那么可以允许所有的训练样例影响 x_q 的分类，因为非常远的实例的影响很小。考虑所有样例的唯一不足是会使分类运行得更慢。如果分类一个新实例时，考虑所有的训练样例，就称为全局法；如果仅考虑靠近的训练样例，就称为局部法。当式(6.2)应用于全局法时，它被称为 Shepard 法。

6.4.3 基于范例的学习

人们为了解决一个新问题，先是进行回忆，从记忆中找到一个与新问题相似的范例，再把该范例中的有关信息和知识复用到新问题的求解之中。

基于范例的学习采用更复杂的符号表示，因此检索实例的方法也更加复杂。在基于范例的推理（Case-Based Reasoning，CBR）中，把当前所面临的问题或情况称为目标范例（target case），而把记忆的问题或情况称为源范例（base case）。基于范例的推理是通过目标范例的提示来获得记忆中的源范例，并由源范例来指导目标范例求解的一种策略。

基于范例的推理是人工智能领域的一种重要的基于知识的问题求解和学习的方法。在基于范例的推理中，知识表示是以范例为基础，范例的获取比规则的获取要容易，大大简化了知识获取。对过去的求解结果进行复用，而不是再次从头推导，可以提高对新问题的求解效率。过去求解成功或失败的经验可以指导当前求解时该怎样走向成功或避开失败，这样可以提高求解的质量。对于那些目前没有或根本不存在的可以通过计算推导来解决的问题，基于范例推理能很好地发挥作用。

1. 基于范例的推理的一般过程

1）联想记忆

在基于范例的推理中，最初是由于目标范例的某些特殊性质使我们能够联想到记忆中的源范例。但它是粗糙的，不一定正确。在最初的检索结束后，我们需证实它们之间的可类比性，从而进一步检索两个类似体的更多细节，探索它们之间的进一步的可类比性和差异。这个阶段已经初步进行了一些类比映射的工作，只是映射是局部的、不完整的。这个过程结束后，获得的源范例集已经按与目标范例的可类比程度进行了优先级排序。

2）类比映射

从源范例集中选择最优的一个源范例，建立它与目标范例之间的一一对应关系。

3）获得求解方案

利用一一对应关系，转换源范例的完整的（或部分的）求解方案，从而获得目标范例的完整的（或部分的）求解方案。若目标范例得到部分解答，则把解答的结果加到目标范例的初始描述中，从头开始整个类比过程。若获得的目标范例的求解方案不能给目标范例以正确的解答，则需解释方案失败的原因，调用修补过程修改所获得的方案。系统应该记录失败的原因，避免以后出现同样的错误。

4）评价

类比求解的有效性应得到评价。基于范例的推理的结构如图 6-11 所示。基于范例的推理有两种：问题求解型和解释型。前者利用范例给出问题的答案，后者把范例作为辩护的证据。

图 6-11　基于范例的推理的结构

在基于范例的学习中要解决的主要问题如下。

① 范例表示：基于范例推理方法的效率与范例表示紧密相关。范例表示涉及以下问题：选择什么信息存放在一个范例中；如何选择合适的范例内容描述结构；范例库如何组织和索引。对于那些数量达到成千上万而且十分复杂的范例而言，组织和索引问题尤其重要。

② 分析模型：分析模型用于分析目标范例，从中识别和抽取检索源范例库的信息。

③ 范例检索：利用检索信息从源范例库中检索并选择潜在可用的源范例。基于范例的推理方法与人类解决问题的方式很相似。当面对一个新问题时，首先是从记忆或范例库中检索出与当前问题相关的最佳范例。后面所有工作能否发挥出应有的作用，很大程度上依赖于这个阶段得到的范例质量，因此这非常关键。一般，范例匹配不是精确的，只能是部分匹配或近似匹配，因此它要求有一个相似度的评价标准。该标准定义得好，会使得检索出的范例十分有用，否则会严重影响后续过程。

④ 类比映射：寻找目标范例与源范例之间的对应关系。

⑤ 类比转换：转换源范例中与目标范例相关的信息，以便应用于目标范例的求解过程中，其中涉及对源范例的求解方案的修改。把检索到的源范例的解答复用于新问题或新范例中，分别是：源范例与目标范例有何不同；源范例中的哪些部分可以用于目标范例。简单的分类问题只需将源范例的分类结果直接应用于目标范例，而不需要考虑它们之间的差别，因为实际上范例检索已经完成了这项工作。问题求解之类的问题需要根据它们之间的不同而对复用的解进行调整。

⑥ 解释过程：对把转换过的源范例的求解方案应用到目标范例时所出现的失败做出解释，给出失败的因果分析报告。有时对成功也需要做出同样的解释。基于解释的索引也是一种重要的方法。

⑦ 范例修补：类似类比转换，区别在于，修补过程的输入是解方案和失败报告，可能涉及一个解释，然后修改这个解方案，以排除失败的因素。

⑧ 类比验证：验证目标范例和源范例进行类比的有效性。

⑨ 范例保存：新问题得到了解决，则形成了一个可能用于将来情形与之相似的问题，这时有必要将其加入范例库，这是学习，也是知识获取。此过程涉及选取哪些信息保留，以及如何把新范例有机集成到范例库中。修改和精化源范例库，其中包括泛化和抽象等过程。

在决定选取范例的哪些信息进行保留时，一般要考虑以下几点：与问题有关的特征描述，问题的求解结果，以及解答为什么成功或失败的原因及解释。

把新范例加入范例库中，需要对它建立有效的索引，这样以后才能对其做出有效的回忆。索引应使得与该范例有关时能回忆得出，与它无关时不应回忆出。为此，可能需要对范例库的索引内容或结构进行调整，如改变索引的强度或特征权值。

2. 范例的表示

我们所记忆的知识并不是孤立的，而是通过某种内在的因素，相互之间紧密地或松散地有机联系成的一个统一的体系。我们使用记忆网来概括知识的这个特点。一个记忆网便是以语义记忆单元（Semantic Memory Unit，SMU）为结点，以语义记忆单元间的各种关系为连接建立起来的网络。

```
SMU = { SMU_name slot
        Constraint slots
        Taxonomy slots
        Causality slots
        Similarity slots
        Partonomy slots
        Case slots
        Theory slots
      }
```

① SMU_name slot：简记为 SMU 槽，是语义记忆单元的概念性描述，通常是一个词或者一个短语。

② Constraint slots：简记为 CON 槽，是对语义记忆单元施加的某些约束。通常，这些约束并不是结构性的，而只是对语义记忆单元描述本身所加的约束。

③ Taxonomy slots：简记为 TAX 槽，定义了与该语义记忆单元相关的分类体系中的父类和子类。因此，它描述了网络中结点间的类别关系。

④ Causality slots：简记为 CAU 槽，定义了与该语义记忆单元有因果联系的其他语义记忆单元，或者是其他语义记忆单元的原因，或者是其他语义记忆单元的结果。因此，它描述了网络中结点间的因果关系。

⑤ Similarity slots：简记为 SIM 槽，定义了与该语义记忆单元相似的其他语义记忆单元，描述网络中结点间的相似关系。

⑥ Partonomy slots：简记为 PAR 槽，定义了与该语义记忆单元具有部分整体关系的其他 SMU。

⑦ Case slots：简记为 CAS 槽，定义了与该语义记忆单元相关的范例集。

⑧ Theory slots：简记为 THY 槽，定义了关于该语义记忆单元的理论知识。

上述 8 种槽可以分成三大类。第一类反映各语义记忆单元之间的关系，包括 TAX 槽、CAU 槽、SIM 槽和 PAR 槽；第二类反映语义记忆单元自身的内容和特性，包括 SMU 槽和 THY 槽；第三类反映与语义记忆单元相关的范例信息，包括 CAS 槽和 CON 槽。

3．范例组织

范例组织由两部分组成：一是范例的内容，范例应该包含哪些有关的东西才能对问题的解决有用；二是范例的索引，与范例的组织结构和检索有关，反映了不同范例间的区别。

1）范例内容

① 问题或情景描述：对要求解的问题或要理解的情景的描述，一般包括以下内容：当范例发生时推理器的目标，完成该目标要涉及的任务，周围世界或环境与可能解决方案相关的所有特征。

② 解决方案的内容：问题如何在某个特定情形下得到解决，可能是对问题的简单解答，也可能是得出解答的推导过程。

③ 结果：记录了实施解决方案后的结果情况，是失败还是成功。有了结果内容，基于内容的检索（Content-Based Retrieval，CBR）在给出建议解时就能给出曾经成功的工作范例，同时能利用失败的范例来避免可能发生的问题。当对问题还缺乏足够的了解时，在范例的表示上加上结果部分能取得较好的效果。

2）范例索引

建立范例索引有以下 3 个原则。

① 索引与具体领域有关。数据库中的索引是通用的，目的只是追求索引能对数据集合进行平衡划分，从而使得检索速度最快；而范例索引要考虑是否有利于将来的范例检索，决定了针对某个具体的问题哪些范例会被复用。

② 索引应该具有一定的抽象或泛化程度。这样才能灵活处理以后可能遇到的各种情况，太具体则不能满足更多的情况。

③ 索引应该具有一定的具体性。这样才能在以后更容易被识别，太抽象则各范例之间的差别将被消除。

4．范例检索

范例检索是指从范例库（case base）中找到一个或多个与当前问题最相似的范例。基于内容的检索中的知识库不是以前专家系统中的规则库，而是由领域专家以前解决过的一些问题组成。范例库中的每个范例都包括以前问题的一般描述，即情景和解法。一个新范例并入范例库时，同时建立了关于这个范例的主要特征的索引。当接受了一个求解新问题的要求后，基于内容的检索利用相似度知识和特征索引，从范例库中找到与当前问题相关的最佳范例。该范例回忆的内容即得到的范例质量和数量直接影响问题的解决效果，所以此项工作比较重要。范例检索通过三个子过程即特征辨识、初步匹配、最佳选定来实现。

1）特征辨识

特征辨识是指对问题进行分析，提取有关特征的过程。特征提取方式如下。

① 从问题的描述中直接获得问题的特征，如用自然语言对问题进行描述并输入系统，系

统可以对语句进行关键词提取。这些关键词就是问题的某些特征。

② 对问题经过分析理解后导出的特征，如图像分析中涉及的特征提取。

③ 根据上下文或知识模型的需要，通过交互方式从用户获取的特征。系统向用户提问，以缩小检索范围，使检索范例更加准确。

2）初步匹配

初步匹配是指从范例库中找到一组与当前问题相关的候选范例。这是通过使用上述特征作为范例库的索引来完成的。由于一般不存在完全的精确匹配，因此要对范例之间的特征关系进行相似度估计，可以是基于上述特征的与领域知识关系不大的表面估计，也可以是对问题进行深入理解和分析后的深层估计。在具体做法上，则可以通过对特征赋予不同的权值来体现不同的重要性。相似度评价方法包括最近邻法、归纳法等。

3）最佳选定

最佳选定是指从初步匹配过程中获得的一组候选范例中选取一个或几个与当前问题最相关的范例。这与领域知识关系密切。例如，由领域知识模型或领域知识工程师对范例进行解释，然后对这些解释进行有效测试和评估，最后依据某种度量标准对候选范例进行排序，得分最高的就成为最佳范例，如最相关的或解释最合理的范例可选定为最佳范例。

5．范例的复用

通过将所给出的问题与范例库中的范例进行比较，可以得到新旧范例之间的不同之处，并确定哪些解答部分可以复用到新范例中。问题求解型的 CBR 系统必须修正过去的问题解答以适应新的情况，因为过去的情况不可能与新情况完全一样。一般，修正方法包括下列几种。

① 替换法。替换法是把旧解中的相关值做相应替换而形成新解，如重新例化、参数调整、局部搜索、查询、特定搜索、基于范例的替换等。

② 转换法。常识转换法（Common-Sense Transformation，CST）是使用明白易懂的常识性启发式从旧解中替换、删除或增加某些组成部分。模型制导修补法（Model-Guided Repair，MGR）是另一种转换法，通过因果模型来指导如何转换。故障诊断中经常使用这种方法。

③ 特定目标驱动法。特定目标驱动的修正启发式知识一般通过评价近似解发挥作用，并通过使用基于规则的产生式系统来控制。

④ 派生重演。重演方法是使用原先推导出旧解的方法来推导出新解，关注的是解如何求出。同前面的基于范例替换相比，派生重演使用的是基于范例的修正手段。

6.5 强化学习

强化学习（Reinforcement Learning，RL），又称为再励学习、评价学习，是一种重要的机器学习方法。根据学习方式，学习算法可以分为 3 种，即非监督学习（Unsupervised Learning）、监督学习（Supervised Leaning）和强化学习。强化学习就是智能系统从环境到行为映射的学习，目的是使奖励信号（强化信号）函数值最大。不同于监督学习，强化学习主要表现在教师信号上，由环境提供的强化信号对产生动作的好坏进行评价（通常为标量信号），而不是告诉强化学习系统（Reinforcement Learning System，RLS）如何去产生正确的动作。由于外部环境提供的信息很少，因此强化学习系统必须靠自身的经历进行学习。通过这种方式，强化学习系统在行动－评价的环境中获得知识，改进行动方案，以适应环境。

强化学习要解决的问题为：主体怎样通过学习选择能达到其目标的最优动作。当主体在其环境中做出每个动作时，施教者应提供奖励或惩罚信息，以表示结果状态的正确与否。例如，在训练主体进行棋类对弈时，施教者可在游戏胜利时给出正回报，在游戏失败时给出负回报，其他时候给出零回报。主体的任务是从这个非直接的、有延迟的回报中学习，以便使后续动作产生最大的累积回报。

6.5.1　强化学习模型

强化学习模型如图 6-12 所示，主体通过与环境的交互进行学习。主体与环境的交互包括行动、奖励和状态。交互过程可以表述为如下形式：每一步的主体根据策略选择一个行动执行，然后感知下一步的状态和立即回报，通过经验再修改自己的策略。主体的目标是最大化累积奖励。

设主体生存的环境被描述为某可能的状态集 S，可以执行任意的可能动作集合 A。强化学习系统接受环境状态的输入 s，根据内部的推理机制，输出相应的行为动作 a，环境在系统动作 a 下变迁到新的状态 s'。系统接受环境新状态的输入，同时得到环境对于系统的瞬时奖惩反馈，也就是立即回报 r。每次在某状态 s_t 下执行动作 a_t，主体会收到一个立即回报 r_t，环境变迁到新的状态 s_t。如此产生一系列的状态 s_i、动作 a_i 和立即回报 r_i 的集合，如图 6-13 所示。

图 6-12　强化学习模型

$$s_0 \xrightarrow[r_0]{a_0} s_1 \xrightarrow[r_1]{a_1} s_2 \xrightarrow[r_2]{a_2} \cdots\cdots$$

图 6-13　强化学习示意

强化学习系统的目标是学习一个行为策略，使系统选择的动作能够获得最大的环境奖励。换言之，系统要最大化 $r_0 + \gamma r_1 + \gamma^2 r_2 + \cdots$，其中 γ（$0 \leqslant \gamma < 1$）为折扣因子。

强化学习技术的基本原理是：如果系统某个动作导致环境正的奖励，那么系统以后产生这个动作的趋势便会加强；反之，系统产生这个动作的趋势便会减弱。这与生理学中的条件反射原理非常接近。

6.5.2　马尔可夫决策过程

基于马尔可夫决策过程（Markov Decision Process，MDP）定义学习控制策略问题的一般形式为：主体可感知到其环境的不同状态集合 S，可执行的动作集合 A。在每个离散时间步 t，主体感知到当前状态 s_t，选择当前动作 a_t，环境给出回报函数 $r_t = r(s_t, a_t)$，并产生后继状态函数 $s_{t+1} = d(s_t, a_t)$，此函数也叫状态转移函数。在马尔可夫决策过程中，函数 $d(s_t, a_t)$ 和 $r(s_t, a_t)$ 只依赖于当前动作和状态，这里先考虑它们为确定性的情形。

主体的任务是学习一个策略 $\pi: S \to A$，基于当前的状态 s_t 选择动作 a_t，即 $p(s_t) = a_t$，要求此策略对主体产生最大的累积回报。

定义 6-1 策略 π 从初始状态 s_t 获得的累积值为

$$V^{\pi}(s_t) = r_t + \gamma r_{t+1} + \gamma^2 r_{t+2} + \cdots = \sum_{i=0}^{\infty} \gamma^i r_{t+i} \tag{6.3}$$

其中，回报序列 r_{t+i} 的生成是通过由状态 s_t 开始并重复使用策略来选择上述的动作（如 $a_t = p(s_t)$，$a_{t+1} = p(s_{t+1})$ 等）实现的。这里，γ（$0 \leqslant \gamma < 1$）为一常量，确定了延迟回报与立即回报的相对比例。确切地讲，在未来的第 i 时间收到的回报被因子 γ^i 以指数级折算。由式 (6.3) 定义的量 $V^{\pi}(s_t)$ 通常被称为策略 π 从初始状态 s_t 获得的<u>折算累积回报</u>。

定义 6-2 学习控制策略的任务是，要求主体学习到一个策略 s_t，使得对于所有状态 s，$V^{\pi}(s)$ 为最大，此策略称为<u>最优策略</u>，表示为

$$\pi^* = \arg\max_{\pi} V^{\pi}(s), (\forall s) \tag{6.4}$$

为简化表示，最优策略的值函数 $V^{\pi}(s)$ 记作 $V^*(s)$。$V^*(s)$ 给出了当主体从状态 s 开始时可获得的最大折算累积回报，即从状态 s 开始遵循最优策略时获得的折算累积回报。

图 6-14 为马尔可夫决策过程的一个简单格状环境，每个箭头代表主体可采取的动作，从一个状态移动到另一个。与每个箭头相关联的数值表示，如果主体执行相应的状态动作转换可收到的立即回报 $r(s,a)$。注意，在这个特定环境下，所有的状态动作转换，除了导向状态 G，都被定义为 0。状态 G 看成目标状态，主体可以收到回报的唯一方法是进入此状态。主体一旦进入状态 G，它可选的动作只能是留在该状态中。

图 6-15 显示了每个状态的 $V^*(s)$ 的值。假设 $\gamma=90$，考虑图 6-15 右下角的状态，此状态的 $V^*(s)$ 值为 100，因为在此状态下最优策略会选择"向上"的动作，从而得到立即回报 100，然后主体会留在吸收状态，不再接收更多的回报。同样，中下方状态的 $V^*(s)$ 值为 90。这是因为最优策略会使主体从这里向右移动（得到为 0 的立即回报），然后向上移动（生成为 100 的立即回报）。当然，先向上再向右是相同的。

图 6-14　$r(s,a)$ 立即回报值

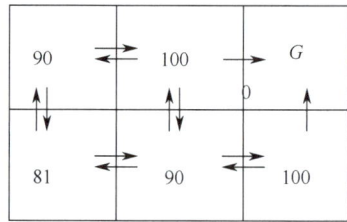

图 6-15　$V^*(s)$ 值

这样，此状态的折算累积回报为

$$Q(s,a) = 0 + \gamma \times 100 + \gamma^2 \times 0 + \gamma^3 \times 0 + \cdots = 90$$

6.5.3　Q 学习

主体在任意的环境中直接学习最优策略很难，因为没有形式为 $<s,a>$ 的训练样例可以作为替代，唯一可用的训练信息是立即回报序列 $r(s_i,a_i)$（$i=0,1,2,\cdots$），这时会更容易学习一个定义在状态和动作上的数值评估函数，然后实现最优策略。

可以将 $V^*()$ 作为待学习的评估函数，状态 s 下的最优动作是使立即回报 $r(s,a)$ 加上立即后继状态的 $V^*()$ 值最大的动作 a，则

$$\pi^*(s) = \arg\max_a [r(s,a) + \gamma V^*(\delta(s,a))] \tag{6.5}$$

因此，如果具有回报函数和状态转移函数的完美知识，就可以计算出任意状态下的最优动作。但在实际问题中，无法知道回报函数和状态转移函数的完美知识，这种情况一般用 Q 函数来评估。

1. Q 函数

定义 6-3　评估函数 $Q(s,a)$ 的值是从状态 s 开始并使用 a 作为第一个动作时的最大折算累积回报，即从状态 s 执行动作 a 的立即回报加上以后遵循最优策略的值（用 γ 折算）。

$$Q(s,a) = r(s,a) + \gamma V^*(\delta(s,a)) \tag{6.6}$$

$Q(s,a)$ 正是式(6.5)中为选择状态 s 上的最优动作 a 应最大化的量，因此可将式(6.5)重写如下：

$$\pi^*(s) = \arg\max_a Q(s,a) \tag{6.7}$$

式(6.7)表明，如果学习 Q 函数而不是 $V^*()$ 函数，即使在缺少回报函数和状态转移函数的知识时，主体也能选择最优动作。主体只需考虑其当前的状态 s 下每个可用的动作 a，并选择其中使 $Q(s,a)$ 最大化的动作。

图 6-16 显示了每个状态和动作的 Q 值。注意，每个状态动作的转换的 Q 值等于此转换的 r 值加上结果状态的 $V^*(s)$ 值（用 γ 折算）。图中显示的最优策略对应选择最大 Q 值的动作。

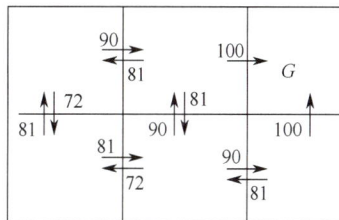

图 6-16　$Q(s,a)$ 值示例

2. Q 学习的算法

注意到 $V^*(s) = \max_{a'} Q(s,a')$，那么式(6.5)可重写为

$$Q(s,a) = r(s,a) + \gamma \max_{a'} Q(\delta(s,a),a') \tag{6.8}$$

这个 Q 函数的递归定义提供了迭代逼近 Q 算法的基础。为了描述此算法，使用符号 Q' 表示对实际 Q 函数的估计，算法中用一个表存储所有状态–动作对的 Q' 值，一般以状态为行，动作为列。一开始所有表项填充为初始的随机值，主体观察其当前的状态 s，选择某动作 a，执行此动作，然后观察结果回报 $r = r(s,a)$ 的值和新状态 $s' = d(s,a)$，再利用式(6.9)更新表项，直到这些值收敛。

$$Q'(s,a) \leftarrow r + \gamma \max_{a'} Q'(s',a') \tag{6.9}$$

此训练法则使用主体对新状态 s' 的当前 Q' 值来精化其对前状态 s 的 $Q'(s,a)$ 估计。此训练规则是从式(6.8)得到的，不过此训练值考虑主体的近似 Q'，而式(6.8)应用的是实际的 Q 函数。注意，式(6.8)以函数 $r = r(s,a)$ 和 $s' = d(s,a)$ 的形式描述 Q，但主体在应用式(6.9)时不需知道这些一般函数，相反，它在其环境中执行动作，并观察结果状态 s' 和回报 r。这样，它可以被视为在 s 和 a 的当前值上进行采样。

在确定性回报和动作假定下的 Q 学习算法如下。

算法 6-5　Q 学习算法。

对每个 s、a，初始化表项

观察当前状态 s，一直重复：

选择一个动作 a 并执行它；

接收到立即回报 r；

观察新状态 s'；

对 $Q'=(s,a)$，按照 $s \leftarrow s'$ 更新表项 $Q'(s,a) \leftarrow r + \gamma \max_{a'} Q'(s',a')$。

图 6-17 是某个主体采取的一个动作和对应 Q' 的精化。本例中，主体在格子环境中向右移动一个单元格，并收到此转换的立即回报为 0，然后应用训练规则式(6.9)对刚执行的状态–动作转换，精化其 Q' 的估计。按照训练规则，此转换的新 Q' 估计为收到的回报 0 与用 γ（0.9）折算的与结果状态相关联的最高 Q' 值（100）的和。

(a) 主体的初始状态　　　　　　　　(b) 执行单个动作后主体的状态

图 6-17　执行单个动作后 Q' 的精化

图 6-17（a）是主体的初始状态 s_1 和初始假设中几个相关的 Q' 值，如 $Q'(s_1,a_{\mathrm{right}})=73$，其中 a_{right} 指代主体向右移动的动作。主体执行动作 a_{right} 后，收到立即回报为 0，并转换到下一状态 s_2，然后它基于其对新状态 s_2 的 Q' 估计更新其 $Q'(s_1,a_{\mathrm{right}})$，这里 $\gamma=0.9$。

$$Q'(s,a) \leftarrow r + \gamma \max_{a'} Q'(s_2,a')$$

$$\leftarrow 0 + 0.9 \max\{66,81,100\} \leftarrow 90$$

每次主体从旧状态前进到新状态，Q 学习会从新状态到旧状态向后传播其 Q' 估计值。同时，主体收到的此转换的立即回报被用于扩大这些传播的 Q' 值。可以证明，Q' 值在训练中永远不会下降。

Q' 的演化过程如下：因为初始的 Q' 值都为 0，算法不会改变任何 Q' 表项，直到它恰好到达目标状态并且收到非零回报，这导致通向目标状态的转换的 Q' 值被精化；在下一个情节中，如果经过这些与目标状态相邻的状态，那么其非零的 Q' 值会导致与目的相差两步的状态中值的变化；以此类推，最终得到一个 Q' 表。

如果系统是一个确定性的马尔可夫决策过程，就立即回报值都是有限的，主体选择动作的方式为它无限、频繁地访问所有可能的状态 – 动作对，那么算法 6-5 会收敛到一个等于真实 Q 函数值的 Q'。

6.6　支持向量机

支持向量机（Support Vector Machine，SVM）是由瓦普尼克（V.N. Vapnik）领导的 AT&T Bell 实验室研究小组在 1963 年提出的一种新的非常有潜力的分类技术，是一种基于统计学习理论的模式识别方法，主要应用于模式识别领域。由于当时这些研究尚不完善，在解决模式识别问题中往往趋于保守，且数学上比较艰涩，因此这些研究一直没有得到充分的重视。20 世纪 90 年代，一个较完善的理论体系——统计学习理论（Statistical Learning Theory，SLT）得到了实现；同时，由于神经网络等新兴机器学习方法的研究遇到一些重要的困难，比如如何确定网络结构的问题、过学习与欠学习问题、局部极小点问题等，支持向量机迅速发展和完善，在解决小样本、非线性及高维模式识别问题中表现出许多特有的优势，并能够推广应用到函数拟合等其他机器学习问题中，现在已经在许多领域（生物信息学、文本和手写识别等）都取得了成功的应用。

本节首先介绍统计机器学习的基本内容，这是支持向量机的理论部分；然后介绍支持向量机的基本数学模型、支持向量机的核函数，简单介绍支持向量机的改进算法和目前支持向量机的应用现状。

6.6.1　支持向量机概述

基于数据的机器学习是人工智能技术的重要方面。从观测数据（样本）出发寻找数据中的模式和数据间的函数依赖规律，利用这些模式和函数依赖对未来数据或无法观测的数据进行分类、识别和预测。其实现方法大致可以分为三种。

第一种是经典的（参数）统计估计算法。在这种方法中，参数的相关形式是已知的，训练样本用来估计参数的值。这种方法有很大的局限性，首先它需要已知样本分布形式，其次传统统计学研究的是样本数目趋于无穷大时的渐进理论，现有学习方法也多是基于此假设，但在实际问题中，样本数往往是有限的，因此一些理论上很优秀的学习方法实际中的表现却可能不尽如人意。

第二种方法是人工神经网络。这种方法利用已知样本建立非线性模型，克服了传统参数估计方法的困难。在过去的十几年中，神经网络得到了各领域的广泛研究，技术上得到很大的发展，许多神经网络结构被提出，其中常用的包括多层感知器、径向基函数网络（RBF）、Hopfield网络等，也被成功地用来解决许多实际问题，如模式识别、信号处理、智能控制等。但是现在的神经网络技术研究理论基石不足：有较大的经验成分，在技术上仍存在一些不易解决的问题，如网络结构的设计问题、学习算法中局部极小问题、学习的快速性问题等。

为了克服这些难题，瓦普尼克提出了一种新的机器学习方法——支持向量机（SVM），也就是所说的第三种方法——统计学习理论。支持向量机是统计学习理论中最年轻的内容，也是最实用的部分，目前已经成为神经网络和机器学习的研究热点之一，并已经涌现了很好的研究成果。越来越多的学者认为，关于支持向量机的研究将很快出现类似 20 世纪 80 年代后期人工神经网络研究的飞速发展阶段的趋势。

支持向量机的基本思想为：先把训练数据集非线性地映射到一个高维特征空间（这个高维特征空间是 Hilbert 空间），这个非线性映射的目的是把在输入空间中的线性不可分数据集映射到高维特征空间后，变为线性可分的数据集；随后在特征空间建立一个具有最大隔离距离的最优分隔超平面，也相当于在输入空间中产生一个最优非线性决策边界，如图 6-18 所示。

注意，在特征空间中支持向量机的分离超平面是最优的分离超平面，最优性可以从图 6-19看出，几个分离超平面可以把两个类分离，但是只有一个是最优的，即图中的实线所示，它与两个类之间最近向量的距离最大。几何上，支持向量就是决定最优分离超平面的样本向量的最小个数，如图 6-19 中的样本 1、2、3 就是所说的支持向量，所以这种学习机被称为支持向量机。实际上，支持向量机最吸引人的地方不是支持向量思想，而是结构风险最小化思想，即上述最优分离超平面不但能使学习机的经验风险很小，同时泛化误差很小，即结构风险最小。

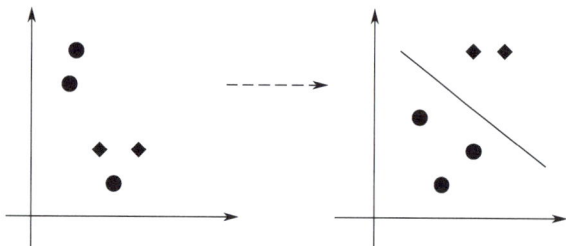

图 6-18　支持向量机的基本思想　　　　图 6-19　最优分离超平面和非最优分离超平面

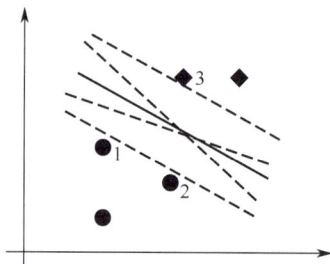

6.6.2　支持向量机的构造

根据前两节的理论，要在学习算法中执行 SRM（Structural Risk Minimization，结构风险最小化）原则，必须在一个给定的函数集中使风险最小化，这要通过控制两个因素来完成：经验风险的值和置信范围的值。在学习的历史中，人们大多采用以下两种方法完成学习过程：

❖ 保持置信范围固定（通过选择一个适当构造的机器）并最小化经验风险。

❖ 保持经验风险值固定（如等于 0）并最小化置信范围。

传统的神经网络采用的是第一种方法，关于这方面已经有大量的研究，这里不再详述。本节讨论第二种构造方法的支持向量机，下面严格按照 SRM 原则来构造这种学习机。

1. 函数集结构的构造

由于历史的原因，大部分来自神经网络的启发，采用线性函数集 $f(x)=(w\cdot x)-b$ 来进行学习。在模式识别中，函数集可以进一步描述为

$$\begin{cases} (w\cdot x_i)-b\geqslant 1, & y_i=1 \\ (w\cdot x_i)-b\leqslant 1, & y_i=-1 \end{cases}$$

我们把它写作另一种紧凑形式：

$$y_i[(w\cdot x_i)-b]\geqslant 1 \quad (i=1,2,\cdots,l) \tag{6.10}$$

也就是说，在模式识别中，数据样本可以被一个超平面 $(w\cdot x)-b=0$ 分开。当然，在几何中距离某个超平面最近的点 x_i 其 $f(x_i)$ 值并不一定是 1，这里只是为了计算的方便，进行了归一化处理。

为了构造函数集的一种结构，我们把式(6.10)进行处理，写为以下形式：

$$y_i\left[\left(\frac{w}{\|w\|}\cdot x_i\right)-\frac{b}{\|w\|}\right]\geqslant \frac{1}{\|w\|} \tag{6.11}$$

简化为

$$y_i\left[(w^*\cdot x_i)-b^*\right]\geqslant \frac{1}{\|w\|} \tag{6.12}$$

这样根据取值范数 $\|w\|$ 的不同，就可以对函数集进行划分。

考虑函数集的一种结构，其元素 S_k 包含的函数满足 $\|w\|\leqslant k$。现在给定样本数据，那么有

如下结论。

定义 6-5   设向量 x 属于一个半径为 R 的球，那么分类超平面集合（函数集）VC 维 h 以下面的不等式为界：

$$h \leqslant \min(R^2 \parallel w \parallel^2, n) + 1 \tag{6.13}$$

因为具体问题的 R 值是固定的，所以从上面的定理可以看出，无论问题如何，函数集的 VC 维是权值 $\parallel w \parallel$ 的增函数，于是上面函数集结构的划分符合 SRM 原则容许结构的定义，所以这里函数集的划分并没有依赖具体的问题，也就是说，在样本数据出现前我们就可以得到函数集的一个结构。现在利用构造 SRM 的第二种策略——固定经验风险，然后最小化置信范围，从而求得最小化风险泛函的函数。

2．支持向量机的模式

SVM 的主要思想可以概括为两点。

① SVM 是针对线性可分情况进行分析，对于线性不可分的情况，通过使用非线性映射算法将低维输入空间线性不可分的样本转化为高维特征空间使其线性可分，从而使得高维特征空间采用线性算法对样本的非线性特征进行线性分析成为可能。

② SVM 基于结构风险最小化理论，在特征空间中构建最优分割超平面，使得学习器得到全局最优化，并且使整个样本空间的期望风险以某个概率满足一定上界。

支持向量机的目标是根据结构风险最小化原理，构造一个目标函数将两类模式尽可能地区分开，通常分为两类情况来讨论：线性可分、线性不可分。

1）线性可分问题

理论上，线性函数集只能处理线性可分的情况，我们也是从这种最简单的情况开始讨论。因为线性可分，经验风险始终为 0，所以只需最小化置信范围即可，故问题是对于给定的样本数据 $(x_1, y_1), \cdots, (x_l, y_l)$，在保证其经验风险为 0 的前提下，选择使

$$R(a) \leqslant R_{\text{emp}}(a) + \Phi(\frac{l}{h})$$

置信范围最小的子集。由上式可以看出，样本数固定时，子集的置信范围最小，就是子集的 VC 维最小，而本函数集的子集的 VC 维只与权值 $\parallel w \parallel$ 有关，并且是 $\parallel w \parallel$ 的增函数。所以在几何上，这个问题是用权值最小的超平面把属于两个不同类 $y \in \{+1, -1\}$ 的样本集 $(x_1, y_1), \cdots, (x_l, y_l)$ 分开，这个超平面被称为最优超平面，如图 6-20 所示。所以，也可以说，最优超平面是以最大间隔将数据分开的平面，这个最大间隔意味着推广性最好。

通过上面的讨论，问题可以等价为求解下面的二次规划问题。最小化泛函为

$$\Phi(w) = \frac{1}{2}(w \cdot w) \tag{6.14}$$

约束条件为不等式类型：

$$y_i[(w \cdot x_i) - b] \geqslant 1 \quad (i = 1, 2, \cdots, l) \tag{6.15}$$

该问题的解是由下面的拉格朗日泛函的鞍点给出的：

$$L(w, b, a) = \frac{1}{2}(w \cdot w) - \sum_{i=1}^{l} a_i \{y_i[(x_i \cdot w) - b] - 1\} \tag{6.16}$$

其中，a_i 为拉格朗日乘子。

图 6-20 最优超平面

问题的对偶问题如下。最大化泛函为

$$W(a) = \sum_{i=1}^{l} a_i - \frac{1}{2} \sum_{i,j=1}^{l} a_i a_j y_i y_j (x_i \cdot x_j) \tag{6.17}$$

约束条件为

$$\begin{cases} \sum_{i=1}^{l} a_i y_i = 0 \\ a_i \geqslant 0 \end{cases} \quad (i=1,2,\cdots,l) \tag{6.18}$$

这样原问题的解为

$$w = \sum_{i=1}^{l} y_i a_i x_i \tag{6.19}$$

我们使用对偶形式的目的有两个：一是约束条件加在拉格朗日乘子上便于处理；二是在这种形式中训练数据只有内积的形式出现（这个性质很重要，后面的讨论就可以看到）。

由拉格朗日可得到原问题的 Karush-Kuhn-Tucker（KKT）条件：

$$\frac{\partial L}{\partial w} = 0$$

$$\frac{\partial L}{\partial b} = 0$$

$$a_i \geqslant 0 \quad (i=1,2,\cdots,l)$$

$$y_i[(x_i \cdot w) - b] - 1 \geqslant 0$$

$$a_i \{ y_i[(x_i \cdot w) - b] - 1 \} = 0$$

根据优化理论，(w,b) 是原问题的解，当且仅当 (w,b,a) 时满足 KKT 条件。

在对偶问题或 KKT 条件中，每个训练数据 x_i 都对应一个拉格朗日乘子 $a_i \geqslant 0$，其中与 $a_i > 0$ 对应的数据成为支持向量。

利用任一支持向量和 KKT 条件 $y_i[(x_i \cdot w) - b] - 1 = 0$，可求出

$$b = (w \cdot x_i) - y_i \tag{6.20}$$

一般情况下，为了准确，常求出多个 b 值，然后取平均值。或者

$$b = \frac{1}{2} \left[(w \cdot x^*(1)) + (w \cdot x^*(-1)) \right] \tag{6.21}$$

其中，$x^*(1)$ 表示属于第一类的任一支持向量，$x^*(-1)$ 表示属于第二类的任一支持向量。

最后的最优超平面方程为

$$\sum_{x_i \in SV} y_i a_i (x_i \cdot x) + b = 0 \qquad (6.22)$$

最终完成学习过程。

2）线性不可分问题

上面的分类器是最大间隔分类器，也称为硬间隔分类器，得到的超平面为硬间隔分类超平面，不过是理想情况下的。在真实世界中，噪声使得数据总是线性不可分，这样我们必须设计某种分类器，使得它能容忍一些噪声和异常值，而不会大幅度地改变结果的解。

最大间隔分类器是在固定经验风险为 0 的情况下通过寻找使得置信范围最小的子集来执行 SRM 原则的。在线性不可分的情况下，经验风险不为 0，因此我们从 SRM 原则的一般性概念来构造学习机，也就是首先寻找某个子集能使得经验风险和置信范围的和最小，然后在这个子集中最小化经验风险。

首先，引入松弛变量 ξ 来表示经验风险，将原约束条件变为 $y_i[(x_i \cdot w) - b] \geq 1 - \xi_i$，其中 $i = 1, 2, \cdots, l$。这样，样本数据的经验风险在一定程度上可以表示为

$$F_\sigma(\xi) = \sum_{i=1}^{l} \xi_i^\sigma \qquad (6.23)$$

其中，参数 $\sigma > 0$，代表经验风险的某种度量方式。

给定样本数据 $z_1, z_2, \cdots, z_l$ 后，我们在容许结构的某个子集下最小化经验风险，问题可以描述如下。最小化泛函同式（6.23），约束条件为

$$\begin{cases} y_i[(x_i \cdot w) - b] \geq 1 - \xi_i & (i = 1, 2, \cdots, l) \\ (w \cdot w) < c_k \end{cases} \qquad (6.24)$$

式（6.23）表示给定数据的经验风险，$(w \cdot w) < c_k$ 表示在某个子集中最小化该泛函。这个问题可以等价为在约束条件（式（6.24））下的最小化泛函：

$$\Phi(w, \xi) = \frac{1}{2}(w \cdot w) + C\left(\sum_{i=1}^{l} \xi_i^\sigma\right) \qquad (6.25)$$

这里的 C 是一个给定的值。

求解这个优化问题的技术与上面线性可分的情况几乎相同。原问题的对偶形式为

$$W(a) = \sum_{i=1}^{l} a_i - \frac{1}{2} \sum_{i,j=1}^{l} a_i a_j y_i y_j (x_i \cdot x_j) \qquad (6.26)$$

只是约束条件变为

$$\begin{cases} 0 \leq a \leq C_i \\ \sum_{i=1}^{l} a_i y_i = 0 \end{cases} \qquad (i = 1, 2, \cdots, l) \qquad (6.27)$$

这样原问题的解为

$$w = \sum_{i=1}^{l} y_i a_i x_i \qquad (6.28)$$

其中，参数 C 是一个变化的量，由用户在机器进行学习前指定。事实上，随着 C 的变化，$\|w\|^2$ 会有相应的连续变化，也就是说，在特定的问题下，C 的选择对应某个最好函数子集的选择，然后在这个子集中最小化

$$\sum_{i=1}^{l} \xi_i^{\sigma}$$

对应线性可分情况下的硬间隔，我们把在线性不可分情况下得到的超平面称为软间隔分类超平面。

6.6.3 核函数

1. 核函数概述

6.3 节用 SRM 原则构造了两种学习机，分别是线性可分和线性不可分情况。对于线性不可分的情况实际是针对数据有噪声的情况，因为在现实问题中都会出现这样的状况，我们通过使用软间隔解决这种情况，所以这种问题一般被称为非线性可分问题。支持向量机使用线性函数集，理论上只能解决线性问题，但在实际中大部分是非线性问题（用线性函数集不能分），那么，支持向量机又是如何工作的呢？这就是本节要讨论的核函数。

支持向量机的关键在于核函数。低维空间向量集通常难以划分，解决的方法是将它们映射到高维空间。但这个方法带来的困难就是计算复杂度的增加，而核函数正好巧妙地解决了这个问题。也就是说，只要选用适当的核函数，我们就可以得到高维空间的分类函数。在支持向量机理论中，采用不同的核函数将导致不同的支持向量机算法。

关于非线性分类器的历史在这里不加详细讨论，不过在构造非线性分类器的过程中有两类方法很流行：一种是由简单的线性分类器联结成网络，这就是神经网络；另一种是对原问题进行非线性变换，将其转化为另一个空间中的线性问题。关于第一种方法的研究已经形成了一个庞大的学习理论分支，这里不再讨论。在第二种方法中，将原问题从非线性空间经过一个非线性映射转换到线性空间后，问题的维数会大大增加，从而产生所谓的"维数灾难"。为避免这种灾难，在传统的学习方法中，通常在变换前对输入空间进行降维运算。

前面在构造支持向量机的时候，在学习过程中只包含待分类样本与训练样本中的支持向量的内积运算，同样，对于非线性问题在转换到线性空间后，用支持向量机学习只需在这个线性空间中计算内积即可。当然，这个线性空间中的维数是很高的。如果有一种技术，使得在转换后的线性空间中的内积可以用原空间中的变量直接计算，那么即使变换后的线性空间的维数很高，其中求解最优分类面的问题并没有增加多少计算复杂度。这种技术就是核函数的思想。

首先，定义映射 $\Phi: R^d \to H$，R^d 是输入空间，H 是高维内积空间，称为特征空间，Φ 称为特征映射，然后在 H 中构造最优超平面。

在特征空间中的学习过程同前面一样，对偶问题为

$$W(a) = \sum_{i=1}^{l} a_i - \frac{1}{2} \sum_{i,j=1}^{l} a_i a_j y_i y_j (\phi(x_i) \cdot \phi(x_j)) \tag{6.29}$$

约束条件不变：

$$\begin{cases} 0 \leqslant a \leqslant C_i \\ \sum_{i=1}^{l} a_i y_i = 0 \end{cases} \quad (i = 1, 2, \cdots, l) \tag{6.30}$$

核函数的思想是使用输入空间的变量直接计算特征空间中的内积，即

$$(\phi(x) \cdot \phi(x')) = K(x, x') \tag{6.31}$$

其中，x 和 x' 属于输入空间，函数 $K(x,x')$ 即核函数。

这样，只要定义了核函数，我们就不必进行非线性变换，更没有必要知道采用的非线性变换的形式，所以我们只要构造输入空间的一个核函数即可。统计学习理论指出，根据 Hilbert-Schmidt 原理，任意对称函数 $k(x,x')$ 只要满足 Mercer 条件，就可以作为核函数使用。

定义 6-6（Mercer 条件）　对于任意对称函数 $k(x,x')$，它是某个特征空间的内积运算的充分必要条件是，对于任意的 $\varphi(x \neq 0)$ 且 $\int \varphi^2(x)\mathrm{d}x < \infty$，有

$$\iint K(x,x')\varphi(x)\varphi(x')\mathrm{d}x\mathrm{d}x' > 0 \tag{6.32}$$

事实上，这个条件并不难满足。

这样我们就可以得到输入空间中的非线性决策函数：

$$f(x) = \mathrm{sgn}(\sum_{SV} y_i a_i K(x_i, x) - b) \tag{6.33}$$

它等价于在高维特征空间中的线性决策函数。

所以支持向量机就是构造形如式 (6.31) 的决策函数的学习机器，我们用这个名字来强调在解上用支持向量展开的思想。这里使用了完全不同于传统方法的思路，不是像传统方法那样首先将原输入空间降维（特征选择和特征变换），而是设法将输入空间升维，以求在高维空间中线性可分；而在升维后由于使用了核函数，算法的复杂性并没有增加，并且在高维空间中学习向量机的推广性不受维数的影响，所以这种方法是可行的。可以看出，支持向量机由核函数和训练集完全刻画。

2．核函数的分类

支持向量机采用不同的函数作为核函数，可以构造实现输入空间中不同类型的非线性决策面的学习机器。目前研究较多的核函数主要有以下几类。

1）多项式核函数

$$K(x, x_i) = \left[(x \cdot x_i) + 1 \right]^q \tag{6.34}$$

得到的是 d 阶多项式分类器：

$$f(x, a) = \mathrm{sgn}(\sum_{SV} y_i a_i [(x \cdot x_i) + 1]^d - b) \tag{6.35}$$

2）径向基函数

经典的径向基函数的判别函数为

$$f(x) = \mathrm{sgn}(\sum_{i=1}^{n} a_i K_r(\mid x - x_i \mid) - b) \tag{6.36}$$

通常采用的核函数为高斯函数：

$$K_r(\mid x - x_i \mid) = \exp\left\{ -\frac{(\mid x - x_i \mid)^2}{\sigma^2} \right\} \tag{6.37}$$

在构造判定函数时，必须估计：① 参数 r 的值；② 中心点 a_i 的数目 N；③ 描述中心点向量 x_i；④ 参数 a_i。

3）多层感知机

支持向量机采用 Sigmoid 函数作为内积，就实现了包含一个隐层的多层感知机，隐层结点数目由算法自动确定。满足 Mercer 条件的 Sigmoid 函数为

$$K(x_i, x_j) = \tanh(v(x_i^T \times x_j) - c) \tag{6.38}$$

6.6.4　支持向量机的应用

目前，国际上关于支持向量机理论的讨论和深入研究逐渐广泛，我国在此领域的研究尚处在萌芽状态，需要及时学习掌握有关的理论知识，开展有效的研究工作，使我们在这个具有重要意义的领域中尽快赶上国际水平，跟上国际发展步伐。

支持向量机方法在理论上具有突出的优势，贝尔实验室率先在美国邮政手写数字库识别研究方面应用了支持向量机方法，取得了较大的成功。在随后的几年，有关支持向量机的应用研究得到了很多领域的学者的重视，在人脸检测、验证和识别、说话人/语音识别、文字/手写体识别、图像处理和其他应用研究等方面取得了大量的研究成果，从最初的简单模式输入的直接支持向量机方法研究，发展到多种方法取长补短的联合应用研究，对支持向量机方法也有了很多改进。

1．人脸检测、验证和识别

奥苏纳最早将支持向量机应用于人脸检测，并取得了较好的效果。其方法是直接训练非线性支持向量机分类器完成人脸与非人脸的分类。由于支持向量机的训练需要大量的存储空间，并且非线性支持向量机分类器需要较多的支持向量，因此速度很慢。他为此提出了一种层次性结构的支持向量机分类器，它由一个线性支持向量机组合和一个非线性支持向量机组成。检测时，由前者快速排除图像中绝大部分背景窗口，后者只需对少量的候选区域做出确认；训练时，在线性支持向量机组合的限定下，与"自举（bootstrapping）"方法相结合，可收集到训练非线性支持向量机的更有效的非人脸样本，简化支持向量机训练的难度。大量实验结果表明，这种方法不仅具有较高的检测率和较低的误检率，也具有较快的速度。

2．说话人/语音识别

说话人识别属于连续输入信号的分类问题，支持向量机是一个很好的分类器，但不适合连续输入样本，为此引入了隐马尔可夫模型（Hidden Markov Model，HMM），建立了支持向量机与隐马尔可夫模型的混合模型。隐马尔可夫模型适合处理连续信号，而支持向量机适合分类问题；隐马尔可夫模型的结果反映了同类样本的相似度，而支持向量机的输出结果体现了异类样本间的差异。为了方便与隐马尔可夫模型组成混合模型，支持向量机的输出形式需要改为概率输出。

3．文字/手写体识别

贝尔实验室对美国邮政手写数字库进行的实验，人工识别平均错误率为 2.5%，专门针对该特定问题设计的 5 层神经网络错误率为 5.1%（其中利用了大量先验知识），而用 3 种支持向量机方法（采用 3 种核函数）得到的错误率分别为 4.0%、4.1% 和 4.2%，且直接采用 16×16 的字符点阵作为输入，表明了支持向量机的优越性能。

4．图像处理

① 图像过滤。一般的互联网色情图像过滤软件主要采用网址库的形式来封锁色情网址或采用人工智能方法对接收到的中文、英文信息进行分析和甄别。于是人们提出了一种多层次特

定类型图像过滤法，即以综合肤色模型检验，支持向量机分类和最近邻方法校验的多层次图像处理框架，达到 85% 以上的准确率。

② 视频字幕提取。视频字幕蕴含了丰富的语义，可用于对相应视频流进行高级语义标注。庄越挺等提出并实践了基于支持向量机的视频字幕自动定位和提取的方法。该方法首先将原始图像帧分割为 $N \times N$ 的子块，提取每个子块的灰度特征；然后使用预先训练好的支持向量机分类机进行字幕子块和非字幕子块的分类；最后结合金字塔模型和后期处理过程，实现视频图像字幕区域的自动定位提取。

③ 图像分类和检索。由于自动抽取的图像特征与人所理解的语义间存在巨大的差异，因此图像检索结果难以令人满意。近年来出现了相关反馈方法，以支持向量机为分类器，在每次反馈中对用户标记的正例和反例样本进行学习，并根据学习所得的模型进行检索，使用了由 9918 幅图像组成的图像库进行实验。结果表明，这种方法在有限训练样本情况下具有良好的泛化能力。

本章小结

机器学习是研究如何使计算机具有学习能力的一个研究领域，其最终目标是使计算机能像人一样进行学习，并且通过学习获取知识和技能，不断改善性能，实现自我完善。机器学习使用实例数据或过去的经验来训练，以优化性能标准。当人们不能直接编写计算机程序解决给定的问题，而是需要借助实例数据或经验时，就需要机器学习。

简单的学习模型可以包括四部分：环境、学习单元、知识库和执行单元。从环境中获得经验，到学习获得结果，这个过程可分为三种基本的推理策略：归纳、演绎和类比。

归纳学习中的变型空间学习可以看成变型空间中的搜索过程。决策树学习是应用信息论中的方法对一个大的例子集合做出分类概念的归纳定义。ID3 算法是基本的决策树学习算法，寻找最小的树实际上是决策树的重要偏置方法，常用的属性选择依据是信息增益。由于归纳推理通常是在实例不完全的情况下进行的，因此归纳推理是一种主观不充分置信的推理。基于范例的推理方法将人类经验以范例形式表示，并通过范例的调整和改造来获得当前问题的解。强化学习方法通过与环境的试探性交互来确定和优化动作序列，以实现序列决策任务。Q 学习是一种基于时差策略的强化学习方法，累积回报函数 $Q(s,a)$ 存放在一张二维的以状态为行、操作（动作）为列的 Q 表中，其值在每个操作中被修改一次。

机器学习的研究尚处于初级阶段，但是在许多领域都有非常成功的应用，如统计学、模式识别、神经网络、信号处理与控制、数据挖掘等。机器学习是人工智能中必须大力开展研究的方向。只有机器学习的研究取得进展，人工智能和知识工程才会取得重大突破。今后机器学习的研究重点是研究学习过程的认知模型、机器学习的计算理论、新的学习算法、综合多种学习方法的机器学习系统等。

支持向量机是基于统计学习理论中的结构风险最小化原则的一种机器学习，解决了对非线性函数求解超平面的问题。它的主要思想可以概括为两点：① 它针对线性可分情况进行分析，对于线性不可分的情况，通过使用非线性映射算法将低维输入空间线性不可分的样本映射到高维特征空间使其线性可分，从而使得高维特征空间采用线性算法对样本的非线性特征进行线性分析成为可能；② 它基于结构风险最小化理论在特征空间中构建最优分割超平面，使得学习系统得到全局最优化，并且使整个样本空间的期望风险以某个概率满足一定上界。

支持向量机的关键在于核函数。低维空间向量集通常难以划分，解决的方法是将它们映射到高维空间。但这个办法带来的困难就是计算复杂度的增加，而核函数正好巧妙地解决了这个问题。也就是说，只要选用适当的核函数，我们就可以得到高维空间的分类函数。目前，我们使用的核函数有多项式核函数、径向基函数、多层感知机。

支持向量机可以有效地解决小样本、非线性及高维模式识别问题。支持向量机用于模式分类的观点可以简单地阐述为：首先，无论问题是否为线性的，选择相应的核函数，均可将输入向量映射到一个高维空间；其次，用最优化理论方法寻求最优超平面将二类分开。现在，统计学习理论和支持向量机方法尚处在发展阶段，很多方面还不完善，许多理论在算法中尚未实现；支持向量机算法的某些理论解释并非完美，支持向量机的应用目前只是在有限的实验中观察到的现象，期待着理论证明。

习 题 6

6.1 什么是学习和机器学习？为什么要研究机器学习？

6.2 简单的学习模型是由哪几部分组成的？各部分的功能是什么？

6.3 到目前为止，机器学习的方法有哪些？如何对它们进行分类？

6.4 假设有一个物体用两个属性来描述：大小和形状。大小只有两个值：大和小。形状也有两个值：圆（circle）、方（square）。每个物体可以用一个向量表示(x, y)：x 表示物体的大小，y 表示物体的形状。初始变型空间可以用图 6-21 进行描述。用候选消除算法学习"圆"概念，即$(x, circle)$，给出学习过程。

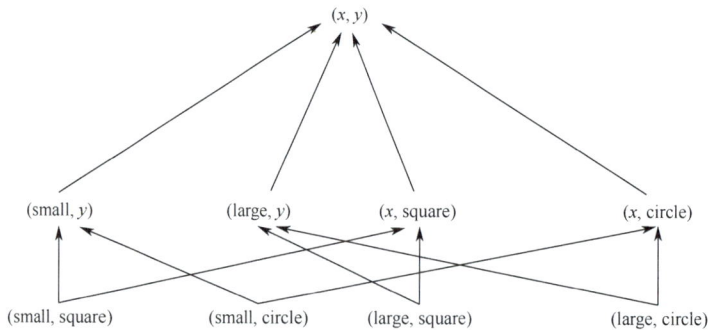

图 6-21　习题 6.4 图

6.5 设训练例子集如下所示：

序 号	属 性		分 类	序 号	属 性		分 类
	x_1	x_2			x_1	x_2	
1	T	T	+	4	F	F	+
2	T	T	+	5	F	T	−
3	T	F	−	6	F	T	−

请用 ID3 算法完成其学习过程。

6.6 一个可能带有噪声的数据集合如下：

属 性	Outlook	Temperature	Humidity	Windy	类
1	Overcast	Hot	High	Not	N
2	Overcast	Hot	High	Very	N
3	Overcast	Hot	High	Medium	N
4	Sunny	Hot	High	Not	P
5	Sunny	Hot	High	Medium	P
6	Rain	Mild	High	Not	N
7	Rain	Mild	High	Medium	N
8	Rain	Hot	Normal	Not	P
9	Rain	Cool	Normal	Medium	N
10	Rain	Hot	Normal	Very	N
11	Sunny	Cool	Normal	Very	P
12	Sunny	Cool	Normal	Medium	P
13	Overcast	Mild	High	Not	N
14	Overcast	Mild	High	Medium	N
15	Overcast	Cool	Normal	Not	P
16	Overcast	Cool	Normal	Medium	P
17	Rain	Mild	Normal	Not	N
18	Rain	Mild	Normal	Medium	N
19	Overcast	Mild	Normal	Medium	P
20	Overcast	Mild	Normal	Very	P
21	Sunny	Mild	High	Very	P
22	Sunny	Mild	High	Medium	P
23	Sunny	Hot	Normal	Not	P
24	Rain	Mild	High	Very	N

它有 4 个属性：Outlook、Temperature、Humidity、Windy。它被分为两类：P 和 N，分别为正例和反例。试构造决策树，将数据进行分类。

6.7 给出基于范例的学习的原理和过程模型。

6.8 解释强化学习模型及其与其他机器学习方法的异同。

6.9 比较经验风险最小化原理和结构风险最小化原理。

6.10 VC 维的含义是什么？为什么说，VC 维反映了函数集的学习能力？

6.11 为什么说，统计学习理论是支持向量机的理论基础？表现在哪些方面？

6.12 描述支持向量机的基本思想和数学模型。

第 7 章
神经计算

神经计算，也叫神经网络，主要研究人工神经元的模型和学习算法。

自 20 世纪 80 年代中期以来，全球掀起了神经网络的研究热潮。从 1985 年开始，专门讨论神经网络的学术会议规模逐步扩大。1987 年，美国召开了第一届神经网络国际会议，并成立了国际神经网络学会（International Neural Network Society，INNS）。为了推动神经网络的研究，INNS 出版了几种专门的学术刊物，如 *Neural Networks*、*Connection Science*、*IEEE Transactions on Neural Networks*、*Neural Computation* 等。

在国际研究潮流的推动下，我国在神经网络这个新兴的研究领域取得了一些研究成果，形成了多学科的研究队伍，组织了不同层次的讨论会。1986 年，中国科学院召开了"脑工作原理讨论会"。1989 年 5 月，"识别和学习国际学术讨论会"在北京大学召开。1990 年 10 月，中国自动化学会、中国计算机学会、中国心理学会、中国电子学会、中国生物物理学会、中国自动化学会、中国物理学会、中国通信学会八个学会联合召开"中国神经网络首届学术大会"。大会论文内容涉及脑功能及生物神经网络模型、神经生理与认知心理模型、人工神经网络模型、神经网络理论、新的学习算法、神经计算机、VLSI 及光学实现、联想记忆、神经网络与人工智能、神经网络与信息处理、神经网络与模式识别、神经网络与自动控制、神经网络与组合优化、神经网络与通信。1992 年 11 月，国际神经网络学会、IEEE 神经网络学会、中国神经网络学会等联合在北京召开了神经网络国际会议。为了培养神经计算方面的研究人才，不少高校开设了"神经计算"和"人工神经网络"等有关课程。

7.1　神经计算概述

所谓人工神经元模型，实际上是生物神经元的抽象和模拟。抽象模型是由数学得到的，即数学模型；模拟模型是由结构和功能得到的，即拓扑模型。

通常，一个人工神经元的拓扑模型可以用如图 7-1 所示的结构来表示，这是一个多输入单输出（当然也有多输出的，但是每个输出值均相同——这些输出值均来自同一冲动膜电位）的非线性阈值器件。

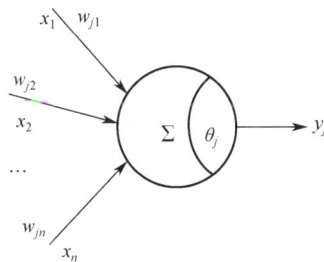

图 7-1　人工神经元的拓扑模型

为了给出上述形式神经元的数学模型，可假设如下：$x_1, x_2, \cdots, x_n$ 为某神经元的 n 个输入；w_{ij} 为第 j 个神经元与第 i 个神经元的突触连接强度，称为连接权，其值称为权值；A_j 为第 j 个神经元的输入总和——相当于生物神经元的膜电位，称为激活函数，其值称为激活值或整合值；θ_j 表示第 j 个神经元的阈值，用于模拟生物神经元的阈值膜电位；y_j 表示第 j 个神经元的输出。在上述假定条件下，人工神经元的输出可描述为

$$y_i = f(A_j)$$

$$A_j = \sum_{i=1}^{n} w_{ji} x_i - \theta \qquad (7.1)$$

式（7.1）为人工神经元的通用型数学模型。其中，$f(A_j)$ 是表示人工神经元的输入-输出关系的函数，称为作用函数或传递函数。

根据作用函数的不同，人工神经元可以分为以下 4 种。

1）M-P 模型

M-P 模型于 1943 年由美国心理学家麦卡洛克（M.S. McCulloch）和数学家皮茨（W.H. Pitts）共同提出。M-P 模型神经元是一种二值型神经元，这是最简单的一类人工神经元。M-P 模型神经元的输出状态取值为"1"或"0"，取值为"1"则表示神经元处于兴奋状态，取值为"0"则表示神经元处于抑制状态。某时刻，神经元所处的状态（神经元的输出）是由激活函数 A_j 决定的。显然，M-P 模型中神经元的作用函数是一个阶跃函数，如图 7-2（a）所示。

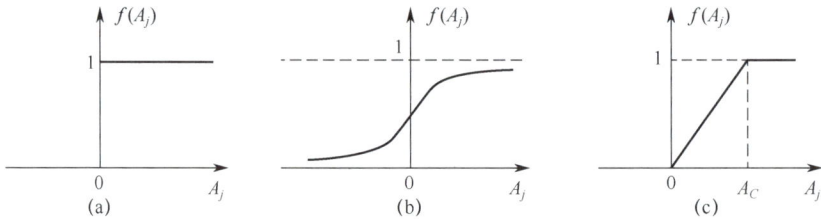

图 7-2 常用的三种作用函数

如果 $A_j > 0$，神经元的所有权值输入总和超过某个阈值 θ_j（该神经元的激活值大于 0），那么第 j 个神经元将被激活，其状态为"1"；如果 $A_j < 0$，神经元的所有权值输入总和未超过某个阈值 θ_j（该神经元的激活值不大于 0），那么第 j 个神经元将不被激活，其状态为"0"。

综上所述，M-P 模型中神经元的作用函数的数学表达式如下：

$$y_j = f(A_j) = \begin{cases} 1, & A_j > 0 \\ 0, & A_j \leqslant 0 \end{cases} \qquad (7.2)$$

M-P 模型神经元的权值 w_{ij} 可在 (−1, +1) 区间连续取值（实际上，数值的取值并不仅限于区间 (−1, +1)，大些或小些均可）。其中，取"−"表示"抑制"两神经元之间的连接强度，取"+"表示"增强"两神经元之间的连接强度。

2）S 型神经元

S 型神经元是一种常用的连续型神经元模型，其输出值在某范围内连续取值，常用的作用函数包括对数函数、指数（Sigmoid）函数和双曲正切函数等 S 型作用函数。例如：

$$y_j = f(A_j) = \frac{1}{1 + e^{-A_j}} \quad (\text{指数}) \qquad (7.3)$$

或

$$y_j = f(A_j) = \frac{1}{2}\left[1 + \text{th}\left(\frac{A_j}{A_0}\right)\right] \qquad (7.4)$$

S 型作用函数反映了神经元的连续性的非线性输出特性，如图 7-2（b）所示。

S 型作用函数是各种连续型神经元采用的主要作用函数，与 M-P 模型神经元一样，它们都是人工神经网络中最主要的作用函数。

3）伪线性神经元

伪线性神经元实际反映的是一种分段线性的非线性输入 - 输出特性，其输出表达式为

$$y_i = \begin{cases} 0, & A_j \leqslant 0 \\ CA_j, & 0 < A_j \leqslant A_C \\ 1, & A_C \leqslant A_j \end{cases} \tag{7.5}$$

其中，C 为斜率，A_C 为分段边界值，二者均表示常量。其曲线如图 7-2（c）所示。

4）概率型神经元

与以上 3 种神经元模型不同，概率型神经元是一类二值型随机神经元模型，其输出状态为 0 或 1，根据激活函数值的大小按照一定的概率来确定的。

假设神经元状态（神经元的输出）为 1 的概率为

$$P(S_j = 1) = \frac{1}{1 + e^{-A_j/T}} \tag{7.6}$$

则状态为 0 的概率为

$$P(S_j = 0) = 1 - P(S_j = 1) \tag{7.7}$$

其中，T 表示一个随机变量。

7.2　感知器

感知器（Perceptron）是由美国学者罗森布拉特（F. Rosenblatt）于 1958 年提出的。罗森布拉特的重要贡献是提出了一种感知器的训练算法，并将该感知器成功应用于模式分类问题。

7.2.1　感知器的结构

感知器的拓扑结构如图 7-3 所示，输入层也称为感知层，有 n 个神经元结点，这些结点只负责引入外部信息，自身无信息处理能力，每个结点接收一个输入信号，n 个输入信号构成输入列向量 X。输出层也称为处理层，有 m 个神经元结点，每个结点均具有信息处理能力，m 个结点向外部输出处理信息，构成输出列向量 O。两层之间的连接权用权值列向量 W_j 表示，m 个权向量构成单层感知器的权值矩阵 W。

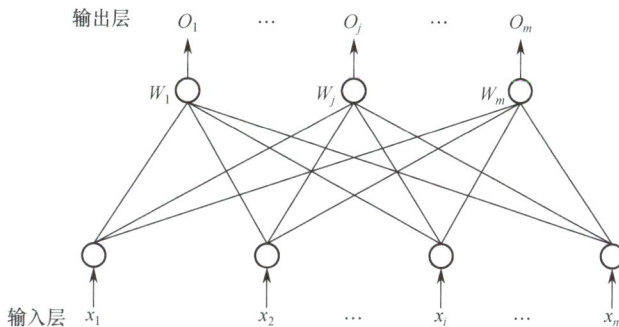

图 7-3　感知器的拓扑结构

7.2.2 感知器的学习算法

感知器的学习算法的基本原理来源于著名的 Hebb 学习律，其基本思想是：逐步地将样本集中的样本逐步输入网络，根据输出结果与理想输出的差异调整权矩阵。

感知器的学习是一种有教师的学习，采用比较简单的 δ 学习规则，其权值的修正算法为

$$w_{ji}(k+1) = w_{ji}(k) + \eta \delta_j x_i(k) \tag{7.8}$$

$$\delta_j = d_j - y_j(k) \tag{7.9}$$

$$y_j(k) = f(\sum_{i=1}^{n} w_{ji} x_i - \theta_j) \tag{7.10}$$

其中，η 为学习系数，取值范围为 $[0,1]$，d_j 为期望输出（导师信号），y_j 为实际输出，δ_j 是期望输出与实际输出之差，x_j 为输入信号的大小。d_j、y_j、x_j 的取值为 0 或 1。

根据修正算法，若网络的输出和期望输出一致（$\delta_j = 0$），则权值不进行修正，否则（$\delta_j \neq 0$）权值可以调整。通过对各种样本重复地学习，最后可得到正确的学习结果。学习系数 η 的取值一般不宜太小或太大，太大会使学习不易收敛，而太小会使学习过程较长，一般可通过实验来调整，初始值取 0.2～0.3 为宜。

下面以例 7-1 来说明单层感知器的学习过程。

例 7-1　试用单个感知器神经元完成下列分类，写出其训练的迭代过程，画出最终的分类示意图。已知

$$\left\{ P_1 = \begin{vmatrix} 2 \\ 2 \end{vmatrix}, \ t_1 = 0 \right\}$$

$$\left\{ P_2 = \begin{vmatrix} 1 \\ -2 \end{vmatrix}, \ t_2 = 1 \right\}$$

$$\left\{ P_3 = \begin{vmatrix} -2 \\ 2 \end{vmatrix}, \ t_3 = 0 \right\}$$

$$\left\{ P_4 = \begin{vmatrix} -1 \\ 0 \end{vmatrix}, \ t_4 = 1 \right\}$$

解　据题意，神经元有两个输入量，传输函数为阈值型函数。于是以图 7-4 所示感知器神经元完成分类。

（1）初始化

$$W(0) = \begin{bmatrix} 0 & 0 \end{bmatrix}$$

$$b(0) = 0$$

（2）第 1 次迭代

$$a = f(n) = f(W(0)P_1 + b(0))$$

$$= f\left(\begin{bmatrix} 0 & 0 \end{bmatrix} \begin{bmatrix} 2 \\ 2 \end{bmatrix} + 0 \right)$$

$$= f(0) = 1$$

$$e = t_1 - a = 0 - 1 = -1$$

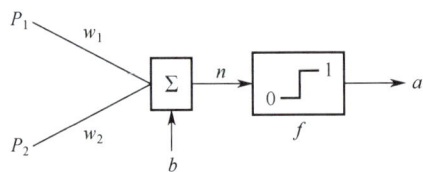

图 7-4　例 7-1 的感知器神经元

因为输出 a 不等于目标值 t_1，所以调整权值和阈值：

$$W(1) = W(0) + eP_1^{\mathrm{T}} = \begin{bmatrix} 0 & 0 \end{bmatrix} + (-1)\begin{bmatrix} 2 & 2 \end{bmatrix} = \begin{bmatrix} -2 & -2 \end{bmatrix}$$
$$b(1) = b(0) + e = 0 + (-1) = -1$$

（3）第 2 次迭代。以第 2 个输入样本作为输入向量，对调整后的权值和阈值进行计算：
$$a = f(n) = f(W(1)P_2 + b(1))$$
$$= f\left(\begin{bmatrix} -2 & -2 \end{bmatrix}\begin{bmatrix} 1 \\ -2 \end{bmatrix} + (-1)\right) = f(1) = 1$$
$$e = t_2 - a = 1 - 1 = 0$$

因为输出 a 等于目标值 t_2，所以不需调整权值和阈值：
$$W(2) = W(1) = \begin{bmatrix} -2 & -2 \end{bmatrix}$$
$$b(2) = b(1) = -1$$

（4）第 3 次迭代。以第 3 个输入样本作为输入向量，以 $W(2)$、$b(2)$ 进行计算：
$$a = f(n) = f(W(2)P_3 + b(2))$$
$$= f\left(\begin{bmatrix} -2 & -2 \end{bmatrix}\begin{bmatrix} -2 \\ 2 \end{bmatrix} + (-1)\right) = f(-1) = 0$$
$$e = t_3 - a = 0 - 0 = 0$$

因为输出 a 等于目标值 t_3，所以不需调整权值和阈值：
$$W(3) = W(2) = \begin{bmatrix} -2 & -2 \end{bmatrix}$$
$$b(3) = b(2) = -1$$

（5）第 4 次迭代。以第 4 个输入样本作为输入向量，以 $W(3)$、$b(3)$ 进行计算：
$$a = f(n) = f(W(3)P_4 + b(3))$$
$$= f\left(\begin{bmatrix} -2 & -2 \end{bmatrix}\begin{bmatrix} -1 \\ 0 \end{bmatrix} + (-1)\right) = f(1) = 1$$
$$e = t_4 - a = 1 - 1 = 0$$

因为输出 a 等于目标值 t_4，所以不需调整权值和阈值：
$$W(4) = W(3) = \begin{bmatrix} -2 & -2 \end{bmatrix}$$
$$b(4) = b(3) = -1$$

（6）后续迭代又从第一个输入样本开始，被作为输入向量，依据前一次的权值和阈值进行计算，直至调整后的权值与阈值对所有的输入样本的输出误差都为 0。

进行第 5 次迭代：
$$a = f(n) = f(W(4)P_1 + b(4))$$
$$= f\left(\begin{bmatrix} -2 & -2 \end{bmatrix}\begin{bmatrix} 2 \\ 2 \end{bmatrix} + (-1)\right) = f(-9) = 0$$
$$e = t_1 - a = 0 - 0 = 0$$

因为输出 a 等于目标值 t_5，所以不需调整权值和阈值：
$$W(5) = W(4) = \begin{bmatrix} -2 & -2 \end{bmatrix}$$
$$b(5) = b(4) = -1$$

可以看出，$W = \begin{bmatrix} -2 & -2 \end{bmatrix}$ 和 $b = -1$ 对所有的输入样本，其输出误差为 0，所以为最终调整后的权值和阈值。

（7）因为，$n > 0$ 时 $a = 1$，而 $n \leqslant 0$ 时 $a = 0$，所以以 $n = 0$ 作为边界。

于是可以根据训练后的结果画出分类示意图，如图 7-5 所示。

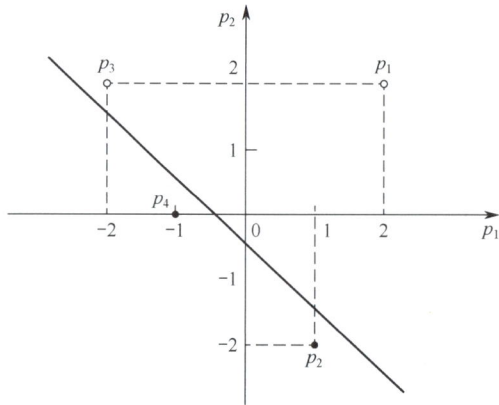

图 7-5　例 7-1 分类

其边界由下列直线方程（边界方程）决定：

$$n = \boldsymbol{W}\boldsymbol{P} + b$$

$$= \begin{bmatrix} -2 & -2 \end{bmatrix} \begin{bmatrix} p_1 \\ p_2 \end{bmatrix} + (-1)$$

$$= -2p_1 - 2p_2 - 1 = 0$$

7.3　反向传播网络

误差反向传播（Error Back-Propagation）的思想最早由布莱森（A.E. Bryson）等人于 1969 年在其所著的 *Applied Optimal Control* 一书中提出。之后温伯斯（P. Werbos）于 1974 年、帕克（D. B. Parker）于 1985 年、鲁梅尔哈特（D. E. Rumelhart）等人于 1986 年相继提出了误差反向传播的思想和算法。布莱森、温伯斯、帕克和鲁梅尔哈特等人各自独立地完成了自己的工作。然而，布莱森、温伯斯和帕克等人的工作被忽视了，直到 1986 年鲁梅尔哈特及其研究小组在 *Nature* 杂志上发表其研究成果，反向传播网络算法才得到人们的关注。

反向传播（Back-Propagation，BP）学习算法简称 BP 算法，采用 BP 算法的前馈型神经网络简称 BP 网络。作为一种前馈型神经计算模型，BP 网络与多层感知器没有本质的区别。然而，有了 BP 算法，BP 网络便有了强大的计算能力，可表达各种复杂映射。BP 网络自出现以来一直是神经网络领域最流行的模型之一，得到了极其广泛的应用。

7.3.1　反向传播网络的结构

反向传播（BP）网络实际上是一个多层感知器，因而具有类似多层感知器的体系结构，即典型的前馈型神经网络的体系结构。图 7-6 是一个具有两个隐层和一个输出层的 BP 网络。该网络是全连接的，即在任意层上的一个神经元与它之前层上的所有结点都连接起来。

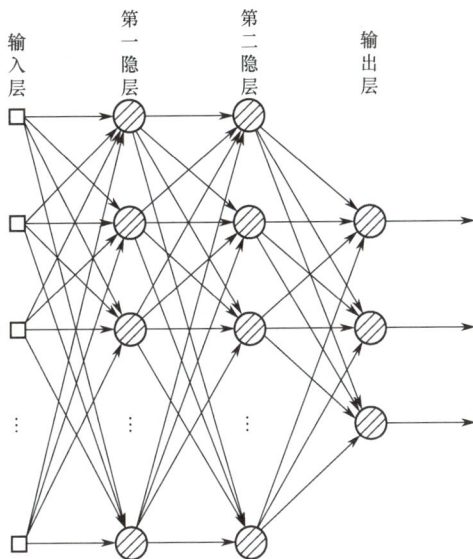

図 7-6　BP 网络

7.3.2　反向传播网络的学习算法

令在第 n 次迭代中输出端的第 j 个神经元的实际输出为 $y_j(n)$ ，则其误差信号为

$$e_j(n) = d_j(n) - y_j(n)$$

其中，$d_j(n)$ 表示第 n 次迭代中输出端的第 j 个神经元的期望输出，又称为目标输出。

定义神经元 j 的平方误差为 $\frac{1}{2}e_j^2(n)$ ，则输出端总的平方误差的瞬时值为

$$E(n) = \frac{1}{2}\sum_{j \in c} e_j^2(n)$$

设 C 为所有输出单元的集合，训练集中样本总数为 N ，则平方误差的均值为

$$E_A = \frac{1}{N}\sum_{n=1}^{N} E(n)$$

E_A 为学习的目标函数，是网络所有权值和阈值及输入信号的函数。学习目的是使 E_A 为最小。下面逐个样本学习的情况推导 BP 算法。

图 7-7 为第 j 个神经元接收到前一层信号并产生误差信号的过程，$w_{ji}(n)$ 为单元 j 到单元 i 的连接权值，$\varphi(\cdot)$ 为激活函数，是神经网络引入的非线性因素。

输出神经元 j 的加权和记为

$$v_j(n) = \sum_{i=0}^{p} w_{ji}(n)y_i(n)$$

其中，p 为加到神经元 j 前输入的个数，则 $y_j(n) = \varphi(v_j(n))$ ，$E(n)$ 对 $w_{ji}(n)$ 的梯度为

$$\frac{\partial E(n)}{\partial w_{ji}(n)} = \frac{\partial E(n)}{\partial e_j(n)}\frac{\partial e_j(n)}{\partial y_j(n)}\frac{\partial y_j(n)}{\partial v_j(n)}\frac{\partial v_j(n)}{\partial w_{ji}(n)} \tag{7.11}$$

由于 $\dfrac{\partial E(n)}{\partial e_j(n)} = e_j(n)$ ，$\dfrac{\partial e_j(n)}{\partial y_j(n)} = -1$ ，$\dfrac{\partial y_j(n)}{\partial v_j(n)} = \varphi'(v_j(n))$ ，$\dfrac{\partial v_j(n)}{\partial w_{ji}(n)} = y_j(n)$ ，因此

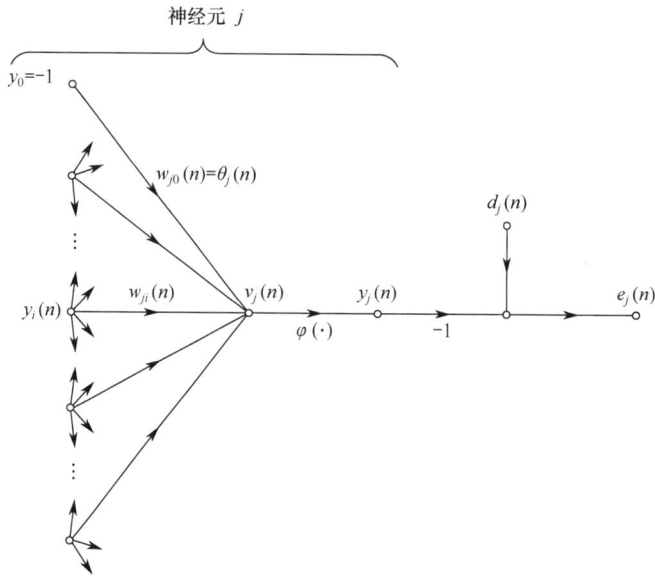

图 7-7　神经元 j 的信号流

$$\frac{\partial E(n)}{\partial w_{ji}(n)} = -e_j(n)\varphi'(v_j(n))y_j(n) \tag{7.12}$$

权值 $w_{ji}(n)$ 的修正量为

$$\Delta w_{ji}(n) = -\eta\frac{\partial E(n)}{\partial w_{ji}(n)} = -\eta\delta_j(n)y_j(n) \tag{7.13}$$

其中，负号表示修正量按梯度下降方向，$\delta_j(n) = e_j(n)\varphi'(v_j(n))$ 称为局部梯度。下面分两种情况讨论。

① 神经元 j 是一个输出单元，则

$$\delta_j(n) = (d_j(n) - y_j(n))\varphi'(v_j(n)) \tag{7.14}$$

② 神经元 j 是隐层单元（如图 7-8 所示），则

$$\delta_j(n) = -\frac{\partial E(n)}{\partial y_j(n)}\varphi'(v_j(n)) \tag{7.15}$$

当 k 为输出神经元时，有

$$E(n) = \frac{1}{2}\sum_{k\in C}e_k^{\,2}(n) \tag{7.16}$$

将此式对 $y_j(n)$ 求导，得

$$\frac{\partial E(n)}{\partial y_j(n)} = \sum_{k\in C}e_k(n)\frac{\partial e_k(n)}{\partial y_j(n)} = \sum_{k\in C}e_k(n)\frac{\partial e_k(n)}{\partial v_k(n)}\frac{\partial v_k(n)}{\partial y_j(n)} \tag{7.17}$$

因为 $e_k(n) = d_k(n) - y_k(n) = d_k(n) - \varphi(v_k(n))$，而 $d_k(n)$ 为常数，所以

$$\frac{\partial e_k(n)}{\partial v_k(n)} = -\varphi'(v_k(n)) \tag{7.18}$$

而 $v_k(n) = \sum_{j=0}^{q}w_{kj}(n)y_j(n)$，其中 q 为神经元 k 的输入数。上式对 $y_j(n)$ 求导，可得

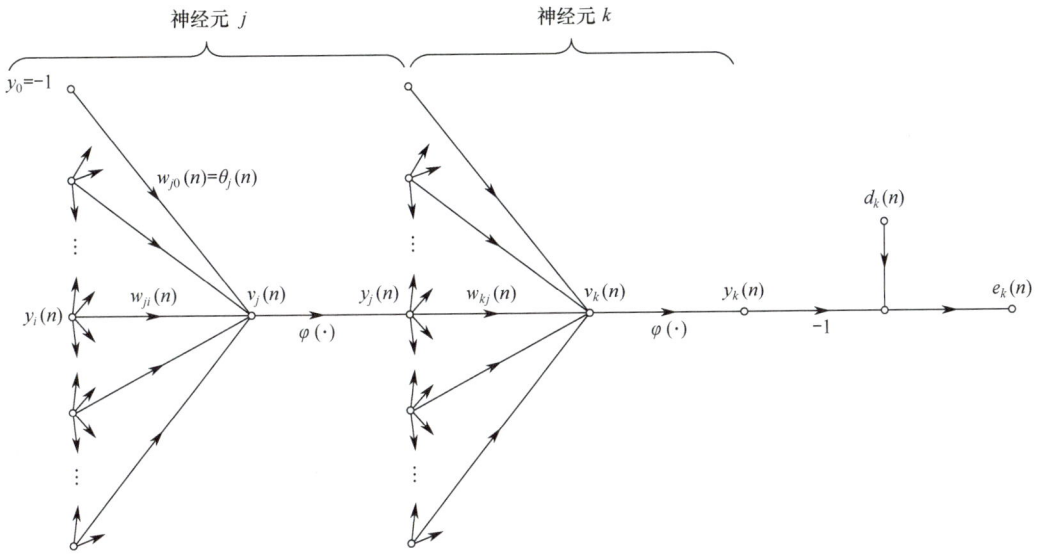

图 7-8　神经元 j 与下一层单元的信号流

$$\frac{\partial v_k(n)}{\partial y_j(n)} = w_{kj}(n) \tag{7.19}$$

$$\frac{\partial E(n)}{\partial y_j(n)} = -\sum_k e_k(n)\varphi'(v_k(n))w_{kj}(n) = -\sum_k \delta_k(n)w_{kj}(n) \tag{7.20}$$

于是

$$\delta_j(n) = \varphi'(v_j(n))\sum_k \delta_k(n)w_{kj}(n) \tag{7.21}$$

$\delta_j(n)$ 的计算有两种情况:

❖ 当 j 为一个输出神经元时，$\delta_j(n)$ 为 $\varphi'(v_j(n))$ 与误差信号 $e_j(n)$ 之积。

❖ 当 j 为一个隐层神经元时，$\delta_j(n)$ 为 $\varphi'(v_j(n))$ 与后面一层的 δ 的加权和之积。

在实际应用中，学习时要输入训练样本，每输入一次全部训练样本称为一个训练周期。学习要一个周期接一个周期地进行，直到目标函数达到最小值或小于某给定值。用 BP 算法训练网络时有两种方式，一种是每输入一个样本修改一次权值，另一种是批处理方式，即将组成一个训练周期的全部样本都依次输入后，计算总的平均误差:

$$E_A = \frac{1}{2N}\sum_{j=1}^{N}\sum_{j\in C} e_j^{\,2}(n)$$

从而

$$\Delta w_{ji} = -\eta\frac{\partial E_A}{\partial w_{ji}} = \frac{\eta}{N}\sum_{n=i}^{N} e_j(n)\frac{\partial e_j(n)}{\partial w_{ji}} \tag{7.22}$$

标准 BP 算法的步骤可归纳如下。

（1）初始化。选定一结构合理的网络，置所有可调参数（权和阈值）为均匀分布的较小数值。

（2）对每个输入样本进行如下计算。

① 前向计算。设训练样本是 $(\boldsymbol{x}(n), \boldsymbol{d}(n))$，输入向量 $\boldsymbol{x}(n)$ 指向感知结点的输入层，期望响应向量 $\boldsymbol{d}(n)$ 指向计算结点的输出层，不断地经由网络一层一层地前进，可以计算网络的诱导局部域和函数信号。层 l 的神经元 j 的诱导局部域 $v_j^{(l)}(n)$ 为

$$v_j^{(l)}(n) = \sum_{i=0}^{m_0} w_{ji}^{(l)}(n) y_i^{(l-1)}(n) \tag{7.23}$$

$y_i^{(l-1)}(n)$ 是前面第 $l-1$ 层的神经元 i 的输出信号，而 $w_{ji}^{(l)}(n)$ 是从第 $l-1$ 层神经元 i 指向第 l 层的神经元 j 的权重。若 $i=0$ ，则 $y_0^{(l-1)}(n)=1$ ，并且 $w_{j0}^{(l)}(n)=b_j^{(l)}(n)$ 是第 l 层的神经元 j 的偏置。第 l 层的神经元 j 的输出信号为 $y_j^{(l)} = \varphi(v_j(n))$ ，如果神经元 j 是在第一隐层（ $l=1$ ），那么置 $y_j^{(0)}(n) = x_j(n)$ ，其中 $x_j(n)$ 是输入向量 $\boldsymbol{x}(n)$ 的第 j 个元素。如果神经元 j 在输出层（ $l=L$ ），令 $y_j^{(L)}(n) = o_j(n)$ ，那么计算误差信号 $e_j(n) = d_j(n) - o_j(n)$ 。这里， $d_j(n)$ 是期望响应向量 $\boldsymbol{d}(n)$ 的第 j 个向量。

② 反向计算。计算网络的局部梯度 δ ，定义为

$$\delta_j^{(l)}(n) = \begin{cases} e_j^{(L)}(n)\varphi'(v_j^{(L)}(n)), & \text{对输出层} L \\ \varphi'(v_j^{(l)}(n)) \sum_k \delta_k^{(l+1)}(n) w_{kj}^{(l+1)}(n), & \text{对隐层} l \end{cases} \tag{7.24}$$

其中， $\varphi'(\cdot)$ 是指对自变量的微分。根据广义 delta 规则，调节网络第 l 层的突触权值：

$$w_{ji}^{(l)}(n+1) = w_{ji}^{(l)}(n) + \eta \delta_j^{(l)}(n) y_i^{(l-1)}(n) \tag{7.25}$$

其中， η 为学习率。

（3） $n=n+1$ ，输入新的样本（或新的周期样本），直至 E_A 达到预定要求。训练时，各周期中样本的输入顺序要重新随机排序。

7.4　自组织映射网络

在人脑的感觉通道上，一个很重要的组织原理是神经元有序地排列着，并且往往可以反映出感觉到的外在刺激物理特性。例如，在听觉通道的每个层次上，其神经元与神经纤维在结构上的排列与频率之间的关系十分密切。对于某个频率，相应的神经元具有很大的响应，这种听觉通道上神经元的有序排列一直延续到听觉皮层。尽管很多低层次的神经元是预先排列好的，但高层次的神经组织通过学习自组织地形成。

科霍宁（T.K Kohonen）根据大脑神经的这种特性提出了自组织映射（Self-Organizing Map，SOM）。他认为，一个神经网络接受外界输入模式时，会分成不同区域，各区域对输入模式具有不同的响应特征，同时这个过程是自动完成的。各神经元的连接权值具有一定的分布，最邻近的神经元相互刺激，较远的神经元则相互抑制，更远一些的又具有较弱的刺激作用。因此，自组织特征映射算法是一种无教师学习的聚类方法。

7.4.1　自组织映射网络的结构

自组织映射网络结构一般由输入层和竞争层构成，没有隐含层，两层之间的神经元实现双向连接。与基本竞争网络不同，其竞争层可以由一维或二维网格矩阵方式组成，且权值修正的策略也不同。

一维自组织映射网络结构与基本竞争学习网络相同，二维自组织映射网络结构如图 7-9 所示，由输入层和竞争层组成。输入层由 n 个神经元组成，竞争层由 m 个神经元组成，且形成

图 7-9　二维自组织映射网络结构

一个二维阵列。输入层与竞争层各神经元之间实现全互连接，竞争层之间实行侧向连接。网络根据其学习规则，对输入模式进行自动分类，即在无教师情况下，通过对输入模式的自组织学习，抽取各输入模式的特征，在竞争层将分类结果表示出来。

7.4.2　自组织映射网络的学习算法

自组织映射的目标是使神经元突触的内部连接权矢量逼近输入信号。在网络训练开始时，规定了二维平面上相邻的结点，能对实际模式分布中相近的模式类做出特别的反应。这样，当某数据模式类输入时，对其某输出结点给予"最大的"刺激，以指示该模式类的所属区域，同时对获胜结点周围的一些结点给予"较大的"刺激。当输入模式从一个模式区域移到相邻模式区域时，二维平面上的获胜结点也从原来的结点移到其相邻的结点。不但能判断输入模式所属的类别，并使输出结点代表某一类模式，而且能得到整个数据区域的大体分布情况，即从样本数据中寻找并掌握所有数据分布大体上的本质特征。

在图 7-9 所示的自组织映射网络结构中，令输入信号为 $x = \begin{bmatrix} x_1 & x_2 & \cdots & x_p \end{bmatrix}^{\mathrm{T}}$，输出单元 j 的权向量为 $w_j = \begin{bmatrix} w_{j1} & w_{j2} & \cdots & w_{jp} \end{bmatrix}^{\mathrm{T}}$（$j = 1, 2, \cdots, N$），输入信号 x 按顺序一个一个地输入。每输入一个向量（模式），首先寻找其权向量 w_j 与 x 有最佳匹配的单元 i。设各神经元的阈值都相同，则应求 $w_j^{\mathrm{T}} x$ 的最大值，如果 w_j 都已归一化到固定的欧式范数，那么更简单的做法是找两个向量（w_j 和 x）间欧式距离的最小者，即求

$$i(x) = \arg\min_j \| x - w_j \| \qquad (j = 1, 2, \cdots, N) \tag{7.26}$$

其次确定最佳匹配单元（或称为胜利单元）的邻域。此邻域是随迭代次数 t 变化的，所以称为邻域函数 $N_g(t)$，最后确定一个在 $N_g(t)$ 内的单元的权值修改公式。而直接使用 Hebb 规则是不稳定的，会导致权值向一个方向变化。为此可加入一个"遗忘"项——$g(y_j)w_j$，其中 $g(y_j)$ 应是单元 j 的输出的正的标量函数，并满足

$$g(y_j) = 0 \quad (\forall j, y_j = 0) \tag{7.27}$$

这样，权值的学习可用下面的微分方程表示：

$$\frac{\mathrm{d}w_j}{\mathrm{d}t} = \eta y_j x - g(y_j) w_j \quad (j = 1, 2, \cdots, N) \tag{7.28}$$

学习目的是在最佳匹配单元周围形成"气鼓"，可以取

$$y_j = \begin{cases} 1, & \text{单元}j\text{在邻域}N_g(t)\text{内} \\ 0, & \text{其他} \end{cases}$$

由式(7.27)，有

$$g(y_j) = \begin{cases} \alpha, & \text{神经元}j\text{激活}, \alpha\text{为正常数} \\ 0, & \text{神经元}j\text{不激活} \end{cases}$$

代入式(7.28)，有

$$\frac{\mathrm{d}w_j}{\mathrm{d}t} = \begin{cases} \eta x - \alpha w_j, & \text{神经元}j\text{在邻域}N_g(t)\text{内} \\ 0, & \text{其他} \end{cases}$$

为进一步简化，取 $\alpha = \eta$（η 为学习步长），则

$$\frac{\mathrm{d}w_j}{\mathrm{d}t} = \begin{cases} \eta(x - w_j), & \text{神经元}j\text{在邻域}N_g(t)\text{内} \\ 0, & \text{其他} \end{cases}$$

对于离散情况，则

$$w_j(t+1) = \begin{cases} w_j(t) + \eta(t)[x - w_j(t)], & j \in N_g(t) \\ w_j(t), & \text{其他} \end{cases}$$

SOM 算法的步骤如下。

（1）权值初始化，为各权向量 $w_j(0)$ 赋予小的随机初值，各结点权值应各不相同。

（2）在样本集中随机选择一个样本 x 作为输入。

（3）在时刻 t，选择最佳匹配单元 i（竞争过程）。

（4）确定邻域 $N_g(t)$（协作过程）。

（5）修正权值。

$$w_j(t+1) = \begin{cases} w_j(t) + \eta(t)[x - w_j(t)], & j \in N_g(t) \\ w_j(t), & \text{其他} \end{cases} \tag{7.29}$$

（6）$t = t+1$，返回（2），直到形成有意义的映射图。

学习步长 $\eta(t)$ 和邻域函数 $N_g(t)$ 均应随迭代次数 n 变化，二者对学习效果至关重要，遗憾的是，尚没有合适的理论指导，仅有一些原则可供参考，在简单情况下可以按如下方法操作。

① 一般，在开始约 1000 次迭代中，$\eta(t)$ 可取为接近于 1，然后逐渐减少，但仍应在 0.1 以上，具体 $\eta(t)$ 的减少规律并不非常重要，可随 t 线性变化或指数变化。通常是在初始阶段会形成某种排序，所以被称为排序阶段。此后的阶段是收敛阶段，一般比较长，是对映射图的细调。在此阶段，$\eta(t)$ 应较小（如小于 0.01）。

② 在二维情况下，邻域 $N_g(t)$ 可取为方形或六角形等。通常，开始时 $N_g(t)$ 较大，可包含全部神经元，然后逐步收缩，在初始约 1000 次迭代中，可随 t 线性缩小，直到包含 i 周围 1~2 个最近邻域。在收敛阶段，$N_g(t)$ 保持只含最近邻，最后收缩到只含 i 本身。

7.5　Hopfield 网络

Hopfield 网络是由美国加州工学院的物理学家约翰·霍普菲尔德（J. Hopfield）教授于 1982

年提出的一种具有相互连接的反馈型神经网络模型。Hopfield 网络分为离散（Distribute Hopfield Neural，DHNN）和连续（Continues Hopfield Neural，CHNN）两种。本节主要讨论离散 Hopfield 网络的结构和学习算法。

1. 离散 Hopfield 网络的结构

离散 Hopfield 网络是一种基于非线性动力学的单层全互连网络，其任意神经元之间均有连接，是一种对称连接结构。典型的由 3 个神经元组成的离散 Hopfield 网络结构如图 7-10 所示。第 0 层只是作为网络的输入，不是实际神经元，所以该层没有计算功能；而第 1 层神经元是实际神经元，所以执行对输入信息和权系数累加和，并由传递函数处理后产生输出信息。

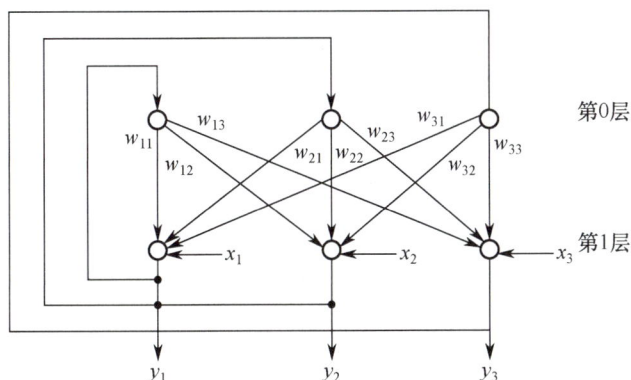

图 7-10　由 3 个神经元组成的 Hopfield 网络

离散 Hopfield 网络模型是一个离散时间系统，其中每个神经元只有 0 和 1 两种状态，分别对应神经元处于激活和抑制状态。神经元 i 与 j 之间的连接权值为 w_{ij}，由于神经元之间为对称连接且神经元自身无连接，因此

$$w_{ij} = \begin{cases} w_{ji}, & i \neq j \\ 0, & i = j \end{cases} \tag{7.30}$$

由该连接权值所构成的矩阵是一个零对角的对称矩阵。

如果用 $y(t)$ 表示输出神经元 j 在时刻 t 的状态，那么该神经元在下一时刻 $t+1$ 的状态为

$$y_j(t+1) = \text{sgn}\left(\sum_{i=1}^{n} w_{ij} y_i(t) - \theta_j\right) = \begin{cases} 1, & \sum_{t=1}^{n} w_{ij} x_i(t) - \theta_j > 0 \\ 0(\vec{x} - 1), & \sum_{t=1}^{n} w_{ij} x_i(t) - \theta_j \leq 0 \end{cases} \tag{7.31}$$

其中，n 表示输出神经元的个数，函数 $\text{sgn}(\cdot)$ 为符号函数，θ_j 为神经元 j 的阈值。

离散 Hopfield 网络中的神经元与生物神经元的差别较大，因为生物神经元的输入、输出是连续的，并且生物神经元存在延时。为此，霍普菲尔德教授后来提出了一种连续时间的神经网络，即连续 Hopfield 网络模型。在该模型中，神经元的状态可以取 0~1 之间的任意实数值。

离散 Hopfield 网络有串行和并行两种工作方式：在串行方式中，任意时刻只有一个神经元（一般随机选择）改变状态，其余单元状态不变；在并行方式中，任意时刻所有神经元同时改变状态。不管采用哪种运行方式，在稳定后，网络的状态就不再发生变化。

2．离散 Hopfield 网络的稳定性

在如图 7-10 所示的网络结构中，网络的输出要反复地作为输入重新送到输入层，使得网络的状态不断变化，因而需要考虑网络的稳定性问题。所谓一个网络是稳定的，是指从某时刻开始，网络的状态不再改变。

设 $x(t)$ 表示网络在时刻 t 的状态，当 $t = 0$ 时，网络的状态就是由输入模式确定的初始状态。如果从某时刻 t 开始，存在一个有限的时间段 Δt，使得从该时刻开始，神经网络的状态不再发生变化，即

$$x(t + \Delta t) = x(t) \quad (\Delta t > 0) \tag{7.32}$$

则称该网络是稳定的。

如果将神经网络的稳定状态视作记忆，那么从任一初始状态向稳定状态的变化过程就是寻找记忆的过程。因此，稳定状态的存在是实现联想记忆的基础。

3．离散 Hopfield 网络的学习算法

离散 Hopfield 网络的学习过程是在系统向稳定性转化的过程中自然完成的。其学习方法如下。

（1）设置互连权值

$$w_{ij} = \begin{cases} \sum_{s=1}^{m} x_i^s x_j^s, & i \neq j \\ 0, & i = j, i \geqslant 1, j \leqslant n \end{cases} \tag{7.33}$$

其中，x_i^s 为 S 型样例的第 i 个分量，可以为 1 或 0，样例类别数为 m，结点数为 n。

（2）对未知类别的样例初始化

$$y_i(t) = x \quad (1 \leqslant i \leqslant n) \tag{7.34}$$

其中，$y_i(t)$ 为结点 i 在时刻 t 的输出。当 $t = 0$ 时，$y_i(0)$ 就是结点的初始值；x_i 为输入样本的第 i 个分量。

（3）迭代运算

$$y_i(t+1) = f(\sum_{i=1}^{n} w_{ij} y_i(t)) \quad (1 \leqslant i \leqslant n) \tag{7.35}$$

其中，函数 f 为阈值型。重复本步骤，直到新的迭代不能再改变结点的输出即收敛为止。这时，各结点的输出与输入样例达到最佳匹配。

（4）转（2），继续。

7.6 脉冲耦合神经网络

近年来，随着生物神经网络的研究和发展，埃克霍恩（R. Eckhorn）等通过对小型哺乳动物大脑神经视觉皮层神经系统工作机理的仔细研究，提出了一种网络模型——脉冲耦合神经网络（Pulse Coupled Neural Network，PCNN）模型。PCNN 来自对哺乳动物猫的视觉皮层神经细胞的研究成果，具有同步脉冲激发现象、阈值衰减及参数可控性等特性。由于具有广阔的应用前景、以空间临近和亮度相似集群的特点，因此 PCNN 在数字图像处理等领域中具有广阔

的应用前景。将 PCNN 的最新研究理论成果与其他新技术相结合，开发出具有实际应用价值的新算法是当今神经网络的主要研究方向之一。

1．PCNN 的结构

PCNN 也被称为第三代人工神经网络，是在生物视觉皮层模型启发下产生的由若干神经元互连而构成的反馈型网络。一般地，构成 PCNN 的每个神经元由三部分组成：接收部分（包括链接域和馈送域）、耦合部分和脉冲产生部分，如图 7-11 所示。

图 7-11　PCNN 神经元的结构

2．PCNN 的学习算法

PCNN 的学习算法主要由以下公式实现：

$$F_{ij}[n] = \mathrm{e}^{-\alpha_F \delta_n} \cdot F_{ij}[n-1] + S_{ij} + V_F \sum_{kl} M_{ijkl} Y_{kl}[n-1] \tag{7.36}$$

$$L_{ij}[n] = \mathrm{e}^{-\alpha_L \delta_n} \cdot L_{ij}[n-1] + V_L \sum_{kl} W_{ijkl} Y_{kl}[n-1] \tag{7.37}$$

$$U_{ij}[n] = F_{ij}[n] \cdot (1 + \beta L_{ij}[n]) \tag{7.38}$$

$$Y_{ij}[n] = \begin{cases} 1, & U_{ij}[n] > \theta_{ij}[n-1] \\ 0, & 其他 \end{cases} \tag{7.39}$$

$$\theta_{ij}[n] = \mathrm{e}^{-\alpha_\theta \delta_n} \cdot \theta_{ij}[n-1] + V_\theta \cdot Y_{ij}[n] \tag{7.40}$$

其中，F_{ij} 为馈送输入，L_{ij} 为链接输入，S_{ij} 为相应神经元的外部刺激，U_{ij} 为内部激活，即前突触势，θ_{ij} 为动态阈值，M_{ijkl} 和 W_{ijkl} 为连接权矩阵，V_F、V_L、V_θ 为幅度系数，α_F、α_L、α_θ 为相应的衰减系数，δ_n 为时间常数，β 为链接系数，n 为迭代次数，Y_{ij} 为输出。

PCNN 的学习算法循环计算式(7.36)~式(7.40)，直到用户决定停止。目前，PCNN 自身还没有自动停机的机制。

PCNN 的数字图像处理模型由脉冲耦合神经元构成的二维单层神经元阵列组成，网络中的神经元数量与像素数量一致，每个神经元与每个像素一一对应；每个神经元处在一个 $n \times n$（一般为 3×3 或 5×5）连接权值矩阵 M_{ijkl} 和 W_{ijkl} 的中心，其相邻像素为该矩阵中的对应神经元，每个神经元与其相邻神经元相连的权值可以有多种选择，其中使用较多的为相连神经元的欧几里得距离平方的倒数。

7.7　深度神经网络

探索脑的组织结构和工作原理，最终揭开人脑思维的奥秘，是全人类面临的一项重大挑战，是整个自然科学研究的前沿领域。对人脑、对思维的认识的根本变化将深刻影响到对人类自身、对整个世界的基本看法。脑科学研究正以空前的复杂性、交叉性在各科学领域内展开。

20世纪80年代以来，神经计算的研究取得了一定进展，构造了许多人工神经网络模型，推出了一些神经计算机的实验系统。整个神经计算领域仍在飞速发展。当前，神经计算的理论基础和实现技术的研究侧重于下列方面：

- ❖ 思维模型的研究，研究抽象思维、形象思维、灵感思维的机制。
- ❖ 非线性动力学巨系统的理论研究，包括混沌理论、微分动力系统、协同学等。
- ❖ 神经网络模型的研究。
- ❖ 学习算法的研究。
- ❖ 记忆机制的研究。
- ❖ 神经计算体系结构的研究。
- ❖ 模拟和数字光学神经网络的研究。
- ❖ 光－电神经计算系统的研究。
- ❖ 生物神经计算系统的研究。

神经计算具有特有的信息处理能力，成功地实现了神经专家系统、模式识别、智能控制、求解组合优化问题等功能，显示了神经计算的潜力。不断拓展神经计算的应用领域将促进神经计算的发展。神经计算与传统人工智能、模糊数学、子波分析等的结合，将给智能科学和技术的发展提供新方法、新途径。

人类在探索宇宙空间、基本粒子、生命起源等科学领域的进程中经历着艰辛的道路。神经计算和脑科学的研究也不会有平坦的道路可走。应当吸取历史的教训，保持清醒的头脑，对人工神经网络的现状、问题的复杂性和艰巨性、神经计算与其他科学技术的关系等给予适当的评价，才能保证神经计算的研究顺利发展。

7.7.1　多层感知器

研究神经网络的运作主要包括两大内容：一是神经网络的结构，二是神经网络的训练和学习，如同研究我们大脑的结构组成，以及基于这种结构如何进行学习和识别不同事物。

多层感知器（Multi-Layer Perception，MLP）是感知器朝着深度神经网络的进一步发展，是较简单初始深度神经网络的雏形，解决了感知器不可处理识别线性不可分数据的问题。多层感知器是一种前向连接的神经网络，包括输入层、隐藏层、输出层，其中隐藏层可以多层叠加，如图7-12所示。多层感知器实现了映射一组输入向量到一组输出向量的功能，除了输入节点，其他节点都是带有非线性激活函数的神经元。多层感知器的优势是能够快速解决复杂问题。

图 7-12　MLP 的结构

7.7.2　卷积神经网络

卷积神经网络（CNN 或 ConvNet）是一种深度前馈神经网络，具有局部连接和权值共享的特点。

卷积神经网络首先被用来处理图像信息。当使用全连接前馈网络进行图像处理时，会存在以下两个问题。

① 参数过多：如果输入图像尺寸为 100×100×3（图像高为 100，宽度为 100，RGB 3 通道），在全连接前馈网络中，第一个隐藏层中的神经元与输入层有 100×100×3 = 30000 个独立连接，每个连接对应一个权重参数。随着隐藏层神经元数量的增加，参数的数量急剧增加。这样整个神经网络的训练效率很低，很容易出现过拟合。

② 局部不变特征：自然图像中的物体具有局部不变特征。缩放、平移、旋转等操作不影响对象的语义信息。在全连接的前馈网络中提取这些局部不变特征是很困难的。全连接前馈网络很难提取这些局部不变特征，通常需要数据增强来提高性能。

卷积神经网络受到生物感受机制的启发。感受野的机制也指听觉、视觉等神经系统中某些神经元的特性，即神经元只在其所支配的区域接受刺激，只接收来自它们所支配区域的信号。在视觉神经系统中，视觉皮层神经细胞的输出取决于视网膜的输出。

在视觉神经系统中，视觉皮层神经元的输出取决于视网膜中的感光器。当视网膜中的光感受器受到刺激而兴奋时，它们会向视觉皮层发送神经脉冲信号，但并非视觉皮层中的所有神经元都会接收这些信号，神经元的感受野是视网膜的特定区域，在该区域内刺激能够激活那个神经元。

当前的卷积神经网络一般是由交叉堆叠的卷积层、收敛层和全连接层组成的前馈网络。卷积神经网络具有三个结构特性：局部连接、权重共享和收敛。这些性质使得卷积神经网络具有一定程度的平移、缩放和旋转不变性。卷积神经网络的参数比前馈神经网络少。

卷积神经网络主要用于图像和视频分析的各种任务（如图像分类、人脸识别、对象识别、图像分割），其准确率普遍远远超过其他神经网络模型。近年来，卷积神经网络也被广泛应用于自然语言处理和推荐系统。

一维卷积在信号处理中常用于计算信号的延迟累积。假设信号发生器在每个时刻 t 产生信号 x_t，其信息的衰减率为 w_k，即经过 k 个时间步后，信息是原来的 w_k 倍。设 $w_0 = 1$，$w_1 = 1/2$，$w_2 = 1/4$，那么在 t 时刻收到的信号 y_t 是当前时刻产生的信息与上一时刻延迟信息的叠加，即

$$y_t = 1 \times x_t + 1/2 \times x_{t-1} + 1/4 \times x_{t-2}$$
$$= w_0 \times x_t + w_1 \times x_{t-1} + w_2 \times x_{t-2} \tag{7.41}$$
$$= \sum_{k=0}^{2} w_k x_{t-k}$$

$w_0, w_1, \cdots$ 常被称为滤波器或卷积核（Convolution Kernel）。不妨设滤波器长度为 K，则它与信号序列 $x_1, x_2, \cdots$ 的卷积为

$$y_t = \sum_{k=0}^{K-1} w_k x_{t-k} \tag{7.42}$$

为了简化表述，这里假设卷积的输出 y_t 的下标 t 从 K 开始。

信号序列 x 和滤波器 w 的卷积定义为

$$y(t) = w(t) * x(t) = \sum_k w(k)x(t-k) \tag{7.43}$$

其中，*代表卷积操作符号。不同的滤波器被设计出来从而提取信号序列的不同特征。如当滤波器采取 $w = |-1 \ -1 \ 10 \ -1 \ -1|$ 时（窗口长度为 5），则实现了锐化操作，使图像看起来更加锐利，有颗粒感；若令滤波器 $w = |1 \ -2 \ 1|$，则可以近似实现对信号序列的二阶差分或微分，即

$$x''(t) = x(t+1) + x(t-1) - 2x(t) \tag{7.44}$$

二维卷积是对一维卷积的扩展，常用于图像处理领域。给定一个图像 $X \in R^{M \times N}$ 和一个滤波器 $W \in R^{U \times V}$，一般 $U \ll M$，$V \ll N$，其卷积为

$$y_{ij} = \sum_{u=0}^{U-1} \sum_{v=0}^{V-1} w_{uv} x_{i-u, j-v} \tag{7.45}$$

为了简单起见，这里假设卷积输出 y_{ij} 的下标 (i, j) 从 (U, V) 开始。输入信息 X 和滤波器 W 的二维卷积被定义为

$$Y = W * X \tag{7.46}$$

其中，*表示二维卷积运算。二维卷积示例如图 7-13 所示。

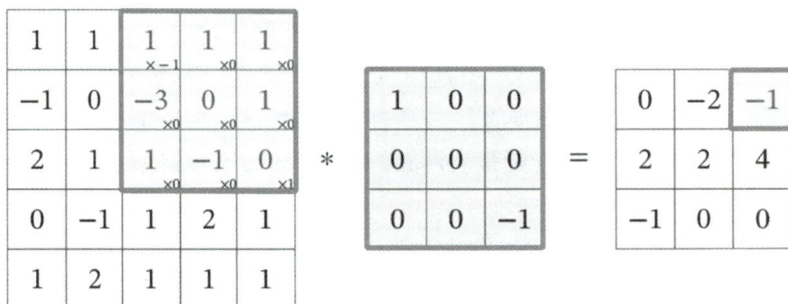

图 7-13　二维卷积

在图像处理中常用的均值滤波（Mean Filter）就是一种二维卷积，将当前位置的像素值设为滤波器窗口中所有像素的平均值，即

$$w_{uv} = \frac{1}{uv} \tag{7.47}$$

在图像处理中，卷积经常作为特征提取的有效方法，一幅图像在经过卷积操作后得到结果称为特征映射（Feature Map）。图 7-14 展示了一个简单的卷积神经网络。

图 7-14　用于手写数字识别的简单卷积神经网络

其中，输入层输入图片（这里是手写数字）；卷积层具备局部连接和权值共享特性，实现二维卷积操作；下采样层（Pooling Layer）通常紧跟在卷积层之后，是一种用于降低特征图空间尺寸的层级结构，它通过对输入特征图进行某种形式的池化操作，减少特征图的大小，进而降低计算复杂度、提取更显著的特征、增强模型的健壮性，同时降低过拟合的风险；全连接层（Fully Connected Layer），也称为密集连接层（Densely Connected Layer）、仿射层（Affine Layer）或者线性层（Linear Layer），是一种常见的神经网络层级结构，其中每个神经元都与上一层的所有神经元相连接，每个连接都有一个对应的权重，整个层级的输入通过加权和的方式与权重相乘并加上偏置项（Bias），然后经过激活函数处理得到输出。全连接层与感知器之间有一定的关联，但并不完全相同。全连接层中的神经元可以看成感知器的扩展和推广，在感知器的基础上加入了非线性激活函数，并且与上一层的所有神经元相连接，从而提高了模型的表达能力和灵活性。

7.7.3　循环神经网络

循环神经网络（Recurrent Neural Network，RNN）可以通过带自反馈的神经元处理任意长度的时序数据。

给定一个输入序列 $x_{1:T} = \{x_1, x_2, \cdots, x_t, \cdots, x_T\}$，循环神经网络通过下面公式更新带反馈边的隐藏层的活性值

$$h_t = f(h_{t-1}, x_t) \tag{7.48}$$

其中，$h_0 = 0$，$f(\cdot)$ 为一个非线性函数，可以是一个前馈网络。

循环神经网络如图 7-15 所示，其中"延迟器"是一个模拟构造，用于记录神经元最近几次的激活值。

图 7-15　循环神经网络

从数学上，式(7.48)可以看成一个动力系统。因此，隐藏层的激活值 h_t 在学术术语上通常被称为状态（State）或隐状态（Hidden State）。

因为循环神经网络具有记忆能力，类似于存储装置，所以其计算处理能力格外强大。理论上，循环神经网络可以较好地模拟任意一个非线性动力系统。前馈神经网络可以模拟任何连续函数，而循环神经网络可以模拟任何时序或动力系统。

把图 7-15 的单个时刻输入单个时刻输出扩展成多个时刻输入和多个时刻输出，就是最经典的 RNN 结构，每个时刻的输出都不仅与当前时刻的输入相关，更与之前时刻的隐藏层激活值密切联系起来，从而 RNN 实现了对序列信号有记忆地存储和处理，如图 7-16 所示。

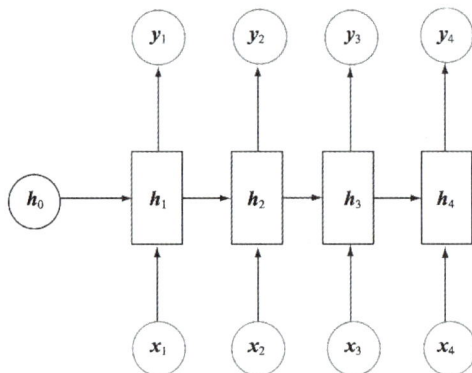

图 7-16　循环神经网络

7.7.4　注意力机制

深度学习中的注意力机制（Attention Mechanism）是一种模仿人类视觉和认知系统的方法，允许神经网络在处理输入数据时集中注意力于相关的部分。通过引入注意力机制，神经网络能够自动地学习并选择性地关注输入中的重要信息，提高模型的性能和泛化能力。

用 $x = [x_1 \ x_2 \ \cdots \ x_N] \in R^{D \times N}$ 表示 N 组输入信息，其中 D 维向量 $x_n = R^D$ ，$n \in [1, N]$ 表示一组输入信息。为了节省计算资源，不需将所有信息都输入神经网络，只需从 X 中选择一些与任务相关的信息。注意力机制的计算可以分为两步：一是在所有输入信息上计算注意力分布，二是根据注意力分布来计算输入信息的加权平均。

为了从 N 个输入向量 $[x_1 \ x_2 \ \cdots \ x_N]$ 中选择出与某特定任务相关的信息，我们需要引入一个与任务相关的表示，称为查询向量（Query Vector），并通过一个打分函数来计算每个输入向量和查询向量之间的相关性，这种相关性体现了注意力分布。

给定一个和任务相关的查询向量 q ，我们用注意力变量 $z \in [1, N]$ 来表示被选择信息的索引位置，即 $z = n$ 表示选择了第 n 个输入向量。为了方便计算，我们采用一种"软性"的信息选择机制。首先计算在给定 q 和 X 下，选择第 i 个输入向量的概率 α_n ，即

$$\alpha_n = p(z = n \mid X, q) = \mathrm{softmax}(s(x_n, q))$$
$$= \frac{\exp(s(x_n, q))}{\sum_{j=1}^{N} \exp(s(x_j, q))} \tag{7.49}$$

其中，α_n 称为注意力分布（Attention Distribution），$s(x, q)$ 为注意力评分函数。注意力机制可

以单独使用，但更多地用作神经网络中的一个组件。注意力分布 α_n 可以解释为在给定任务相关的查询 $\boldsymbol{q}$ 时，第 n 个输入向量受关注的程度。我们借助一种"软性"的信息选择机制对输入信息进行汇总，这个过程可以看成加权平均操作，即

$$\text{attention}(\boldsymbol{X}, \boldsymbol{q}) = \sum_{n=1}^{N} \alpha_n x_n = E_{z \sim p(z|X,q)}[x_z] \tag{7.50}$$

式(7.50)被称为软性注意力机制（Soft Attention Mechanism），如图 7-17 所示。

软性注意力选择的信息是所有输入向量在注意力分布加权意义下求得的期望。与之相比，硬性注意力（Hard Attention）只关注一个输入向量。常见的硬性注意力有两种，其区别主要在于输入向量的选取策略有所不同。

① 选取注意力分布值最大的一个输入向量，即

$$\text{attention}(\boldsymbol{X}, \boldsymbol{q}) = \boldsymbol{x}_{\hat{n}}$$
$$\text{s.t. } \hat{n} = \underset{n=1}{\arg\max} \, \alpha_n \tag{7.51}$$

② 通过在注意力分布式上随机采样的方式实现。

硬注意力的一个缺点是其信息基于最大采样或随机采样，导致最终的损失函数与注意力分布之间的函数关系不可微，使得训练时无法使用反向传播算法计算梯度。因而，硬注意力模型的训练常常需要使用强化学习。一些采取反向传播算法优化的模型，一般使用软注意力而不是硬注意力。

目前，较广泛使用注意力机制是缩放点积注意力（Scaled Dot-product Attention，出自 Transformer 模型），其中点积按比例 $\sqrt{d_k}$ 缩放平均化，如图 7-18 所示。

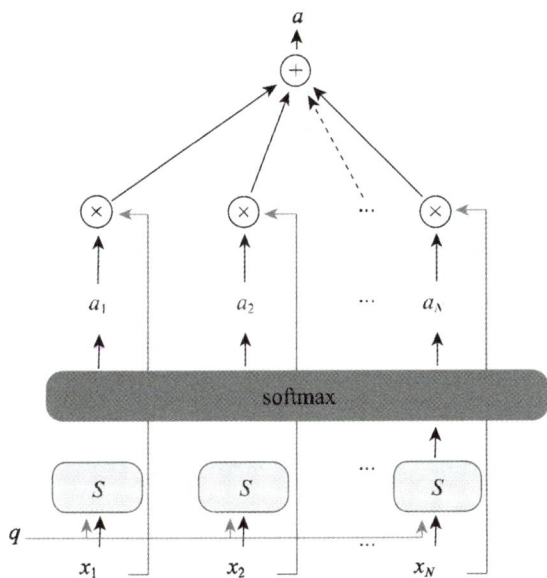

图 7-17　软性注意力机制　　　　　图 7-18　缩放点积注意力

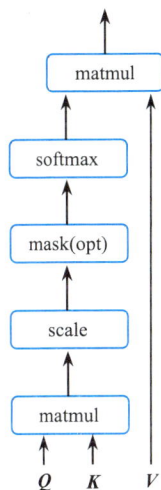

形式上包括查询 $\boldsymbol{Q}$、关键字 $\boldsymbol{K}$、价值 $\boldsymbol{V}$ 都是 $N \times d_k$ 维向量，N 代表输入序列长度，d_k 是序列每项的特征维数，则注意力的计算为

$$\text{attention}(\boldsymbol{Q}, \boldsymbol{K}, \boldsymbol{V}) = \text{softmax}\left(\frac{\boldsymbol{Q}\boldsymbol{K}^{\mathrm{T}}}{\sqrt{d_k}}\right)\boldsymbol{V} \tag{7.52}$$

假设 q 和 k 分别对应 $\boldsymbol{Q}$、$\boldsymbol{K}$ 的某一项，每项是 d_k 维向量，其分量是具有 0 均值和方差为 1 的独立随机变量，然后它们的点积为

$$q \cdot k = \sum_{i=1}^{d_k} q_i k_i \tag{7.53}$$

点积有 0 均值和方差 d_k，为数据数值稳定，希望方差值保持为 1，我们除以 $\sqrt{d_k}$。

本章小结

本章主要介绍了人工神经元模型、感知器、BP 网络、SOM 网络、Hopfield 网络、脉冲耦合神经网络的结构和学习算法、深度神经网络，最后对神经计算的发展趋势进行了展望。

人工神经网络模型主要考虑网络连接的拓扑结构、神经元的特征、学习规则等。根据连接的拓扑结构，神经网络模型可以分为前向网络和反馈网络。

① 前向网络。网络中各神经元接受前一级的输入，并输出到下一级，网络中没有反馈。感知器、BP 网络是一种典型的前向网络。

② 反馈网络。网络内神经元间有反馈，可以用一个无向的完备图表示。Hopfield 网络、波尔兹曼机等属于这种类型。

实际应用较多的是 BP 网络和 Hopfield 网络。

感知器是首个从理论和实践上都被证明了可行性的人工神经网络，是第一种具有训练算法的网络，对后续神经网络的理论和应用研究的影响深远。掌握感知器神经网络的基本知识是学习其他神经网络模型的基础。但是，感知器只能用于解决线性可分的问题，甚至无法解决像"异或"这样最简单的非线性可分的问题。

BP 网络的学习过程由信息的正向传播和误差的反向传播两个过程组成。输入层的各神经元负责接收来自外界的输入信息，并传递给中间层各神经元；中间层是内部信息处理层，负责信息变换；输出层向外界输出信息处理结果。当实际输出与期望输出不符时，进入误差的反向传播阶段。误差通过输出层，按误差梯度下降的方式修正各层权值，向隐层、输入层逐层反传。周而复始的信息正向传播和误差反向传播过程，是各层权值不断调整的过程，也是 BP 神经网络学习训练的过程，此过程持续进行，直至网络输出的误差达到可接受范围或者达到预先设定的学习次数。

自组织映射神经 SOM 网络是典型的自组织神经网络，建立在一维、二维或三维的神经元网络上，用于捕获包含在输入模式中感兴趣的特征，描述在复杂系统中从完全混乱到最终出现整体有序的现象。

Hopfield 网络是一种典型的反馈型神经网络模型，分为离散型和连续型两种。本章主要讨论了离散 Hopfield 网络的结构和学习算法。当前，Hopfield 网络已广泛地应用于优化计算和联想记忆中，取得了很好的效果。

脉冲耦合神经网络是 20 世纪 90 年代形成和发展的与传统人工神经网络有着根本不同的新型神经网络模型，具有较强的生物学背景。PCNN 的这个生物学背景使它在图像处理中具有先天的优势，有着与传统方法进行图像处理所无法比拟的优越性。目前，PCNN 被广泛应用在图像分割、图像融合、图像去噪、图像压缩和图像阴影处理等领域中。

深度神经网络目前是众多人工智能应用的基础,由最初的多层感知机逐步发展到后面的卷积神经网络、循环神经网络、融合注意力机制的神经网络,在图像领域、自然语言处理等领域得到广泛应用。

人工神经网络是对大脑系统的简化、抽象和模拟,是由大量的简单处理单元经互连形成的一种网络系统。人们试图通过对它的研究揭开人脑的奥秘,让计算机具备类似人脑的信息处理能力。当前,人工神经网络研究主要为神经网络模型的结构、权值的调整和学习训练算法等。

习 题 7

7.1 感知器的一个基本缺陷是不能执行异或(XOR)函数。解释造成这个局限的原因。

7.2 试用单个感知器神经元完成下列分类,写出其训练的迭代过程,画出最终的分类示意图。已知

$$\left\{P_1 = \begin{vmatrix} 0 \\ 2 \end{vmatrix}, \ t_1 = 1\right\}$$

$$\left\{P_2 = \begin{vmatrix} 0 \\ 1 \end{vmatrix}, \ t_2 = 1\right\}$$

$$\left\{P_3 = \begin{vmatrix} 0 \\ -2 \end{vmatrix}, \ t_3 = 0\right\}$$

$$\left\{P_4 = \begin{vmatrix} 2 \\ 0 \end{vmatrix}, \ t_4 = 0\right\}$$

7.3 简述 BP 网络的基本学习算法。

7.4 编写计算机程序,实现 BP 网络对 26 个英文字母的识别,通过实验给出网络的识别出错率。

7.5 已知下述输入模式可用于训练竞争网络:

$$P_1 = \begin{bmatrix} 1 \\ -1 \end{bmatrix}, \quad P_2 = \begin{bmatrix} 1 \\ 1 \end{bmatrix}, \quad P_3 = \begin{bmatrix} -1 \\ -1 \end{bmatrix}$$

(1)使用 SOM 学习规则,其中学习率初值 $\eta_0 = 0.5$,试将输入模式训练一遍(每个输入按给定顺序提交一次)。假设初始权值矩阵为

$$W = \begin{bmatrix} \sqrt{2} & 0 \\ 0 & \sqrt{2} \end{bmatrix}$$

(2)训练一遍输入模式后,模式如何聚类(哪些输入模式被归入同一类)?如果输入模式以不同顺序提交,结果会改变吗?解释其原因。

(3)用 $\eta_0 = 0.05$ 重复(1)。这种改变对训练有何影响?

7.6 简述离散 Hopfield 网络的学习算法。

7.7 试用脉冲耦合神经网络对图像进行分割。

第 8 章

进化计算

进化算法（Evolutionary Algorithms，EA）是基于自然选择和自然遗传等生物进化机制的一种搜索算法，包括遗传算法（Genetic Algorithms，GA）、进化规划（Evolutionary Programming，EP）、进化策略（Evolution Strategies，ES）、遗传编程（Genetic Programming，GP）。它们都是借鉴生物界中进化与遗传的机制，现在被广泛应用于组合优化、机器学习、自适应控制、规划设计和人工生命等领域。

8.1　进化计算概述

地球上的生物都是经过长期进化而形成的。根据达尔文的自然选择学说，地球上的生物具有很强的繁殖能力。在繁殖过程中，大多数生物通过遗传，使物种保持相似的后代；部分生物由于变异，后代具有明显差别，甚至形成新物种。正是由于生物的不断繁殖后代，生物数量大量增加，而自然界中生物赖以生存的资源却是有限的。因此，为了生存，生物需要竞争。生物在生存竞争中，根据对环境的适应能力，适者生存，不适者灭亡。自然界中的生物，就是根据这种优胜劣汰的原则，不断地进行进化。进化算法就是借用生物进化的规律，通过繁殖 → 竞争 → 再繁殖 → 再竞争，实现优胜劣汰，一步一步地逼近问题的最优解。

生物的主要遗传方式是复制。遗传过程中，父代的遗传物质 DNA 分子被复制到子代，以此传递遗传信息。生物在遗传过程中还会发生变异。变异方式有三种：基因重组、基因突变和染色体变异。基因重组是控制物种性状的基因发生重新组合。基因突变是指基因分子结构的改变。染色体变异是指染色体在结构上或数目上的变化。

进化算法中，仿效生物的遗传方式，主要采用选择（复制）、交叉（交换/重组）、变异（突变）这三种遗传操作，衍生下一代的个体。进化算法都是从一组随机生成的初始群体出发，经过选择、交叉、变异等操作，并根据适应度大小进行个体的优胜劣汰，提高新一代群体的质量，再经过多次反复迭代，逐步逼近最优解。从数学角度，进化算法实质上是一种搜索寻优的方法。

进化算法与传统的搜索寻优方法有很大的不同，它不要求所研究的问题是连续的、可导的，而是可以很快地得出所要求的最优解。图 8-1 表示了进化算法的流程。

进化算法的搜索方式具有以下特点。

① 有指导搜索。进化算法的搜索策略既不是盲目搜索，也不是穷举搜索，指导进化算法执行搜索的依据是适应度，也就是它的目标函数。在适应度的驱动下，进化算法逐步逼近目标值。

② 自适应搜索。进化算法在搜索过程中，借助选择、交叉、变异等进化操作，体现"适者生存"的自然选择规律，不需添加任何额外的干预，就能使群体的品质不断得到改进。

③ 并行式搜索。进化算法每一代运算都是针对一组个体同时进行的，而不是只针对单个个体。因此，进化算法是一种多点齐头并进的并行算法。

④ 全局最优解。进化算法由于采用多点并行搜索，而且每次迭代都借助交叉和变异产生新个体，不断扩大搜索范围，因此进化算法容易搜索出全局最优解而不是局部最优解。

⑤ 黑箱式结构。某种意义上，进化算法只研究输入与输出的关系，

图 8-1　进化算法流程

并不深究造成这种关系的原因，因此便于处理因果关系不明确的问题。

⑥ 通用性强。传统的优化算法需要将所解决的问题用数学公式表达，而且要求该数学函数的一阶导数或二阶导数存在。进化算法只用某种编码方式表达问题，然后根据适应区分个体优劣，其余进化操作都是统一的。虽然如此，进化算法的编码问题和合适的进化操作算子的选择还需要针对具体问题进化分析，有时难以构造与选择。

8.2 遗传算法

遗传算法（Genetic Algorithms，GA）是由密歇根大学的约翰·亨利·霍兰德（J.H. Holland）和他的同事于 20 世纪 60 至 70 年代在对细胞自动机（Cellular Automata）进行研究时率先提出的。在 20 世纪 80 年代中期之前，对于遗传算法的研究仅限于理论方面，直到在匹兹堡召开了第一届世界遗传算法大会。随着计算能力的发展和实际应用需求的增多，遗传算法逐渐进入实际应用阶段。1989 年，纽约时报的作者约翰·马科夫（John Markoff）写了一篇文章描述第一个商业用途的遗传算法——进化者（Evolver）。之后，越来越多的遗传算法出现并被用于许多领域，如时间表安排、数据分析、未来趋势预测、预算，以及解决其他组合优化问题。

8.2.1 遗传算法的基本原理

在遗传算法中，优化问题的解被称为个体（Individual），表示为一个参数列表，称为染色体（Chromosome）或者基因串。染色体一般被表达为简单的数字串，不过也有其他表示方法适用，这个过程称为编码（Encode）。一开始，算法随机生成一定数量的个体，有时候操作者可以对这个随机产生过程进行干预，播下已经部分优化的种子。在每一代中，每个个体都被评价，并通过计算适应度函数得到适应度。种群（Population）中的个体被按照适应度（Fitness）排序，适应度高的排在前面。

下一步是产生下一代个体并组成种群。这个过程是通过选择（Select）、交叉（Crossover）、变异（Mutation）完成的。选择是根据新个体的适应度进行的，适应度越高，被选择的机会越高。初始的个体可以通过这样的选择过程组成一个相对优化的群体。之后，被选择的个体进行交叉，一般的遗传算法都有一个交叉概率，每两个个体通过交叉产生两个新个体，代替原来的"老"个体，而不交叉的个体则保持不变。

接着是变异，通过变异产生新的"子"个体。一般遗传算法都有一个固定的变异常数，通常是 0.1 或更小，这代表变异发生的概率。

根据这个概率，新个体的染色体随机突变，通常是改变染色体中某位的值（0 变到 1，或者 1 变到 0）。

经过这一系列的过程（选择、交叉和变异），产生的新一代个体不同于初始的个体，并一代一代向增加整体适应度的方向发展，因为最好的个体总是更多地被选择去产生下一代，而适应度低的个体逐渐被淘汰掉。这样的过程不断重复，直到终止条件满足为止。

基本遗传算法的流程如下所述。

算法 8-1　基本遗传算法。

```
初始化群体
LOOP UNTIL 得到满意结果
    FOR 群体中所有个体
        每个个体都被评价，并通过计算适应度函数得到适应度；
    END FOR
    FOR 群体中所有个体
        种群中的个体被按照适应度排序，适应度高的排在前面；
    END FOR
    LOOP UNTIL 产生新群体
        DO this twice
            FOR 群体中所有个体
                IF rand(0,1) > 被选择概率  THEN
                    被选择；
            END FOR
        END
        IF rand(0,1) < 交叉概率  THEN
            每两个个体通过交叉产生两个新个体，代替原来的"老"个体，而不交叉的个体则保持不变；
    END LOOP
    FOR 群体中所有个体
        IF rand(0,1) < 变异概率  THEN
            变异；
    END FOR
END LOOP
NOW 得出最佳解决方案
```

其主要特点如下：

❖ 可直接对结构对象进行操作。

❖ 利用随机技术指导对一个被编码的参数空间进行高效率搜索。

❖ 采用群体搜索策略，易于并行化。

❖ 仅用适应度函数值来评估个体，并在此基础上进行遗传操作，使种群中的个体之间进行信息交换。

8.2.2 遗传算法的应用示例

本节将使用遗传算法进行函数极值的求解，以此来演示遗传算法的基本流程。设目标函数是 $f(x) = x^2$，约束条件为 $x = 0, 1, 2, \cdots, 30, 31$，求 $f(x)$ 的最大值。此题容易用其他方法求解，但用此简单问题的意义在于说明遗传算法的流程。

1. 编码

遗传算法的工作对象是字符串，因此编码是一项基础性工作。从生物学角度看，编码相当于选择遗传物质，每个字符串对应一个染色体。遗传算法大多采用二进制的 0/1 字符编码。如果问题比较简单，每位 0/1 变量就代表一个性质。如果问题的性质要用数值描述，则涉及二进制数与十进制数的转换。对于长度（位数）为 L 的 0/1 字符串，按数学的排列组合计算，它可以表达 2^L 个数，十进制数与二进制数有如下关系：

$$x = x_{\min} + \frac{x_{\max} - x_{\min}}{2^L - 1} \mathrm{Dec}(y) \tag{8.1}$$

其中，$x_{\min}$、$x_{\max}$ 为最小及最大的十进制数，y 为对应 x 的二进制数，$\mathrm{Dec}()$ 表示将二进制数转化为十进制数。在这种转换关系下，二进制表示法的精度为

$$\delta = \frac{x_{\max} - x_{\min}}{2^L - 1} \tag{8.2}$$

由上式可算得所需的位数，进而可得知两相邻十进制数的间隔。例如，如果 $x_{\min} = -1$，$x_{\max} = 1$，$\delta = 0.5$，就可得 $L = 3$，间隔为 $\dfrac{2}{7}$，则求解空间中有 8 个实数，即

$$-1, -1 + \frac{2}{7}, \cdots, -1 + \frac{12}{7}, 1$$

兼有多种性质的问题可以将描述各种性质的字符串组合在一起，用一个长字符串表达。例如，可选 25 位 0/1 字符串表示物体的体积、重量及材质，其中前 10 位表示体积量，中间 10 位表示重量，后 5 位表示材质。

针对上述二进制编码（Binary Encoding），遗传算法也可以采用实数编码（Real Encoding），即不需将原始数据转换为二进制数，以原始数据表示染色体即可，最简单的染色体就可仅用一个实数表示。二进制编码的缺陷是在限定码长的情况下能表示的精度不够，容易导致进化不收敛。如果满足一定的精度约束，就必须增加编码长度，搜索空间也将相应增大，从而影响整个进化过程的速度。实数编码的优点是直观，且克服了二进制编码的弊端，这样做的代价是需要重新设计遗传操作，因为原来针对二进制编码的交叉、变异策略不再适用。

本节问题（求 $f(x) = x^2$ 的最大值）的编码较为简单，需要 5 个二进制位来表示自变量。

2．产生初始群体

初始群体是遗传算法搜索寻优的出发点。群体规模 M 越大，搜索的范围越广，但是每代的遗传操作时间越长。反之，M 越小，每代的运算时间越短，然而搜索空间也越小。初始群体中的每个个体是按随机方法产生的。根据串的长度 L，随机产生 L 个 0/1 字符组成初始个体。本节的问题可以令 $M = 4$，一个可能的初始种群是 01101、11000、01000、10011。

3．计算适应度

适应度是衡量个体优劣的标志，是执行遗传算法"优胜劣汰"的依据，因此适应度也是驱使遗传算法向前发展的动力。通常，遗传算法中个体的适应度就是所研究问题的目标函数。但是，有时适应度是目标函数转换后的结果。

为了讨论方便，本节的遗传算法只研究目标变量 x 的最大值问题。对于最小值问题，其适应度可以按下式转换：

$$f(x) = \begin{cases} C_{\max} - g(x), & g(x) < C_{\max} \\ 0, & \text{其他} \end{cases} \tag{8.3}$$

其中，$f(x)$ 为转换后的适应度，$g(x)$ 为原适应度，$C_{\max}$ 为足够大的常数。

本节的问题中，由于是二进制编码，因此首先要有一个解码（Decode）的过程，即将二进制串解码为十进制的实数，这也被称为从基因型（Genotype）到表现型（Phenotype）的转化，01101→13，11000→24，01000→8，10011→19。根据目标函数，可以计算种群中 4 个个体的适应度为：13→169，24→576，8→64，19→361。

4．选择

在遗传算法中通过选择，将优良个体插入下一代新群体，体现"优胜劣汰"的原则。选择优良个体的方法通常是轮盘法。

轮盘法的基本思想是个体被选中的概率取决于个体的相对适应度：

$$p_i = f_i / \sum f_j \tag{8.4}$$

其中，p_i 为个体 i 被选中的概率，f_i 为个体 i 的适应度。

显然，个体适应度越高，被选中的概率越大。但是，适应度小的个体也有可能被选中，以便增加下一代群体的多样性。从统计意义讲，适应度大的个体，其刻度长，被选中的可能性大。

本节的问题中，4 个个体被选择的概率依次为

$$p_1 = 169 / 1170 = 0.14$$
$$p_2 = 576 / 1170 = 0.49$$
$$p_3 = 64 / 1170 = 0.06$$
$$p_4 = 361 / 1170 = 0.31$$

具体的选择算法在本书 8.1 节中有详细描述。

5．交叉

在遗传算法中，交叉是产生新个体的主要手段。交叉类似生物学的杂交，使不同个体的基因互相交换，从而产生新个体。单点交叉操作如下：

$$01101, 11000 \rightarrow 01100, 11001$$
$$10011, 11000 \rightarrow 10000, 11011$$

分别为两对染色体的交叉，第一对的随机交叉位置为 4，第二对的为 2。一对染色体之间是否进行交叉操作，取决于交叉概率。

除了单点交叉，还有多点交叉、均匀交叉（Uniform Crossover）。单点交叉可看成多点交叉的特例，上述交叉算子同时适用于二进制编码和实数编码。除此之外，针对实数编码的还有中间交叉（Intermediate Crossover）、启发式交叉（Heuristic Crossover）等。

中间交叉表述如下：若干父代个体为 x，则 $x_i' = a_1 x_{1i} + a_2 x_{2i} + \cdots + a_n x_{ni}$。其中，$\sum a_i = 1$，$x_i'$ 为新的个体，$x_{1i}, x_{2i}, \cdots$ 为选择的若干父代个体，这意味着采用遗传算法有时候父代个体不局限于 2 个。

启发式交叉是指：若个体 x_2 适应度不低于个体 x_1，则 $x_i' = \mu(x_2 - x_1) + x_2$，其中 μ 是一个均匀分布于 $[0,1]$ 的随机数。

6．变异

变异是遗传算法产生新个体的另一种方法，对于二进制编码意味着某位由 1 变为 0 或由 0 变为 1。变异有局部变异和全局变异之分，局部变异是指随机选取一位进行取反操作，全局变异则指种群的每一位都有一个取反的概率（变异概率），或者是每个个体随机选择一个位置进行变异。

针对本节的问题，一次可能的变异过程如下所示：

$$01100, 11001, 10000, 11011$$
$$01101, 11001, 00000, 11011$$

即在第 1 个染色体的第 5 位、第 3 个染色体的第 1 位发生变异。这样，经过一轮的选择、交叉、变异操作后，新一代的个体为 01101→13，11001→25，00000→0，11011→27。

7．终止

算法在迭代若干次后终止，一般终止条件有：进化次数限制；计算耗费的时间限制；一个个体已经满足最优值的条件，即最优值已经找到；适应度已经达到饱和，继续进化不会产生适应度更好的个体；人为干预；以及以上两种或更多种的组合。

8.2.3　模式定理

1．模式（Schema）

我们在分析字符串时，常常只关心某一位或某几位字符，而不关心其他字符。换句话讲，我们只关心字符串的某些特定形式，如 1****或 11***，这种特定的形式就叫模式。模式是指字符串中具有类似特征的子集，表示基因串中某些特征位相同的结构，因此模式也可解释为相同的构型，是一个串的子集。

在二进制编码中，模式是基于三个字符集{0,1,*}的字符串，符号*代表 0 或 1。例如，*1*表示四个元的子集{010　011　110　111}。

对于二进制编码串，当串长为 L 时，有 3^L 个不同的模式。串长 $L=3$，则其模式有{***　*1* *0*　**1　**0　1**　0**　*10　*00　*01　1*1　1*0　0*1　0*0　11*　10*　01*　00* 111　110　101　011　001　010　100　000}。

图 8-2 描述了模式的几何意义。8 个顶点表示 8 个明确的 011 字符串，12 条边表示只有一个*的模式，6 个平面表示含 2 个*的模式。立方体本身则是含有 3 个*的模式。位数大于 3 的字符串要用超平面的几何概念解释模式。

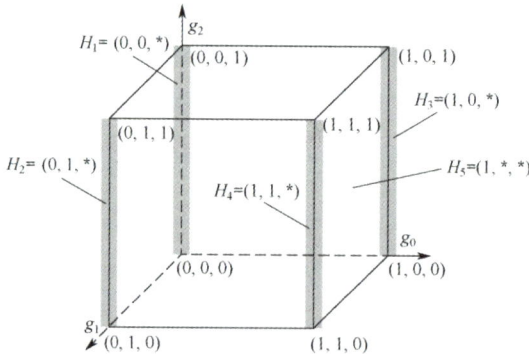

图 8-2　模式的几何意义

2．模式的阶和定义距

模式的阶（Order）：模式 H 中确定位置的个数为模式 H 的阶，记作 $O(H)$，如

$$O(011**1**0)=5$$

模式的定义距/长度（Defining Length）：模式中第一个确定位置与最后一个确定位置之间的距离，记作 $\delta(H)$，如

$$\delta(011**1**0) = 8$$
$$\delta(001**1***) = 5$$

模式的定义距代表该模式在今后遗传操作（交叉、变异）中被破坏的可能性。模式长度越短，被破坏可能性越小。例如，长度为0的模式最难被破坏。

对于二进制的字符串，若字符串长度为 L ，某种模式的阶为 $O(H)$ ，则在 L 个字符中取 $O(H)$ 个字符的可能组合方式为 $C_L^{O(H)}$ ，而在 $O(H)$ 个字符中具体取 0 或 1 的可能性为 $2^{O(H)}$ 。于是，组成 H 的各种字符串数目最多为 $C_L^{O(H)} \times 2^{O(H)}$ 。

3．模式定理

假定在第 t 代，种群 $A(t)$ 中有 m 个个体属于模式 H ，记为 $m = m(H,t)$ ，即第 t 代时有 m 个个体属于 H 模式。在再生阶段（种群个体的选择阶段），每个串根据其适应值进行选择，一个串 A_i 被选择的概率为

$$p_i = f_i / \sum f_i$$

因此在下一代 $A(t+1)$ 中，群体 A 内属于模式 H 的个体数目 $m = m(H,t+1)$ 可用平均适应度近似计算，即

$$m(H,t+1) = m(H,t) \times n \times f(H) / \sum f_i \qquad (8.5)$$

其中， $f(H)$ 表示在 t 代属于模式 H 的平均适应度， n 为种群中的个体数目。

若用 $\overline{f} = \sum f_i / n$ 表示种群平均适应度，则式(8.5)可表示为

$$m(H,t+1) = m(H,t) \times f(H) / \overline{f} \qquad (8.6)$$

式(8.6)表明：一个特定的模式是按照其平均适应度与种群的平均适应度之间的比率生长，也就是说：那些适应度高于种群平均适应度的模式，在下一代中将会有更多的代表串处于其中，因为在 $A(t+1)$ 时有 $m(H,t+1) > m(H,t)$ 。

假设从 $t=0$ 开始，某特定模式适应度比种群平均适应度高出 $c\overline{f}$ ， c 为常数，则模式选择生长方程为

$$m(H,t+1) = m(H,t) \frac{\overline{f} + c\overline{f}}{\overline{f}} = (1+c) \times m(H,t) \qquad (8.7)$$

从 $t=0$ 开始，若模式 H 以常数 c 繁殖到第 $t+1$ 代，其个体数目为

$$m(H,t+1) - (1+c)^t \times m(H,0) \qquad (8.8)$$

上式表明，在种群平均适应度以上的模式将按指数增长的方式被选择。

下面讨论交叉对模式 H 的影响。例如，对串 A 分别在下面指定点上与 H_1 模式和 H_2 模式进行交叉：

A 0111000

        *1****0   （被破坏概率： $\dfrac{\delta(H)}{L-1} = \dfrac{5}{7-1} = \dfrac{5}{6}$ ，生存率：1/6）

        ***10**   （被破坏概率： $\dfrac{\delta(H)}{L-1} = \dfrac{1}{7-1} = \dfrac{1}{6}$ ，生存率：5/6）

显然， A 与 H_1 交叉后， H_1 被破坏，而与 H_2 交叉时， H_2 不被破坏。一般，模式 H 被破坏的概率为 $\dfrac{\delta(H)}{L-1}$ ，故交叉后模式 H 生存的概率为 $1 - \dfrac{\delta(H)}{L-1}$ 。

考虑到交叉本身是以随机方式进行的，即以概率 P_c 进行交叉，故对于模式 H 的生存概率

可用下式表示:

$$P_s = 1 - P_c \frac{\delta(H)}{L-1} \tag{8.9}$$

这表明模式定义距 $\delta(H)$ 的大小对模式的存亡有很大影响，$\delta(H)$ 越大，H 存活的可能性越小。

下面再考察变异操作对模式的影响。变异操作是以概率 P_m 随机地改变一个位上的值，为了使模式 H 可以生存下来，所有特定的位必须存活。单个等位基因存活的概率为 $1 - P_m$，并且由于每次变异都是统计独立的，因此只有当模式 H 中的每个确定位都存活时，模式 H 才能被保留下来，存活概率为

$$(1 - P_m)^{O(H)} \approx 1 - O(H) \times P_m \quad (\because P_m \ll 1) \tag{8.10}$$

上式表明，模式的阶 $O(H)$ 越低，模式 H 存活的可能性越大。

由此可得到

$$m(H, t+1) = m(H, t) \frac{f(H)}{\bar{f}} [1 - P_c \frac{\delta(H)}{L-1} - O(H)P_m] \tag{8.11}$$

式 (8.11) 是遗传算法的基本理论公式，说明所有定义距短、阶次低、平均适应度高于群体平均适应度的模式 H 在遗传算法中呈指数形式增长。相反，凡是定义距长、阶次高、平均适应度低于群体平均适应度的模式将呈指数形式衰减。该结论很重要，被称为模式定理（Schema Theorem）。模式定理深刻阐明了遗传算法中发生"优胜劣汰"的原因。在遗传过程中能存活的模式都是定义距短、阶次低、平均适应度高于群体平均适应度的优良模式。遗传算法正是利用这种模式逐步进化到最优解。

4．积木块假设（Building Block Hypothesis）

遗传算法通过短定义距、低阶以及高适应度的模式（积木块），在遗传操作下相互结合，最终接近全局最优解。满足这个假设的条件有两个：① 表现型相近的个体基因型类似；② 遗传因子间相关性较低。

积木块假设指出，遗传算法具备寻找全局最优解的能力，即积木块在遗传算子作用下，能生成低阶、短定义距、高平均适应度的模式，最终生成全局最优解。

模式定理存在以下缺点：模式定理只对二进制编码适用；只是指出具备什么条件的模式会在遗传过程中按指数增长或衰减，无法据此推断算法的收敛性；没有解决算法设计中控制参数选取问题。

8.2.4　遗传算法的改进

1．编码

根据模式定理，二进制编码具有明显的优越性。因为二进制字符串所表达的模式多于十进制字符串，在执行交叉及变异时可以有更多的变化。近年来，遗传算法中常常采用格雷码（Gray Code）。格雷码是一种循环的二进制字符串，由标准二进制码 a_i 转换到格雷码 b_i 的公式为

$$b_i = \begin{cases} a_i, & i = 1 \\ a_{i-1} \oplus a_i, & i > 1 \end{cases} \tag{8.12}$$

其中，$\oplus$ 表示以 2 为模的加运算。

相邻两个格雷码之间只有一个字符的差别。通常,相邻两个二进制字符串中字符不同的数量称为汉明距离(Hamming Distance)。相邻的格雷码的汉明距离总是 1。这样,在进行变异操作时,格雷码某个字符的突变很可能使字符串变为相邻的另一个字符串,从而实现顺序搜索,避免无规则的跳跃式搜索。据实验可知,采用格雷码后遗传算法的收敛速度只提高 10%~20%,作用不明显,但有人宣称格雷码能明显提高收敛速度。

2. 适应度

在遗传算法初始阶段,各个体的形态明显不同,其适应度差别很大。个别优良个体的适应度有可能远远高于其他个体,从而增加被选择的次数。反之,个别适应度很低的个体,尽管本身含有部分有利的基因,却会被过早舍弃。这种不正常的取舍对于个体数目不多的群体尤为严重,会把遗传算法的搜索引向误区,过早地收敛于局部最优解。这时需要将适应度按比例缩小,减少群体中适应度的差别。另一方面,当遗传算法进行到后期,群体逐渐收敛,各个体的适应度差别不大,为了更好地优胜劣汰,希望适当地放大适应度,突出个体之间的差别。无论是缩小或放大适应度,可用下式变换适应度:

$$f' = af + b \tag{8.13}$$

其中,f' 为缩放后的适应度,f 为缩放前的适应度,a、b 为系数。

此为线性缩放,调整适应度的另一种方法是方差缩放技术,它根据适应度的离散情况进行缩放。对于适应度离散的群体,调整量要增大,反之,调整量减少。具体调整方法如下:

$$f' = f + (\overline{f} - C \cdot \delta) \tag{8.14}$$

其中,$\overline{f}$ 为适应度的均值,C 为系数,δ 为群体适应度的标准差。

也有人建议采用指数缩放方法,即

$$f' = f^k \tag{8.15}$$

上述调整适应度的各种方法目的都是修改各个体性能的差距,以便体现"优胜劣汰"的原则。例如,如果想多选择一些优良个体进入下一代,则尽量加大适应度之间的差距。

3. 混合遗传算法(Hybrid GA)

梯度法、模拟退火法等优化算法具有很强的局部搜索能力,另外含有与问题相关的启发知识的启发式算法的运行效率也比较高。如果融合这些优化方法的思想,构成一个新的混合遗传算法,将是提高遗传算法运行效率和求解质量的一个有效手段。目前,混合遗传算法体现在两方面:一是引入局部搜索过程,二是增加编码交叉操作过程。

8.3　进化规划

1962 年,美国的福格尔(L.J. Fogel)首先提出了进化规划(Evolutionary Programming,EP),当时并未得到足够的重视。30 多年后,其子大卫·福格尔(D.B. Fogel)改善了这种方法,从而使进化规划作为进化算法的一个分支得到广泛应用。1992 年,在美国圣地亚哥举行了第一届进化规划年度会议(First Annual Conference on Evolutionary Programming),以后每年举行一次。

8.3.1 标准进化规划及其改进

进化规划采用十进制实数表达问题。在标准进化规划(Standard Evolutionary Program-ming, SEP)中，个体的表达形式为

$$x_i' = x_i + \sqrt{f(X)} \times N_i(0,1) \tag{8.16}$$

其中，x_i 表示旧个体 X 的第 i 个分量，x_i' 表示新个体 X' 的第 i 个分量，$f(X)$ 表示旧个体 X 的适应度，$N_i(0,1)$ 是针对第 i 分量发生的随机数，它服从标准正态分布。

式(8.16)表明，新个体是在旧个体的基础上添加一个随机数，随机数的大小与个体的适应度有关：适应度大的个体随机数也大。

根据这种表达方式，进化规划先产生 μ 个初始个体，变异出 μ 个新个体，再从 μ 个旧个体及 μ 个新个体（2μ 个个体）中根据适应度挑选出 μ 个个体，组成新群体。如此反复迭代，直至得到满意结果。进化规划的工作流程类似遗传算法，同样经历产生初始群体→变异→计算个体适应度→选择→组成新群体，然后反复迭代，一代一代地进化，直至达到最优解。应该指出，进化规划没有交叉算子，其进化主要依赖变异。在标准进化规划中，这种变异十分简单，只需参照个体适应度添加一个随机数。明显，标准进化规划在进化过程中的相应的自适应调整功能主要依靠适应度 $f(X)$ 来实现。

算法 8-2 标准进化规划。

```
初始群体（产生 μ 个初始个体）
LOOP UNTIL 得到满意结果
    FOR 群体中所有个体
        变异出 μ 个新个体；
    END FOR
    从 μ 个旧个体及 μ 个新个体（2μ 个个体）中，根据适应度挑选出 μ 个个体，组成新群体；
END LOOP
NOW 得出最佳解决方案
```

为了增加进化规划在进化过程中的自适应调整功能，人们在变异中提出方差的概念。在进化规划中，个体的表达采用下述方式：

$$\begin{cases} x_i' = x_i + \sqrt{\sigma_i} \times N_i(0,1) \\ \sigma_i' = \sigma_i + \sqrt{\sigma_i} \times N_i(0,1) \end{cases} \tag{8.17}$$

其中，σ_i 为旧个体第 i 个分量的标准差，σ_i' 为新个体第 i 个分量的标准差。

由式(8.17)可知，新个体也是在旧个体的基础上添加一个随机数，该随机数取决于个体的方差，而方差在每次进化中也进行自适应调整。这种进化方式已成为进化规划的主要手段，被称为元进化规划（Meta EP, MEP）。还有人使用下述方式来进行个体的变异操作：

$$\begin{cases} x_i' = x_i + \eta_i \cdot N_i(0,1) \\ \eta_i' = \eta_i \cdot \exp(\tau' N(0,1) + \tau N_i(0,1)) \end{cases} \tag{8.18}$$

其中，τ' 通常设为 $(\sqrt{2n})^{-1}$，τ 通常设为 $(\sqrt{2\sqrt{n}})^{-1}$，n 为个体中所含分量的个数。这种方法被称为经典进化规划（Classical Evolutionary Programming, CEP）。

Yao X 提出了一种快速进化规划（Fast EP, FEP），即用柯西变异代替高斯变异：

$$\begin{cases} x'_i = x_i + \eta_i \cdot \delta_i \\ \eta'_i = \eta_i \cdot \exp(\tau' N(0,1) + \tau N_i(0,1)) \end{cases} \quad (8.19)$$

其中，δ_i 为 $t=1$ 的柯西随机数。

柯西分布的密度函数为

$$f_t(x) = \frac{1}{\pi} \frac{t}{t^2 + x^2} \quad (8.20)$$

其中，t 为缩放系数。

相应的分布函数为

$$F_t(x) = \frac{1}{2} + \frac{1}{\pi} \arctan \frac{x}{t} \quad (8.21)$$

理论分析和实验都证明，柯西变异在当前搜索位置离全局最优很远时具有更好的探索能力。从概率密度函数看，柯西分布类似正态分布，但在垂直方向上的分布较小，在水平方向上的分布越靠近水平轴变得越宽，可视为无限的，如图8-3所示。因此，采用柯西分布进行变异，使个体的变化更宽广，更容易跳出局部最优解。当然，柯西分布的中央部分较小又是它的一个弱点。

图 8-3　高斯分布函数和柯西分布函数

8.3.2　进化规划的基本技术

1．编码

与其他进化算法一样，进化规划也是一种反复迭代、不断进化的过程。进化规划采用十进制的实型数表达问题。每个个体的目标变量 X 可以有 n 个分量，即 $X = (x^1, x^2, \cdots, x^n)$。相应地，每个个体的控制因子 σ_i 和 x_i 是一一对应的，n 个 x_i 有 n 个 σ_i。由 X 和 σ 组成的二元组 (X, σ) 是进化规划最常用的表达形式。

2．产生初始群体

进化规划从可行解中随机选择 μ 个个体，作为进化算法的出发点。

3．计算适应度

进化规划采用十进制实数表达问题，计算适应度简单、直观。

4．变异

变异是进化规划中产生新群体的唯一方法，不采用交叉算子。

在 SEP 中，若个体 X 的适应度 $f(x)$ 很大，直接用 $f(x)$ 乘 $N_i(0,1)$ 会使 x'_i 远离 x_i，在算法的后期无法平稳收敛。为此，采用 $\sqrt{f(x)}$ 或按比例缩小的方法变换适应度。不过，即使采用 $\sqrt{f(x)}$，目标变量 X 的变动还是比较剧烈，很难准确地收敛在最优点上，这是标准进化规划的致命弱点。对于 MEP，这种进化规划增加了一个控制因子——方差，它使 x 可以在小范围内变动，有利于算法的收敛。需要使方差大于 0。为此要经常检查，及时纠正，即

$$\text{IF} \quad \sigma_i \leqslant 0 \quad \text{THEN}$$
$$\sigma_i = \xi$$

其中，ξ 为大于 0 的小数值。

5．选择

进化规划中没有交叉算子，变异之后便执行选择。在进化规划中，新群体的个体数目 λ 又等于旧群体的个体数目 μ，即 $\lambda = \mu$。选择便是在 2μ 个个体中选择 μ 个个体，组成新群体。进化规划的选择采用随机型的 q 竞争选择法。在这种选择方法中，为了确定某个体 i 的优劣，我们从新、旧群体的 2μ 个个体中任选 q 个个体，组成测试群体。然后将个体的适应度与 q 个个体的适应度进行比较，记录个体 i 优于 q 个个体的次数，其值便是个体 i 的得分 W_i。上述得分测试分别对 2μ 个个体进行，在每次得分测试时，新选择 q 个个体组成新的测试群体。最后，按个体的得分选择分值高的 μ 个个体组成下一代新群体。

q 竞争选择法是一种随机选择，总体上，优良个体入选的可能性较大。但是测试群体 q 每次都是随机选择的，当 q 个个体都不是很好时，有可能使较差的个体因得分高而入选。这正是随机选择的本意。q 竞争选择法中 q 的大小是一个重要参数。若 q 很大，设 $q = 2\mu$，则选择变为确定性选择。反之，若 q 很小，则选择的随机性太大，不能保证优良个体入选。通常，q 可取 0.92μ。

6．终止

进化规划在进化过程中，每代都执行变异、计算适应度、选择等操作，不断反复执行，使群体素质得到改进，直至取得满意的结果。进化规划的终止准则有最大进化代数、最优个体与目标期望值的偏差、适应度的变化趋势、最优适应度与最差适应度之差等。

8.4　进化策略

1963 年，德国柏林技术大学的雷兴贝格（I. Rechenberg）和施韦费尔（H. P. Schwefel）为了研究风洞中的流体力学问题，提出了进化策略（Evolution Strategies，ES）。当时提出的这种优化方法只有一个个体，并由此衍生同样仅为一个的下一代新个体，故称为(1+1)-ES。

8.4.1　进化策略及其改进

1．(1+1)-ES

进化策略中的个体用十进制实型数表示，即$X^{t+1} = X^t + N(0,\sigma)$，其中$X^t$为第$t$代个体的数值，$N(0,\sigma)$为服从正态分布的随机数，均值为0，标准差为$\sigma$。因此，进化策略中的个体由两个变量组成，构成二元组$<X,\sigma>$。当新个体的适应度优于旧个体时，新个体将取代旧个体；反之，若新个体的适应度较差，则舍弃该新个体，并重新产生下一代新个体。在进化策略中，个体的这种进化机制被称为变异。明显，变异产生的新个体与旧个体形态差别不大，这符合生物进化的基本状况：生物的微小变化多于急剧变化。

(1+1)-ES 仅仅使用一个个体，进化操作只有变异一种，即用独立的随机变量修正旧个体，以求提高个体素质。

2．(μ+1)-ES

早期的(1+1)-ES 没有体现群体的作用，只是单个个体在进化，具有明显的局限性。随后，雷兴贝格又提出了(μ+1)-ES，在这种进化策略中，父代有μ个个体（$\mu > 1$），并且引入重组算子，使父代个体组合出新的个体。在执行重组时，从μ个父代个体中用随机的方法任选两个个体，然后从这两个个体中组合新个体（均匀交叉）。对重组产生的新个体执行变异操作，变异方式的调整与(1+1)-ES 的相同。将变异后的个体与父代μ个个体相比较，若优于父代最差个体，则代替后者成为下一代种群的新成员；否则，重新执行重组和变异产生另一新个体，如此循环。

(μ+1)-ES 和(1+1)-ES 都只产生一个新个体，(μ+1)-ES 使用了群体搜索策略，增加了重组算子，从父代继承信息构成新个体，(μ+1)-ES 有了明显的改进。

3．(μ+λ)-ES 和(μ, λ)-ES

1975 年，施韦费尔首先提出了(μ+λ)-ES，随后又提出了(μ, λ)-ES。这两种进化策略都采用含有μ个个体的父代群体，并通过重组和变异产生λ个新个体。它们的差别仅仅在于下一代群体的组成上。(μ+λ)-ES 是在原有μ个个体及新产生的λ个新个体中（共$\mu + \lambda$个个体）再择优选择μ个个体作为下一代群体。(μ, λ)-ES 则是只在新产生的λ个新个体中择优选择μ个个体作为下一代群体，这时要求$\lambda > \mu$。总之，在选择子代新个体时，若需要根据父代个体的优劣进行取舍，则使用"+"记号，如(1+1)、(μ+1)、(μ+λ)，否则改用","分隔，如(μ, λ)。

这两种进化策略都采用重组、变异、选择三种算子，其中重组算子类似(μ+λ)-ES，而变异算子有了新的发展，标准差σ可自适应地调整，即

$$\begin{cases} \sigma' = \sigma \cdot e^{N(0,\Delta\sigma)} \\ X' = X + N(0,\sigma') \end{cases} \tag{8.22}$$

其中，(X,σ)为父代个体，(X',σ')为子代新个体，$N(0,\sigma')$为独立的服从正态分布的随机变量，其均值为0，标准差为σ'。

近年来，(μ, λ)-ES 得到了广泛的应用，这是由于这种进化策略使每个个体的寿命只有一代，更新进化很快，特别适合解决目标函数有噪声干扰或优化程度明显受迭代次数影响的问题。

8.4.2　进化策略的基本技术

鉴于进化规划与进化策略十分相似，并且随着进化计算的发展，此二者之间的差距逐渐缩小，在此仅叙述适应度的计算、重组、变异、选择。

1．适应度计算

进化策略中对于约束条件的处理，主要是采用重复试凑法。每当新个体生成，将其代入约束条件中检验是否满足约束条件。若满足，则接纳新个体，否则舍弃该新个体，借助重组、变异，再产生另一个新个体。由于进化策略采用实数编码，这种检验比较直观和简单易行。

当采用(μ, λ)-ES时，旧群体不参加选择，因此初始个体可以略去适应度计算，直接执行重组、变异等操作，再计算新群体的适应度。然而对于$(\mu+\lambda)$-ES，旧群体参与选择，则需要计算初始群体的适应度。

2．重组

进化策略中的重组算子相当于遗传算法的交叉，二者均以两个父代个体为基础进行信息交换。进化策略的重组方式主要有三种：离散重组（均匀交叉）、中值重组以及混杂（Panmictic）重组。

离散重组先随机选择两个父代个体，再将其分量进行随机交换，构成子代新个体的各分量。

中值重组先随机选择两个父代个体，然后将父代个体各分量的平均值作为子代新个体的分量，这时新个体的各分量兼有两个父代个体信息。

混杂重组的特点在于父代个体的选择上。混杂重组先随机选择一个固定的父代个体，然后针对子代个体每个分量，再从父代群体中随机选择第二个父代个体。也就是说，第二个父代个体是经常变化的。至于父代两个个体的组合方式，既可以采用离散方式，也可以采用中值方式，甚至可以把中值重组中的1/2改为[0,1]之间的任意权值。

3．变异

可参见EP的变异，与EP不同的是，有的ES会引入旋转因子。

4．选择

进化策略中的选择是确定性操作，严格根据适应度的大小，将劣质个体完全淘汰。选择中不采用轮盘法，而是将优良个体全部保留，劣质个体全部淘汰。这是进化策略不同于遗传算法的主要特征之一。

进化策略的选择有两种：一为$(\mu+\lambda)$选择，二为(μ, λ)选择。粗略地看，似乎$(\mu+\lambda)$选择最好，可以保证最优个体存活，使群体的进化过程呈单调上升趋势。但是，深入分析后发现，$(\mu+\lambda)$选择具有下述缺点。

① $(\mu+\lambda)$选择保留旧个体，有时会是过时的可行解，妨碍算法向最优方向发展。(μ, λ)选择全部舍弃旧个体，使算法始终从新的基础上全方位进化。

② $(\mu+\lambda)$选择保留旧个体，有时是局部最优解，从而误导进化策略收敛于次优解而不是最优解。(μ, λ)选择舍弃旧的优良个体，容易进化至全局最优解。

③ $(\mu+\lambda)$选择在保留旧个体的同时，也保留了进化参数σ，不利于进化策略中的自适应调整机制。(μ, λ)选择则恰恰相反，可促进这种自适应调整。

5．终止

终止准则可以参照遗传算法的终止准则。针对进化策略，施韦费尔提出了用最优个体与最差个体比较来决定算法是否终止。一旦最优适应度与最差适应度的差值小于某阈值，则令算法终止。

8.5　遗传算法、进化规划、进化策略的异同

1．遗传算法与进化策略的异同

1）相同

遗传算法（GA）和进化策略（ES）都是从随机产生的初始可行解出发，经过进化择优，逐渐逼近最优解。同时，两者都是渐进式搜索寻优，经过多次迭代，不断扩展搜索范围，最终找出全局最优解。两种进化算法都采用群体的概念。同时驱动多个搜索点，体现并行算法的特点。此外，两种算法在自适应搜索、有指导的搜索、全局式寻优、黑箱结构等方面都很相似。

2）差别

① 表达方式的差别。进化策略采用十进制的实型数表达问题，便于处理连续的优化计算类课题。遗传算法常采用二进制编码表达问题，更适合处理离散型问题。进化策略源于函数优化处理，是一种类似爬山问题的优化方法。遗传算法起源于自适应搜索，强调全方位探查。

② 算子的差别。进化策略的重组算子不仅可以复制父代个体的部分信息，还可以通过中值计算产生新的信息。变异是进化策略和遗传算法都采用的算子名称，然而在实际应用上有明显差别。进化策略的变异是在旧个体基础上添加一个正态分布的随机数，从而产生新个体。此外，变异是进化策略的主要进化手段，每个新个体都经历变异。在遗传算法中，仅仅某些个体的个别位发生变异，它不如选择、交叉那样重要。

③ 选择是进化策略和遗传算法差别最明显的一种操作。进化策略从 λ 个新个体或从 $\lambda+\mu$ 个个体中挑选 μ 个个体组成新群体，而且挑选方法是确定型的。遗传算法的选择体现在选择中，从旧群体中择优插入新群体，而且挑选方法是随机的轮盘法，优良个体入选概率高。

④ 执行顺序的差别。进化策略的进化顺序是先执行重组，随之为变异，最后才是选择。遗传算法首先执行选择，其次为交叉，最后是变异。进化策略的重组和变异都是针对同一旧个体依次进行。遗传算法的交叉和变异不一定会发生在同一旧个体上。

3）相互借鉴

进化策略和遗传算法作为进化算法的两个分支，是独立出现及平行发展的，在长期实践中它们又相互借鉴，不断完善。在问题的表达方式上，遗传算法已从原来的二进制编码扩展为用十进制实数表达问题，并相应改变变异等算子。在算子方面，最早的进化策略只有变异算子，然后才添加重组算子。对于变异算子，遗传算法不如进化策略那样重视，通常变异概率的取值都很小，近年来不少研究致力于提高变异概率。遗传算法的交叉算子也有向进化策略的重组算子靠拢的迹象。在参数的自适应调整方面，进化策略的这一特征也开始渗透到遗传算法中。例如，遗传算法中的群体规模、变异概率已不再是常数，它们可随时间而变化。

2．进化规划与进化策略的异同

进化规划（EP）和进化策略分别在美国和德国单独被提出，随后各自平行发展。这两种进化算法既有差别，又有相似。进化规划和进化策略的差别主要表现在：进化规划没有重组算子，只依靠变异产生新个体；进化策略采用重组和变异两种手段产生新个体。关于重组和变异的作用一直存在争论，有人强调变异的作用，有人重视重组，还有人主张兼容二者。随着两者的不断发展，进化策略与进化规划的差异逐渐不明显。

本章小结

本章介绍了进化算法的基本流程和特点；然后介绍了遗传算法、进化规划、进化策略的基本原理和改进方法，对其理论依据和使用的基本技术进行了阐述；最后讨论了这三种进化算法的共同点和不同点。

进化算法的核心思想源于这种基本认识：生物进化过程（从简单到复杂，从低级向高级）本身是一个自然的、并行发生的、稳健的优化过程。这个优化过程的目标是提高对环境的自适应性，生物种群通过"优胜劣汰"及遗传变异来达到进化的目的。依据达尔文的自然选择理论和孟德尔的遗传变异理论，生物的进化是通过繁殖、变异、竞争和选择这四种基本形式实现的。因而，如果把待解决的问题理解为对某个目标函数的全局优化，那么进化计算是建立在模拟上述生物进化过程基础上的随机搜索优化技术。根据这个观点，遗传算法、进化规划和进化策略等均可解释为进化计算的不同执行策略，分别从基因的层次和种群的层次实现对生物进化的模拟。

由于具有鲜明的生物背景和适用于任意函数类等特点，因此进化计算自 20 世纪 60 年代中期以来引起了普遍关注，并被广泛应用于机器学习、程序自动生成、专家系统的知识库维护等超大规模、高度非线性、不连续、多峰函数的优化。

进化作为从生命现象中抽取的重要的自适应机制已经为人们所普遍认识和广泛应用，然而现有的进化模型存在共同的不足，即未能很好地反映一个普遍存在的事实：在大多数情况下，整个系统复杂的自适应进化过程事实上是多个子系统局部相互作用的协同进化过程，也就是说，是大规模协同动力学系统，人们对此了解甚少，而以前的工作大多从算法的角度认识问题，因此对进化计算的认识机理了解还不多；如何反映进化的多样性、多层次性、系统性、自适应性、自组织过程、相变与混沌机理等是有待解决的问题，这也是真正了解进化机理的困难和关键所在。

习 题 8

8.1 解释遗传算法、进化规划和进化策略的不同。

8.2 实现 GA 最小化函数 $f(x_1, x_2) = x_1^2 + x_2$（$-1024 \leqslant x_i \leqslant 1023$），要求使用二进制编码、单点交叉、多轮选择法。

8.3 实现 CEP 和 FEP。

8.4 解释何谓格雷编码，及其相对于二进制编码的优势。

8.5 柯西变异被用于实数编码，其能否用于二进制编码？

8.6 在变异操作时，变异后的值超过了范围怎么办？如何避免这个问题？

8.7 随机初始化的群体是否总是产生有效的解？

8.8 使用进化算法解决问题，是否需要知道确切的目标函数？并解释。

8.9 解释模式定理。

第 9 章

模糊计算

　　1965 年，扎德（L.A. Zadeh）发表的著名论文《模糊集合》在科学界引发了爆炸性的反响，这篇文章的出现被公认为模糊集合论（Fuzzy Set）的诞生标志。随后，他将模糊集合论应用于近似推理方面，形成了可能性理论。近似推理的基础是模糊逻辑，建立在模糊集合论的基础之上，是一种处理不精确描述的软计算。

　　本章将简要介绍模糊集合论的基本概念、运算法则、模糊逻辑推理和模糊判决等，这些内容构成模糊逻辑的基础知识。简言之，模糊计算就是以模糊逻辑为基础的计算。

9.1 模糊集合的概念

在经典集合中，论域中的任何元素，或者属于某集合，或者不属于该集合，两者必居且仅居其一。然而在现实世界中，有许多概念并无明确的外延，如"天气好""山高""水清"等都是模糊的概念。由于模糊概念无法简单地用属于或者不属于来描述，即无法用经典集合来描述，因此只能通过属于的程度来刻画。同时，论域中的元素符合某概念不能简单地用 $\{0,1\}$ 表示，而要借助介于 0 与 1 之间的实数表示。

9.1.1 模糊集合的定义

定义 9-1　设 x 为论域 U 中的元素，A 为 U 上的逻辑子集，若

$$A = \{\mu_A(x) / x, x \in U\} \tag{9.1}$$

则称 $\mu_A(x)$ 为 A 的隶属函数，它满足

$$\mu_A : U \to M \tag{9.2}$$

这里，M 被称为"隶属空间"。

最常见的隶属空间为区间 $[0,1]$。由定义可以推出，模糊集合实际上是论域 U 到隶属空间 M 的一个映射。

隶属函数 $\mu_A(x)$ 用于刻画元素 x 对模糊集合 A 的 隶属程度，即"隶属度"，所以模糊集合 A 的每个元素 $\mu_A(x) / x$ 都能明确地表示出 x 的隶属等级。$\mu_A(x)$ 的值越大，那么 x 的隶属程度越高。

当隶属函数 $\mu_A(x)$ 的值域为集合 $\{0,1\}$ 时，模糊集合 A 就退化为经典集合，隶属函数等同于特征函数。由此可知，经典集合是模糊集合的特例，模糊集合是经典集合的扩展。

9.1.2 模糊集合的表示方法

集合 $U = \{x_1, x_2, x_3, x_4\}$ 表示宿舍的 4 名同学，用某种方法对他们的"聪明"程度做出评价，依次为 0.51、0.64、0.87、0.75。

1. 序偶表示法（也称为向量表示法）

模糊集合为

$$A = \{(x_1, 0.51), (x_2, 0.64), (x_3, 0.87), (x_4, 0.75)\}$$

2. 扎德方法

当 U 为可数集合时，$U = \{x_1, x_2, \cdots, x_n\}$，有

$$U = \sum_{i=1}^{n} \mu_A(x_i) / x_i \tag{9.3}$$

当 U 为无穷集合时，$U = \{x_1, x_2, \cdots\}$，有

$$U = \sum_{i=1}^{\infty} \mu_A(x_i) / x_i \qquad (9.4)$$

当 U 为不可数集合时，有

$$U = \int_U \mu_A(x_i) / x_i \qquad (9.5)$$

注意，这里只是借用了算术符号 $\sum$、/ 和 $\int$，并不表示分式求和运算、除运算和积分运算，而只是描述 A 中有哪些元素，以及各元素的隶属度值。

所以，对于上例，用扎德方法记为

$$A = 0.51 / x_1 + 0.64 / x_2 + 0.87 / x_3 + 0.75 / x_4$$

3．隶属函数方法

当论域为实数集合中的某个区间时，有时将模糊集合的隶属函数用解析式表达很方便。

例 9-1 令 R 为实数集合，A 表示"比 10 大得多的实数"，则

$$A = \{(x, A(x)) \mid x \in R\}$$

其中

$$A(x) = \begin{cases} 0, & x < 10 \\ (1 + (x - 10)^{-2})^{-1}, & x \geq 10 \end{cases}$$

在模糊数学中，隶属函数的构造本身就具有一定的模糊性，所以目前还没有得到较为科学的方法，但是在实际的应用中已经提出了不少方法。下面是常用的几种方法。

1）例证法

例证法是扎德在 1972 年首先提出的方法，其主要思想是：从已知的隶属值 $A(x)$ 来估计论域 U 中的模糊集合 A 的隶属函数。例如，若论域为"水"，则 A 是 U 中的模糊集合"清水"。如何确定 $A(x)$ 呢？当考虑"水清度为 v 是否算清水"时，可分为"真""大致真""似真似假""大致假""假"5 种选择，并且分别对应 1、0.75、0.5、0.25、0。当水清度取不同样本值时，便可得到 $A(x)$ 的离散表示。

2）模糊统计法

模糊统计法是用统计学的方法来确定隶属函数。其主要思想是：模糊数学的模糊性是一种不确定性，类似随机实验，因此可以通过模糊统计实验，然后得出一定的统计规律，即隶属频率的稳定性。

模糊统计实验的基本原理：设 A 是论域 U 中的模糊集合，考虑 $x \in U$ 对模糊集合 A 的隶属度。假设进行了 n 次模糊统计实验，其中有 m 次 $x \in A$，则 m 与 n 之比被称为 x 对模糊集合 A 的隶属频率，即 $\mu_n(A) = m / n$。事实证明，随着实验次数 n 的增加，x 对 A 的隶属频率将趋于稳定。这个稳定值可以作为 x 对模糊集合 A 的隶属度 $A(x)$，即

$$A(x) = \lim_{n \to \infty} \mu_n(A)$$

3）蕴含解析定义法

蕴含解析定义法是根据微积分的理论来确定隶属函数。假设隶属函数是连续可微的，则可用微分的方法来计算 $A(x)$。

4）二元对比法

二元对比法采用对比的方法来确定隶属值，常用于实际工作中不易量化的指标。例如，对

于在"人"论域中考虑"聪明"模糊集合 A，若 x_1 较 x_2 聪明，则规定 $A(x_1) > A(x_2)$。这种方法根据具体问题可分为比较法、对比平均法、择优比较法和优先关系定序法。

5）三分法

类似模糊统计法，三分法也是用随机区间的思想来处理模糊性的实验模型。

6）模糊分布法

在模糊数学中已经针对有关的变量建立了一些隶属函数，我们可以根据所研究的问题，选择其中的某个分布作为隶属函数。下面给出实数集上常见的 3 类隶属度函数。

（1）偏小型

$$\mu_A(x) = \begin{cases} (1 + (a(x-c))^b)^{-1}, & x > c \\ 1, & x \le c \end{cases}$$

其中，$c \in U$ 是任意点，a 和 b 是两个大于零的参数（$a, b > 0$），如图 9-1 所示。

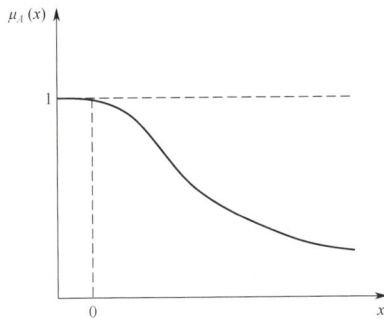

图 9-1　偏小型隶属函数

常用的偏小型隶属函数如下。

① 降半矩形分布

$$\mu_A(x) = \begin{cases} 1, & x \le a \\ 0, & x > a \end{cases}$$

② 降半 Γ 形分布

$$\mu_A(x) = \begin{cases} 1, & x \le a \\ e^{-k(x-a)}, & x > a, k > 0 \end{cases}$$

③ 降半正态分布

$$\mu_A(x) = \begin{cases} 1, & x \le a \\ e^{-k(x-a)^2}, & x > a, k > 0 \end{cases}$$

④ 降半柯西分布

$$\mu_A(x) = \begin{cases} 1, & x \le b \\ \dfrac{1}{1 + a(x-b)^c}, & x > b, a > 0, c > 0 \end{cases}$$

⑤ 降半梯形分布

$$\mu_A(x) = \begin{cases} 1, & x \le a \\ (b-x)/(b-a), & a < x \le b \\ 0, & x > b \end{cases}$$

271

⑥ 降岭形分布

$$\mu_A(x) = \begin{cases} 1, & x \leqslant a \\ \dfrac{1}{2} - \dfrac{1}{2}\sin\dfrac{\pi}{b-a}\left(x - \dfrac{a+b}{2}\right), & a < x \leqslant b \\ 0, & x > b \end{cases}$$

（2）偏大型

$$\mu_A(x) = \begin{cases} 0, & x < c \\ \dfrac{1}{1 + (a(x-c))^{-b}}, & x \geqslant c \end{cases}$$

其中，$c \in U$ 是任意点，a 和 b 是两个大于零的参数（$a, b > 0$），如图 9-2 所示。

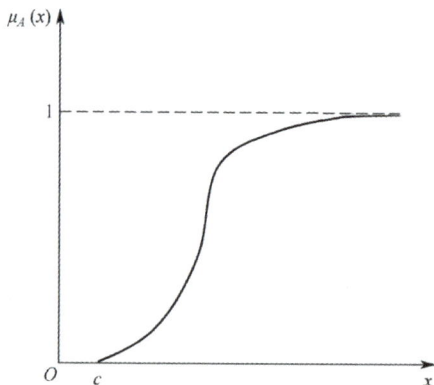

图 9-2 偏大型隶属函数

常用的偏大型隶属函数如下。

① 升半矩形分布

$$\mu_A(x) = \begin{cases} 0, & x \leqslant a \\ 1, & x > a \end{cases}$$

② 升半 Γ 形分布

$$\mu_A(x) = \begin{cases} 0, & x \leqslant a \\ 1 - \mathrm{e}^{-k(x-a)}, & x > a, k > 0 \end{cases}$$

③ 升半正态分布

$$\mu_A(x) = \begin{cases} 0, & x \leqslant a \\ 1 - \mathrm{e}^{-k(x-a)^2}, & x > a, k > 0 \end{cases}$$

④ 升半柯西分布

$$\mu_A(x) = \begin{cases} 0, & x \leqslant b \\ 1/(1 + a(x-b)^c), & x > b, a > 0, c > 0 \end{cases}$$

⑤ 升半梯形分布

$$\mu_A(x) = \begin{cases} 0, & x \leqslant a \\ (x-a)/(b-a), & a < x \leqslant b \\ 1, & x > b \end{cases}$$

⑥ 升岭形分布

$$\mu_A(x) = \begin{cases} 0, & x \leqslant a \\ \dfrac{1}{2} - \dfrac{1}{2}\sin\dfrac{\pi}{b-a}(x - \dfrac{a+b}{2}), & a < x \leqslant b \\ 1, & x > b \end{cases}$$

（3）中间型

$$\mu_A(x) = \mathrm{e}^{-k(x-c)^2}$$

其中，$c \in U$，k 是大于 0 的参数，如图 9-3 所示。

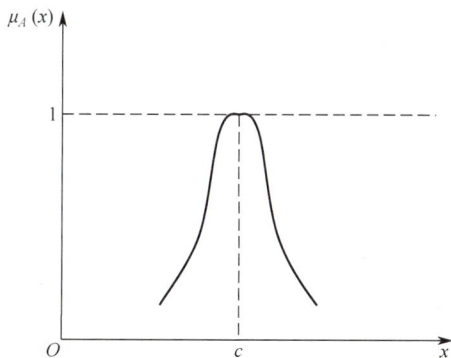

图 9-3　中间型隶属度函数

常用的中间型隶属函数如下。

① 矩形分布

$$\mu_A(x) = \begin{cases} 0, & x \leqslant a - b \\ 1, & a - b < x \leqslant a + b \\ 0, & x > a + b \end{cases}$$

② 尖 Γ 分布

$$\mu_A(x) = \begin{cases} \mathrm{e}^{k(x-a)}, & x \leqslant a \\ \mathrm{e}^{-k(x-a)}, & x > a \end{cases}$$

③ 正态分布

$$\mu_A(x) = \mathrm{e}^{-k(x-a)^2} \qquad (x > 0)$$

④ 柯西分布

$$\mu_A(x) = 1/(1 + a(x - b)^c) \qquad (a > 0,\ c\text{为正偶数})$$

⑤ 梯形分布

$$\mu_A(x) = \begin{cases} 0, & x \leqslant (a-c) \\ (c + x - a)/(c - b), & (a-c) < x \leqslant (a-b) \\ 1, & (a-b) < x \leqslant (a+b) \\ (c - x + a)/(c - b), & (a+b) < x \leqslant (a+c) \\ 0, & x \geqslant (a+c) \end{cases}$$

⑥ 岭形分布

$$\mu_A(x) = \begin{cases} 0, & x \leqslant -b \\ \dfrac{1}{2} + \dfrac{1}{2}\sin\dfrac{\pi}{b-a}\left(x - \dfrac{a+b}{2}\right), & -b < x \leqslant -a \\ 1, & -a < x \leqslant a \\ \dfrac{1}{2} - \dfrac{1}{2}\sin\dfrac{\pi}{b-a}\left(x - \dfrac{a+b}{2}\right), & a < x \leqslant b \\ 0, & x > b \end{cases}$$

定义 9-2 如果模糊集是论域 U 中所有满足 $\mu_A(x) > 0$ 的元素 x 构成的集合，那么称该集合为模糊集 A 的支集。当 x 满足 $\mu_A(x) = 1.0$ 时，则称此模糊集为模糊单点。

定义 9-3 一个语言变量可以定义为多元组 $(x, T(x), U, G, M)$。其中，x 为变量名，$T(x)$ 为 x 的词集，即语言名称的集合；U 为论域；G 是产生语言值名称的语法规则；M 是与各语言值含义有关的语法规则。语言变量的每个语言值对应一个定义在论域 U 中的模糊数。语言变量基本词集把模糊概念与精确值联系起来，实现对定性概念的量化和定量数据的定性模糊化。

9.2　模糊集合的代数运算

模糊集合的代数运算事实上是对相应的隶属函数进行特定的运算，并且由此得到新的隶属函数，从而确定出新的模糊集合，即运算结果。

定义 9-4 令 A、B 为论域 U 中的模糊集合，对于 U 中任意元素 x：

（1）$A = \varnothing$，当且仅当 $\mu_A(x) \equiv 0$；$A = U$，当且仅当 $\mu_A(x) \equiv 1$。

（2）$A \subseteq B$，当且仅当 $\mu_A(x) \leqslant \mu_B(x)$。

（3）$A = B$，当且仅当 $\mu_A(x) = \mu_B(x)$。

令 A、B 为论域 U 中的模糊集合，对于 U 中任意元素 x：

① A 与 B 之"并集"，记为

$$A \bigcup B = \int_{x \in U} (A(x) \vee B(x)) / x$$

即模糊集合 $A \bigcup B$ 的隶属函数 $\mu_{A \cup B}(x) = \max(\mu_A(x), \mu_B(x))$，记作 $\mu_A(x) \vee \mu_B(x)$。

② A 与 B 之"交集"，记为

$$A \bigcap B = \int_{x \in U} (A(x) \wedge B(x)) / x$$

即模糊集合 $A \bigcap B$ 的隶属函数 $\mu_{A \cap B}(x) = \min(\mu_A(x), \mu_B(x))$，记作 $\mu_A(x) \wedge \mu_B(x)$。

③ A 的"补集"（又称为"余集"），记为

$$\sim A = \int_{x \in U} (1 - A(x)) / x$$

即模糊集合 $\sim A$ 的隶属函数 $\mu_{\sim A}(x) = 1 - \mu_A(x)$，或记为 $1 - A(x)$。

定义 9-5 上述模糊集合并、交运算还可以推广至任意多个集合。设 A_i 为模糊集合，且 $i \in I$（I 为某种下标集合），则：

（1）令 $A = \bigcup_{i \in I} A_i$，则定义

$$\mu_A(x) = \vee_{i \in I} \mu_{A_i}(x)$$

（2）令 $A = \bigcap_{i \in I} A_i$ ，则定义

$$\mu_A(x) = \bigwedge_{i \in I} \mu_{A_i}(x)$$

由模糊集合及其隶属函数概念不难得出

$$0 \leqslant \mu_A(x) \vee \mu_B(x) \leqslant 1$$
$$0 \leqslant \mu_A(x) \wedge \mu_B(x) \leqslant 1$$
$$0 \leqslant 1 - \mu_A(x) \leqslant 1$$

例 9-2 设 $A = \{x_1, x_2, x_3, x_4\}$ 为 4 人集合，U 上的模糊集合 A 表示"x 是高个子"，则
$$A = \{(x_1, 0.6), (x_2, 0.5), (x_3, 1), (x_4, 0.4)\}$$

模糊集合 B 表示"x 是胖子"
$$B = \{(x_1, 0.5), (x_2, 0.6), (x_3, 0.3), (x_4, 0.4)\}$$

则模糊集合"x 或高或胖"为
$$A \cup B = \{(x_1, 0.6 \vee 0.5), (x_2, 0.5 \vee 0.6), (x_3, 1 \vee 0.3), (x_4, 0.4 \vee 0.4)\}$$
$$= \{(x_1, 0.6), (x_2, 0.6), (x_3, 1), (x_4, 0.4)\}$$

模糊集合"x 又高又胖"为
$$A \cap B = \{(x_1, 0.6 \wedge 0.5), (x_2, 0.5 \wedge 0.6), (x_3, 1 \wedge 0.3), (x_4, 0.4 \wedge 0.4)\}$$
$$= \{(x_1, 0.5), (x_2, 0.5), (x_3, 0.3), (x_4, 0.4)\}$$

模糊集合"x 个子不高"为
$$\sim A = \{(x_1, 1 - 0.6), (x_2, 1 - 0.5), (x_3, 1 - 1), (x_4, 1 - 0.4)\}$$
$$= \{(x_1, 0.4), (x_2, 0.5), (x_3, 0), (x_4, 0.6)\}$$

经典集合的许多运算特性对模糊集合同样成立。

定义 9-6 设模糊集合 $A, B, C \in U$ ，则其并、交和补运算满足下列基本规律。

（1）幂等律
$$A \cup A = A, A \cap A = A \tag{9.6}$$

（2）交换律
$$A \cup B = B \cup A, A \cap B = B \cap A \tag{9.7}$$

（3）结合律
$$(A \cup B) \cup C = A \cup (B \cup C)$$
$$(A \cap B) \cap C = A \cap (B \cap C) \tag{9.8}$$

（4）分配律
$$A \cup (B \cap C) = (A \cup B) \cap (A \cup C)$$
$$A \cap (B \cup C) = (A \cap B) \cup (A \cap C) \tag{9.9}$$

（5）吸收律
$$A \cup (A \cap B) = A, \quad A \cap (A \cup B) = A \tag{9.10}$$

（6）同一律
$$A \cap E = A, A \cup E = E, A \cap \varnothing = \varnothing, A \cup \varnothing = A \tag{9.11}$$

其中，$\varnothing$ 为空集，E 为全集，即 $\varnothing = \bar{E}$ 。

（7）德·摩根律
$$\sim (A \cap B) = \sim A \cup \sim B$$
$$\sim (A \cup B) = \sim A \cap \sim B \tag{9.12}$$

（8）复原律

$$\overline{\overline{A}} = A, \quad \text{即} \sim (\sim A) = A \tag{9.13}$$

（9）对偶律

$$\overline{A \cup B} = \overline{A} \cap \overline{B}, \quad \overline{A \cap B} = \overline{A} \cup \overline{B} \tag{9.14}$$

即

$$\sim (A \cap B) = \sim A \cup \sim B, \quad \sim (A \cup B) = \sim A \cap \sim B \tag{9.15}$$

（10）互补律不成立，即

$$\sim A \cup A \neq E, \quad \sim A \cap A \neq \varnothing \tag{9.16}$$

这些运算性质都可以直接通过它们的隶属度来证明。下面以德·摩根律中的第一式为例给出证明。

证明：

$$\sim (A \cup B)(x) = 1 - (A \cup B)(x) = 1 - (\mu_A(x) \vee \mu_B(x))$$
$$= (1 - \mu_A(x)) \wedge (1 - \mu_B(x))$$
$$= \sim \mu_A(x) \wedge \sim \mu_B(x)$$
$$= (\sim A \cap \sim B)(x)$$

故

$$\sim (A \cup B) = \sim A \cap \sim B$$

定义 9-7　设 A 为论域 U 上的模糊集合，$\lambda \in [0,1]$，定义 A 的"λ 截集"为集合

$$A_\lambda = \{x \mid \mu(x) \geqslant \lambda\} \tag{9.17}$$

其中，实数 λ 称为阈值（或置信水平）。特别地，集合 $A'_\lambda = \{x \mid \mu(x) > \lambda\}$ 称为 A 的"λ 强截集"。

9.3　正态模糊集和凸模糊集

定义 9-8　设 A 为实数域 $\mathbf{R}$ 上的模糊集合，若其隶属函数满足

$$\max_{x \in R} \mu_A(x) = 1 \tag{9.18}$$

则称 A 为正态模糊集。

定义 9-9　设 A 为实数域 $\mathbf{R}$ 上的模糊集合，对于任何实数 $x \leqslant y \leqslant z$，若关系式

$$\mu_A(y) \geqslant \min\{\mu_A(x), \mu_A(z)\} \tag{9.19}$$

恒成立，则称 A 为凸模糊集。若 A 既是正态的又是凸的，则称 A 为一个模糊数。

凸模糊集的特点为其隶属函数曲线是凸的，如图 9-4 所示。

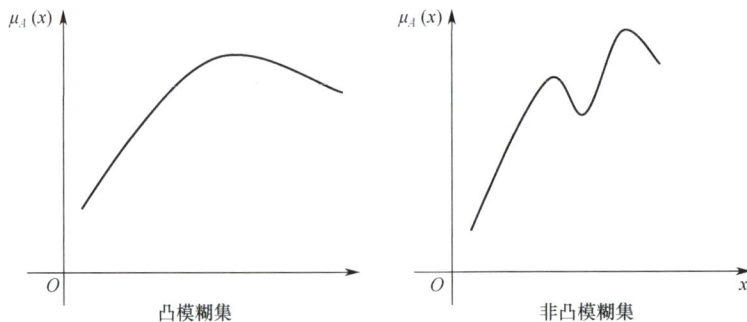

图 9-4　模糊集合

9.4 模糊关系

1. 模糊关系的概述

定义 9-10 若 $A_1, A_2, \cdots, A_n$ 分别是论域 $U_1, U_2, \cdots, U_n$ 中的模糊集合，则这些集合的直积是乘积空间 $U_1 \times U_2 \times \cdots \times U_n$ 中的一个模糊集合，其隶属函数为

$$
\begin{aligned}
\mu_{A_1 \times A_2 \times \cdots \times A_n}(x_1, x_2, \cdots, x_n) &= \min\{\mu_{A_1}(x_1), \cdots, \mu_{A_n}(x_n)\} \\
&= \mu_{A_1}(x_1)\mu_{A_2}(x_2) \cdots \mu_{A_n}(x_n)
\end{aligned}
\tag{9.20}
$$

定义 9-11 若 U 和 V 是两个非空模糊集合，则其直积 $U \times V$ 中的一个模糊子集 R 称为从 U 到 V 的 模糊关系，可表示为

$$
U \times V = \{((x,y), \mu_R(x,y)) \mid x \in U, y \in V\}
\tag{9.21}
$$

模糊关系 R 的隶属函数 $R(x,y)$ 是 $U \times V$ 到实数区间 $[0,1]$ 的一个映射。特别地，当 $V = U$ 时，称 R 为"论域 U 中的模糊关系"。

事实上，对于任意 $x \in U$，$y \in V$，隶属函数 $R(x,y)$ 表示 x 与 y 之间存在关系 R 的程度。

例 9-3 设 U 和 V 均为实数集合，对于任意 $x \in U$，$y \in V$，"x 远大于 y" 是 U 到 V 的一个模糊关系 R，它的隶属函数可以表述为

$$
R(x,y) = \begin{cases} 0, & x \leq y \\ (1 + 100/(x - y^2))^{-1}, & x > y \end{cases}
$$

定义 9-12 若 Q 和 R 分别为 $U \times V$、$V \times W$ 中的模糊关系，则 Q 和 R 的复合 $Q \circ R$ 是一个从 U 到 W 的模糊关系，记为

$$
Q \circ R = \left\{ \left[(x,z); \sup_{\forall y \in V}(\mu_Q(x,y) * \mu_R(y,z)) \right] (x \in U, y \in V, z \in W) \right\}
\tag{9.22}
$$

其隶属函数为

$$
\mu_{Q \circ R}(x,z) = \bigvee_{\forall y \in V}(\mu_Q(x,y) \wedge \mu_R(y,z)), (x,z) \in (U \times W)
$$

式 (9.23) 中的 "$*$" 可以为三角范式内的任意一种算子，包括模糊交、代数积、有界积和直积等。

模糊关系与自身的合成运算又称为"幂"运算，即

$$
R^2 = R \circ R
$$

$$
R^n = R \circ R^{n-1}
$$

定义 9-13 令 Q、R 和 S 为任意的模糊关系，则模糊关系的合成运算具有如下性质：

（1）结合律

$$
R \circ (Q \circ S) = (R \circ Q) \circ S
\tag{9.23}
$$

（2）对 $\bigcup$ 的分配律

$$
\begin{aligned}
R \circ (Q \cup S) &= (R \circ Q) \cup (R \circ S) \\
(Q \cup S) \circ R &= (Q \circ R) \cup (S \circ R)
\end{aligned}
\tag{9.24}
$$

（3）对 $\bigcap$ 的分配律

$$
\begin{aligned}
R \circ (Q \cap S) &\subseteq (R \circ Q) \cup (R \circ S) \\
(Q \cap S) \circ R &\subseteq (Q \circ R) \cap (S \circ R)
\end{aligned}
\tag{9.25}
$$

（4）若 $R \subseteq Q$ 且 $S \circ R$ 和 $S \circ Q$ 均有意义，则

$$S \circ R \subseteq S \circ Q \qquad (9.26)$$

（5）若 $R \subseteq Q$ 且 $S \circ R$ 和 $S \circ Q$ 均有意义，则

$$R \circ S \subseteq Q \circ S \qquad (9.27)$$

2．模糊关系的性质

模糊关系的三大性质如下。

① 设 R 为论域 U 上的模糊关系，若对于 U 中的任意元素 x，恒有

$$R(x,x) = 1$$

则 R 具有自反性，并称 R 为 U 上的自反模糊关系；若对于 U 中的任意元素 x，恒有

$$R(x,x) = 0$$

则 R 具有反自反性，并称 R 为 U 上的反自反模糊关系。

② 设 R 为论域 U 上的模糊关系，若对于 U 中的任意元素 x，恒有

$$R(x,y) = R(y,x)$$

则称 R 具有对称性，并称 R 为 U 上的对称模糊关系。

③ 设 R 为论域 U 上的模糊关系，若对于 U 中的任意元素 x、y、z 和区间 $[0,1]$ 中的任意元素 λ，$R(x,y) \geq \lambda$ 且 $R(y,z) \geq \lambda$，有

$$R(x,z) \geq \lambda$$

则 R 具有传递性，并称 R 为 U 上的传递模糊关系。

9.5 模糊判决

通过模糊推理得到的结果是一个模糊集合或者隶属函数,但在实际应用中需要一个明确的值。在推理得到的模糊集合中取一个相对最能代表这个模糊集合的单值过程就称为解模糊或者模糊判决。

1．重心法

重心法就是取模糊隶属函数曲线与横坐标轴所围成面积的重心作为代表点，即

$$u = \frac{\int_x x\mu_N(x)\mathrm{d}x}{\int_x \mu_N(x)\mathrm{d}x} \qquad (9.28)$$

但这只是理论上的，因为输出范围内一系列连续点的重心会花费太多的时间，所以实际上是计算输出范围内整个采样点的重心，即

$$u = \frac{\sum x_i\mu_N(x_i)}{\sum \mu_N(x_i)} \qquad (9.29)$$

理论上，重心法是比较合理的，但是计算比较复杂，在实时性要求较高的系统中不采用这种方法。

2．最大隶属度法

最大隶属度法最简单，只要在推理结论的模糊集合中取隶属度最大的那个元素作为输出量

即可。但是，要求这种情况下隶属函数曲线一定是正规凸模糊集合。如果该曲线具有一个平顶，那么具有最大隶属度的元素就可能不止一个，就要对所有取最大隶属度的元素求平均值。

最大隶属度法的特点是能够突出主要信息，并且比较简单直观。但是因为它不考虑其他所有的次要信息，所以这种判决法比较粗糙。

3. 系数加权平均法

系数加权平均法的输出执行量由下式决定：

$$u = \frac{\sum k_i x_i}{\sum k_i} \tag{9.30}$$

其中，系数 k_i 的选择要根据实际情况而定。这种方法具有一定的灵活性。

4. 隶属度限幅元素平均法

用所确定的隶属度值 λ 对隶属度函数曲线进行切割，再对切割后等于该隶属度的所有元素（λ 截集中的所有元素）进行平均，用这个平均值作为输出执行量，这种方法就称为隶属度限幅元素平均法。

9.6　模糊数学在模式识别中的应用

目前，用于一些人工智能问题的工具有时太精确，不能处理现实世界中的模糊性，因此模糊数学和人工智能的结合将具有十分广阔的前景。前面已经介绍了模糊计算的基本理论，下面将介绍模糊计算在模式识别中的具体应用。

根据给定的某个模型特征来识别它所属的类型问题称为模式识别。例如，给定一个手写字符，然后根据标准字模对其进行判别。模式识别通常采用统计方法、语言方法和模糊识别方法。本节主要介绍模糊识别方法。

模糊识别的方法主要建立在"最大隶属度原则"和"择近原则"的基础上。下面介绍这两个原则。

1. 最大隶属度原则

定义 9-14　设 $A_1, A_2, \cdots, A_n$ 是论域 U 中的 n 个模糊集合，对于给定待识别的对象 $x_0 \in U$，如果存在 $i \in \{1, 2, \cdots, n\}$，使得 $A_i(x_0) = \max\{A_1(x_0), A_2(x_0), \cdots, A_n(x_0)\}$，就认为 x_0 相对隶属于 A_i。

最大隶属度原则是一种个体识别的方法。

例 9-4　将人分为老、中、青三代，他们分别对应三个模糊集合，其隶属函数分别为

$$A_1(x) = \begin{cases} 0, & x \leqslant 50 \\ 2\left(\dfrac{x-50}{20}\right)^2, & 50 < x \leqslant 60 \\ 1 - 2\left(\dfrac{x-70}{20}\right)^2, & 60 < x \leqslant 70 \\ 1, & x > 70 \end{cases}$$

$$A_2(x) = \begin{cases} 0, & x \leqslant 20 \\ 2\left(\dfrac{x-20}{20}\right)^2, & 20 < x \leqslant 30 \\ 1 - 2\left(\dfrac{x-40}{20}\right)^2, & 30 < x \leqslant 50 \\ 1 - 2\left(\dfrac{x-50}{20}\right)^2, & 50 < x \leqslant 60 \\ 2\left(\dfrac{x-70}{20}\right)^2, & 60 < x \leqslant 70 \\ 1, & x > 70 \end{cases}$$

$$A_3(x) = \begin{cases} 1, & x \leqslant 20 \\ 1 - 2\left(\dfrac{x-20}{20}\right)^2, & 20 < x \leqslant 30 \\ 2\left(\dfrac{x-40}{20}\right)^2, & 30 < x \leqslant 40 \\ 0, & x > 40 \end{cases}$$

某人 45 岁，因

$$A_1(45) = 0$$
$$A_2(45) = \frac{7}{8}$$
$$A_3(45) = 0$$

故

$$\max\{A_1(45), A_2(45), A_3(45)\} = A_2(45)$$

即此人应该属于中年人。

某人 30 岁，因

$$A_1(30) = 0, \quad A_2(30) = \frac{1}{2}, \quad A_3(30) = \frac{1}{2}$$

故

$$\max\{A_1(30), A_2(30), A_3(30)\} = A_2(30) = A_3(30)$$

即对于 30 岁的人，既可以认为是青年人，也可以认为是中年人。

2．择近原则

定义 9-15　设 $A_1, A_2, \cdots, A_n$ 是论域 U 中的 n 个模糊集合，对于给定的待识别对象 $A_0 \in U$，若存在 $k \in \{1, 2, \cdots, n\}$，使得

① $\sigma(A_k, A_0) = \max\{\sigma(A_1, A_0), \sigma(A_2, A_0), \cdots, \sigma(A_n, A_0)\}$

或者

② $d(A_k, A_0) = \min\{d(A_1, A_0), d(A_2, A_0), \cdots, d(A_n, A_0)\}$

则认为 A_0 与 A_k 最相似。其中，$\sigma(A_i, A_0)$（$i \in \{1, 2, \cdots, n\}$）表示 A_0 对 A_i 的贴近度，$d(A_i, A_0)$（$i \in \{1, 2, \cdots, n\}$）表示 A_0 与 A_i 的距离。

例 9-5 设 U 为 6 个元素的集合，并设标准模型由以下模糊向量组成：

$$A_1 = (1, 0.8, 0.5, 0.4, 0, 0.1)$$
$$A_2 = (0.5, 0.1, 0.8, 1, 0.6, 0)$$
$$A_3 = (0, 1, 0.2, 0.7, 0.5, 0.8)$$
$$A_4 = (0.4, 0, 1, 0.9, 0.6, 0.5)$$
$$A_5 = (0.8, 0.2, 0, 0.5, 1, 0.7)$$
$$A_6 = (0.5, 0.7, 0.8, 0, 0.5, 1)$$

给定一个待识别的模糊向量

$$A_0 = (0.7, 0.2, 0.1, 0.4, 1, 0.8)$$

那么，A_0 与哪个标准模型最相近？

解 采用如下公式计算 $\sigma(A, B)$：

$$\sigma(A, B) = \frac{\sum\limits_{i=1}^{n} \min(A(x_i), B(x_i))}{\sum\limits_{i=1}^{n} \max(A(x_i), B(x_i))}$$

则

$$\sigma(A_0, A_1) = 0.3333$$
$$\sigma(A_0, A_2) = 0.3778$$
$$\sigma(A_0, A_3) = 0.4545$$
$$\sigma(A_0, A_4) = 0.4348$$
$$\sigma(A_0, A_5) = 0.8824$$
$$\sigma(A_0, A_6) = 0.4565$$

其中，$\sigma(A_0, A_5) = 0.8824$ 的值最大，依照择近原则，可知 A_0 与 A_5 最相似。

9.7 模糊综合评判

模糊综合评判是一种基于模糊数学的综合评判方法，根据模糊数学的隶属度理论把定性评判转化为定量评判。这种方法可以把模糊、不精确的概念（如"服务好"这样的定性描述）转化为精确的数值，以便进行更有效的综合评判。

9.7.1 模糊综合评判概述

基本思想：在客观世界中，存在着大量的模糊概念和模糊现象，模糊数学就是试图用数学工具解决模糊性方面的问题。

模糊综合评判是借助模糊数学的一些概念，对实际的综合评判问题提供一些评判的方法，具体说，模糊综合评判就是以数学为基础，应用模糊关系合成的原理，将一些边界不清、不易定量的因素定量化，从多个因素对被评判事物隶属度等级状况进行综合性评判的一种方法。

基本原理：首先确定被评判对象的因素集合和评级集合；然后确定各因素的权重以及它们

的隶属度向量，形成模糊评判矩阵；最后，将模糊评判矩阵与因素的全向量进行模糊运算并归一化，得到模糊综合评判结果。这种方法的特点是对每个被评判对象进行逐一评判，每个对象都有唯一的评判值，不受其所处对象集合的影响。综合评判的目的是从对象集中选出优胜对象，因此还需要对所有对象的综合评判结果进行排序。

9.7.2　模糊综合评判的模型

1. 单因素模糊综合评判模型

给定一级评判因素集合 $U=\{u_1,u_2,...,u_n\}$ 和评语等级论域 $V=\{v_1,v_2,...,v_m\}$。其中，U 和 V 分别代表所有的评判因素所组成的集合和所有的评语等级所组成的集合。

如果只看第 i（$i=1,2,\cdots,n$）个评判因素 u_i，其单因素评判结果为 $r_i=|r_{i1}, r_{i2},\cdots, r_{im}|$，那么 n 个评判因素的评判决策矩阵为

$$R=\begin{bmatrix} r_1 \\ r_2 \\ \cdots \\ r_n \end{bmatrix}=\begin{bmatrix} r_{11} & r_{12} & \cdots & r_{1m} \\ r_{21} & r_{22} & \cdots & r_{2m} \\ \cdots & \cdots & \cdots & \cdots \\ r_{n1} & r_{n2} & \cdots & r_{nm} \end{bmatrix}$$

其中，r_{ij}（$i=1,2,\cdots,n;j=1,2,\cdots,m$）表示某个被评判对象从因素 u_i 来看对 v_j 等级模糊子集的隶属度。

为了反映各因素的重要程度，对各因素应分配给一个相应的权值 a_i（$i=1,2,\cdots,n$），通常要求满足 $a_i \geq 0$ 且 $\sum a_i=1$，a_i 即第 i 个因素的权重，再由各权重组成的一个模糊集合向量 A 就是权重集，其中 $A=\begin{bmatrix} a_1 & a_2 & \cdots & a_n \end{bmatrix}$。显然，$A$ 是集合 U 上的一个模糊子集，应用模糊变换的合成运算，可以得到集合 V 上的一个模糊子集，即综合评判结果为

$$B=A\times R=\begin{bmatrix} b_1 & b_2 & \cdots & b_m \end{bmatrix}$$

2. 多因素模糊综合评判模型

在复杂大系统中，需要考虑的因素往往是很多的，而且因素之间还存在着不同的层次。这时，应用单因素模糊综合评判模型就很难得出正确的评判结果。所以，在这种情况下，就需要将评判因素集合按照某种属性分成几类，先对每类进行综合评判，再对各类评判结果进行类之间的多因素综合评判。这样，就产生了多因素的模糊综合评判问题。

多因素模糊综合评判模型的建立，可按以下步骤进行。

（1）对评判因素集合 U，按某个属性，将其划分成 n 个子集，使它们满足：

$$\begin{cases} \sum_{i=1}^{n} u_i=U \\ u_i \bigcap u_j=\Phi, \quad i \neq j \end{cases}$$

这样便得到了二级评判因素集合 $U=\{u_1,u_2,\cdots,u_n\}$，可进一步表示为

$$U=\{u_{ik}\} \quad (i=1,2,\cdots,n;k=1,2,\cdots,m)$$

即子集 u_i 中含有 $n\times m$ 个评判因素。

（2）对于每个子集 u_i 中的 m 个评判因素，按单层次模糊综合评判模型进行评判，如果 u_i 中的诸因数的权重集为 A，其评判决策矩阵为 r_i，那么得到第 i 个子集 u_i 的综合评判结果：

$$\boldsymbol{b}_i = \boldsymbol{a}_i \times \boldsymbol{r}_i = \begin{bmatrix} b_{i1} & b_{i2} & \cdots & b_{im} \end{bmatrix}$$

（3）对 U 中的 n 个评判因素子集 u_i（$i = 1,2,\cdots,n$），进行综合评判，其评判决策矩阵为

$$\boldsymbol{R} = \begin{bmatrix} \boldsymbol{b}_1 \\ \boldsymbol{b}_2 \\ \cdots \\ \boldsymbol{b}_n \end{bmatrix} = \begin{bmatrix} b_{11} & b_{12} & \cdots & b_{1m} \\ b_{21} & b_{22} & \cdots & b_{2m} \\ \cdots & \cdots & \cdots & \cdots \\ b_{n1} & b_{n2} & \cdots & b_{nm} \end{bmatrix}$$

如果 U 中的各因数子集的权重集分配为 $\boldsymbol{A}$，那么可得综合评判结果为 $\boldsymbol{B}^* = \boldsymbol{A} \times \boldsymbol{R}$。其中，$\boldsymbol{B}^*$ 既是 $\boldsymbol{A}$ 的综合评判结果，也是 U 中的所有评判因素的综合评判结果。

9.7.3　模糊综合评判的步骤

在评判对象的复杂性和多维性背景下，模糊综合评判方法提供了一种有效的评判步骤，如图 9-5 所示。

图 9-5　模糊综合评判的步骤

1. 确定评判对象的因素集

设 $U = \{u_1, u_2, \cdots, u_n\}$ 为刻画被评判对象的 n 种评判因素（评判指标），其中，n 是评判因素的个数，由具体的指标体系所决定。

为便于权重分配和评判，可以按评判因素的属性将评判因素分为若干类，把每类都视为单一评判因素，并称之为第一级评判因素。第一级评判因素可以设置下属的第二级评判因素，第二级评判因素又可以设置下属的第三级评判因素，以此类推。即

$$U = U_1 \bigcup U_2 \bigcup \cdots \bigcup U_s$$

其中

$$U_i = \{u_{i1}, u_{i2}, \cdots, u_{in}\}, U_i \bigcap U_j = \Phi \quad (\forall i \neq j; i, j = 1, 2, \cdots, s)$$

那么，$\{U_i\}$ 被称为 U 的一个划分（或剖分），U_i 被称为类（或块）。

2．确定评判对象的评语集

设集合 $V = \{v_1, v_2, \cdots, v_m\}$，是评判者对被评判对象可能做出的各种总的评判结果组成的集合，实际上是对被评判对象变换区间的一个划分。评判值 v_i（$i = 1, 2, \cdots, m$）代表第 i 个评判结果。m 为总的评判数，一般划分为 3～5 个等级，具体等级可以依据评判内容用适当的语言进行描述，如：评判产品的竞争力可用 $V = \{强, 中, 弱\}$ 表示，评判地区的社会经济发展水平可用 $V = \{高, 较高, 较低, 低\}$ 表示，评判经济效益可用 $V = \{好, 较好, 一般, 较差, 差\}$ 表示等。

3．确定评判因素的权重向量

为了反映各因素的重要程度，对各因素应分配给一个相应的权重 a_i（$i = 1, 2, \cdots, n$），通常要求满足 $a_i \geqslant 0$ 且 $\sum a_i = 1$，a_i 表示第 i 个因素的权重，再由各权重组成的一个模糊集合（向量）就是权重集，其中 $A = \begin{bmatrix} a_1 & a_2 & \cdots & a_n \end{bmatrix}$。

权重是以某种数量形式对比、权衡被评价事物总体中诸因素相对重要程度的量值。

在进行模糊综合评判时，权重对最终的评判结果会产生很大的影响，不同的权重有时会得到完全不同的结论。现在通常是凭经验给出权重，但带有主观性。

确定权重的方法包括：加权平均法、层次分析法、专家估计法（专家估测法）、德尔菲（Delphi）法（专家调查法）、特征值、频率分布确定权数法。

4．进行单因素模糊评判，确立评判决策矩阵 R

单独从一个因素出发进行评判，以确定评判对象对评判集和 V 的隶属程度，称为单因素模糊评判。在构造了等级模糊子集后，就要逐个对被评判对象从每个因素 u_i（$i = 1, 2, \cdots, m$）上进行量化，也就是确定从单因素来看被评判对象对各等级模糊子集的隶属度。一个被评判对象在某因素 u_i 方面的表现是通过模糊向量 $r_i = (r_{i1}, r_{i2}, \cdots, r_{im})$ 来刻画的（在其他评判方法中多是由一个指标实际值来刻画，因此从这个角度讲，模糊综合评判要求更多的信息），r_i 被称为单因素评判矩阵，可以看成因素集 U 和评判集 V 之间的一种模糊关系，即影响因素与评判对象之间的"合理关系"。那么，n 个评判因素的评判决策矩阵为

$$R = \begin{bmatrix} r_1 \\ r_2 \\ \cdots \\ r_n \end{bmatrix} = \begin{bmatrix} r_{11} & r_{12} & \cdots & r_{1m} \\ r_{21} & r_{22} & \cdots & r_{2m} \\ \cdots & \cdots & \cdots & \cdots \\ r_{n1} & r_{n2} & \cdots & r_{nm} \end{bmatrix}$$

其中，r_{ij}（$i = 1, 2, \cdots, n; j = 1, 2, \cdots, m$）表示某个被评判对象从因素 u_i 来看对 v_j 等级模糊子集的隶属度。

在确定隶属关系时，通常由专家或与评判问题相关的专业人员依据评判等级对评判对象进行打分，再统计打分结果，然后可以根据绝对值减数法求得 r_{ij}，即

$$r_{ij} = \begin{cases} i, & i = j \\ 1 - c \sum_{k=1}^{} |x_{ik} - x_{jk}|, & i \neq j \end{cases}$$

其中，c 可以适当选取，使得 $0 \leqslant r_{ij} \leqslant 1$。

5．多因素综合评判（合成模糊综合评判结果向量）

利用合适的模糊合成算子将权重向量 A 与评判决策矩阵 R 合成得到各被评判对象的模糊

综合评判结果向量 $\boldsymbol{B}$。模糊综合评判的模型为

$$\boldsymbol{B} = \boldsymbol{A} \circ \boldsymbol{R} = \begin{bmatrix} a_1 & a_2 & \cdots & a_n \end{bmatrix} \begin{bmatrix} r_{11} & r_{12} & \cdots & r_{1m} \\ r_{21} & r_{22} & \cdots & r_{2m} \\ \vdots & \vdots & \ddots & \vdots \\ r_{n1} & r_{n2} & \cdots & r_{nm} \end{bmatrix} = \begin{bmatrix} b_1 & b_2 & \cdots & b_m \end{bmatrix}$$

其中，b_j 表示评判对象从整体上看对评判等级模糊子集元素 v_j 的隶属程度，而"∘"为模糊算子。

6．对模糊综合评判结果进行分析

模糊综合评判的结果是被评判对象对各等级模糊子集的隶属度，它一般是一个模糊向量，而不是一个点值，因而它能提供的信息比其他方法更丰富。多个评判对象比较并排序就需要进一步处理，即计算每个评判对象的综合分值，按大小排序，按序择优。将综合评判结果转换为综合分值，即可依其大小进行排序，从而挑选出最优者。

9.7.4　模糊综合评判的优缺点

1．模糊综合评判的优点

模糊综合评判通过精确的数字手段处理模糊的评判对象，能对蕴藏信息呈现模糊性的资料做出比较科学、合理、贴近实际的量化评价。

评判结果是一个向量，而不是一个点值，包含的信息比较丰富，既可以比较准确地刻画被评判对象，又可以进一步加工，得到参考信息。

2．模糊综合评判的缺点

模糊综合评判的计算过程复杂，对指标权重向量的确定主观性较强。

当指标集 U 较大，即指标集个数较多时，在权重向量和为 1 的条件约束下，相对隶属度权系数往往偏小，权重向量与评判决策矩阵 $\boldsymbol{R}$ 不匹配，结果会出现超模糊现象，分辨率很差，无法区分谁的隶属度更高，甚至造成评判失败，此时可用元素模糊评判法加以改进。

9.7.5　模糊综合评判的应用案例分析

例 9-6　对科技成果项目的综合评判（单因素）。

有甲、乙、丙三项科研成果，需要从中选出优秀项目，有关情况如表 9-1 所示。

表 9-1　甲、乙、丙科研成果

项　目	因　素		
	技术水平	成功概率	经济效益
甲	接近国际先进水平	70%	超过 100 万元
乙	国内先进水平	100%	超过 200 万元
丙	一般水平	100%	超过 20 万元

那么，哪个项目可以推荐为优秀项目？

解

设评判指标集合：$U=\{$科技水平,成功概率,经济效益$\}$；评语集合：$V=\{$高,中,低$\}$；评判指标权系数向量：$\boldsymbol{A}=[0.2\ 0.3\ 0.5]$。

根据上述假设，我们可以得出专家评判结果如表 9-2 所示。

表 9-2　甲、乙、丙项目专家评判结果

项　目	评　价								
	科技水平			成功概率			经济效益		
	高	中	低	大	中	小	高	中	低
甲	0.7	0.2	0.1	0.1	0.2	0.7	0.3	0.6	0.1
乙	0.3	0.6	0.1	1	0	0	0.7	0.3	0
丙	0.1	0.4	0.5	1	0	0	0.1	0.3	0.6

从而可得甲、乙、丙三个项目各自的评判决策矩阵为

$$\boldsymbol{R}_{甲}=\begin{bmatrix} 0.7 & 0.2 & 0.1 \\ 0.1 & 0.2 & 0.7 \\ 0.3 & 0.6 & 0.1 \end{bmatrix}$$

$$\boldsymbol{R}_{乙}=\begin{bmatrix} 0.3 & 0.6 & 0.1 \\ 1 & 0 & 0 \\ 0.7 & 0.3 & 0 \end{bmatrix}$$

$$\boldsymbol{R}_{丙}=\begin{bmatrix} 0.1 & 0.4 & 0.5 \\ 1 & 0 & 0 \\ 0.1 & 0.3 & 0.6 \end{bmatrix}$$

用加权算子 $M(\bullet,\oplus)$ 计算如下：

$$\boldsymbol{B}_{甲}=\boldsymbol{A}\boldsymbol{R}_{甲}=[0.2\ 0.3\ 0.5]\circ\begin{bmatrix} 0.7 & 0.2 & 0.1 \\ 0.1 & 0.2 & 0.7 \\ 0.3 & 0.6 & 0.1 \end{bmatrix}=[0.32\ 0.40\ 0.28]$$

$$\boldsymbol{B}_{乙}=\boldsymbol{A}\boldsymbol{R}_{乙}=[0.2\ 0.3\ 0.5]\circ\begin{bmatrix} 0.3 & 0.6 & 0.1 \\ 1 & 0 & 0 \\ 0.7 & 0.3 & 0 \end{bmatrix}=[0.71\ 0.27\ 0.02]$$

$$\boldsymbol{B}_{丙}=\boldsymbol{A}\boldsymbol{R}_{丙}=[0.2\ 0.3\ 0.5]\circ\begin{bmatrix} 0.1 & 0.4 & 0.5 \\ 1 & 0 & 0 \\ 0.1 & 0.3 & 0.6 \end{bmatrix}=[0.37\ 0.23\ 0.40]$$

根据最大隶属度原则，项目乙可推荐为优秀项目。

用加权算子 $M(\wedge,\vee)$ 计算如下：

$$\boldsymbol{B}_{甲}=\boldsymbol{A}\boldsymbol{R}_{甲}=[0.3\ 0.5\ 0.3]$$

$$\boldsymbol{B}_{乙}=\boldsymbol{A}\boldsymbol{R}_{乙}=[0.5\ 0.3\ 0.1]$$

$$\boldsymbol{B}_{丙}=\boldsymbol{A}\boldsymbol{R}_{丙}=[0.3\ 0.3\ 0.5]$$

归一化得

$$\boldsymbol{B}_{甲} = \begin{bmatrix} 0.27 & 0.46 & 0.27 \end{bmatrix}$$

$$\boldsymbol{B}_{乙} = \begin{bmatrix} 0.56 & 0.33 & 0.11 \end{bmatrix}$$

$$\boldsymbol{B}_{丙} = \begin{bmatrix} 0.27 & 0.27 & 0.46 \end{bmatrix}$$

根据最大隶属度原则，项目乙可推荐为优秀项目。

例 9-7 多因素模糊综合评判在人事考核中的应用。

下面以某建筑公司对某部门员工进行的年终评定为例，来说明二级模糊综合评判法模型建立的步骤。

关于考核的具体操作过程，以对一名员工的考核为例。如表 9-3 所示，根据该部门工作人员的工作性质，将 18 个指标分成工作绩效 U_1、工作态度 U_2、工作能力 U_3 和学习成长 U_4 这 4 个子因素集。

表 9-3　员工考核专家评判结果

一级指标	二级指标	评　价				
		优秀	良好	一般	较差	差
工作绩效	工作量	0.8	0.15	0.5	0	0
	工作效率	0.2	0.6	0.1	0.1	0
	工作质量	0.5	0.4	0.1	0	0
	计划性	0.1	0.3	0.5	0.05	0.05
工作态度	责任感	0.3	0.5	0.15	0.05	0
	团队精神	0.2	0.2	0.4	0.1	0.1
	学习态度	0.4	0.4	0.1	0.1	0
	工作主动性	0.1	0.3	0.3	0.2	0.1
工作能力	创新能力	0.1	0.3	0.5	0.2	0
	自我管理能力	0.2	0.3	0.3	0.1	0.1
	沟通能力	0.2	0.3	0.35	0.15	0
	协调能力	0.1	0.3	0.4	0.1	0.1
	执行能力	0.1	0.4	0.3	0.1	0.1
学习成长	勤情评价	0.3	0.4	0.2	0.1	0
	技能提高	0.1	0.4	0.3	0.1	0.1
	培训参与	0.2	0.3	0.4	0.1	0
	工作提供	0.4	0.3	0.2	0.1	0

（1）确定各子因素集模糊综合评判矩阵。先确定专家评判结果，见表 9-3。

请专家设定指标权重，一级指标权重为

$$\boldsymbol{A} = \begin{bmatrix} 0.4 & 0.3 & 0.2 & 0.1 \end{bmatrix}$$

二级指标权重为

$$\boldsymbol{A}_1 = \begin{bmatrix} 0.2 & 0.3 & 0.3 & 0.2 \end{bmatrix}$$

$$\boldsymbol{A}_2 = \begin{bmatrix} 0.3 & 0.2 & 0.1 & 0.2 & 0.2 \end{bmatrix}$$

$$\boldsymbol{A}_3 = \begin{bmatrix} 0.1 & 0.2 & 0.3 & 0.2 & 0.2 \end{bmatrix}$$

$$\boldsymbol{A}_4 = \begin{bmatrix} 0.3 & 0.2 & 0.2 & 0.3 \end{bmatrix}$$

对各子因素集进行一级模糊综合评判，得到

$$B_1 = A_1 \circ R_1 = \begin{bmatrix} 0.39 & 0.39 & 0.26 & 0.04 & 0.01 \end{bmatrix}$$

$$B_2 = A_2 \circ R_2 = \begin{bmatrix} 0.21 & 0.37 & 0.235 & 0.125 & 0.06 \end{bmatrix}$$

$$B_3 = A_3 \circ R_3 = \begin{bmatrix} 0.15 & 0.32 & 0.355 & 0.125 & 0.06 \end{bmatrix}$$

$$B_4 = A_4 \circ R_4 = \begin{bmatrix} 0.27 & 0.35 & 0.24 & 0.1 & 0.02 \end{bmatrix}$$

这样，二级综合评判为

$$B = A \circ R$$

$$= \begin{bmatrix} 0.4 & 0.3 & 0.2 & 0.1 \end{bmatrix} \circ \begin{bmatrix} 0.39 & 0.39 & 0.26 & 0.04 & 0.01 \\ 0.21 & 0.37 & 0.235 & 0.125 & 0.06 \\ 0.15 & 0.32 & 0.355 & 0.125 & 0.06 \\ 0.27 & 0.35 & 0.24 & 0.1 & 0.2 \end{bmatrix}$$

$$= \begin{bmatrix} 0.28 & 0.37 & 0.27 & 0.09 & 0.04 \end{bmatrix}$$

根据最大隶属度原则，认为该员工的评价为良好。

同理，可对该部门其他员工进行考核。

本章小结

模糊计算主要建立在模糊逻辑推理的基础上。本章首先介绍了模糊集合的概念和计算，进而导出模糊逻辑推理和模糊判决，最后将模糊计算运用到实际问题中。

本章讨论了模糊集合的定义以及表示方法，并着重介绍了模糊集合的表示方法，主要有序列表示法、扎德表示法、隶属函数法。其中，隶属函数用得最广泛，常用的隶属函数主要分为偏大型、偏小型和中间型。

接着讨论了模糊集合的计算，其实质是对两个模糊集合的隶属函数进行相关计算得到新的隶属函数，进而得到新的模糊集合。

然后讨论了模糊关系及其隶属函数，模糊关系主要有三大性质：自反性、对称性、传递性。

在模糊逻辑推理中有两种重要的模糊推理规则，即广义向前推理法和广义向后推理法。模糊逻辑和推理基本上可以分为三类，即模糊合取、模糊析取和模糊蕴含。

在实际应用中，通过模糊推理得到的模糊集合需要一个明确的值来控制执行机构，如何从推理得到的模糊集合中得到这个值就是模糊判决的过程，主要有4种方法，即重心法、最大隶属度法、系数加权平均法、隶属度限幅元素平均法。

本章还介绍了模糊计算在模式识别中的应用——模糊识别，它遵循两大原则：最大隶属度原则和择近原则。

本章最后介绍了模糊综合评判的详细过程——原理、模型、步骤和优缺点，以及应用案例分析。

尽管模糊集合在数学理论上不是很严密，但是它使人类对世界的认识在数学上有了确切的定义，因此模糊计算在人工智能方面得到了很广泛的应用。

习 题 9

9.1 设论域 $U = \{x_1, x_2, x_3\}$ 在 U 定义模糊集

$A = \dfrac{0.9}{x_1} + \dfrac{0.5}{x_2} + \dfrac{0.1}{x_3}$，表示"质量好"

$B = \dfrac{0.1}{x_1} + \dfrac{0.2}{x_2} + \dfrac{0.9}{x_3}$，表示"质量差"

（1）写出模糊集"质量不好"的表达式。

（2）分析"质量好"与"质量差"是否为相同的模糊集。

9.2 已知

$$\boldsymbol{R} = \begin{bmatrix} 1 & 0.2 & 0.5 \\ 0.2 & 1 & 0.8 \\ 0.5 & 0.8 & 1 \end{bmatrix}$$

（1）证明：$\boldsymbol{R}$ 不是等价的模糊关系。

（2）将 $\boldsymbol{R}$ 改造成等价的模糊关系。

9.3 证明结合律：

$$\boldsymbol{R} \circ (\boldsymbol{Q} \circ \boldsymbol{S}) = (\boldsymbol{R} \circ \boldsymbol{Q}) \circ \boldsymbol{S}$$

9.4 A_1 表示"不热"，A_2 表示"不冷"，且隶属函数分别为

$$A_1 = \begin{cases} 1, & x \leqslant 15 \\ \left[1 + \left(\dfrac{x-15}{10} \right)^4 \right]^{-1}, & x > 15 \end{cases}$$

$$A_2 = \begin{cases} 0, & x \leqslant 10 \\ \left[1 + \left(\dfrac{x-10}{2} \right)^2 \right]^{-1}, & x > 10 \end{cases}$$

（1）写出"舒适"的隶属函数。

（2）$x = 20$ 最可能属于哪一类型？

9.5 茶叶质量分类如表 9-4 所示。论域为"茶叶"，标准有 5 种，待识别茶叶为 B，反映茶叶质量的 6 个指标为条索、色泽、净度、汤色、香气、滋味。请确定 B 属于哪种茶。

表 9-4 茶叶质量分类

指 标	质 量					B
	A1	A2	A3	A4	A5	
条索	0.5	0.3	0.2	0	0	0.4
色泽	0.4	0.2	0.2	0.1	0.1	0.2
净度	0.3	0.2	0.2	0.2	0.1	0.1
汤色	0.6	0.1	0.1	0.1	0.1	0.4
香气	0.5	0.2	0.1	0.1	0.1	0.5
滋味	0.4	0.2	0.2	0.1	0.1	0.3

第 10 章

群 智 能

群智能（Swarm Intelligence，SI）是指在集体层面表现的分散的、去中心化的自组织行为，最早由 Gerardo Beni 和 Jing Wang 于 1989 年提出，用于研究细胞机器人系统，如兰顿蚂蚁和康威生命游戏。群智能优化算法通过模拟自然界中的昆虫、鸟群、鱼群等"社会性"生物群体的行为特征，利用群体性生物能够不断学习自身经验和其他个体经验的特性，在寻优过程中不断获取和积累寻优空间的知识，自适应地进行搜索寻优，从而得到最优解或准优解。

群智能优化算法作为一种新兴的演化计算技术，具有较强的自学习性、自适应性、自组织性等智能特征，算法结构简单、收敛速度快、全局收敛性好，在旅行商问题、图着色问题、车间调度问题、数据聚类问题等领域得到广泛的应用，与进化算法和人工神经网络并称为人工智能领域的"三驾马车"。

10.1 群智能概述

10.1.1 群智能优化算法的定义

自然界中的群体生物，具有惊人的完成复杂行为的能力，群智能优化算法是研究学者受到自然界群体生物的社会行为启发而提出的优化方法。其中提出时间最早、应用最为广泛的群智能优化算法主要是模拟蚂蚁觅食行为的蚁群优化（Ant Colony Optimization，ACO）算法和模拟鸟类觅食行为的粒子群优化（Particle Swarm Optimization，PSO）算法以及其他受到生物群体启发而提出的自然计算方法。

群智能优化算法主要源于对自然界中群体生物觅食等行为的模拟，每个具有经验和智慧的个体通过相互作用机制形成强大的群体智慧来解决复杂问题。其主要算法流程如下。

（1）将寻优过程模拟成生物个体的觅食等行为过程，用搜索空间中的点模拟自然界中的生物个体。

（2）将求解问题的目标函数量化为生物个体对环境的适应能力。

（3）将生物个体觅食等行为过程类比为传统寻优方法，用较优的可行解取代较差可行解的迭代过程，从而演化成为一种具有"生成+检验"特征的迭代搜索算法，是一种求解极值问题的自适应人工智能技术。

群智能优化算法的实质是将实际工程优化问题转化为函数优化问题，建立问题的目标函数，求目标函数的最优解。其表达形式如下：

$$\boldsymbol{X}_i = \begin{bmatrix} x_1 & x_2 & \cdots & x_n \end{bmatrix}^{\mathrm{T}} \qquad (i = 1, 2, \cdots, n)$$

$$\min f(X)$$

$$\text{s.t.} \quad g_j(X) \leqslant 0 \qquad (j = 1, 2, \cdots, m)$$

$$X \in \boldsymbol{\Omega}$$

其中，$\boldsymbol{X}_i$ 为设计变量，$f(X)$ 为被优化的目标函数，$g_j(X) \leqslant 0$ 为约束函数，$\boldsymbol{\Omega}$ 为设计变量的可行域。

10.1.2 群智能优化算法的原理

自然界中的昆虫、鸟群、鱼群等一些生物具有群体性的行为特征，计算机图形学家雷诺兹（C. Reynolds）认为以群落形式生存的生物在觅食时一般遵循以下三个规则。

❖ 分隔规则：尽可能避免与周边生物个体距离太近，造成拥挤。

❖ 对准规则：尽可能与周边生物个体的平均移动方向保持一致，向目标方向移动。

❖ 内聚规则：尽可能向周边生物个体的中心移动。

上述规则中，分隔规则体现出生物的个体信息特征，即个体根据自身当前状态进行决策；对准规则和内聚规则体现生物的群体信息特征，即个体根据群体状态进行决策。除了个体信息和群体信息特征，生物行为还具有适应性、盲目性、自治性、突现性、并行性等特征。

群智能优化算法就是利用雷诺兹模型模拟整个生物群体的行为，算法在迭代过程中不断利用个体最优值与群体最优值进行寻优搜索，完成个体信息与群体信息的交互。在群智能优化算法中，个体最优值的随机性使得算法搜索方向具有多样性，能够避免算法收敛过早陷入局部最优；群体最优值能够把握全局寻优方向，提高算法的全局寻优能力，及时收敛。因此群智能优化算法具有自学习性、自适应性、自组织性等特征。

10.1.3　群智能优化算法的特点

群智能优化算法主要用来求解一些复杂的、难以用传统算法解决的问题。与传统优化算法不同，群智能优化算法是一种概率搜索算法，具有以下特点。

① 具有较强的健壮性，群体中相互作用的个体是分布式的，没有直接的控制中心，不会因少数个体出现故障而影响对问题的求解。

② 结构简单，易于实现，每个个体只能感知局部信息，个体遵循的规则简单。

③ 易于扩充，开销较少。

④ 具有自组织性，群体表现出的智能复杂行为由简单个体交互而来。

10.2　蚁群优化算法

10.2.1　蚁群优化算法概述

蚁群优化算法（又称蚂蚁算法）由多里戈（M. Dorigo）于 1992 年受自然界真实蚁群的觅食行为启发而提出，是最早的群智能优化算法，起初被用来求解旅行商问题（Travelling Salesman Problem，TSP）。

蚂蚁是一种社会性生物，在寻找食物时，会在经过的路径上释放一种信息素，一定范围内的蚂蚁能够感觉到这种信息素，并移动到信息素浓度高的方向，因此蚁群通过与蚂蚁个体的交互能够表现出复杂的行为特征。蚁群的群体性行为能够被看成一种正反馈现象，因此蚁群行为又可以被理解成强化学习系统（Reinforcement Learning System）。

下面引用多里戈所举的例子来说明蚁群发现最短路径的原理和机制，如图 10-1 所示。

图 10-1　蚁群路径搜索实例

假设 D-H、B-H、B-D（通过 C，C 位于 B-D 的中央）的路径长度为 1，如图 10-1(a)所示。在等间隔等离散时间点（$t = 0,1,2,\cdots,n$）情况下，假设每单位时间有 30 只蚂蚁从 A 行走

到 B，另有 30 只蚂蚁从 E 行走到 D，行走速度都为 1，且在行走时，一只蚂蚁可在时刻 t 留下浓度为 1 的信息素。为简化计算模型，设信息素在时间区间 $(t+1, t+2)$ 的中点 $t+1.5$ 时刻瞬时全部挥发。$t=0$ 时刻，分别有 30 只蚂蚁在 B、30 只蚂蚁在 D 等待出发，无任何信息素。出发时，它们随机进行路径选择，在两个结点上蚁群各自一分为二，向两个方向出发。$t=0$ 时刻时，从 A 行走到 B 的 30 只蚂蚁在通向 H 的路径上，发现由 15 只从 B 走向 H 的先行蚂蚁留下来的浓度为 15 的信息素，如图 10-1 (b) 所示；在通向 C 的路径上，发现由 15 只走向 B-C 的路径的蚂蚁和 15 只从 D 经 C 到达 B 留下的浓度为 30 的信息素，如图 10-1 (c) 所示。由于信息素的浓度不同，此时选择路径的概率就有了指向性，选择向 C 走的蚂蚁数量将是向 H 走的蚂蚁数量的 2 倍。从 E 走向 D 来的蚂蚁同样依照这个原理。

该过程将一直持续下去，直到所有的蚂蚁都选择了最短路径为止。

因此，蚁群算法的基本思想可以理解为：如果在给定点，一只蚂蚁要在多条路径中进行选择，信息素留存浓度较高，被先行蚂蚁大量选择的路径被选中的概率就更大，路径中的信息素浓度越高意味着距离越短，最短的路径也就是问题的最优答案。

10.2.2　蚁群算法的数学模型

蚁群算法数学模型可进行如下描述：假设蚂蚁总数量为 m，结点 i 与结点 j 之间的距离为 d_{ij}（$i, j = 0, 1, \cdots, n-1$），t 时刻结点 i 与 j 连线上的信息素浓度用 $\tau_{ij}(t)$ 表示。初始时刻，各路径上的初始信息素浓度相等，随机放置 m 只蚂蚁。那么在 t 时刻，蚂蚁 k 从结点 i 移动到结点 j 的状态转移概率为

$$p_{ij}^k = \begin{cases} \dfrac{\tau_{ij}^\alpha(t)\eta_{ij}^\beta(t)}{\sum\limits_{j \in \text{allowed}_k(i)} \tau_{ij}^\alpha(t)\eta_{ij}^\beta(t)}, & j \in \text{allowed}_k(i) \\ 0, & \text{其他} \end{cases} \tag{10.1}$$

其中，$\text{allowed}_k(i) = \{c - \text{tabu}_k\}$（$k = 1, 2, \cdots, m$）表示蚂蚁 k 下一步可以选择的所有结点，tabu_k 用来保存蚂蚁 k 当前已走过的所有结点；α 为信息素启发式因子，表示轨迹的相对重要程度，用来反映路径上的信息素对蚂蚁选择路径时的影响程度，α 值越大，说明蚂蚁间的协作性就越强；β 表示期望启发式因子，表示能见度的相对重要程度；η_{ij} 是一种启发函数，通常取 $\eta_{ij} = 1/d_{ij}$，表示蚂蚁由结点 i 转移到结点 j 的期望程度。

在蚂蚁运动过程中，为减少路径上的信息素残留，保留启发信息，在每只蚂蚁遍历完成后，需要对残留信息进行更新。其中蚂蚁完成一次循环，各路径的信息素浓度挥发规则如式（10.2）所示，蚁群的信息素浓度更新规则如式（10.3）所示：

$$\tau_{ij}(t+1) = (1-\rho) \times \tau_{ij}(t) + \Delta\tau_{ij}(t) \tag{10.2}$$

$$\Delta\tau_{ij}(t) = \sum_{k=1}^m \Delta\tau_{ij}^k(t) \tag{10.3}$$

其中，$1 - \rho$ 表示信息素残留因子；ρ 为常数，$\rho \in (0, 1)$，为信息素挥发因子，表示路径上信息素的损耗程度，其大小关系到算法的全局搜索能力和收敛速度；$\Delta\tau_{ij}(t)$ 表示一次寻优结束后路径 i-j 的信息素增量，在初始时刻 $\Delta\tau_{ij}(0) = 0$；$\Delta\tau_{ij}^k(t)$ 表示第 k 只蚂蚁在完成本次遍历后留在路径 i-j 的信息素增量。

根据信息素更新策略不同，多里戈提出了 3 种基本蚁群算法模型求解 $\Delta \tau_{ij}^{k}(t)$，分别为：

① 蚁周系统（Ant-Cycle System）模型

$$\Delta \tau_{ij}^{k}(t) = \begin{cases} \dfrac{Q}{L_k}, & \text{第} k \text{只蚂蚁在} t \text{和} t+1 \text{之间走过} i\text{-}j \\ 0, & \text{其他} \end{cases} \tag{10.4}$$

② 蚁量系统（Ant-Quantity System）模型

$$\Delta \tau_{ij}^{k}(t) = \begin{cases} \dfrac{Q}{d_k}, & \text{第} k \text{只蚂蚁在} t \text{和} t+1 \text{之间走过} i\text{-}j \\ 0, & \text{其他} \end{cases} \tag{10.5}$$

③ 蚁密系统（Ant-Density System）模型

$$\Delta \tau_{ij}^{k}(t) = \begin{cases} Q, & \text{第} k \text{只蚂蚁在} t \text{和} t+1 \text{之间走过} i\text{-}j \\ 0, & \text{其他} \end{cases} \tag{10.6}$$

这三种模型的核心差异体现在信息利用机制与信息素更新策略上：蚁量系统与蚁密系统均基于局部信息反馈机制，蚂蚁每完成一步移动即更新当前路径的信息素浓度；而蚁周系统则依赖全局信息反馈机制，仅在蚂蚁完成一次完整路径遍历（即一个循环）后，才对路径上的信息素浓度进行更新。值得注意的是，蚁周系统中信息素浓度的调整与路径长度呈负相关——路径越长，信息素残留量越低。通过标准测试问题的仿真实验验证，蚁周系统的综合寻优性能显著优于蚁量系统与蚁密系统。

蚁群算法描述如下。

算法 10-1　求解组合优化问题的蚁群算法。

```
    设置参数，初始化信息素浓度
  WHILE(不满足条件时) DO
      FOR 蚁群中的每只蚂蚁
          FOR 每个解构造步骤（直到构造出完整的可行解）
              1）蚂蚁按照信息素及启发因子构造下一步问题的解
              2）进行信息素局部更新（可选）
          END FOR
      END FOR
      1）以已获得的解为起点进行局部搜索（可选）
      2）根据已获得的解的质量进行全局信息素更新
  END WHILE
  END.
```

10.2.3　蚁群算法的改进

为提高蚁群算法性能，诸多研究学者对蚁群算法进行了改进，其中主要包括蚂蚁-Q 系统（Ant-Q System）、蚁群系统（Ant Colony System，ACS）、最大 - 最小蚂蚁系统（Max-Min Ant System，MMAS）、自适应蚁群算法。

1．蚂蚁-Q 系统

1995 年，意大利学者卢卡（M. Luca）、甘巴德拉（L.M. Gambardella）、多里戈在蚁群优化算法（ACO）基础上进行了创新，提出了**蚁群-Q系统**（Ant-Q系统），其中主要创新为：① 在解构造过程中提出了伪随机比例状态迁移规则；② 信息素局部更新规则引入强化学习的Q学习机制；③ 在信息素的全局更新中采用了精英策略。

其概率分布计算、AQ值更新规则分别为

$$P_k(i,j) = \begin{cases} \dfrac{\mathrm{HE}(i,u)^\alpha\,\mathrm{AQ}(i,u)^\beta}{\displaystyle\sum_{j\in\mathrm{allowed}_k(i)}\left[\mathrm{HE}(i,u)^\alpha\,\mathrm{AQ}(i,u)^\beta\right]}, & j\in\mathrm{allowed}_k(i) \\ 0, & \text{其他} \end{cases} \tag{10.7}$$

$$\mathrm{AQ}(i,j) \leftarrow (1-\alpha)\mathrm{AQ}(i,j) + \alpha\left[\Delta\mathrm{AQ}(i,j) + \gamma\times\max_{j\in\mathrm{allwoed}_k(i)}\mathrm{AQ}(i,u)\right] \tag{10.8}$$

其中

$$\Delta\mathrm{AQ}(i,j) = \begin{cases} \dfrac{w}{L_k}, & \text{蚂蚁}k\text{从}i\text{走向}j \\ 0, & \text{其他} \end{cases}$$

2．新的蚁群系统

1996年，甘巴德拉和多里戈又在Ant-Q算法的基础上提出了新的蚁群系统。新的蚁群系统是Ant-Q算法的一种特例。其主要创新如下。

① 相比蚁群优化算法，蚁群系统中的蚂蚁在下一步移动前，增加一次随机实验，将选择情况分为"利用已知信息"和"探索"两类。

② 提出了精英策略（Elitist Strategy）。

③ 设置精英蚂蚁数目的最优范围：若低于该范围，则增加精英蚂蚁数目，以便能够较快地发现最优路径；若高于该范围，则精英蚂蚁会在搜索初期迫使寻优过程停留在次优解附近，降低算法性能。其中，状态转移规则为

$$S_k = \begin{cases} \arg\max\left\{[\tau(r,s)]^\alpha[\eta(r,s)]^\beta\right\}, & q\leqslant q_0 \\ S, & \text{其他} \end{cases} \tag{10.9}$$

其中，S_k表示蚂蚁k所选中的下一个结点；q是一个随机变量，q_0为设定阈值。

3．最大-最小蚂蚁系统

1997年，德国学者施蒂茨勒（T. Stutzle）提出了最大-最小蚂蚁系统。其主要创新如下。

① 为了避免算法收敛过早，陷入局部最优，将各条路径的信息素浓度限制在$[\tau_{\min},\tau_{\max}]$范围内。

② 采用了平滑机制，路径上信息素浓度的增加与$\tau_{\max}$和当前浓度$\tau(i,j)$之差成正比，即

$$\tau(i,j) = \rho\times\tau(i,j) + \Delta\tau(i,j)^{\text{best}} \tag{10.10}$$

其中，$0<\rho<1$。

4．自适应蚁群算法

自适应蚁群算法可基于搜索过程的反馈信息动态调整信息素浓度。当检测到算法陷入局部最优时，通过自适应机制调节对应路径上的信息素浓度及信息素强度参数Q，从而实现更高效

的局部最优逃逸，避免算法过早收敛（"早熟"现象）。此外，该算法通过设定各路径信息素的取值范围（如上下界约束），有效增强算法的全局搜索性能。

10.2.4　蚁群优化算法的应用示例

蚁群优化算法最早被用来解决旅行商问题，随后陆续被用于解决图着色问题、二次分配问题、大规模集成电路设计、通信网络中的路由问题以及负载平衡问题、车辆调度问题、数据聚类问题、武器攻击目标分配和优化问题、区域性无线电频率自动分配问题等。

旅行商问题描述如下：设 $G = (V, E)$ 为一个加权图，$V = \{1, 2, \cdots, n\}$ 为顶点集，$E = \{e_{ij}\} = \{(i, j) \mid i, j \in V, i \neq j\}$ 为边集。$d_{ij}(i, j \in V, i \neq j)$ 为顶点 i 到顶点 j 的距离，其中 $d_{ij} \geqslant 0$ 且 $d_{ij} \neq \infty$，同时 $d_{ij} = d_{ji}$（$i, j \in V$），则经典 TSP 的数学模型为

$$\min F = \sum_{i \neq j} d_{ij} x_{ij} \tag{10.11}$$

$$\text{s.t. } x_{ij} = \begin{cases} 1, & \text{边} e_{ij} \text{在最优路径上} \\ 0, & \text{边} e_{ij} \text{不在最优路径上} \end{cases} \tag{10.12}$$

$$\sum_{i \neq j} x_{ij} = 1 \quad (i \in V) \tag{10.13}$$

$$\sum_{i \neq j} x_{ij} = 1 \quad (j \in V) \tag{10.14}$$

$$\sum_{i, j \in s} |s| \quad (s \text{是} G \text{的子图}) \tag{10.15}$$

其中，$|s|$ 是图 s 的顶点数。

式（10.11）为旅行商问题的目标函数，用来求解经过所有顶点的回路的最小距离；式（10.12）～式（10.14）用来限定回路上每个顶点仅有一条入边和一条出边；式（10.15）用来限定在回路中不出现子回路。

实际问题可以描述为：一行人要去 27 个城市旅行，其中城市坐标如表 10-1 所示，该人从一城市出发，使用蚁群算法计算，应如何选择行进路线，使总的行程最短？

表 10-1　城市坐标

坐标	城市								
	1	2	3	4	5	6	7	8	9
行值	304	639	177	712	488	326	238	196	312
列值	312	315	244	399	535	556	229	104	790
	10	11	12	13	14	15	16	17	18
行值	386	107	562	788	381	332	715	918	161
列值	570	970	756	491	676	695	678	179	370
	19	20	21	22	23	24	25	26	27
行值	780	676	329	263	429	507	394	439	935
列值	212	578	838	931	908	367	643	201	240

应用基本蚁群算法进行建模，可计算得出行程最短路径为：城市 19→城市 4→城市 2→城市 24→城市 26→城市 8→城市 7→城市 3→城市 18→城市 1→城市 5→城市 10→城市 6→城市

市 25→城市 14→城市 15→城市 9→城市 21→城市 22→城市 11→城市 23→城市 12→城市 16→城市 20→城市 13→城市 27→城市 17。

10.3　粒子群优化算法

10.3.1　粒子群优化算法的基本思想

粒子群优化算法（Particle Swarm Optimization，PSO）源于对鸟群社会系统的研究，由美国普渡大学的埃伯哈特（J. Eberhart）和肯尼迪（R. Kennedy）于 1995 年提出。其核心思想是利用个体的信息共享促使群体在问题解空间从无序向有序演化，最终得到问题的最优解。粒子群优化算法具有收敛速度快、参数少、算法简单易实现的优点，但是也存在陷入局部最优解的问题，因此依赖于良好的初始化。

我们可以利用如下经典描述直观理解粒子群优化算法。

设想这样的场景：一群鸟在寻找食物，在远处有一片玉米地，所有的鸟都不知道玉米地到底在哪里，但是它们知道自己当前的位置距离玉米地有多远。那么，找到玉米地的有效策略之一就是搜索当前鸟群中距离玉米地最近的个体所在的区域。粒子群优化算法就是从鸟群对食物的觅食行为中得到启示，从而构建形成的一种优化方法。

粒子群优化算法将每个问题的解类比为搜索空间中的一只鸟，称之为"粒子"，问题的最优解对应鸟群要寻找的"玉米地"。每个粒子设定一个初始位置和速度向量，根据目标函数计算当前所在位置的适应度值（Fitness Value），可以将其理解为距离"玉米地"的距离。粒子在迭代过程中，根据自身的"经验"和群体中的最优粒子的"经验"进行学习，从而确定下一次迭代时飞行的方向和速度。通过逐步迭代，整个群体逐步趋于最优解。

10.3.2　粒子群优化算法的基本框架

粒子群优化算法将每个个体初始化为 n 维搜索空间中一个没有体积质量以一定速度飞行的粒子，其中速度决定粒子飞行的方向和距离，目标函数决定粒子的适应度值，通过迭代寻优获取问题的最优解。其数学模型描述如下。

在 n 维连续搜索空间中，$\boldsymbol{x}^i(k)=[x_1^i,x_2^i,\cdots,x_n^i]^{\mathrm{T}}$ 表示搜索空间中粒子 i 的当前向量；$\boldsymbol{v}^i(k)=[v_1^i,v_2^i,\cdots,v_n^i]^{\mathrm{T}}$ 表示该粒子 i 的速度向量；$\boldsymbol{p}^i(k)=[p_1^i,p_2^i,\cdots,p_n^i]^{\mathrm{T}}$ 表示粒子 i 当前经过的局部最优位置 $\boldsymbol{P}_{\mathrm{best}}$；$\boldsymbol{p}^g(k)=[p_1^g,p_2^g,\cdots,p_n^g]^{\mathrm{T}}$ 表示所有粒子当前经过的全局最优位置 $\boldsymbol{G}_{\mathrm{best}}$，则早期的粒子群优化算法速度和位置向量更新公式如下。

速度向量公式为

$$\boldsymbol{v}_j^i(k+1)=\boldsymbol{v}_j^i(k)+c_1 r_1(\boldsymbol{p}_j^i(k)-\boldsymbol{x}_j^i(k))+c_2 r_2(\boldsymbol{p}_j^g(k)-\boldsymbol{x}_j^i(k)) \tag{10.16}$$

位置向量公式为

$$\boldsymbol{x}_j^i(k+1)=\boldsymbol{x}_j^i(k)+\boldsymbol{v}_j^i(k+1) \tag{10.17}$$

其中，$i=1,2,\cdots,m$，$j=1,2,\cdots,n$；c_1、c_2 为速度因子，均为非负值；r_1、r_2 为 $[0,1]$ 范围的随机数。

在式（10.16）中，由于 $\boldsymbol{v}_j^i(k)$ 的更新过于随机，使得粒子群优化算法具有较强的全局寻优能力，但是局部寻优能力较差。在保证算法具有全局寻优能力的同时，需要提高其局部寻优能力。1998 年，Shi Yuhui 和埃伯哈特在算法中引入惯性权重（Inertia Weight）系数 w，修正了速度向量更新公式

$$\boldsymbol{v}_j^i(k+1) = w\boldsymbol{v}_j^i(k) + c_1 r_1(\boldsymbol{p}_j^i(k) - \boldsymbol{x}_j^i(k)) + c_2 r_2(\boldsymbol{p}_j^g(k) - \boldsymbol{x}_j^i(k)) \qquad (10.18)$$

其中，参数 w 取值范围为[0, 1]，与物理中的惯性相似，w 反映了粒子历史运动状态对当前运动的影响。如果 w 取值较小，那么历史运动状态对当前运动影响较小，粒子的速度能够很快改变；相反，如果 w 取值较大，虽然提高了搜索空间范围，但是粒子运动方向不易改变，难以向较优位置收敛。因此 w 设置较大时，能够提高算法全局寻优能力，w 设置较小时，又能够加快算法局部寻优。实际工程应用中，w 可采取自适应取值方式。

粒子群优化算法流程如下：

（1）算法初始化，随机设置每个粒子的初始位置和速度。

（2）根据目标函数，计算每个粒子的适应度值。

（3）计算每个粒子的局部最优值 p^i。将每个粒子当前的适应度值与其历史最优值 p^i 进行比较，将二者最佳结果作为该粒子的局部最优值 p^i。

（4）计算群体的全局最优值 p^g。将每个粒子的局部最优值 p^i 与群体的历史最优值 p^g 进行比较，将二者的最佳结果作为该粒子的局部最优值。

（5）分别根据式(10.17)、式(10.18)更新粒子的速度和位置。

（6）检查算法终止条件。如果未达到设定误差范围或者迭代次数，则返回到（2）。

算法 10-2　基本粒子群优化算法。

以求解问题的最小值为例：

```
PROCEDURE PSO
    FOR 每个粒子 i
        初始化每个粒子 i，随机设置每个粒子的初始位置 x^i 和速度 v^i；
        计算每个粒子 i 的目标函数，G_best = x^i；
    END FOR
    G_best = min{P^i_best}；
    WHILE NOT stop
        FOR i = 1 to m
            更新粒子 i 的速度和位置；
            IF fit( x^i ) < fit( P^i_best )
                P^i_best = x^i；
            IF fit( P^i_best ) < fit( G_best )
                G_best = P^i_best；
        END FOR
    END WHILE
    print G_best
END PROCEDURE
```

10.3.3　粒子群优化算法的参数分析与改进

1. 粒子群优化算法参数分析

由式(10.18)可知，粒子群优化算法中主要参数如下。

① 种群规模 m：种群规模通常设置为 20～40，可根据不同问题进行自定义。

② 惯性权重 w：惯性权重能够保持粒子运动惯性，扩展搜索空间，搜索新的区域。

③ 最大速度 V_{max}：决定当前位置与最优位置之间的区域的精度。若 V_{max} 过大，粒子可能跨过最优位置；若 V_{max} 过小，粒子无法在局部最优值之外进行足够的探索，易陷入局部最优。限制最大速度可以有效防止计算溢出、决定问题空间搜索的粒度。

④ 迭代次数 G_{max}：根据工程应用具体问题决定。

⑤ 学习因子 c_1、c_2：式（10.3）中等式右边可分为三部分。第一部分是粒子在前一时刻的速度；第二部分为个体"认知"分量，表示粒子自身的思考，将当前位置和历史最优位置相比。第三部分是群体"社会（Social）"分量，表示粒子间的信息共享与相互合作。

学习因子 c_1、c_2 分别控制个体认知分量和群体社会分量相对贡献的学习率。

① 当时，只有第一部分，粒子保持当前速度飞行，一直到达边界，只能搜索有限的区域，无法找到最优解。

② $w=0$ 时，没有第一部分，速度没有记忆性，只取决于粒子当前位置和其历史最优位置。

③ 当 $c_1=0$ 时，没有第二部分，粒子没有认知能力，只有"社会模型"。在粒子的相互作用下，有能力达到新的搜索空间。但是复杂问题容易陷入局部最优。

④ 当 $c_2=0$ 时，没有第三部分，粒子间没有社会共享信息，只有"认知模型"。个体间没有交互，群体中所有个体独立搜索，因此无法得到最优解。

2．粒子群优化算法的改进

粒子群优化算法具有收敛速度快的优点，但是在算法运行初期，算法存在精度较低、易发散等缺点。因此国内外诸多研究人员致力于提高粒子群优化算法的性能，现阶段主要侧重理论研究改进、拓扑结构改进、混合改进算法、参数优化等方面。

10.3.4　粒子群优化算法的应用示例

粒子群优化算法自提出至今，被广泛应用于神经网络训练、机器人、经济、通信、医学等领域。本节示例为粒子群优化算法在车辆路径问题（Vehicle Routing Problem，VRP）中的应用。

配送中心最多可以用 k（ $k=1,2,\cdots,K$ ）辆车对 l（ $i=1,2,\cdots,L$ ）个客户进行运输配送，$i=0$ 表示仓库。每个车辆载重为 b_k（ $k=1,2,\cdots,K$ ），每个客户的需求为 d_i（ $i=1,2,\cdots,L$ ），客户 i 到客户 j 的运输成本为 c_{ij}（可以是距离、时间、费用等）。同时，定义如下变量：

$$y_{ik} = \begin{cases} 1, & 客户i由车辆k配送 \\ 0, & 其他 \end{cases} \tag{10.19}$$

$$x_{ijk} = \begin{cases} 1, & 车辆 k 从 i 访问 j \\ 0, & 其他 \end{cases} \tag{10.20}$$

解决思路如下。

（1）建立车辆路径问题的数学模型

$$\min \sum_{k=1}^{K} \sum_{i=0}^{L} \sum_{j=0}^{L} c_{ij} x_{ijk}$$

每辆车的能力约束：

$$\sum_{i=1}^{L} d_i y_{ik} \leqslant b_k \quad \forall k$$

保证每个客户都被服务：

$$\sum_{k=1}^{K} y_{ik} = 1 \quad \forall i$$

保证客户仅被一辆车访问：

$$\sum_{i=1}^{L} x_{ijk} = y_{ik} \quad \forall j,k$$

保证客户是仅被一辆车访问：

$$\sum_{j=1}^{L} x_{ijk} = y_{ik} \quad \forall i,k$$

消除子回路：

$$\sum_{i,j \in S \times S} x_{ijk} \leqslant |S| - 1 \quad S \in \{1,2,\cdots,L\}, \forall k$$

表示变量的取值范围：

$$x_{ijk} = 0或1 \quad \forall i,j,k$$

表示变量的取值范围：

$$y_{ik} = 0或1 \quad \forall i,k$$

（2）编码与初始种群。对这类组合优化问题，编码方式、初始解的设置对问题的求解都有很大的影响。本问题采用常用的自然数编码方式。对于 K 辆车和 L 个客户的问题，用从 1 到 L 的自然数随机排列来产生一组解 $X = (x_1, x_2, \cdots, x_L)$，然后分别用节约法或者最近插入法构造初始解。

（3）实验结果。粒子群优化算法的各参数设置如下：种群规模 $m = 50$，迭代次数 $G_{\max} = 1000$，w 的初始值为 1，随着迭代的进行，线性减小到 0，$c_1 = c_2 = 1.4$，$|V_{\max}| \leqslant 100$。

优化结果及其比较如表 10-2 所示。

表 10-2　优化结果及其比较

实　例	PSO		GA	
	best	dev(%)	best	dev(%)
A-n32-k5	829	5.73	818	4.34
A-n33-k5	705	6.65	674	1.97
A-n34-k5	832	6.94	821	5.52
A-n39-k6	872	6.08	866	5.35
A-n44-k6	1016	8.49	991	5.76
A-n46-k7	977	6.89	957	4.7
A-n54-k7	1205	3.26	1203	3.08
A-n60-k9	1476	9.01	1410	4.13
A-n69-k9	1275	10	1243	7.24
A-n80-k10	1992	12.98	1871	6.12

10.4 其他群智能优化算法

随着蚁群算法和粒子群优化算法的广泛应用，各种群智能优化算法陆续涌现。其中较为典型的包括人工鱼群算法（Artificial Fish Swarm Algorithm，AFSA）、细菌觅食算法（Bacterial Foraging Optimization，BFO）、蛙跳算法（Shuffled Frog Leaping Algorithm，SFLA）、果蝇优化算法（Fruit Fly Optimization Algorithm，FOA）等。

10.4.1 人工鱼群算法

1．人工鱼群算法的基本概念

人工鱼群算法（Artificial Fish Swarm Algorithm，AFSA）由李晓磊博士于 2001 年提出，是一种源于鱼群自治行为的群智能优化算法，通过构造人工鱼来模仿鱼群的觅食、聚群、追尾和随机行为，从而实现寻优，具有较快的收敛速度，可以用于解决有实时性要求的问题。

人工鱼（Artificial Fish，AF）是对真实鱼的模拟，用来分析和说明问题。如图 10-2 所示，人工鱼封装了参数数据和一系列行为，能够通过感官获取周边环境的刺激信息，并通过控制尾鳍做出应激反应。

人工鱼所处的环境主要是目标问题的解空间和其他人工鱼的状态，其下一步行为主要取决于当前自身状态和环境状态，同时通过自身活动影响环境，进而影响其他人工鱼的活动。人工鱼对环境的感知主要依赖视觉完成，为便于描述，应用如下方法模拟人工鱼的视觉。

如图 10-3 所示，假设人工鱼当前状态为 X，其视野范围为 V（半径为 v），某时刻其视点处的状态为 X_v。若该位置的状态优于当前状态，向当前位置方向前进一步到达状态 X_{next}；若 X_v 比当前状态差，继续巡视视野内的其他位置。巡视的次数越多，对视野范围内的信息了解越全面，从而能够全方位立体感知周围的环境，有助于对目标问题做出相应的判断和决策。当然，对于范围较大或者无限制的环境不需要全部遍历，允许人工鱼进行一些不确定性的局部搜索，从而有助于全局最优。

图 10-2　人工鱼的结构

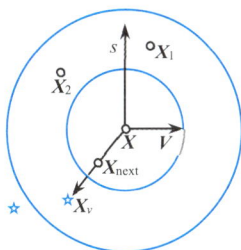

图 10-3　人工鱼视觉的概念

其中，状态 $X = [x_1\ x_2\ \cdots\ x_n]$，状态 $X_v = [x_{1v}\ x_{2v}\ \cdots\ x_{nv}]$，则该过程可以表示为

$$X_v = X + V \times r \tag{10.21}$$

$$X_{next} = X + \frac{X_v - X}{\|X_v - X\|} \times s \times r \tag{10.22}$$

其中，r 是 [0, 1] 之间的随机数，s 为移动步长。

人工鱼群算法采用面向对象的技术重构人工鱼的模型，将人工鱼封装成变量和函数两部分。变量部分包括人工鱼的总数 N，人工鱼个体的状态 $X = [x_1 \ x_2 \ \cdots \ x_n]$（$x_i$ 为待寻优的变量，$i = 1, 2, \cdots, n$），人工鱼移动的最大步长为 s，人工鱼的视野为 v，尝试次数为 try_number，拥挤度因子 δ，人工鱼个体 i、j 之间的距离 $d_{ij} = |X_i - X_j|$。

函数部分包括人工鱼当前所处位置的食物浓度 $Y = f(X)$（Y 为目标函数值）和人工鱼的各种行为函数（觅食行为 Prey( )、聚群行为 Swarm( )、追尾行为 Follow( )、随机行为 Move( ) 和行为评价函数 Evaluate( )）。通过封装，人工鱼的状态能够被其他同伴感知。

2．人工鱼的四种基本行为算法描述

由于鱼类不具备复杂逻辑推理能力和综合判断能力，它们只能通过简单行为达到目的，因此通过模拟鱼类的四种行为——觅食行为、聚群行为、追尾行为和随机行为——来使鱼类活动在周围的环境。

1）觅食行为

觅食行为是人工鱼趋向食物源的一种基本行为，一般通过视觉或味觉感知水中的食物数量或浓度，进行趋向选择。

行为描述：设人工鱼 i 当前状态为 X_i，在其感知范围内随机选择一个状态 X_j，则

$$X_j = X_i + V \times r \tag{10.23}$$

其中，r 是一个 $[0, 1]$ 之间的随机数。

在求解问题极大值时，若 $X_i < X_j$，则向 X_j 方向前进一步，即

$$X_i^{t+1} = X_i^t + \frac{X_j - X_i^t}{\|X_j - X_i^t\|} \times s \times r \tag{10.24}$$

反之，再次随机选择状态 X_j，判断是否满足前进条件，若反复尝试 try_number 次后，仍不满足前进条件，则随机移动一步：

$$X_i^{t+1} = X_i^t + V \times r \tag{10.25}$$

2）聚群行为

鱼类在游动过程中会自然聚集成群，聚群行为是鱼类为躲避危害和保障群体生存而形成的一种生活习性。一般认为鸟类和鱼类聚群的形成并不需要一个领头者，只需鸟类和鱼类个体遵循一定的局部相互作用机制，然后聚群现象作为整体模式从个体的相互作用机制中凸显出来。

在人工鱼群算法中规定每条人工鱼尽量向邻近伙伴的中心移动，同时避免过分拥挤，则聚群行为可以描述为：设人工鱼当前状态为 X_i，当前搜索范围内 $d_{ij} < v$，伙伴数目为 n_f，中心位置为 x_0。若 $Y_c / n_f > \delta Y_i$，表明伙伴中心食物较多且不存在过分拥挤，则向伙伴中心位置方向前进一步：

$$X_i^{t+1} = X_i^t + \frac{X_c - X_i^t}{\|X_c - X_i^t\|} \times s \times r \tag{10.26}$$

否则，执行觅食行为。

3）追尾行为

鱼群在游动过程中，当其中一条鱼或几条鱼发现食物时，其邻近的伙伴会尾随其快速达到食物点。

行为描述：追尾行为是一种向邻近适应度值最高的人工鱼追逐的行为，即向附近的最优个体前进的过程。设人工鱼 i 当前状态为 $\boldsymbol{X}_i$，当前搜索范围内 $d_{ij} < v$，$\boldsymbol{X}_j$ 为适应度值最优的伙伴，其适应度值为 Y_j。若 $Y_c / n_f > \delta Y_i$，表明伙伴 $\boldsymbol{X}_j$ 附近食物浓度较高，且周围不够拥挤，则向 $\boldsymbol{X}_j$ 的方向前进一步：

$$\boldsymbol{X}_i^{t+1} = \boldsymbol{X}_i^t + \frac{\boldsymbol{X}_j - \boldsymbol{X}_i^t}{\left\| \boldsymbol{X}_j - \boldsymbol{X}_i^t \right\|} \times s \times r \qquad (10.27)$$

否则，执行觅食行为。

4）随机行为

鱼类在水中自由地游来游去，表面看是随机的，目的也是在更大范围内寻找食物或伙伴。

行为描述：随机行为是觅食行为的默认行为，就是在视野中随机选择一个状态，然后向该方向移动。

人工鱼的四种行为能够在不同的条件下进行相互转换，通过行为评价函数对行为进行评价，执行当前最优行为，寻找食物浓度最高的位置。对行为的评价是用来反映鱼自主行为的一种方式。在解决目标问题时，可以选用两种简单的评价方式：一种是选择执行当前最优行为；另一种是选择向较优方向前进。任选一种行为，只要能向目标较优的方向前进即可。

3. 人工鱼群算法流程

通过以上人工鱼的行为描述可知，在人工鱼群算法中，觅食行为确保了算法收敛性，群聚行为提高了算法收敛的稳定性，追尾行为提高了算法收敛的快速性和全局性，行为分析保障了算法收敛的速度和稳定性。

算法 10-3　人工鱼群算法。

```
算法初始化；
WHILE 未达到满意结果  DO
    SWITCH(人工鱼群行为选择)
        CASE value1:  觅食行为；
        CASE value2:  聚群行为；
        DEFAULT:      追尾行为；
    END SWITCH
    随机行为；
    get_result();
END WHILE
END.
```

10.4.2　细菌觅食算法

1. 细菌觅食算法的基本概念

细菌觅食算法（Bacterial Foraging Optimization，BFO）由帕西诺（K. M. Passino）在 2002 年提出，是一种模拟 Eeoli 大肠杆菌在生物肠道内觅食行为的新型群智能优化算法。在群智能算法中，GA、ACO、PSO 和 AFSA 都是基于高等生物作为启发对象，而 BFO 算法是模拟微生物的行为而形成的一种较新的优化方法。

细菌觅食算法中，单个细菌代表一个候选解，该算法因模拟大肠杆菌群体觅食行为而具有结构简单、寻优高效的特点。其核心觅食行为可概括为：首先，细菌感知周围潜在食物源区域（目标函数的高适应度区域），判断是否进入该区域；进入后，细菌持续搜索并感知局部营养梯度（目标函数梯度信息），当累积足够营养（或达到预设搜索时间）时，再次判断是否继续当前区域的搜索，或迁移至其他潜在食物源区域。细菌觅食算法通过模拟这个生物觅食过程，将优化问题的解映射为细菌在目标函数曲面上的分布——初始时，细菌随机分布于解空间；迭代过程中，细菌通过"趋化运动"（朝向营养梯度上升方向移动）更新位置，最终通过群体协作逼近最优解或准优解。

2．细菌觅食算法流程

细菌觅食算法是基于细菌觅食行为过程而提出的一种仿生随机搜索算法，是一种全局随机搜索的算法，具有简单、收敛速度快，并且在优化过程中不需优化对象的梯度信息的特点。该算法模拟细菌群体的过程包括趋向性（Chemotaxis）、复制（Reproduction）和迁徙（Elimination Dispersal）三个步骤。

1）趋向性操作

细菌向有利于自身环境的区域移动称为趋向运动。其中，一次趋向性操作包括翻转运动和游动运动。细菌向任意方向移动单位步长称为旋转运动；细菌沿着上一步的运动方向移动单位步长称为游动运动。通常，细菌在环境差的区域（如有毒区域）会较频繁地旋转，在环境好的区域（如食物丰富的区域）会较多地游动。大肠杆菌的整个生命周期就是在旋转和游动这两种基本运动之间进行变换，旋转和游动的目的是寻找食物并避开有毒物质。

设细菌种群大小为 S，细菌所在的位置标示问题的一个候选解，细菌 i 的信息用 D 维向量表示为

$$\boldsymbol{\theta}^i = \begin{bmatrix} \theta_1^i & \theta_2^i & \cdots & \theta_D^i \end{bmatrix} \qquad (i = 1, 2, \cdots, S) \tag{10.28}$$

其中，$\boldsymbol{\theta}^i(j,k,l)$ 表示细菌 i 在第 j 次趋向性操作、第 k 次复制操作和第 1 次迁徙操作后的位置。细菌 i 通过式 (10.29) 更新其每一步趋向性操作后的位置。

$$\boldsymbol{\theta}^i(j+1,k,l) = \boldsymbol{\theta}^i(j,k,l) + c(i)\boldsymbol{\Phi}(j) \tag{10.29}$$

其中，$c(i) > 0$ 表示向前游动的步长，$\boldsymbol{\Phi}(j)$ 表示旋转后随机选择的单位方向向量。如果在 $\boldsymbol{\theta}^i(j+1,k,l)$ 处的适应度优于 $\boldsymbol{\theta}^i(j,k,l)$ 处的，就保持 $\boldsymbol{\Phi}(j)$ 不变，继续在该方向游动，直至找到适应度最佳的位置或达到设定的趋向性次数；否则产生新的 $\boldsymbol{\Phi}(j)$，进行下一次旋转运动。

目前的讨论主要是针对不考虑细菌间相互吸引的情况，实际上每个细菌个体除了按照自己的方式搜索食物，还会收到种群中其他个体发出的吸引力信号，即个体会游向种群中心。第 i_{th} 个细菌的细菌间吸引力可以表示为

$$\boldsymbol{\theta}^i = (\theta_1^i, \theta_2^i, \cdots, \theta_D^i) \tag{10.30}$$

其中，$d_{attract} = 0.1$ 表示细菌释放的吸引量多少（深度），$w_{attract} = 0.2$ 用于度量吸引信号的宽度（量化化学物质的扩散率）。

同时，细菌会收到附近个体发出的排斥力信号，以保持个体与个体之间的安全距离，因为细菌消耗附近的营养物质，在物理上不可能在同一位置有两个细菌，对此，令 $h_{repellant} = d_{attract}$ 表示排斥力的高度（排斥影响程度），$w_{repellant} = 10$ 度量了排斥力的宽度。

令 $J_{cc}(\theta, P(j,k,l))$ 表示同时考虑了细菌间吸引力和排斥力的综合影响，其计算公式如下：

$$J_{cc}(\theta, P(j,k,l)) = \sum_{i=1}^{S} J_{cc}^{i}(\theta, \theta^{i}(j,k,l))$$
$$= \sum_{i=1}^{S}\left[-d_{attract} \times \exp\left(-w_{attract} \times \sum_{m=1}^{p}(\theta_m - \theta_m^i)^2\right)\right] + \qquad(10.31)$$
$$\sum_{i=1}^{S}\left[h_{repellant} \times \exp\left(-w_{repellant} \times \sum_{m=1}^{p}(\theta_m - \theta_m^i)^2\right)\right]$$

其中，$P(j,k,l)$ 表示在第 j 次趋向性操作、第 k 次复制操作和第 l 次迁徙操作后种群 S 中每个细菌的位置，$\theta = [\theta_1\ \theta_2\ \cdots\ \theta_n]^T$ 是优化域上的一个点，θ_m^i 是第 i 个细菌位置 θ^i 的第 m 个元素。

$$P(j,k,l) = \{\theta^i(j,k,l)\,|\,i=1,2,\cdots,S\} \qquad(10.32)$$

因此，考虑上述两个因素对细菌行为的影响，执行一次趋向性操作后细菌 i 的新适应度函数值为

$$J(i,j+1,k,l) = J(i,j,k,l) + J_{cc}(\theta^i(j+1,k,1), P(j+1,k,1)) \qquad(10.33)$$

这样这些细胞会试图寻找营养物质，避免有毒物质，同时试图向其他细胞移动，但又不会靠得太近。

2）复制操作

生物进化过程的规律是优胜劣汰。经过一段时间的食物搜索过程后，部分寻找食物能力弱的细菌会被自然淘汰掉，为了维持种群规模，剩余的细菌会进行繁殖。在细菌觅食优化算法中将这种现象称为复制行为（Reproduction）。在 BFO 算法中，经过复制操作后算法的种群大小不变。设淘汰掉的细菌个数为 $S_r = S/2$，首先按照细菌位置的优劣排序，然后把排在后面的 S_r 个细菌淘汰掉，剩余的 S_r 个细菌进行自我复制，各自生成一个与自己完全相同的新个体，即生成的新个体与原个体有相同的位置，或者说具有相同的觅食能力。

3）迁徙操作

细菌个体生活的局部区域可能突然发生变化（如温度的突然升高）或者逐渐变化（如食物的消耗），这样可能导致生活在这个局部区域的细菌种群集体死亡，或者集体迁徙到一个新的局部区域。在细菌觅食优化算法中将这种现象称为迁徙行为（Elimination-dispersal）。迁徙操作以一定概率发生，如果种群中的某个细菌个体满足迁徙发生的概率，那么该细菌个体灭亡，并随机地在解空间的任意位置生成一个新个体。该新个体与灭亡的个体可能具有不同的位置，即不同的觅食能力。迁徙操作随机生成的新个体可能更靠近全局最优解，这样更有利于趋向性操作跳出局部最优解和寻找全局最优解。

3．细菌觅食算法流程

（1）初始化：确定参数 D、S、N_c、N_S、N_{re}、N_{ed}、p_{ed} 和 $c(i)$（$i=1,2,\cdots,S$），其中 N_S 是趋向性操作中在一个方向上前进的最大步数（用 m 进行索引），如果利用了细菌的群聚性，还需要选择细菌间吸引函数。此外，要对 θ^i 进行初始化，j、k 和 l 初始时均为 0。

注意，对 θ^i 进行更新，会自动更新 p_{ed}。

（2）算法流程如下。

    1）迁徙操作循环 LOOP：l = l+1

    2）赋值循环 LOOP：k = k+1

3) 趋向循环 LOOP：j = j+1

    FOR i = 1,2,…,S　对细菌 i 按如下步骤进行趋向性操作

        a）计算 $J(i,j,k,l)$。令 $J(i,j,k,l)=J(i,j,k,l)+J_{cc}(\theta^i(j,k,l),P(j,k,l))$；

        b）令 $J_{last}=J(i,j,k,l)$，将该值保存，用于比较适应度值；

        c）旋转：产生一个随机向量 $\Delta(i)\in R^D$，其每个元素 $\Delta_m(i)(m=1,2,\cdots,D)$ 为 [-1, 1] 上的随机数；

        d）移动：执行 (1)，使得细菌 i 在旋转方向上移动了 $c(i)$ 步长；

        e）计算 $J(i,j+1,l)$。令 $J(i,j+1,k,l)=J(i,j,k,l)+J_{cc}(\theta^i(j+1,k,1),P(j+1,k,1))$；

        f）游动：

           $m\leftarrow 0$；

           WHILE $m<N$

                $m\leftarrow m+1$

                IF　$J(i,j+1,k,l)<J_{last}$　（对于最小化问题）

                    令 $J_{last}=J(i,j+1,k,l)$；

                    执行式 (1)，使用 $\theta^i(j+1,k,l)$ 计算新的 $J(i,j+1,k,l)$；

                ELSE

                    令 $m\leftarrow N$

           END WHILE

        g）IF $i\neq S$

               转到第 i+1 个细菌，即 b）步；

4) IF　$j<N_c$

        跳转至 3），继续执行趋向性操作；

5) 复制：

    a）给定 k 和 l，对于每个 $i=1,2,\cdots,S$，令 $J_{health}^i=\sum_{j=1}^{N_c+1}J(i,j,k,l)$；

    b）淘汰 S_r 个具有最大 J_{health} 的细菌，其余 S_r 个具有最优值的细菌进行分裂（新的副本具有和父代相同的位置）；

6) IF　$k<N_{re}$

        跳转至 2)

7) 迁徙：

    For　$i=1,2,\cdots,S$

        以概率 p_{ed}，对每个细菌进行消除或分散；

        IF　某细菌个体灭亡

           随机地在解空间的任意位置生成一个新个体；

8) IF $N_{ed}>1$

        跳转至 1)；

    ELSE

        终止.

10.4.3　混合蛙跳算法

1. 混合蛙跳算法的基本概念

混合蛙跳算法（Shuffled Frog Leaping Algorithm，SFLA）由尤瑟夫（M.M. Eusuff）和兰西（K.E. Lansey）于 2003 年提出，是一种全新的后启发式群体智能算法，结合了模因演算（Memetic Algorithm，MA）和粒子群优化算法的优点，具有高效的计算效率和良好的全局寻优能力。

混合蛙跳算法可以描述为：在一片空间区域内生活着一群青蛙，为了寻找食物较多的地方，蛙群首先按照一定的规则确定每只青蛙的初始位置。随后，每只青蛙利用个体信息在初始位置附近搜索食物更多的区域，跳跃完成个体位置更新。混合蛙跳算法的主要搜索规则为：蛙

群利用青蛙的自组织性行为，组成多个子种群，子种群中的青蛙个数基本相同，由子种群中的局部精英个体带领其他个体进行组团搜索。子种群完成一次搜索后，蛙群中的所有个体进行重新混合分组，继续执行组团。组团搜索与蛙群混合迭代进行，直至到达食物最丰富的位置。

混合蛙跳算法中，每只青蛙个体可作为一个候选解，青蛙种群的初始化过程对应算法的初始化流程。子种群的组团搜索过程对应算法中子种群的划分和局部搜索流程，子种群的划分和局部搜索是混合蛙跳算法中最关键的步骤，实现了青蛙个体位置的更新。子种群的混合过程对应算法中的混合运算，实现蛙群全局信息交互。在蛙群全局信息交互和局部信息交互的相互作用下，混合蛙跳算法能够跳出局部最优实现全局优化。

2．混合蛙跳算法基本流程

混合蛙跳算法首先从可行域中随机产生一组初始解，每个解对应一只青蛙，形成初始种群；根据目标函数，计算每个青蛙的适应度值，进行由大到小排列；以一定的规则将蛙群划分为一定数量的子种群，每个子种群进行局部搜索，子种群内最差的青蛙根据更新策略向局部最优位置靠近；子种群完成一次局部搜索后，各子种群进行混合实现信息的交互；反复进行局部搜索和混合运算直至达到停止条件。

混合蛙跳算法求解问题时，一般分为 4 个步骤。

（1）初始化。从可行域中随机产生 F 个解 $\{x_S^1, x_S^2, \cdots, x_S^F\}$ 作为初始种群，其中 S 代表问题的维数。

（2）子种群划分。根据目标函数，计算每个解的适应度值 $f(x_S^i)$（$i = 1, 2, \cdots, F$），将计算结果按照降序排列，并将适应度最优值记为 x^g，作为整个种群的最优解。根据排序结果开始子种群划分，第 1 个解进入子种群 Y_1，第 2 个解进入子种群 Y_2，直至第 m 个解进入子种群 Y_m，然后第 $m+1$ 个解进入 Y_1，以此类推，直至所有的解分配完毕。最终可将蛙群等量划分为 m 个子种群 $Y_1, Y_2, \cdots, Y_m$，其中每个子种群包含 n 个解。每个子种群中，适应度值最佳和最差的解分别记为 x^b 和 x^w。

（3）局部搜索。在局部迭代过程中，各子种群只更新适应度值最差的解，其更新公式为

$$\begin{cases} D_i = r \times (x^b - x^w) \\ x^g = x^w + D_i \end{cases} \quad (i = 1, 2, \cdots, m) \tag{10.34}$$

其中，r 为[0, 1]之间的随机数；D_i 为青蛙的移动步长，$-D_{\max} \leqslant D_i \leqslant D_{\max}$，$D_{\max}$ 表示允许青蛙移动的最大距离。

式(10.30)完成了对适应度值最差的青蛙 x^w 的位置更新。

如果更新后得到比 x^w 更好的解，就用更新后的解替代最差解；否则用 x^g 代替式(10.29)中的 x^b，再次利用式(10.29)、式(10.30)计算新解；如果仍得不到比 x^w 更优的解，就随机产生一个新解去替换最差解，直到局部迭代过程结束，完成对子种群中青蛙位置更新。此时，子种群的一轮局部搜索过程结束。

（4）子种群混合。将各子种群 $Y_1, Y_2, \cdots, Y_m$ 重新混合为 X，即 $X = \{Y_1 \cup Y_2 \cup Y_3 \cup \cdots \cup Y_m\}$；将 X 重新按适应度值进行降序排列，用整个种群中最优的青蛙位置更新 x^g，重新划分子种群，开始下一轮的局部搜索。

经过上述 4 步就完成了混合蛙跳算法的一次迭代，问题解的位置得到了更新，反复进行子种群划分、局部搜索和混合运算直至满足算法停止条件得到问题最优解。

10.4.4　果蝇优化算法

1．果蝇优化算法基本概念

果蝇优化算法由潘文超博士于 2011 年提出，是一种模拟果蝇群体觅食行为的群体智能优化算法。果蝇具备卓越的嗅觉与视觉能力：其嗅觉系统可感知最远 40 公里外的食物源；在觅食过程中，果蝇首先通过嗅觉搜索定位食物源，接近目标区域后，进一步利用视觉精准定位食物源与群体聚集位置，最终向该方向飞行并聚集。

2．果蝇优化算法流程

根据果蝇群体寻找食物的过程（如图 10-4 所示），将果蝇优化算法归纳为如下步骤。

图 10-4　果蝇群体觅食行为

（1）初始化果蝇群体位置(X_axis, Y_axis)。

（2）设定果蝇个体利用嗅觉器官搜寻食物的随机方向和距离。

$$X_i = \text{X\_axis} + \text{randomValue}$$
$$Y_i = \text{Y\_axis} + \text{randomValue}$$

$$(10.35)$$

（3）由于具体食物位置无法确定，先估计果蝇个体与原点的欧氏距离 d_i，再计算味道浓度判定值 S_i。S_i 为距离 d_i 的倒数。

$$d_i = \sqrt{X_i^2 + Y_i^2}$$

$$(10.36)$$

$$S_i = \frac{1}{d_i}$$

$$(10.37)$$

（4）将味道浓度判定值 S_i 代入味道浓度判定函数 $f()$，得出果蝇个体位置的味道浓度 smell_i，即

$$\text{smell}_i = f(S_i)$$

$$(10.38)$$

（5）找出该果蝇群体中味道浓度值最高（求解极大值问题）/最低（求解极小值问题）的果蝇。

$$[\text{smell}_{\text{best}}, \text{index}_{\text{best}}] = \frac{\max(\text{smell})}{\min(\text{smell})}$$

$$(10.39)$$

（6）保留当前最佳味道浓度值与位置，果蝇群体利用视觉器官向该位置飞去。

$$\text{Smellbest} = \text{smell}_{\text{best}}$$
$$\text{X\_axis} = X(\text{index}_{\text{best}})$$
$$\text{Y\_axis} = Y(\text{index}_{\text{best}}) \tag{10.42}$$

（7）进行迭代寻优，重复执行步骤（2）～（5），并判断当前味道浓度值是否优于上一代味道浓度值，若是，则执行（6）。

本章小结

本章首先介绍了群智能优化算法的基本流程和特点；然后介绍了蚁群算法、粒子群优化算法的基本原理和改进方法，对其理论依据和使用的基本技术进行了阐述；最后简要介绍了人工鱼群算法、细菌觅食算法、蛙跳算法、果蝇优化算法等其他群智能优化算法。

群智能优化算法的核心思想来源于人类对生物启发式计算的研究，自然界中的蚁群、鸟群等社会性动物，虽然个体行为简单，但在群体协作过程中能"突现"出极其复杂的行为特征。基于群体生物"社会性"特性，国内外研究学者相继提出了多种群智能优化算法，如蚁群算法、粒子群优化算法、混合蛙跳算法、果蝇优化算法等，广泛应用于各领域。

与传统的计算方法相比，群智能优化算法具有无集中控制、多代理机制、隐含并行性、算法结构简单、易理解和易实现等优点，有效促进了其快速发展。但是由于群智能来源于对群体生物"社会性"特性的模拟，算法中的各种参数设置主要依赖于经验，缺少数理论基础作为支撑依据。与当前各种较为成熟的计算智能方法相比，群智能研究还处于初级阶段，下一步需要加强对各种群智能优化算法理论的分析，明确与算法原理相关的重要定义，推动群智能与其他先进技术的融合。

习 题 10

10.1　解释群智能优化算法的特点。

10.2　常见的群智能优化算法有哪些？

10.3　简述蚁周系统（Ant-Cycle）模型、蚁量系统（Ant-Quantity）模型和蚁密系统（Ant-Density）模型。

10.4　蚁群系统与基本蚁群算法的区别。

10.5　粒子群算法有哪些主要参数？

10.6　已知函数 $y = f(x_1, x_2) = x_1^2 + x_2^2$（$-10 \leqslant x_1, x_2 \leqslant 10$），用粒子群优化算法求解 y 的最小值。

第 11 章
专家系统

20 世纪 70 年代中期，专家系统已经取得了一定的成功，成为人工智能应用研究的主要领域之一。而后多年，专家系统在全世界范围内得到迅速发展和广泛使用，逐渐成为人类智能管理与决策的重要工具，在人类的智能控制与决策中发挥着重要作用。

本章主要介绍专家系统的概念、特点、类型、结构等，并讨论几种常见的专家系统，结合例子介绍专家系统的设计开发过程。

11.1 专家系统概述

专家系统（Expert System，ES）属于人工智能的一个发展分支。自 1968 年费根鲍姆（E.A. Feigenbaum）等人成功研制第一个专家系统 DENDRAL 以来，专家系统得到了飞速的发展，并且运用于医疗、军事、地质勘探、教学、化工等领域，产生了巨大的经济效益和社会效益。现在，专家系统已成为人工智能领域中最活跃、最受重视的领域。

定义 11-1 专家系统是一种在特定领域内具有专家水平解决问题能力的程序系统，能够有效地运用专家多年积累的有效经验和专门知识，通过模拟专家的思维过程，解决需要专家才能解决的问题。

11.1.1 专家系统的特性

专家系统具有丰富的专业知识并可以模拟相关领域专家的思维过程，以解决该领域中需要专家才能解决的复杂问题。专家系统的一般特性如下。

① 为解决特定领域的具体问题，除了需要一些公共的常识，还需要大量与所研究领域密切相关的知识。

② 一般采用启发式的解题方法。

③ 在解题过程中除了用演绎方法，有时还要求助于归纳方法和抽象方法。

④ 所处理问题具有模糊性、不确定性和不完全性。

⑤ 能对自身的工作过程进行推理（自动推理或解释）。

⑥ 采用基于知识的问题求解方法。

⑦ 知识库与推理机分离。

专家系统在当前以及未来都将是人类值得信赖的高水平智能助手，是将人工智能技术运用到实际的重要手段。

11.1.2 专家系统的结构和类型

1. 专家系统的基本结构

专家系统的结构是指专家系统各组成部分的构造方法和组织形式。尽管不同应用领域和不同类型的专家系统的结构会存在一些差异，但是它们的基本结构大同小异。一般情况下，专家系统的基本结构由知识库、综合数据库、推理机、解释器、知识获取模块和人机交互界面六部分组成，如图 11-1 所示。

知识库用来存放专家提供的知识。专家系统的问题求解过程是通过知识库中的知识来模拟专家的思维方式的，因此，知识库是专家系统质量是否优越的关键所在，即知识库中知识的质量和数量决定着专家系统的质量水平。一般来说，专家系统中的知识库与专家系统程序是相互独立的，用户可以通过改变、完善知识库中的知识内容来提高专家系统的性能。

图 11-1　专家系统基本结构

解释器能够向用户解释专家系统的行为逻辑,包括解释推理结论的正确性和系统输出其他候选结果的原因等。人工智能中的知识表示形式有产生式、框架、语义网络等,在专家系统中运用得较为普遍的知识是产生式规则。产生式规则以 IF…THEN… 的形式出现,就像 BASIC 等编程语言的条件语句一样,IF 后面的是条件(前件),THEN 后面的是结论(后件),条件与结论均可以通过逻辑运算 AND、OR、NOT 进行复合。在这里,产生式规则的理解非常简单:如果前提条件得到满足,就产生相应的动作或结论。

推理机针对当前问题的条件或已知信息,反复匹配知识库中的规则,获得新的结论,以得到问题求解结果。推理方式有正向和反向推理两种。正向推理是从前件匹配到结论,反向推理则先假设一个结论成立,看它的条件有没有得到满足。由此可见,推理机如同专家解决问题的思维方式,知识库就是通过推理机来实现其价值的。

人机交互界面是系统与用户进行交流时的界面。通过该界面,用户输入基本信息、回答系统提出的相关问题,并输出推理结果及相关解释等。

综合数据库专门用于存储推理过程中所需的原始数据、中间结果和最终结论,往往作为暂时的存储区。解释器能够根据用户的提问,对结论、求解过程做出说明,因而使专家系统更具有人情味。

知识获取模块是决定专家系统知识库是否优越的关键,也是专家系统设计的"瓶颈",可以扩充和修改知识库中的内容,也可以实现自动学习功能。

2. 专家系统的类型

1)解释专家系统

解释专家系统的任务是通过对已知信息和数据的分析和解释,确定它们的含义。解释专家系统具有以下特点:

① 系统处理的数据量大,而且往往是不准确的、错误的或不完全的。

② 系统能够从不完全的信息中得到解释,并能对数据做出某些假设。

③ 系统推理过程复杂,要求系统具有对自身的推理过程做出解释的能力。

解释专家系统的例子有语音理解、图像分析、系统监视、化学结构分析和信号解释等。

2）预测专家系统

预测专家系统的任务是通过对过去和现在的已知状况的分析，推断未来可能发生的情况。预测专家系统具有以下特点：

① 系统处理的数据随时间变化，而且可能是不准确的和不完全的。

② 系统需要有适应时间变化的动态模型，能够从不完全的和不准确的信息中得出预报，并达到快速响应的要求。

预测专家系统的例子有气象预报、军事预测、人口预测等。

3）诊断专家系统

诊断专家系统的任务是根据观察到的数据来推断出某个对象出现故障的原因。诊断专家系统具有以下特点：

① 能够了解被诊断对象或客体各组成部分的特性及其之间的联系。

② 能够区分一种现象及其所掩盖的另一种现象。

③ 能够向用户提供测量的数据，并从不确切信息中得出尽可能正确的诊断。

诊断专家系统的例子包括医疗诊断、电子机械和软件故障诊断、材料失效诊断等。

4）设计专家系统

设计专家系统的任务是根据设计要求，提出能够满足设计问题约束的目标配置方案。设计专家系统具有以下特点：

① 善于从多方面的要求中得到符合要求的设计结果。

② 系统需要检索较大的可能解空间。

③ 善于分析各种子问题，并处理好各子问题间的相互作用。

④ 能够试验性地构造出功能性的设计方案，并易于对所设计方案进行修改。

⑤ 能够使用已被证明是正确的设计来解释当前的设计。

设计专家系统可用于电路设计、土木建工设计、计算机结构设计、机械产品设计和生产工艺设计等。

5）规划专家系统

规划专家系统的任务在于寻找某个能够达到给定目标的动作序列或步骤。规划专家系统的特点如下：

① 要规划的目标可能是动态的或静态的，因而需要对未来动作做出预测。

② 涉及的问题可能是复杂的，要求系统能抓住重点，处理好各子目标的关系和不确定信息，并通过试验性动作做出可行规划。

规划专家系统可用于机器人规划、交通运输调度、工程项目论证、通信与军事指挥、农作物管理等。

6）监视专家系统

监视专家系统的任务在于对系统、对象或过程进行不断观察，并把观察到的行为与其应具有的行为进行比较，以发现异常情况并发出警报。监视专家系统具有以下特点：

① 具有快速反应能力，在造成事故之前及时发出警报。

② 系统发出的警报需要有较高的准确性。

③ 系统能够随时间和条件的变化而动态地处理输入信息。

监视专家系统可用于安全监视、防空监视与警报、国家财政监控、疫情监控和农作物病虫害监控等。

7）控制专家系统

控制专家系统的任务是自适应地管理一个受控对象或客体的全面行为，以满足预期要求。

控制专家系统能够解释当前的情况，预测未来可能发生的情况，诊断可能发生的问题并分析原因，不断修正计划并控制计划执行。控制专家系统具有解释、预报、诊断、规划和执行等功能。

8）调试专家系统

调试专家系统的任务是对失灵的对象给出处理意见和方法。调试专家系统的特点是同时具有规划、设计、预报、诊断等功能。调试专家系统既可以用于新产品和新系统的调试，亦可以用于设备检修。

9）教学专家系统

教学专家系统的任务是根据学生的特点、弱点和基础，以适当的教案和教学方法对学生进行教学和辅导。

教学专家系统的特点为：同时具有诊断和调试等功能，通常具有良好的人机界面。

10）修理专家系统

修理专家系统的任务是对发生故障的对象进行修复，使其恢复正常。

除了以上列出的专家系统，常用的专家系统还有数学专家系统、决策专家系统和咨询专家系统等。

11.2　基于规则的专家系统

基于规则的专家系统和基于框架的专家系统是两种经典的专家系统类型，在早期的研究和应用中有着非常重要的作用。本节介绍基于规则的专家系统。

1．基于规则的专家系统的基本结构

基于规则的专家系统包含五部分：知识库，推理引擎，解释工具，用户接口和知识采集子系统，如图 11-2 所示。

系统的主要部分是知识库和推理引擎。根据目前所讨论的推理系统，知识库由谓词演算事实和有关讨论主题的推理规则构成。推理引擎通过操控知识库来演绎用户所需的信息过程，如消解、前向链或反向链。用户接口可能包括某种自然语言处理系统，允许用户用一个有限的自然语言形式与系统交互，也可以使用带有菜单的图形接口界面。解释工具分析被系统执行的推理结构，并把它解释给用户。

在实际应用中，这五部分构成了一个系统。在一个专家系统结构中，一个"知识工程师"（经常是一个训练过的人工智能科学家）与应用领域的一个专家（或几个专家）共同工作，以便把专家的相关知识表示成一种形式，并能被输入知识库中。这个过程经常由知识采集子系统协助。与其他情况一样，这个子系统检查正在增长的知识库中可能存在的不一致和不完备信息，然后将它们表示给专家，以做出决定。

图 11-2　基于规则的专家系统基本结构

2．基于规则的专家系统的特点

基于规则的专家系统在构建基于知识的系统时，通常被认为是最合适的选择。这正是因为基于规则的专家系统具有以下特点。

① 自然语言的表达：专家系统可以用类似"在什么情况下，应当如何做"的语言来表述问题解决的过程，而此类表达可以方便地被 IF…THEN…产生式规则所取代。

② 结构统一化：产生式的规则可以统一化为 IF…THEN…结构，这样可以使每条规则作为一个独立知识单元，产生式规则也可以让语法具有自解释能力。

③ 知识与处理的分离：基于规则的专家系统的结构为知识库和推理引擎提供了有效的分离机制，因此能够使用同一个专家系统框架开发不同的应用，专家系统本身也容易扩展。在不干扰控制结构的前提下，通过添加一些规则，专家系统可以更聪明。

④ 对不完整、不确定知识的处理能力：多数基于规则的专家系统都能表达和推理不完整的、不确定的知识。

然而，基于规则的专家系统同样具有一些缺点。

① 规则之间关系复杂：在基于规则的专家系统中，单条规则结构简单并且具有自解释能力，但大量规则之间具有复杂的关系，在整个系统中很难分辨出单条规则所起的作用，其根本原因在于基于规则的专家系统在分层知识表达能力上的不足。

② 冗余搜索：推理引擎在工作的时候要对全部规则进行搜索，如果规则数量较多，那么系统的效率会相当低。所以，基于规则的专家系统并不适合大型的专家系统构建。

③ 不具备自更新能力：传统的基于规则的专家系统都不具备从经验中增加知识的能力，这就导致专家系统的知识库的更新（如规则调整和添加等）需要人工处理。

3．基于规则的专家系统举例

20 世纪 80 年代以来出现了一批专家系统开发工具，如 EMYCIN、CLIPS（OPS5，OPS83）、G2、KEE 等。下面根据 EMYCIN 来进行基于规则的专家系统的举例介绍。

EMYCIN 采用逆向推理的深度优先控制策略，提供了严格的规则语言表示知识，其基本规则形式为

```
(IF<前提>  THEN<行为>  [ELSE<行为>])
```

在上述语句中，如果"前提"为真，该规则会把前提与一个行为相结合，否则与另一个行为相结合，并且可以用一个-1～1之间的数字来量化其可信度。如下是判定细菌类型的表述：

```
PREMISE:[$ AND    (SAME CNTXT SITE BLOOD)]
                  (NOTDEFINETE CNTXT IDENT)
                  (SAME CNTXT STAIN GRAMNEG)
                  (SAME CNTXT MORPH ROD)
                  (SAME CNTXT BURNT)
ACTION:(CONCLUDE ENTXT IDENT PSEUDOMONTRICHATE 0.4)
```

上述规则的含义为

如果	培养物部位为血液
	细菌类别不明
	细菌的染色为革兰氏阴性
	细菌的外形为杆菌
	病人严重烧伤
那么	结论为 0.4 的可信度

即不太充分的证据，表明细菌为假单菌。

11.3 基于框架的专家系统

1. 基于框架的专家系统简介

基于框架的专家系统建立在框架基础上，采用面向目标编程技术，框架的设计和面向目标的编程共享许多特征。在设计基于框架的系统时，专家系统的设计者们把目标称为框架。

基于框架的专家系统是一个计算机程序，使用一组包含在知识库中的框架对工作存储器内的具体问题信息进行处理，通过推理机推断出新的信息。这里采用框架而不是采用规则来表示知识。为了说明设计和表示框架中的某些知识值，参考如图 11-3 所示的人类框架结构。类、子类和例子（物体）用于表示基于框架系统的组织。

图 11-3　人类框架结构

基于框架的专家系统的主要设计步骤与基于规则的专家系统相似，主要差别在于如何看待和使用知识，在设计基于框架的专家系统时，把整个问题和每件事想象为组织起来的事物。

在辨识事物并寻找把这些事物组织起来的方法过程中,任何类型的专家系统的设计都是一个高度交互的过程。

2.基于框架的专家系统的继承、槽和方法

基于框架的专家系统有三个重要的概念,分别是框架的继承、槽和方法。

定义 11-2 继承是在后辈框架中呈现父辈框架特征的过程。

实例框架也就是后辈框架,可以继承父辈框架的所有特征,包括描述性知识和过程性知识。这个过程可以创建出包含对象类的全部一般特征类框架,这样不需要对类级别特征进行编码就可以创建出实例。

继承的价值特征与人类的认知效率相关联。人将概念的实例共有的特征归结到这个概念,而不会在实例级别对这些特征进行具体归类。如人类的概念对名称做了假定,这表示这个概念的实例也具有同样的特征。

实例继承了父辈的所有属性、值和槽,同样可能从其父辈的父辈继承信息。

① 异常处理:继承是框架系统的特征之一,但是后辈框架会从其父辈框架继承属性值,除非这些值在框架中被故意改变了。

② 多重继承:在分层框架结构中,每个框架只有一个父辈并从其父辈、祖父辈等继承信息。分层结构的顶点是描述所有框架的一般世界全局类框架。

定义 11-3 槽是关于框架属性的扩展知识。

基于框架的专家系统使用槽来扩展知识的表示,控制框架的属性等。

槽还提供了对属性值和系统的附加控制。例如,槽可以用来设置初始属性值、定义属性类型和限制可能值,也可以定义值获取和改变的方法。下面列举了槽扩展给定系统属性的信息的方式。

* 类型:定义和属性相关值的类型。
* 默认:定义默认值。
* 文档:提供属性文档。
* 约束:定义约束值。
* 最小界限:建立属性的下限。
* 最大界限:建立属性的上限。
* 需要:当需要加入新的属性值时执行的行为。
* 改变:指定属性值改变时的行为。

定义 11-4 方法是附加在对象中需要时执行的过程。

基于框架的专家系统的方法在一些应用程序中并不是一定执行的,只在需要的时候才被执行,因为有时对象的属性值是最初设定的默认值。

3.基于框架的专家系统举例

下面通过一个例子来说明基于框架的专家系统的使用。货物装载专家系统采用基于框架的专家系统结构开发,我们只针对简化后的专家系统的一般特性进行讲解,并不涉及细节内容。

在进行货物运输的时候,人们要根据货物的不同特性保证航行顺利和货物安全,这需要在装载过程中了解多方面的知识,因此采用了基于框架的专家系统。

首先对货物进行分类,如图 11-4 所示。树的叶结点表示具体的货物,如水果、茶等,其

图 11-4　框架系统

他结点是具有相同属性的事物,如苹果和梨都属于水果。树的结点的框架结构为

```
框架名
    AKO VALUE<值>
    PROP DEFAULT<表1>
    SF IF-NEEDED<表达式>
    CONFLICT ADD<表2>
```

框架名即为类名。AKO 是一个槽,VALUE 是它的侧面,<值>的内容表示该框架的类别。PROP 槽用于记录该节点的特性,侧面 DEFAULT 表示槽内容可以默认继承。下面是它的搜索过程。

设定 F 为结点,先建立一个初始时只有 F 一个元素的表。如果表中第一个元素的 PROP 槽的 DEFAULT 侧面有非 NIL 值,就找到一个值。然后取出表中的第一个元素 CONFLICT 槽的 ADD 侧面值,加入表,将第一个元素删除,并把它的 AKO 槽的 VALUE 侧面指向结点加入表末尾。如果这时的表不为 NIL,就继续取表中第一元素的 CONFLICT 槽的 ADD 侧面加入表;重复进行,直到表为 NIL,那么这时的表即 F 结点的 CONFLICT 槽的值。

上述过程描述了框架继承的使用可使信息存储简化,并通过不同的侧面来得到槽的值,具体基于框架的专家系统的开发在此不多做介绍。

11.4　基于模型的专家系统

1. 基于模型的专家系统的概念

基于模型的推理方法是基于模型的专家系统的基本方法。基于模型的推理方法是根据反映事物客观规律的模型进行知识推理的。这里所说的模型可以是表示系统部分－整体之间的结构模型,也可以是表示各部分之间功能的功能模型,或是各部分之间因果关系的因果模型等。有模型可供使用的领域就可以使用基于模型的专家系统。

如果将运用启发式规则的推理称为浅层推理,那么基于模型的推理可以称为深层推理。浅层推理是根据专家经验做出高效而问题解决能力较低的推理;深层推理在接触事物本质的条件下具有较强的问题解决能力,但是效率相对较差。所以,很多人将浅层推理和深层推理相结合提出了第二代专家系统的概念。

下面介绍一个基于因果模型进行故障诊断的推理结构。因果模型,顾名思义,是由模型各部分因果关系特性组成的,一个部分特性由另一个或多个特性决定。因果模型可以表示为网络结构,结点表示特性,连线则表示因果关系。

图 11-5 为一个简单电路图,若接地良好,电源正常供电并且开关闭合,灯会亮。图 11-6 是这个电路模型的因果关系。电路故障的产生原因有两种可能:一种是错误地设置了外部开关或控制装置,另一种是元件的故障。专家系统应当具有分析错误原因并提出解决方案的能力。如果电源接通并且接地良好,开关和接点闭合,但有一个灯不亮,那么可以有三种可能的故障:灯破损,相应接点未接通电源,或者该接点没接到电。

图 11-5 简单电路图

图 11-6 电路因果关系模型

可以看出，因果模型工作的过程是首先用网络将装置各部件之间特性的因果关系表示出来，然后给定装置的故障，根据网络寻找对故障的解释。

2. 基于模型的专家系统举例

这里用一个利用启发式规则和因果模型的专家系统来对基于模型的专家系统进行介绍，这也是一个结合浅层推理和深层推理的专家系统。系统的模型表示采用框架结构，启发式知识用规则形式表示，元规则表示控制知识，决定推理的过程。

首先，图 11-7 表示了汽车启动时各部分的因果模型网络。汽车启动的三个条件分别是：启动器使马达工作，两个火花塞打火，启动器转动正常。

图 11-7 汽车启动因果模型网络

下面介绍出发后的因果模型推理过程。

启动器不旋转规则：

    检验规则

        故障：   灯亮

```
              启动器不转动
网络:        启动器
触发器:      启动器转动
```

假设启动器和接触点异常，而电池充电正常，深度推理从启动器不转动开始。先检测它工作异常的原因，查到启动器不能接电，并且这个特性是不可观测的，继续查找其他原因。由于电池的充电是正常的，因此不能接电的原因就可以解释为接触点的异常。

这个实例可以帮助我们理解规则推理和深层推理的不同。规则推理将推理过程透明化，直接将问题和结果联系起来，而深度推理要得到这样的结论必须通过对内部关系的完全了解。专家系统将两者结合起来，在没有启发式规则存在的时候进行深度推理，增强了系统的推理能力，因此深度推理也可以是一种启发式规则的学习机制。

11.5　专家系统的开发

在了解了专家系统的基本结构和相关知识后，本节从如何构建专家系统的角度介绍专家系统的开发步骤、知识获取和开发环境等。

11.5.1　专家系统的开发过程

专家系统作为一种程序系统，现有的软件开发技术都可以作为支撑。与此同时，专家系统作为一种基于知识的特殊程序系统，又与一般软件开发有所不同。对专家系统开发过程的划分，不同开发人员的看法不尽相同。比如，有人将专家系统的生命周期简单划分为问题确定、概念化、形式化、实现和测试五个阶段，但这种传统的划分方法无法解决专家系统建造过程在知识获取和知识的形式化方面存在的"瓶颈"。原型技术是解决瓶颈问题的一种较好方法。

采用原型技术的专家系统的开发过程可以分为设计初始知识库、原型系统开发和试验、知识库的改进和归纳三个主要步骤。

1）设计初始知识库

知识库是专家系统最重要的一个组成部分，知识库的设计和建立是专家系统开发中最重要的一项任务，主要完成以下几个工作（如图 11-8 所示）。

图 11-8　设计初始知识库

① 问题的知识化：对要解决的领域问题，确定问题的定义方式、要完成的主要任务、包含的主要数据、子任务的分解等。

② 知识的概念化：概括知识表示所需要的关键概念及其关系，如数据类型、初始条件、目标状态、控制策略等。

③ 概念的形式化：确定用来组织知识的数据结构形式，把概念化过程所得到的有关概念用相应的知识表示方法表示出来。

④ 形式的规则化：把形式化后的知识变化为由编程语言表示的可供计算机执行的程序。

⑤ 规则的合理化：确认规则化后的知识的合理性，检查规则的有效性。

2）原型系统的开发和试验

当知识表示方式确定后，即可建立原型系统，包括整个模型的典型知识，而且只涉及与试验有关的简单的任务和推理过程。

3）知识库的改进和归纳

在原型系统的基础上，对知识库和推理机反复进行改进，归纳出更完善的结果。如此进行，不断提高专家系统的水平，直到满意。

11.5.2　专家系统的知识获取

知识获取泛指把领域专家解决问题的经验和知识转化为专家系统解决问题所需要的专门知识的过程。尽管不同专家系统的知识获取方法存在较大的差异，但知识获取的方式和任务大致相同。

1．知识获取的方式

如果按照知识获取的自动化程度，知识获取可以分为非自动知识获取、自动知识获取和半自动知识获取三种。其中，非自动知识获取是由知识工程师来完成知识获取任务的方式；自动知识获取是由专家系统自身来完成知识获取任务的方式；半自动知识获取是由知识工程师和专家系统共同完成知识获取任务的方式。

非自动知识获取主要包括三个步骤。

（1）知识工程师通过与领域专家的交流对相关领域进行了解，获取专家系统所需要的领域知识。

（2）知识工程师选择一种知识表示方法将已获取的领域知识进行表示，并输入专家系统的知识库中。

（3）在专家系统的开发和完善过程中，与领域专家合作，进一步检测专家系统的性能。

在自动知识获取中，系统可以直接与领域专家进行对话，从领域专家提供的原始信息中获得专家系统需要的知识，并能从系统运行的过程中总结新知识，发现和改正错误，进行自身知识库的完善。

尽管许多人工智能工作者在知识获取方面做了大量的研究，但没有一种方式可以完全替代知识工程师的作用而自动完成知识获取。在实际应用中，专家系统的开发仍较多使用半自动方式，也就是说，需要知识工程师与领域专家的交流来辅助专家系统的自动知识获取。

2．知识获取的任务

知识获取的任务是为专家系统获取知识，建立完整的知识库，来满足领域问题的解决需要，主要工作包括抽取知识、表示知识、输入知识和检验知识等。

1）抽取知识

专家系统知识的来源称为知识源，如领域专家、相关书籍和论文、研究实例和实践经验等。知识的抽取是指把蕴含于知识源中的知识经过识别、理解、筛选、归纳等处理后抽取出来，以便建立知识库。

通常来说，知识并不是以某种拿来即可用的形式存在于知识源中的，为了从知识源中抽取知识，还需要做大量的工作。领域专家虽然可以利用自己的经验解决该领域中的各种困难，但他们往往缺少对自己经验的总结和归纳，甚至有些经验用语言是不能表达的。

另外，如果要求系统能够在自身的运行实践中通过机器学习功能从已有知识或实例中演绎、归纳出知识，则要求系统自身要有学习能力，这是对知识抽取提出的更高要求。

2）表示知识

通常，知识源中的知识是以自然语言、图形图像等表示的，而知识库中的知识用专家系统能执行的形式表示，两者存在很大差别。为了使专家系统能够使用从知识源中抽取的知识，需要先把这些知识用适当的知识表示方法表示出来。这需要知识工程师来完成。

3）输入知识

把表示出来的知识经过编辑、编译后送入知识库的过程称为知识输入。知识输入的途径一般有两种：一种是利用计算机系统提供的编辑软件，另一种是利用专门的知识编辑系统。前者简单方便，不需专门的程序就可以使用；后者针对性和专业性强，更符合知识输入的条件。

4）检验知识

在上述建立知识库的过程中，无论哪一步出现错误，都会直接影响到专家系统的性能。所以，知识库在投入使用之前必须进行检测，提前发现和纠正可能存在的错误。检测的主要任务是检测知识库中知识的一致性和完整性。在专家系统开发中，这项工作同样由知识工程师和领域专家共同完成。

11.5.3 专家系统的开发工具和环境

专家系统的开发工具和环境实际上是为高效开发专家系统而提供的高级程序系统或高级程序设计环境，能够简化专家系统开发的过程，加快其开发速度，提高专家系统的开发效率和质量。常见的专家系统开发工具和环境可分为程序设计语言、骨架型工具、语言型工具、开发环境等。

1．程序设计语言

人工智能语言和通用程序设计语言统称为程序设计语言。这些语言是专家系统开发中最基础的工具。人工智能语言有以 LISP 为代表的函数型语言和以 PROLOG 为代表的逻辑型语言等；通用的程序设计语言就是常见的 C++、Java 等。

LISP（LISt Processing language）是麦卡锡（J. McCarthy）极其研究团队在 1960 年提出的。在专家系统开发早期，许多著名专家系统都使用了这种语言，如 MYCIN 和 PROSPECTOR 等。

PROLOG（PROgramming in LOGic）语言是由科瓦尔斯基（R. Kawalski）研究提出的，于1972 年由科迈瑞尔（A. Colmerauer）及其团队开发成为一种逻辑程序设计语言。PROLOG 的文法简洁并具有一阶逻辑推理能力，很快被运用于多个人工智能领域。

C++语言是一种功能强大的计算机程序开发语言，具有面向对象编程能力，可以很好地运用在人工智能领域。现在已经有很多专家系统工具使用 C++语言进行开发。

2．骨架型工具

骨架型工具也称为专家系统的外壳，是由一些已经成熟的具体专家系统演化而来的。这种演化是抽取专家系统中的具体知识，保留它们的体系结构和功能，再把领域专用的界面修改成通用界面，这就是开发专家系统时可以使用的外壳。在这些外壳中，知识表示模式、推理机制等功能模块都是确定的。

由于专家系统的外壳已经确定，因此开发人员只需要把领域的专家知识用外壳规定的模式表示并填充，可以快速、高效地开发出一个新的专家系统。

外壳工具开发系统具有速度快、效率高的优点，但是缺少开发的灵活性，也是源于推理机制的固定性和知识表示的确定性。EMYCIN 和 KAS 等都是常见的专家系统外壳。

EMYCIN（Empty MYCIN）是由美国斯坦福大学的迈尔（W. Melle）在 MYCIN 系统的基础上开发的专家系统外壳，沿用了 MYCIN 的知识表示方式、推理机制及各种辅助的功能等，并且提供了一个用于开发知识库的环境，使得开发者可以用更接近自然语言的规则语言来表示知识，还可以在知识编辑和输入时进行语法检查、一致性检查等。EMYCIN 的知识采用的是产生式规则表示，不确定性采用的是可信度方法，推理过程的控制采用的是反向链深度优先搜索的控制策略。EMYCIN 适合开发咨询、诊断及分析类专家系统，并且知识表示方法需要采用产生式规则，推理机制也要求是目标驱动机制。

KAS（Knowledge Acquisition System）是美国加州斯坦福研究院人工智能中心提出的专家系统开发工具，原来是矿物勘探专家系统 PROSPECTOR 的知识获取系统。PROSPECTOR 的具体知识被抽离之后成为专家系统的外壳。KAS 的知识表示主要采用产生式规则、语义网络、概念层次三种，推理采用的是正逆向混合推理，推理方向是不断改变的。KAS 同样被用来开发了一些新的专家系统。

3．语言型工具

语言型工具是一种通用型专家系统开发工具，与外壳不同，它不依赖于任何已有专家系统，不针对具体领域，是一种完全新型的专家系统开发工具。语言型工具比骨架系统具有更大的灵活性和通用性，并且对数据及知识的存取和查询提供了更多的控制，常用的有 CLIPS 和 OSP 等。

CLIPS（C Language Integrated Production System）是美国宇航局于 1985 年推出的一种通用产生式语言型工具，具有产生式系统的特征和 C 语言的基本语法，现在已经得到了广泛的推广。OPS（Official Production System）是美国 CMU 在 1975 年用 LISP 开发的一个基于规则的通用型知识工程专家系统开发工具。

4．开发环境

专家系统的开发环境与我们常见的计算机程序开发环境的意义相似，都是为了提高专家系统开发效率而设计的大型智能软件系统。开发环境一般由调试辅助工具、I/O 设备、解释设施和知识编辑器四部件组成。其中，调试辅助工具通过跟踪设施和断点程序包来跟踪和实现系统的操作，使用户在一些错误重复发生之前终止程序，并对错误进行跟踪检测；I/O 设备提供系统运行期间用户与系统的对话和知识获取；解释设施为系统提供完整的解释机制，开发人员可直接使用；知识编辑器提供知识库的编辑功能，如语法检查、一致性检查和知识录用等。

随着技术的发展，专家系统的开发工具的发展越来越趋向于大型、通用和多功能。专家系统开发环境的研究有两个明显趋势和途径：一个是综合与集成，一个是通用与开放。

综合与集成是指采用多范例程序设计、多种知识表示、多种推理和控制策略、多种组合工具，向系统的综合集成方向发展，被实现的开发环境称为专家系统开发工具箱。通用与开放是指在当前网络、分布式、开放环境支持下，采用统一的程序设计方法（如面向对象程序设计）、统一的知识 - 数据表达方式（如面向对象表示方法）来开发大型、通用、开放的人工智能开发环境，即知识库和数据库一体化管理系统。这种开发环境采用面向对象程序设计方法，将知识和数据都作为对象结合为一体，构成面向对象的知识库和数据库开发环境。所以，这种开发环境可以说是人工智能、高级程序开发方法和数据库的集成。

上面提到的两种途径都强调了系统的通用性和开放性，主要针对专家系统本身存在的一些缺陷和开发技术的不足。在 Internet、Web 等技术的支持下，专家系统的开发环境提供了统一的知识和数据表达形式及解决访问数据库的方法，可以为多专家协作系统、多数据库支持的综合知识库、分布式人工智能和开放分布式环境下的多 Agent 协同工作的新应用提供支持。

11.6　专家系统设计举例

11.6.1　专家知识概述

专家系统表达知识的方式要求系统设计过程中用到三个表达成分：假设或结论、观测或观察、推理或决策。不同于 EMYCIN 和 PROSPECTOR 系统，在专家系统中，观测和假设之间是明显不同的，观测是观察或测量，结果的值可能是"真"或"假"、数字或有无结果等；而假设是由系统推理得到的可能结论，通常假设附有不确定性的量度。推理或决策规则表示为产生式规则。

其他系统，如 MYCIN 或 PROSPECTOR，利用其他方法来描述假设或观测，它们的假设和观测表示由对象、属性和值组合。专家系统大部分处于较简单的逻辑命题水平，而 MYCIN 和 PROSPECTOR 包括了许多谓词逻辑的表达式。

1. 结论的表示

首先研究假设或由系统推理可能得到的结论。这些结论规定了所涉及的专门知识的范围。例如，在医疗系统中，这些结论可能是对诊断或治疗方法的建议。在许多其他情况下，这些结论可以表示各种建议或解释。取决于所做的观察或测量，一个假设可能带有不同程度的不确定性。在专家系统中，每个假设都用简写的助记符号和自然语言写的正式说明语句来表示。助记符号用于编写决策规则时引用假设。虽然在较为复杂的系统中，可以在假设中间规定层次的关系，但最简单形式的假设却用一个列表表示。例如，汽车修理问题的列表如下：

FLOOD:	气缸里的汽油过多,妨碍点火,导致气缸被淹
CHOKE:	气门堵塞
EMPTY:	无燃料
FILT:	过滤器故障
CAB:	电池电缆松脱或锈蚀
BATD:	蓄电池耗尽
STRTR:	启动器故障

设计过程中的一个主要目标是,总结出专家的推理过程,不但以代表专家的最后结论或假设进行推理,而且以中间假设或结论进行推理,这是一个重要的过程。通常,中间假设或结论是最多有关测量的总结,或者是某个重要证据的定性概括。利用这些定义的中间假设和结论可以使推理过程更为清楚和有效。以一组比较小的中间假设进行推理比用一组大得多的包括所有可能观测的组合来推理更容易。如可能有许多种燃料系统方面的问题,可以建立一个中间假设 FUEL 来概括燃料系统出现的各种问题。这些中间假设在推理规则中可以被引用。在讨论的例子中,被定义的中间假设除了 FUEL 以外,还有表示电气系统方面的问题假设 ELEC,那么中间假设的列表如下:

FUEL:	燃料系统方面存在问题
ELEC:	电气系统方面存在问题

某些附加假设可以表示建议的种类,这些建议可以告诉用户如何操作,处理方法如下:

WAIT:	等待 10 分钟或在启动时将风门踏板踩到底
OPEN:	取下清洁器部件,手动打开气门
GAS:	向油管注入更多汽油
RFILT:	更换汽油过滤器
CLEAN:	清洁和紧固电池电缆
NSTAR:	更换启动器
CBATT:	更换电池

2．观测的表示

观测是指得到结论所需的观察和测量,通常可以用逻辑值、"不知道"或数字值来表示。在交互式系统中,一般包括向使用者询问信息的系统;但如果可以从仪表盘直接读取或者可以从外部程序进行输入,那么将不需要使用者的介入。在向使用者进行询问得到观测的途径中,可以用有关的主题来组织观测,这样可以使询问更为有效。把问题组织成菜单的编组可以提高观测的效率。这种方法是把问题按主题组织成选择对照表或用数字回答的问题,在这组问题的范围内,任何数量值的回答都是允许的。对问题只需要做"YES"和"NO"回答的是非题模式也是一种有效的询问方法。对于组织问题的主题来讲,这些简单的问题结构经常是合适的,原因在于简化了用户的操作。下面列举一些问题组织的例子。

1）选择题

Odor of gas in carburetor（汽化器中汽油的气味）

NGAS:	无气味
MGAS:	正常
LGAS:	气味很浓

2）对照表

Type of problem（问题种类）

```
FCWS:     汽车不能启动
FOTH:     汽车有其他问题
```

3）数字类型问题

```
TEMP:     室外温度
```

4）是非题

```
EGAS:     油表读数空值
```

在某些系统中把观测按假设那样来处理，每个观测都附有一个可信度等级。例如，使用者可以说明温度为 55℃ 的可信程度为 90%，或在汽化器中的汽油气味是正常的可信度为 80%。不同的是，专家系统中对问题的回答限于"真""假""不知道"或数字。即使使用这种方法，对于某个重要观测，系统的设计者也可以通过建立一个新的观测来测量偏离实际结果的因素，以确定可信。例如，系统可能先询问一个仪表的读数，然后询问这个读数的可信程度等。

虽然观测可以表达推理规则的前项所需的大多数信息，但是在某些情况下，系统设计者可能发现包括更多信息的过程知识。事实上，系统要调用一个子程序，这个子程序可以产生一个观测。例如，有一个观测代表汽车消耗每升汽油能前进的距离，要知道这个观测可以设立一个问题去问使用者。另一方面，如果利用一段程序根据实际距离和消耗燃料来计算燃油效率会更加合理。

3．推理规则的表示

通常来说，产生式规则是决策规则最常用的表示形式。这些 IF…THEN…形式的语句用来表示凭经验的推理过程。根据观测和假设之间的逻辑关系，产生式规则可以分为三类：从观测到观测的规则，从观测到假设的规则，从假设到假设的规则。

1）从观测到观测的规则（Fact to Fact，FF）

FF 规则规定那些可以从已确定的观测直接推导出来的观测真值，因为把观测和假设组合在一起可以描述功能更强的规则形式。一般，FF 规则使知识局限于建立对问题顺序的局部控制。FF 规则规定了那些真值被确定的观测与其他一些真值未被确定的观测之间的可信度逻辑。利用 FF 规则，根据对先前问题的回答就可以确定对问题的解答，可以避免询问不必要的多余问题。在问题调查中，问题的排列顺序是从一般的问题到专门的问题。可以构造一个问题调查表，在表中将问题分组，以便严格按照顺序从头到尾地询问这些问题。然后可以在任何给定的阶段，规定条件分支，这些条件分支取决于对问题调查表先前部分的回答。

如果前灯不亮的观测为假，那么与前灯不亮相关的观测，如 HEAD（车头灯）、FTURN（转向灯）和 PARK（手刹灯）不亮也都为假。这在专家系统的表示法中可以表示为以下 FF 规则：

```
F(FRONT, F) → F(HEAD: PARK, F)
```

其中，F(FRONT, F)表示观测 FRONT 是假；F(HEAD:PARK, F)表示在问题调查表中排列次序在 HEAD 到 PARK 之间的全部观测都为假。对后灯也可以构建类似规则：

```
F(REAR, F) → F(TAIL: BU, F)
```

这个例子的前提是已经知道前灯不亮，才会进一步询问关于前灯的专门问题。这个例子告诉我们如何设计问题调查表，调查表以一种自然的方式引导询问的顺序。这种自然方式仅限于询问那些未被以前的回答排除掉的数据。

2）从观测到假设的规则（Fact to Hypothesis，FH）

在很多用于分类的专家系统中，产生式规则被设计成可对产生式结论的可信度进行测量的形式。可信度的测量一般是 -1～1 之间的数值。这个数值在数学上的限制要比对概率的测量少。数值-1 表示结论完全不可信，1 表示完全可信，0 表示还没有决定或不知道结论的可信度。可信度测量和概率之间的主要区别在于，如何划分假设的可信度陈述与假设的不可信度陈述。根据概率论，一个假设的概率总是等于 1 减去这个假设的否定概率。可信度可以不必依靠对使用频率的分析，而是比较自由地对规则赋予可信度。

与不用可信度的测量比较，应用可信度测量的优点是，可以更简洁地表示专家知识，但是也有一些应用场合不用可信度测量或只用完全肯定或否定就可以很好地解决问题。

有时把 FH 规则与功能更强的 HH（从假设到假设）规则相区分是必要的。因为如果一个规则只包括观测，它就可以被处理得更简单有效。下列规则表示如何简单地组合一对观测推理出一个假设：

```
F(SCRNK, T) & F(DIM, T0 → H(BATD, 0.7))
```

这条语句表示如果启动器旋转缓慢并且车头灯暗淡，那么电池耗尽的可信度为 0.7。

以下规则表示把一个观测与一组替换物组合的缩写。我们用 $(n: A, B, C, D)$ 表示，为了满足条件，几个或更多的替换观测 A、B、C、D 不允许被满足，或者取值为真。设 $n = 1$，这使我们可以确定，表的任何一个条件都是充分的。如果没有这样的表示法，就要增加许多规则。例如，语句

```
F(TEMP, 0:50) & (1: F(SCRNK, T), F(OCRNK, T)) → H(CHOKE, 0.7)
```

表示，如果气温是在 0～50℃之间并且一个或多个条件为真，启动器旋转缓慢，那么气门被堵塞的可信度为 0.7。

3）从假设到假设的规则（Hypothesis to Hypothesis，HH）

HH 规则用来规定假设之间的推理关系。与 EMYCIN 和 PROSPECTOR 不同，专家系统中的 HH 规则规定的假设被赋予了一个固定范围的可信度。例如，语句

```
F(FCWS, T) & H(FLOOD, 0.2:1) → H(WAIT, 0.9)
```

表示，如果汽车不能发动并已得出汽缸被淹的结论，可信度为 0.2～1，那么等待 10 分钟或在启动时把风门踏板踩到底（可信度为 0.9）。

这里讨论的汽车修理咨询系统是一个试验系统，包含的规则数量有限，但是实际的专家系统会有几百甚至上千条规则。从提高效率、实现模块化、容易描述等实际问题出发，产生式规则中增加了描述性的成分，称为上下文。上下文把某一组规则的使用范围限制为专门的情况。只有当先决条件被满足时，这组规则才能被考虑使用。在专家系统的表达式中，一组 HH 规则被分为两部分，必须先满足 IF 条件，才能考虑 THEN 中的规则。例如，只有当观测 FCWS 为真，即汽车不能发动时，才会进一步研究规则的 THEN 部分。

下面展示一条 HH 规则：

```
IF   F(FCWS, T)                              （如果汽车不能发动为真）
```

这个条件确定了研究下述规则需要的上下文，也就是说，如果 FCWS 为假，就没有必要向下继续研究下述规则了。

```
THEN
    H(FLOOD, 2:1) → H(WAIT, 9)
```

```
        H(CHOCK, 2:1) → H(OPEN, 5)
        H(EMPTY, 3:1) → H(GAS, 9)
        H(FILT, 4:1) → H(RFILT, 9)
        H(CAR, 2:1) → H(CLEAN, 7)
        H(BATD, 4:1) → H(GBATT, 8)
        H(STRTR, 4:1) → H(NSTAR, 9)
    END
```

11.6.2 知识的使用

在试验性系统中有两个关于控制的问题，也是两个相互关联的目标：得到准确的结论，询问恰当的问题，以帮助分析和决策

专家系统还不是一门精确的科学。专家经常提供大量的信息，我们必须力图获取专家推理过程中的关键内容，并尽可能准确而间接地表示这些知识。因为现有的实现产生式规则的方法之间有许多差别，所以善于选择那些适合实际问题的结构和策略很重要。例如，有许多表示询问策略的方法，但对于所研究的应用，询问的顺序可能并不重要或可以容易地确定询问顺序。在汽车修理咨询系统中，问题调查表可以表明这一点。在问题调查表中，很简单的结构（如 FF 规则）就可以进行控制。

1. 结论分级与选择

按评价的先后次序，规则被分成不同等级，选择规则是推理过程中控制策略的基本部分。我们可以根据专家的意见来排列和评价规则的次序，与此同时，必须研究规则对评价次序的影响。规则评价次序的编排应该使得不论采用什么次序，得到的结论都是相同的。如果所有的产生式规则都像 FH 那样，那么调用规则的次序实际上从来不会改变结论。这是因为 FH 规则之间不会互相影响。规则的左边只包括观测，这些观测在给定的情况下既可能是真，也可能是假。但是在大多数产生式系统中，典型的规则是像 HH 那样，经常取决于通过应用其他规则而得到的中间结果。例如，在汽车修理咨询系统中存在的一些规则。

```
        F(FCWS, T) & H(FLOOD, 0.2:1) → H(WAIT, 0.9)
```

这个规则表示，如果汽车不能发动，并且这个问题以 0.2～1 的可信度得出汽缸被淹的结论，那么等待 10 分钟或在启动时将风门踏板踩到底。

"气缸被淹"这个假设必须在引用这条规则之前做出。处理这类问题的方法有几种。在 EXPERT 系统中，系统的设计者编排规则的次序，使得 HH 排列的顺序即为规则被评价的实际顺序。在每个咨询的推理循环中，每个规则只被评价一次。当系统收到一个新的观测时，就开始新的推理循环，所有 HH 规则被重新评价。这种方法相对比较简单，因此容易实现，并且不会带来固有的多义性。但这种方法的缺陷是专家必须编排规则的次序。

在产生式规则中运用可信度测量，不仅可以反映实际存在于专家知识中的不确定性，还可以减少产生式规则的数量。如果我们以相互不相容的方式来表示观测和假设之间所有可能的组合，即一条规则只能被一种情况所满足，那么即使对一个小系统来说，所需的规则数量也会很大。因此，希望有一种方法来减少为表示专家知识所需要的规则的数量。可信度测量可对给定的情况进行加权，因此对抽取专家知识是一种有用的手段。通常，我们只对一小组对于得到

所希望结论有关键性作用的规则感兴趣，这时可以借助可信度测量突出这些规则，而用互不相容的方式表示这些规则就相当复杂。另一方面，不用互不相容的方式表示规则带来的问题是，在推理循环的任何阶段都可能有几条规则被满足。这些规则蕴含了相同的假设，但是具有不同的可信度测量，其中有些规则似乎是相互冲突的。

继续举汽车修理咨询系统的例子，其中几个规则同时被满足，都可被用于相同的假设：

F(NCRNK, T) & F(DIM, F) → H(STRTR, 0.7)

以上规则语句表示，若启动器不转动，车头灯暗淡，则启动器工作不正常的可信度为 0.7。

F(GRIND, T) →H(STRTR, 0.9)

以上规则语句表示，若启动器发生摩擦的噪声，则启动器工作不正常的可信度为 0.9。

如果以上两个规则同时被满足，就必须把两个可信度数值进行组合得到另一个数值。多规则支持同一事实的情况，专家系统采用记分函数来组合可信度。例如，这两个规则的可信度都是正数，但是可信度的范围为 –1～1，那么在计算记分函数的时候要考虑可信度在 –1～1 范围内这一情况。

专家系统所用的记分函数在假设涉及的可信度中选择最大的绝对值，因此当上述两条规则都被满足时，赋予"启动器不能正常工作"假设的可信度为 0.9。对负数而言，用绝对值来比较，也就是说，在 –1～0.9 之间将选择 –1 的产生式规则从数学上来说是不完整的。它们是根据经验产生的，并不满足某种严格的逻辑数学的约束。选择什么样的记分函数要根据具体情况而定，一种记分函数虽适用于这种情况但并不一定适用于另一种情况。选择记分函数的问题涉及数学和统计方法综合应用于大范围推理的困难，这种困难在产生式规则的情况下更为突出，因为它与根据严格数学公式所使用的模型并不相同。

虽然记分函数并不能完美地解决问题，但是在很多场合可以应用得很好。EMYCIN 和 PROSPECTOR 系统都运用了记分函数并得到了不错的效果，而其他一些系统，如 OPS，并没有使用记分函数。记分函数的目标之一是，解决证据的冲突和度量单个证据的累积影响。在应用记分函数带来的问题中，包括扩展可信度时所产生的不准确性，以及在解释扩展的可信度是如何得来和解释校正所扩展的可信度应如何修改知识库时的困难。所以在一些应用中，要尽可能少地使用记分函数。

如果所有的观测可以同时被获取，并且所研究的只是分类问题，那么可以使用很简单的控制策略来完成。在得到所有的观测后，首先确定是否有其他观测可以用 FF 规则来推理，然后调用 FH 规则和按次序编排的 HH 规则。规则是有次序的，所以处理只需要一个循环就可以完成。当然，有时可能希望建立一个系统，它的观测并不是一次就接受的，而是通过询问适当的问题，这就需要研究询问策略了。

2. 询问问题的策略

得到一个询问问题的最佳策略是很困难的，因为询问的质量很大程度上取决于事先是否已经将问题组织好。如果把问题都组织成是非题形式，这些问题并不包含进一步的结构，那么结果会是对许多应用都没有一种询问策略可以工作得很好。因为这种方法没有表示出问题之间的相互联系，所以系统不允许询问多个问题，而对照表可以同时回答相关问题。一个好的询问策略是，使问题包含尽可能多的结构，应该根据共同的主题把问题分组。用 FF 规则可以在问题调查表中强制按主题进行分支。这种方法在许多应用中很适合，尤其是对一些专门的、设计主题相对有限的应用。专家系统中只使用单个问题调查表的情况也不少见，如果系统推理所需的信息不是同时接收，就有两种提问策略可选。

1）固定的顺序

在某些条件下，专家以预先规定的序列或顺序收集所需的知识。例如，在医疗过程中根据经验或系统化过程的习惯，医生总是以固定的流程向病人问诊。

2）不固定的顺序

非固定顺序有几种依据来进行提问。

① 先询问代价最小的问题。对每个问题进行风险评估测量，对代价小的问题首先提问。按照文字很难对风险代价进行评估，所以通常进行直观的近似分级。

② 先询问对当前可信度高的假设有影响的问题。

③ 询问与当前记录观测有关的假设。

④ 只考虑对某些假设等级有决定性作用的问题。

⑤ 当某假设的可信度超过预先确定的阈值时，终止询问。这种策略并不常用，因为系统往往希望问较多的问题。

11.6.3　决策的解释

系统的设计者和用户都需要系统对它所做出的决策给予解释，但是它们对决策解释的要求又各不相同。下面分别介绍针对系统设计者和用户的解释。

1．对系统设计者的解释

如果是对系统的设计者解释决策，那么只需显示为了推论出给定假设所需满足的那组规则，就是最直接的解释。当系统应用可信度测量时，若采用复杂的记分函数，则很难清楚地解释一个假设的最后等级是如何得来的。当不使用可信度测量或应用类似取最大值这样简单记分函数时，摘录在推理过程中所用到的单个的规则就可以组成对决策的解释。如果这些规则也用于设计其他假设，那么可以跟踪有关的假设和对这些假设制定相应的规则。以下是这种类型解释的例子，要求做出对假设电池耗尽（BATD）的解释。

电池耗尽的假设是根据下列规则得出的：

启动器的数据指示：	不转动
简单的检测：	车头灯暗淡
那么	电池耗尽（0.9）

这种解释对设计者评价系统当前的推理方式及修改系统的性能很有用。然而，这种解释对系统的使用者来说过于生硬。

2．对用户的解释

如果用语句来说明结论，也是一种解释的方法。这些语句要比单纯地声明一个结论要自然得多。系统所用的假设可能是任何形式的包含说明和建议的语句。有时系统的设计者可以预先提出某些适合给定假设的解释。例如，在汽车修理系统中，可以给出一个有解释性说明，而不是生硬地把结论分为诊断结果和处理建议两种。

11.6.4　MYCIN 系统

专家系统的设计与构建目前还没有一个统一的指导理论。根据应用领域的不同，专家系统所采用的设计方法可能千差万别。例如，DENTRAL 系统是一个协助化学家分析有机化合物结构的专家系统，采用扩展的产生式方法。R1 是 DEC 公司设计的评估计算机配置的专家系统，采用了综合产生式系统设计方法。HEARSAY Ⅱ是语音理解专家系统，将理解语音需要的各种知识组织为相互作用的知识源，知识源又通过总数据库相联系。MYCIN 是用于医疗诊断的咨询专家系统，采用非精确推理来处理事实和规则的不确定性。专家系统是很复杂的程序系统，要进行完整的介绍是很困难的，本节以 MYCIN 为例介绍专家系统的用途、结构、知识表示、假设推理和工作过程等内容。

MYCIN 系统是斯坦福大学建立的对细菌感染疾病的诊断和治疗咨询专家系统。医生向系统输入病人信息后，MYCIN 可以进行诊断并给出治疗处方。

针对细菌感染疾病，专家系统对病情诊断和提出处方的过程大致可分为 4 步。

（1）确定病人是否有重要的病菌感染需要治疗，首先判断疾病是否由病菌所引起。

（2）确定引起疾病的病菌种类。

（3）判断哪些药物可以抑制致病菌。

（4）根据病人情况选择用药。

这样的决策过程比较复杂，主要依靠医生的临床经验来判断。MYCIN 系统试图用产生式规则的形式体现专家的判断，模仿专家的推理过程。

系统通过与内科医生之间的对话收集病人的基本情况，如临床、症状、病历、数据等。系统首先询问患者一些基本情况，内科医生在回答询问时所输入的信息被用于做出诊断。诊断过程中如需要进一步的信息，系统会继续询问。一旦可以做出系统认为合理的诊断，MYCIN 就列出可能的处方，然后在与医生进一步对话的基础上选择适合病人的处方。

在诊断引起疾病的细菌类别时，将病人的化验物样品放在适当的介质中培养，可以取得某些关于细菌生长的迹象。但要完全确定细菌类别却需要一到两天的时间或更长，而长时间的等待显然是不合理的。因此在信息不完全或不准确的情况下，需要对治疗方案进行确定，MYCIN 的重要特点之一就是对不确定和不完全信息的推理。

MYCIN 系统可以用英语与用户进行交流，简化了操作，力图使更多的医生愿意使用这个系统。系统具有解释能力，可以解答用户的疑问，使用户了解决策产生的过程。此外，在用户交互上，MYCIN 还有其他一些相对智能的设计。

MYCIN 系统分为咨询子系统、解释子系统和规则获取子系统三部分。系统的全部信息都存放在两个数据库中：静态数据库存放咨询过程中用到的规则，是实际的专家系统知识库；动态数据库存放病人的信息，以及正在进行的咨询所产生的动态数据。

MYCIN 系统工作的过程是，先启动系统，再进入人机对话界面。系统向用户提出必要的问题，根据得到的信息进行推理。每次询问的问题取决于上一次用户的回答。系统只在根据已有信息无法继续进行推论的时候才进行下一次询问。如果用户对咨询的解答有疑问，那么可以打断咨询并向系统要求解释，而后重新回到咨询的工作过程。在咨询结束的时候，系统自动进入解释子系统。解释子系统回答用户的疑问并告知推理过程。解释的过程是系统用自然语言表示规则并说明为什么需要某一次询问，以及如何得到某种结论等。这个透明化过程可以增加用户对系统的信赖。

规则获取系统只供建立系统的工程师使用。当发现有规则被遗漏或不完善时，知识工程师可以使用这个系统进行规则修改。

MYCIN 系统使用 INTERLISP 编写，最初包含了 200 条细菌症状规则，可以识别 50 种左右的细菌。后经改进，系统可以诊断和治疗多种疾病，对于某些疾病，如菌血症和脑膜炎等，MYCIN 甚至比人类专家还要高明。MYCIN 在推进专家系统发展的方面做出的最大贡献是经其演变产生了 EMYCIN 系统——一种被广泛使用的专家系统开发工具。

11.7　新型专家系统

11.7.1　新型专家系统的共同特征

基于规则的知识库理论对于专家系统虽然具有举足轻重的意义，但是限制了专家系统的进一步发展。专家系统的发展不仅需要定性模型，更需要依赖人工智能和计算机学科的发展。新型专家系统主要有协同式和分布式专家系统，具有如下共同特征。

① 并行与分布处理。基于各种并行算法，新型专家系统采用各种并行推理和执行技术，适合在多处理器的硬件环境中工作，即具有分布处理的功能。

② 多专家系统协同工作。在这种系统中有多个专家系统协同合作。

③ 高级语言和知识语言描述。专家系统生成系统能自动或半自动地生成所要的专家系统。

④ 具有自学习功能。新型专家系统应提供高级的知识获取与学习功能。

⑤ 引入新的推理机制。除了演绎推理，新型专家系统还应有归纳推理、各种非标准逻辑推理，以及各种基于不完全知识和模糊知识的推理等。

⑥ 具有自纠错和自完善能力。为了自纠错必须首先有识别错误的能力，为了自完善必须首先有鉴别优劣的标准。

⑦ 先进的智能人机接口。理解自然语言，实现声音、文字、图形和图像的直接输入、输出是如今人们对智能计算机提出的要求。

11.7.2　分布式专家系统

分布式专家系统是把一个专家系统的功能分解后，分布到多个处理器上去并行地工作，从而在总体上提高系统的处理效率。它可以工作在紧耦合的多处理器系统环境中，也可工作在松耦合的计算机网络环境中，所以其总体结构在很大程度上依赖于其所在的硬件环境。设计和实现分布式专家系统存在几个关键问题。

① 功能分布：如何把分解得到的系统的各部分功能或任务合理、均衡地分配到各处理结点。

② 知识分布：根据功能分布的情况把有关知识经合理划分后，分配到各处理结点。

③ 接口设计：各部分之间接口的设计目的是各部分之间互相通信和同步能够容易进行，在保证完成总的任务的前提下，要尽可能使各部分之间互相独立，部分之间的联系越少越好。

④ 系统结构：一方面依赖于应用的环境和性质，另一方面依赖于所处的硬件环境。

⑤ 驱动方式：如何驱动各模块的相互协作，通常有以下几种方式可以选择。

❖ 控制驱动——当需要某模块工作时，就直接将控制转到该模块，或将它作为一个过程直接调用，使它立即工作。

❖ 数据驱动——一般，系统的模块功能是根据一定的输入，启动模块进行处理后，给出相应的输出。

❖ 需求驱动——一种自上而下的驱动方式，也称为"目的驱动"，是指同时按数据驱动的原则让数据（或其他条件）具备的模块进行工作，输出相应的结果并送到各自该去的模块。

❖ 事件驱动——当且仅当模块的相应事件集合中所有事件都已发生时，才能驱动该模块开始工作。否则只要其中有一个事件尚未发生，模块就要等待，即使模块的输入数据已经全部齐备。

11.7.3 协同式专家系统

协同式专家系统也被称为"群专家系统"，表示能综合若干相近领域或同一个领域的多方面的子专家系统互相协作，共同解决更广领域问题的专家系统。系统更强调子系统之间的协同合作，而不着重于处理的分布和知识的分布。一般专家系统面向的领域很窄，单个专家系统的应用局限性很大，很难获得满意的应用，协同式专家系统可以很好地解决这个困难。设计一个协同式专家系统需要解决以下问题。

1．任务分解

根据领域知识，将确定的总任务分解成几个子任务，分别由几个子专家系统来完成。

2．公共知识导出

把解决各分任务所需知识的公共部分抽离出来，形成一个公共知识库。这个知识库可以被各子专家系统共享。对解决各分任务专用的知识则分别存放在各子专家系统的专用知识库中。

3．讨论方式

目前，很多设计者提出采用"黑板"作为各分系统进行讨论的"园地"。为了保证在多用户环境下黑板中数据或信息的一致性，需要采用管理数据库的一些手段来管理和使用，因此黑板有时也被称为"中间数据库"。

4．裁决问题

裁决问题的解决方式一般依赖于问题本身的性质。

5．驱动方式

驱动方式与分布数据库中要考虑的相应问题一致。尽管协同式多专家系统和各子系统可能工作在一个处理机上，但仍然有以什么方式，将各子系统根据总的要求激活执行的问题，也就是"驱动方式"问题。

本章小结

专家系统是具备一系列专门知识和经验的计算机程序，通过一定的设计架构，对一类问题进行建模，并利用知识库中的知识表示和推理来模拟人类专家解决问题的过程，从而达到同等的问题解决效果。本章讨论了专家系统的基本概念、基本结构，列举了几种常见的专家系统，并对专家系统的开发进行了介绍。

知识工程是在专家系统的发展过程中逐渐形成的一个新的研究领域。知识工程以知识为研究对象，将智能系统研究中存在的共同问题作为核心内容，使之指导具体的智能系统研究，是一门研究方法论的科学。20世纪80年代以后，很多专家系统开发工具都是基于知识工程的指导而产生的。本章介绍了MYCIN。

作为一个软件，专家系统虽然复杂，但是基于开发过程遵循一般软件开发流程，同时需要考虑知识工程的一些特点。未来的专家系统将更多结合新技术来弥补自身的不足，在社会生产中发挥更大的作用。

习 题 11

11.1 什么是专家系统？专家系统具有哪些特点？

11.2 简述专家系统的构成及各部分的作用。

11.3 什么是基于规则的专家系统和基于框架的专家系统？它们各自有何特点？

11.4 基于模型的专家系统在结构上有何特点？

11.5 简述专家系统开发的一般步骤。

11.6 新型专家系统有何特点？什么是分布式专家系统和协同式专家系统？

第 12 章

生成式人工智能

过去的几十年，人工智能已经从科幻小说的幻想变成了现实生活中无处不在的技术，改变了我们与世界互动的方式，从简化日常任务到驱动复杂的工业过程。随着技术的进步，人工智能现在不仅仅是一个自动化工具，已经发展到能够创造出全新、原创的内容，即生成式人工智能（Artificial Intelligence Generated Content，AIGC）。生成式人工智能涵盖了利用人工智能技术创作文本、图像、音乐和其他形式的媒体内容的实践。这个新兴领域的兴起标志着创意和表达方式的一大飞跃，挑战了传统上关于创作是人类独有能力的观念。从自动生成的新闻文章到风格化的艺术作品，生成式人工智能技术正在开辟创作新领域，为艺术家、设计师、作家和开发者等提供了前所未有的工具和可能性。

12.1　生成式人工智能概述

生成式人工智能（AIGC）的背景深植于计算机科学和人工智能（AI）的早期研究中。在人工智能发展的初期，研究主要集中于如何让机器模仿人类的决策过程和解决问题的能力。随着时间的推移，随着机器学习（Machine Learning，ML）和深度学习（Deep Learning，DL）的进步，研究者开始探索人工智能在创造性任务中的潜能。20世纪90年代，随着网络和算法的初步发展，生成式网络开始被用于简单的图像和文本生成实验。这些早期的尝试奠定了生成式人工智能发展的基础，展示了人工智能在模仿和创造人类艺术和文本方面的潜力。生成式人工智能是多学科交叉的成果，结合了计算机视觉、自然语言处理、音乐理论等领域的研究成果，为人工智能在内容生成上的应用提供了理论和技术支持。

生成式人工智能的发展经历了从初步探索到日益成熟的过程。早期，生成式人工智能系统能够生成的内容相对简单，如基本的文本和图像。但随着基础的生成算法模型不断突破创新。2014年，Ian Goodfellow 提出的生成对抗网络（Generative Adversarial Network，GAN）成为早期最著名的生成模型，其主要思想是通过生成器与判别器不断对抗进行训练，最终使得判别器难以分辨生成器生成的数据（图片、音频等）和真实的数据。这些技术的发展使得机器不仅能够复制已有的艺术风格，还能够创造出全新的、前所未见的作品。近年来，随着计算能力的提升和大数据的可用性，生成式人工智能系统已经能够在文本、图像、音乐和视频等领域内产生创新和高质量的内容。这不仅展示了人工智能的创造潜力，也为内容创作、媒体生产和艺术表达开辟了新的可能性。生成式人工智能的发展促进了个性化内容生成的能力，能够根据用户的行为和偏好生成独特的内容。此外，通过增强现实（AR）和虚拟现实（VR）技术的融合，生成式人工智能为用户提供了更加沉浸式和互动性的体验。

生成式人工智能的主要特点如下。

❖ 高效性：可以在极短的时间内生成大量内容，这对于需要快速生产大量内容的领域（如新闻发布、社交媒体内容创建等）尤为重要。

❖ 创新性：能够在学习现有样本的基础上，创造出全新的作品。这种创新不仅体现在内容的新颖性上，也体现在创作方法和过程的革新上。

❖ 可定制性：可以根据用户的具体需求和偏好，生成定制化的内容，从而能够服务于广泛的应用场景和用户群体。

❖ 辅助创作：为人类艺术家和内容创作者提供了一个强大的工具，可以生成创意草图、提供灵感或者直接参与创作过程，从而拓展人类的创造力和表现力。

12.2　生成对抗网络

与普通神经网络不同，生成对抗网络（GAN）由两个主要网络构成：生成网络（Generator Network）和判别网络（Discriminator Network）。二者也可称为生成器（Generator）和判别器（Discriminator）。所有生成对抗网络的核心逻辑是生成器和判别器之间的相互对抗和博弈。

12.2.1 生成对抗网络概述

生成对抗网络（GAN）由古德费罗（I. Goodfellow）及其同事在 2014 年首次提出，古德费罗提出生成对抗网络（GAN）的主要动机是解决无监督学习的难题，尤其是如何生成新的、逼真的数据样本。他寻求一种能够自动捕捉和理解数据分布的模型，而不需复杂的特征工程或标签数据。古德费罗构想了一种新的框架，其中两个神经网络以对抗的方式进行训练：一个网络负责生成数据（生成器），另一个网络负责评估数据（判别器）。这种设置启发于博弈论中的零和博弈，其中一个参与者的损失等于另一个参与者的收益。通过让生成器和判别器相互竞争，生成对抗网络（GAN）能够逐渐学习到生成高质量数据的方法。

生成器的功能是随机产生一些样本，而判别器的功能是判断给定的输入样本的真伪，即断定判别器的输入样本是否来源于训练数据集，如图 12-1 所示。例如，有一个关于苹果图像的训练数据集，假设此时生成器生成了一张香蕉的图像，但香蕉图像不太可能来源于苹果数据集，故训练成功的判别器应当判定出香蕉图像是伪造的。在训练过程中，生成器和判别器进行博弈，其中生成器不断提高生成能力，使其产生的样本越来越像训练数据集中的样本，从而可以骗过判别器，而判别器不断提高鉴定能力，尽可能区分出输入样本是否来源于训练数据集。

图 12-1　判别器的原理

比如，生成器开始生成的是香蕉的图像，因为香蕉和苹果的形状有很大差异，判别器学习到形状差异信息后，便可判定香蕉图像是生成器伪造的而不是来源于训练数据集；接下来生成器根据判别器的反馈信息来自我改进，生成器必须生成与苹果形状一样的图像。例如，改进后的生成器生成的是橘子的图像，这时的判别器只是根据形状特征无法分辨橘子和苹果；判别器开始自我改进，从训练数据集的苹果图像和生成器生成的橘子图像中寻找新的分类特征，可能选择将颜色添加为新的特征作为分类依据，此时判别器又可以将橘子和苹果鉴定出来……生成器继续改进；此过程交替进行，直到生成器可以生成与训练数据集一样的苹果的图像。

生成器和判别器的能力在初始时均比较弱，但随着不断地自我学习和博弈，最终进入一个纳什均衡（Nash Equilibrium）状态，即生成器产生的样本与训练数据集中的样本分布一致，判别器的鉴定能力也达到最佳，只要输入的样本与训练数据集中的样本有任何不同，都可以被检测出来。在纳什均衡状态，两者已无法做出任何提升，生成器的任何改变都预示着生成能力的下降，判别器的任何改变都预示着判别能力的下降，而且无论生成器（判别器）如何改变，判别器（生成器）也不会做出任何调整，此时博弈训练过程完成。显然，由于生成器生成的样本与训练数据集中的样本完全一致，判别器将无法判定生成器产生的样本的真伪，此时便得到了一个完美的生成器。

12.2.2 生成对抗网络的工作原理

假设生成器和判别器均为最简单的全连接网络，其参数分别表示为 θ 和 φ，假设训练数据集 $\{x^{(1)}, x^{(2)}, \cdots, x^{(N)}\}$ 的采样相互独立，采样概率分布为 $P_{\text{data}}(x)$，生成器生成的样本集为 $\{x_G^{(1)}, x_G^{(2)}, \cdots, x_G^{(N)}\}$ 满足的概率分布为 $P_G(x)$。

判别器的输入为样本 x，输出为 0~1 之间的概率值 $p = D(x)$，表示样本 x 来源于训练数据集分布 $P_{\text{data}}(x)$ 的概率，$1-p$ 表示样本 x 来源于生成样本分布 $P_G(x)$ 的概率。$D(x)=1$ 表示样本 x 完全来源于训练数据集，而 $D(x)=0$ 表示样本 x 完全不来源于训练数据集，即完全来源于生成样本分布。注意，实际中的判别器的输出是一个"软"结果，而非之前所述的非真即假的"硬"分类结果，判别器最后一层的激活函数大多使用 Sigmoid 函数。

在训练判别器时，我们面对的是一个监督学习的二分类问题：对于训练数据集中的样本，判别器应输出 1；而对于生成器生成的样本，判别器应输出 0，如图 12-2 所示。

图 12-2　生成器的原理

使用二分类交叉熵作为损失函数可得判别器的目标函数为

$$\max_{\theta} E_{x \sim P_{\text{data}}} \left[\log D(x) \right] + E_{z \sim P_z} \left[\log(1 - D(G(z))) \right] \tag{12.1}$$

在实际训练时，两类样本的训练数据为

$$\{(x^{(1)},1),(x^{(2)},1),\cdots,(x^{(N)},1),(G(z^{(1)}),0),(G(z^{(2)}),0),\cdots,(G(z^{(M)}),0)\}$$

则目标函数为

$$\max_{\theta} \frac{1}{N} \sum_{i=1}^{N} \left[\log D(x^{(i)}) + \log(1 - D(G(z^{(i)}))) \right] \tag{12.2}$$

在训练生成器时，训练数据集为 $\{z^{(1)}, z^{(2)}, \cdots, z^{(M)}\}$。对于生成器，目标函数为

$$\max_{\theta} E_{x \sim P_{\text{data}}} \left[\log D(x) \right] + E_{z \sim P_z} \left[\log(1 - D(G(z))) \right] \tag{12.3}$$

而第一项对于生成器而言为常数，故可简化为

$$\min_{\theta} \frac{1}{N} \sum_{i=1}^{N} \log(1 - D(G(z^{(i)}))) \tag{12.4}$$

生成对抗网络（GAN）采用交替训练判别器和生成器的方式进行训练，通常先训练 k 次判别器，再训练 1 次生成器，直至目标函数收敛。

算法 12-1　GAN 训练

> FOR 训练次数 DO
> 　　FOR 判别器训练次数 DO
> 　　　　从 $P_z(z)$ 中采样得到 $\{z^{(1)}, z^{(2)}, \cdots, z^{(N)}\}$
> 　　　　从 $P_{\text{data}}(x)$ 中采样得到 $\{x_G^{(1)}, x_G^{(2)}, \cdots, x_G^{(N)}\}$
> 　　　　根据式（**12.2**）的目标函数训练判别器

从 $P_z(z)$ 中采样得到 $\{z^{(1)},z^{(2)},\cdots,z^{(N)}\}$

根据式 (12.4) 的目标函数训练判别器

实际上，在训练早期，生成器的生成能力一般比较差，而判别器的判别能力往往比较强，即 $D(G(z))$ 的值普遍很小，导致生成器的梯度比较小，这也是饱和形式的目标函数（式(12.3)）的弊端，如图 12-3 中下方的曲线所示。

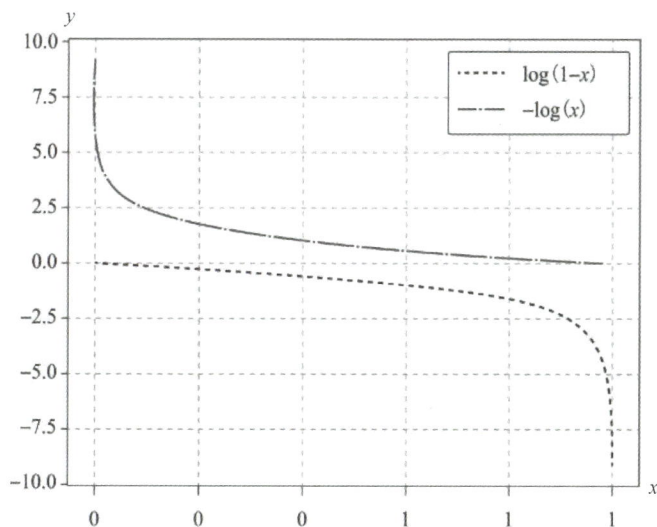

图 12-3　饱和形式与非饱和形式函数曲线

所以，有时生成器会使用能在初始时提供较大梯度的目标函数，即非饱和形式

$$\max_{\phi} E_{Z \sim P_Z}\left[-\log D(G(z))\right] \tag{12.5}$$

根据图 12-3 中在两条曲线的样本对比可知，非饱和形式目标函数在训练早期可提供更多的梯度。实际使用样本进行训练时，目标函数为

$$\max_{\phi} \frac{1}{N} \sum_{i=1}^{N}\left[-\log D(G(z^{(i)}))\right] \tag{12.6}$$

12.2.3　生成对抗网络的本质

为了深入探究生成对抗网络（GAN）的本质，需对其进行理论上的分析。在每次迭代训练的过程中，令目标函数的一阶导数为 0，可得到最优判别器 D^* 为

$$D^*(x) = \frac{P_{\text{data}}(x)}{P_{\text{data}}(x) + P_G(x)} \tag{12.7}$$

具体证明过程如下。

首先，对目标函数中的项进行变换：

$$P_G(G(z))\mathrm{d}x = P_Z(z)\mathrm{d}z \tag{12.8}$$

则判别器的目标函数变为

$$\max_{\theta} E_{x \sim P_{\text{data}}}\left[\log D(x)\right] + E_{z \sim P_G}\left[\log(1 - D(G(x)))\right] \tag{12.9}$$

令其一阶导数为 0，即

$$\Leftrightarrow \frac{\partial}{\partial \theta} E_{x \sim P_{\text{data}}} \big[\log D(x) \big] + E_{z \sim P_{\text{G}}} \big[\log(1 - D(G(x))) \big] = 0$$

$$\Leftrightarrow \frac{\partial}{\partial \theta} \left(\int_x P_{\text{data}}(x) \log D(x) \mathrm{d}x + \int_x P_{\text{G}}(x) \log(1 - D(x)) \mathrm{d}x \right) = 0$$

$$\Leftrightarrow \frac{\partial}{\partial \theta} \left(\int_x P_{\text{data}}(x) \log D(x) + P_{\text{G}}(x) \log(1 - D(x)) \mathrm{d}x \right) = 0$$

$$\Leftrightarrow \int_x \frac{\partial}{\partial \theta} \big(P_{\text{data}}(x) \log D(x) + P_{\text{G}}(x) \log(1 - D(x)) \big) \mathrm{d}x = 0 \tag{12.10}$$

$$\Leftrightarrow \int_x \frac{\partial}{\partial D} \big(P_{\text{data}}(x) \log D(x) + P_{\text{G}}(x) \log(1 - D(x)) \big) \mathrm{d}x \frac{\partial D}{\partial \theta} = 0$$

$$\Leftrightarrow \frac{\partial}{\partial D} \left(\int P_{\text{data}}(x) \log D(x) + P_{\text{G}}(x) \log(1 - D(x)) \mathrm{d}x \right) = 0$$

$$\Leftrightarrow D^*(x) = \frac{P_{\text{data}}(x)}{P_{\text{data}}(x) + P_{\text{G}}(x)}$$

当判别器达到最优时，生成器的目标函数为

$$\min_\theta E_{x \sim P_{\text{data}}} \big[\log D(x) \big] + E_{z \sim P_{\text{G}}} \big[\log(1 - D(G(z))) \big] \tag{12.11}$$

通过计算可得到最终的目标函数：

$$\min_\theta E_{x \sim P_{\text{data}}} \big(\log D^*(x) \big) + E_{z \sim P_{\text{G}}} \big[\log(1 - D^*(G(z))) \big]$$

$$= \min_\theta E_{x \sim P_{\text{data}}} \big[\log D^*(x) \big] + E_{z \sim P_{\text{G}}} \big[\log(1 - D^*(x)) \big]$$

$$= \min_\theta E_{x \sim P_{\text{data}}} \left[\log \left(\frac{P_{\text{data}}(x)}{\dfrac{P_{\text{data}}(x) + P_{\text{G}}(x)}{2}} \right) \right] + E_{x \sim P_{\text{G}}} \left[\log \frac{P_{\text{data}}(x)}{\dfrac{P_{\text{data}}(x) + P_{\text{G}}(x)}{2}} \right] - \log 4 \tag{12.12}$$

$$= \min_\theta D_{\text{KL}} \left(P_{\text{data}}(x) \, \| \, \frac{P_{\text{data}}(x) + P_{\text{G}}(x)}{2} \right) + D_{\text{KL}} \left(P_{\text{G}}(x) \, \| \, \frac{P_{\text{data}}(x) + P_{\text{G}}(x)}{2} \right) - \log 4$$

$$= \min_\theta 2 D_{\text{JS}} \big(P_{\text{data}}(x) \, \| \, P_{\text{G}}(x) \big) - \log 4$$

因此，生成对抗网络（GAN）本质上是先通过训练判别器得到 P_{data} 和 P_{G} 的 JS 散度，然后训练生成器使 JS 散度达到最小，当 JS 散度为 0 时，生成器达到全局最优，即 $P_{\text{data}} = P_{\text{G}}$。理论上也可以证明，当生成器和判别器具有足够的容量，并且在给定生成器时，如果判别器能够达到最优解，那么生成对抗网络（GAN）可以实现全局最优。当然，这在实践中几乎是不可能的。

另外，对于生成器的非饱和形式目标函数，同样在最优判别器 D^* 条件下，目标函数变为

$$\min_\theta D_{\text{KL}} \big(P_{\text{G}}(x) \, \| \, P_{\text{data}}(x) \big) - 2 D_{\text{JS}} \big(P_{\text{data}}(x) \, \| \, P_{\text{G}}(x) \big) \tag{12.13}$$

可以看出，这存在理论上的矛盾，即非饱和形式的生成器在最小化 KL 散度的同时也在最大化 JS 散度，这是两个方向相反的优化方向。但从实际效果来看，它的确在一定程度上避免了训练梯度饱和的问题。

12.2.4　生成对抗网络的应用

1．数据增强

生成对抗网络（GAN）在生成逼真图像上的性能远超以往，一经提出便引起了极大的关注。随着研究的深入，研究者逐渐认识到其作为一种表征学习方式的潜力，并进一步地发展了其对抗的思想，将生成对抗网络（GAN）的结构设计用于模仿学习与图像翻译等新兴领域。

一般而言，生成对抗网络（GAN）的应用遵循这样的设计模式：先定义一个模型用于将某一空间中的数据映射到另一空间，再定义一个模型用于评估该映射的质量。通过迭代训练两个模型得到理想的映射模型或评价模型，本文将生成对抗网络（GAN）的应用依据其映射的性质分为三类：数据生成与增强模型，广义翻译模型，以及广义生成模型。

生成对抗网络（GAN）的主要应用之一是数据增强，这可以根据数据的性质分为数据集内增强和数据集外增强两种类型。数据集内增强指的是对训练集中的数据进行填补、清晰化和变换等操作，主要目的是提升数据集的质量。而数据集外增强涉及结合外部知识或无标签数据对数据集进行的调整和推断，以引入原数据集中所缺乏的信息。在有监督的深度学习训练中，研究者常采用平移、缩放、旋转等操作来进行数据增强。这些操作不仅扩大了数据集的样本量，还有助于神经网络学习到如轮廓、纹理等特征，从而更好地收敛至优化的解。数据集内增强是上述工作的一个延伸，涵盖了如缺失数据填补、超分辨率图像生成、视频预测、图像清晰化等应用领域。典型的流程是将有缺陷的或历史数据输入到生成器中，并通过采用生成对抗网络（GAN）的训练方式代替传统的均方误差（Mean Square Error，MSE）等损失函数，以实现更精准的修复或预测效果。

对于计算机视觉领域的许多任务，如图像分类和目标检测，生成对抗网络（GAN）可以用来增强图像以提升性能，也被用于生成对抗样本和提升模型对这些样本的抵抗力。

在数据集外扩展方面，生成对抗网络（GAN）主要用于使用仿真数据来扩大真实数据集。在某些领域，如人脸识别、自动驾驶、机械臂控制等，真实数据难以获取或获取过程缓慢。通过将仿真数据经生成对抗网络（GAN）精炼，使其接近真实数据，研究者能够在仿真环境下用少量真实样本完成任务的训练。

生成对抗网络（GAN）在提高开放集分类（将与训练集内数据类型不一致的样本区分为独立类别）问题的性能方面也显示出一定潜力。通过生成既接近训练集内数据又能被判别器识别为集外数据的样本，生成对抗网络（GAN）能显著提高分类器在开放集分类问题中的性能。

2．恶意攻击检测

在深度学习领域，深度神经网络（DNN）受到特异性生成数据的攻击，可能导致生成模型的脆弱性暴露，从而遭受黑客的操控和利用。为了增强模型的健壮性，一种策略是通过生成对抗网络（GAN）产生大量虚假训练数据。这些数据充当"假想敌"，通过模拟潜在的逆向攻击场景，强迫模型学习辨识并排除这些异常输入。此过程堪比人类接种疫苗，通过接触病原体的弱化版本，增强抵御未来攻击的能力。通过此种方式，生成对抗网络（GAN）不仅能生成逼真数据，还能训练深度神经网络（DNN），以更稳健的方式进行数据分类。

3．加密通信

在安全通信领域，生成对抗网络（GAN）的应用为隐蔽传输敏感信息提供了一种方式。具体而言，通过在图片的额外像素中嵌入加密文本，接收方表面上收到的是一幅普通图片，实际上图片携带了隐藏的加密信息。这种方法允许信息在不被察觉的情况下进行传输，而且通过解密程序可以恢复原始信息。生成对抗网络的变种——自监督生成对抗网络（Self-Supervised GAN，SSGAN）在传统生成对抗网络（GAN）架构中引入了额外的判别器，以检测这种加密图像。自监督生成对抗网络（SSGAN）不仅能识别经过此类加密处理的图像，还能以更高效率生成包含加密信息的图像，极大地增强了信息隐藏和恢复的能力，对于提升数据传输的安全性具有重要意义。

4．视频预测

视频预测是根据当前的几帧视频预测接下来的一帧或者多帧视频。一般常用的做法是用最小二乘回归视频帧的逐个像素值，产生的问题就是生成视频帧存在动作模糊（Motion Blur）。一种采用生成对抗网络的做法是，将现有视频帧改变不同尺寸输入生成模型 G，让其输出接下来的真值帧（Ground Truth Frame）。判别模型与一般生成对抗网络相同，即判断视频帧是生成的还是训练数据原有的。

12.3　ChatGPT

ChatGPT 是由 OpenAI 公司发布的最新一代的 AI 语言模型，是 AIGC 中一项引人瞩目的成果。GPT（Generative Pre-trained Transformer，生成式预训练转换器）是一种基于互联网可用数据训练的文本生成深度学习模型。

12.3.1　GPT 的迭代发展历程

在 ChatGPT 一词中，Chat 是指对话方式，GPT 是指背后的技术，其是一种基于互联网可用数据训练的文本生成深度学习模型，用于文本问答、文本摘要、文本翻译、文本分类、代码生成和对话应答等工作中。从最初版本的 GPT-1 到 GPT-4，仅用 4 年时间，GPT 实现了快速演进，如图 12-4 所示。

2019年2月
15亿　参数量
40GB　预训练数据量

2022年11月
千亿级别 参数量
数百TB　预训练数据量

2018年6月
1.17亿 参数量
5GB　预训练数据量

2020年5月
1750亿　参数量
45TB　预训练数据量

图 12-4　GPT-1 到 GPT-4 的演进

1．GPT-1

2018 年，GPT-1 诞生，这一年也是自然语言处理（Natural Language Processing，NLP）的预训练模型元年。在性能方面，GPT-1 有着一定的泛化能力，能够用于与监督任务无关的自然语言处理任务，包括如下。

❖ 自然语言推理：判断两个句子的关系（包含、矛盾、中立）。

❖ 问答与常识推理：输入为文章及若干答案，输出为每个答案的预测准确率。

❖ 语义相似度识别：判断两个句子的语义是否相关。

❖ 分类：判断输入的文本属于指定的哪个类别。

虽然 GPT-1 在未经调试的任务上有一些效果，但其泛化能力远低于经过微调的有监督任务，因此 GPT-1 只能算得上一个不错的语言理解工具，并非对话式人工智能。

2．GPT-2

GPT-2 于 2019 年正式推出，不过 GPT-2 并没有对原有网络进行过多的结构创新和设计，只使用了更多的网络参数和更大的数据集：最大模型共计 48 层，参数量达 15 亿个，学习目标则使用无监督预训练模型做有监督任务。在性能方面，除了理解能力，GPT-2 在生成方面第一次表现出了强大的性能：阅读摘要、聊天、续写、编故事等。GPT-2 的确展现出了普适而强大的能力，并在多个特定的语言建模任务上实现了彼时的最佳性能。

3．GPT-3

GPT-3 于 2020 年正式推出，是当时世界上最大的语言模型之一，拥有 1750 亿个参数。这些参数是从大规模数据集中学习到的，使得 GPT-3 能够在没有特定任务训练的情况下，通过少量示例或者指令理解任务要求并执行各种语言任务。

ChatGPT 是 GPT-3 的一个变种，专门针对对话交互场景进行优化。与 GPT-3 相比，ChatGPT 的训练数据集更加注重对话交互领域的数据，针对对话交互领域进行了细致的优化，可以更好地适应对话交互场景，提供更加流畅、自然的对话交互体验。

4．GPT-4

GPT-4 是一个更大、更强、更多样的模型，能够接受图像和文本输入，输出文本，而 ChatGPT 只是一个文本到文本的模型。GPT-4 在各种专业和学术的基准测试中表现出人类水平的性能，比如通过了模拟的律师资格考试，解决了逻辑难题，甚至能根据冰箱里的食品制作一个食谱。GPT-4 也更具创造力和协作性，可以与用户一起生成、编辑和迭代各种创意、技术写作任务，如创作歌曲、编写剧本或学习用户的写作风格。

12.3.2　ChatGPT 的优势和挑战

在人工智能领域的快速发展中，ChatGPT 已经成为其中的璀璨明星，不仅能够模拟人类的对话方式，还在多个领域展现出其独特的优势。与此同时，我们也不能忽视它面临的挑战。

1．ChatGPT 的优势

效率提升：ChatGPT 通过自动化对话，节省了大量的时间和资源。ChatGPT 快速生成回应，大幅提高了交流的效率，尤其是在客户服务场景中，能够迅速、准确地回答客户查询，极大地提升了工作效率。

准确性改进：由于 ChatGPT 在训练时使用了大量的对话数据集，能够理解对话上下文并生成适当的回答。比起人工对话，这种基于深度学习模型的系统在准确性上有了质的飞跃。

成本节约：ChatGPT 为依赖于客服聊天机器人的企业减轻了财务负担，能够实时生成类人回应，减少了对昂贵的人力客服代表的依赖，并且随着时间的推移能够不断学习和进步，进一步降低了手动更新聊天机器人回复的成本。

2．ChatGPT 面临的挑战

安全问题：ChatGPT 作为一个高级的机器学习系统，带来了潜在的安全问题。其中，对抗性攻击是一大隐患，攻击者可能通过恶意输入影响模型，使其输出不正确或不希望的结果。此外，ChatGPT 可能被用于传播错误信息或宣传，尤其是当它集成到如社交媒体等广泛传播的平台时。ChatGPT 生成类似人类的文本的能力也增加了冒充和身份盗窃的风险。企业和组织在使用 ChatGPT 或类似技术时，必须认真考虑这些风险，并采取适当的措施来减轻这些风险。

能力限制：尽管 ChatGPT 是一个强大的语言生成模型，但也有其局限性。ChatGPT 只能基于提供给它的输入生成文本，无法访问外部信息或浏览互联网。这意味着它无法提供广泛话题的准确或最新信息，对复杂或非常规问题的回应也可能不足。另外，由于 ChatGPT 受限于人类语言的训练数据集，有时可能出现带有偏见或攻击性的语言。

12.4　生成式人工智能的应用

总体而言，生成式人工智能能通过自动化处理任务、产生新想法、生成有价值的决策或建议，本节将从智能辅助编程、智能测试纠正、智能客服三方面来详细介绍其应用。

1．智能辅助编程

2021 年夏，由 GitHub 和 OpenAI 共同推出的 GitHub Copilot，这个人工智能编程助手标志着生成式人工智能在软件开发领域的突破性进展，基于结对编程的概念。"驾驶员"编写代码，而"副驾驶"即 Copilot 使用生成式人工智能，提供代码建议或优化。Copilot 迅速获得了广泛关注，显示了生成式人工智能技术如何显著提高编程效率和降低错误率。

尽管存在对于使用公开代码库进行生成式人工智能模型训练的法律和伦理问题的讨论，Copilot 的成功展示了生成式人工智能技术在软件开发中的变革潜力。传统的代码完成工具只能提供关键字或短语的建议，而生成式人工智能技术使得像 Copilot 这样的工具能够根据上下文生成完整的代码段，为开发者提供更全面的辅助。

此外，生成式人工智能在软件开发中的应用远不止于代码自动完成，还可以生成复杂的样板代码，减少重复工作，并通过深度学习分析和优化现有代码，提供性能改进的建议。这种智能化辅助不仅使开发过程更加高效，还有助于开发者学习和成长。对于那些经验有限的开发者来说，生成式人工智能提供的指导是极为宝贵的。

2．智能测试纠正

在软件开发领域，编程人员经常发现他们花费的时间主要集中在诊断和解决代码问题上，而非直接编写新的代码。在2021年5月的NeurIPS会议上，微软的研究团队介绍了名为BugLab的机器学习模型，旨在通过人工智能自动化这个烦琐过程。市场上还有其他多种基于生成式人工智能的工具，它们主要用于自动化的代码测试和缺陷修复。

大公司的软件测试部门通常拥有大批专业人员，他们负责制作和执行复杂的测试样例，以检验代码功能。这些手动测试活动不仅费时，还容易因人为错误导致问题。与此同时，生成式人工智能技术能够自动生成测试案例，有效地评估不同场景下的代码表现，简化问题识别和修复过程。例如，在验证排序算法时，而不是手动编排和测试不同的数字序列，生成式人工智能工具可以自动执行这些任务，减少时间消耗和错误风险，提高开发效率。市场上如Tricentis等工具就体现了人工智能在自动化测试方面的应用。

在修复代码错误方面，发现问题仅是解决过程的第一步，精确定位并纠正这些问题可能耗时长且复杂。生成式人工智能技术在此过程中能提供显著帮助。典型例子是Visual Studio平台上基于ChatGPT的插件能够通过交互式对话帮助开发人员发现并修正代码缺陷，这种工具因其高效和易用性而广受欢迎。

3．智能客服

在金融服务领域，生成式人工智能主要应用于智能客服和顾问角色。通过自然语言处理（NLP），客户能够以语音或文本形式与人工智能系统互动，获取有关金融产品和服务的信息，并执行相关操作。人工智能系统凭借学习大量金融知识和数据，能够自动生成与用户查询相关的答案，处理诸如账户管理、风险评估、合约签订及投资购买等业务，缩短了传统柜台服务的等待时间。相比人工客服，生成式人工智能技术驱动的智能客服能提供全天候服务，不受个人情绪或环境影响，降低了金融服务中的风险和错误率。

生成式人工智能技术还能够执行人工客服难以完成的任务，如记住客户偏好、构建客户画像并提供预测性服务，从而提高客户体验。通过对客户行为、交易数据等进行分析，可以提供定制化服务，满足不同客户的需求，实现个性化的金融顾问服务。

全球范围内，许多金融机构已经开始使用生成式人工智能技术替代传统的客户服务人员。例如，富国银行在2017年启用了基于Facebook Messenger的智能客服系统，美国银行的虚拟助手Erica和苏格兰皇家银行的LUVO等，都是将生成式人工智能技术应用于提供客户咨询和服务的实例。在中国，工商银行和邮政储蓄银行等大型金融机构也积极引入生成式人工智能技术，通过智能客服提升服务效率和客户满意度，表明生成式人工智能技术在国内金融领域的应用日益成熟且具有广阔前景。

12.5　生成式人工智能的展望

随着人工智能技术的飞速发展，生成式人工智能作为其一个分支，正在迎来变革性的突破。生成式人工智能主要指的是那些能够创造出新的内容、思想、解决方案或数据的人工智能系统。从生成对抗网络（GAN）到变换器模型如GPT系列，生成式人工智能正在拓宽其应用范围并影响着我们。目前，生成式人工智能已被广泛应用于艺术创作、文本生成、音乐创作、药物开发以及模拟复杂系统的建模等领域。生成对抗网络（GAN）在生成高分辨率、逼真的图像方面也取得了显著进展。同时，GPT-3 和 GPT-4 等模型的出现标志着生成式文本处理的新纪元，不仅可以生成高质量的文本，还能理解和生成代码、撰写诗歌、创作音乐和绘制图片。

1. 发展前景

在生成式人工智能应用中，技术发展一直是推动行业进步和创新的重要驱动力。随着科技的不断进步和应用场景的不断拓展，生成式人工智能技术也在不断演进和深化，为行业带来了更多可能性和机遇。

① 强化算法优化：随着计算能力的提升和数据规模的增大，强化学习（Reinforcement Learning，RL）算法将更加注重在模型训练和优化上的效率和准确性。未来将出现更多针对特定场景和任务的强化学习算法，以应对复杂的决策问题。

② 自适应学习能力：未来的强化学习技术将更加注重模型的自适应学习能力，能够实现在环境变化时自主调整策略和模型参数，从而实现更好的泛化性能和稳定性。

③ 跨领域融合：强化学习技术将与其他前沿技术如深度学习、自然语言处理等领域进行融合，实现更加全面和多样化的智能决策和应用。

④ 深度学习技术：深度学习已成为生成式人工智能领域的核心技术之一，将更加注重深度学习模型的解释性、可解释性和泛化能力，以满足更多实际场景的需求。

⑤ 集成学习与迁移学习：集成学习和迁移学习等技术将在生成式人工智能领域得到更广泛的应用，未来的技术发展将更加注重不同模型和算法之间的融合和迁移，以实现更好的模型性能和效果。

⑥ 自监督学习与强化学习：自监督学习和强化学习等技术将在生成式人工智能领域发挥重要作用，未来的技术发展将更加注重模型在无监督情况下的学习能力和在复杂环境中的智能决策能力。

总体而言，生成式人工智能行业技术发展趋势呈现出技术不断深化和融合、应用场景不断拓展和智能化的趋势。未来随着科技的不断发展和行业需求的不断增长，生成式人工智能技术将在更多领域展现出巨大潜力和价值，为人类社会带来更多创新和进步。

2. 技术伦理和社会影响

生成式人工智能技术的发展无疑是革命性的，可以改善我们的日常生活，提高生产力，但是也面临着诸多技术伦理方面的挑战，并且越来越受到科学家的关注。许多生成式人工智能技术从学术研究转向产业研究的第一步，就是探索如何从技术角度解决潜在的技术伦理问题。

典型的生成式人工智能技术伦理问题是指人工智能所生成内容的危险性。OpenAI 的最早联合发起人和 DeepMind 的早期投资人埃隆·马斯克曾表示："如果不加以控制，人工智能或许很有可能摧毁整个人类。"事实上，我们也的确看到一些人工智能表现出了这种危险性。微软公司在 2016 年发布了 Tay 人工智能，让它可以通过 Twitter 学习社会上的信息并与他人实时互动。但是，令人意想不到的是，Tay 在短短 24 小时内就从一个可爱且崇拜人类的机器人，变成了一个充满种族仇恨的人工智能，并且发表了一些具有纳粹倾向的种族主义言论。为了控制 Tay 对人类社会的有害影响，微软公司不得不紧急关闭了它。科学家正尝试运用一些技术手段避免这些具有潜在风险的事件发生。通过改善数据集，增加更多的限制性条件，以及对模型进行微调，人工智能可以减少对于有害内容的学习，从而减少人工智能本身的危险性。甚至我们可以"教会"人工智能如何更尊重他人，减少判断当中的偏见，从而更好地和人类相处。借鉴强化学习思想的基于人类反馈的强化学习（Reinforcement Learning from Human Feedback，RLHF）方法就是减少人工智能生成危害性内容的典型措施，前面反复提及的 ChatGPT 就是采用这种方式训练的。在 RLHF 的框架下，开发人员会在人工智能做出符合人类预期的回答时给予奖励，而在做出有害内容的回答时给予惩罚，这种根据人类反馈信号直接优化语言模型的方法可以给予人工智能积极的引导。然而，即便采用这种方式，人工智能生成的内容也有可能在刻意诱导的情况下输出有害的内容。

除了从训练角度对生成式人工智能潜在技术伦理问题进行预防，在使用上及时告警并停用的技术措施更显必要。生成式人工智能产品应该对生成的内容进行一系列合理检测，确保其创作内容不被用于有害或非法目的，一旦发现此类用途，人工智能应该可以立刻识别，停止提供服务，并且给出警告甚至联系相关监管或者执法机构。当然，这些潜在的风险不仅需要技术层面的预防，还需要相关法律法规的颁布。生成式人工智能技术伦理问题的解决需要学界、业界、社会、政府的共同努力。

本章小结

本章探讨了生成式人工智能的起源、生成对抗网络、ChatGPT 的发展以及其应用和前景。生成式人工智能是一种利用人工智能技术创作文本、图像、音乐和其他媒体内容的技术，正在改变创意工作的传统方式，挑战着人类创造力的独特性。

生成式人工智能起源于计算机科学和人工智能的早期研究，随着机器学习和深度学习技术的发展，生成式人工智能的应用范围不断扩大。Goodfellow 在 2014 年提出的生成对抗网络（GAN）是生成式人工智能领域的里程碑，通过生成器和判别器的博弈，推动了机器在艺术创作上的创新。生成对抗网络是一种由生成器和判别器组成的网络，它们通过对抗过程产生逼真的数据。生成对抗网络不仅可以用于图像和视频，还能用于数据增强、恶意攻击检测、加密通信和视频预测等。

随着生成式人工智能的发展，基于 GPT-3 模型的 ChatGPT 面世，它优化了对话交互并结合了对话数据，提供了更自然的交流体验。ChatGPT 提高了交流的效率、准确性，为企业节省了成本。然而，它也面临着安全和能力限制的挑战，如对抗性攻击、错误信息传播的风险，以及内容生成的局限性。

随着计算能力的增强和数据规模的扩大，生成式人工智能的未来发展将更注重算法优化、自适应学习能力、跨领域融合和深度学习技术。集成学习与迁移学习、自监督学习和强化学习也将在生成式人工智能中扮演重要角色，推动技术的深化和应用场景的智能化。

习 题 12

12.1　解释生成对抗网络（GAN）的"生成器"和"判别器"各自的作用是什么？

12.2　考虑一个情境，一个新闻媒体公司想使用生成式人工智能来自动产生新闻报道。分析该技术的潜在优势和可能面临的挑战，并讨论如何确保产生的新闻内容的质量和准确性。

12.3　叙述生成对抗网络（GAN）的基本原理，并解释其如何通过生成器和判别器的对抗过程生成数据。

12.4　简要说明生成对抗网络（GAN）是如何用于数据集内增强的，并给出一个具体的应用场景。

12.5　ChatGPT 是如何优化以适应对话交互场景的？请给出两个该模型的关键改进点。

12.6　生成式人工智能面临哪些主要挑战？请简述其中的两个，并说明它们为什么会成为挑战。

第 13 章
大 模 型

大模型（Large Model，LM），也称为人工智能大模型，是人工智能行业飞速前行的缩影。如今，以大模型、算力等为代表的前沿技术领域不断发展，正在塑造人工智能产业发展的新格局。随着人工智能技术的迅猛发展，大模型一直被视为推动人工智能领域提升的关键因素，成为引领技术研究和应用的引擎，并且在自然语言处理、计算机视觉、语音识别等领域取得了显著的突破。

13.1   大模型概述

人工智能技术的三大要素包括数据、算法和算力，三者的有机结合共同构建了大模型。近年来，传统的"特定任务特定模型"的构建模式逐渐被"一个大规模预训练模型适用于多个下游任务"的模式取代。在这种新模式中，大规模预训练模型也被简称为大模型。研究人员设计先进的算法，并借助海量算力和大规模计算系统的支持，为不同需求的用户训练大模型，以服务于各类人工智能应用。

13.1.1   大模型的概念

大模型是指具有巨大参数量和复杂结构的机器学习模型，通常包括数十亿甚至数千亿个参数。大模型通常基于深度学习技术，利用大规模数据集进行训练，以实现更高的准确性和普适性。随着模型参数量的提高，人们逐渐接受模型的参数量越大，其性能越好，但是大模型与普通深度学习模型有什么区别呢？

可以把普通模型比喻为一个小箱子，它的容量是有限的，只能存储和处理有限数量的数据和信息，并完成一些简单的任务，如分类、预测和生成，但是由于受到模型本身参数量有限和处理能力的限制，因此能够完成的思考和决策有限。

相比之下，大模型就像一个超级大的仓库，能够存储和处理大量的数据和信息，不仅可以完成普通模型能够完成的任务，还能够处理更加复杂和庞大的数据集。这些大模型通常由数十亿甚至上百亿个参数组成，需要大量的计算资源和存储空间才能运行，在庞大的运算单元支撑下，完成非常复杂和高级的思考和决策。

因此，大模型之所以被称为大模型，是因为其规模和能力相比普通模型是巨大的。大模型能够完成更加复杂和高级的任务，如自然语言理解、语音识别、图像识别等，这些任务需要大量的数据和计算资源才能完成。大模型可以被看作人工智能发展的一次飞跃，为我们提供了更加强大的工具和技术，来解决更多、更复杂和具有挑战性的问题。

与普通模型相比，大模型具有更加复杂和庞大的网络结构、更多的参数和更深的层数，这就使大模型能够理解和生成更复杂的上下文关系和更能理解语义的内容，通过注意力机制、上下文编码器等关键技术来学习和训练大量的语言、图像等输入数据，可以从复杂的真实场景中提取有用的信息，能够处理和学习更加复杂和高级的模式和规律。大模型通过在大规模数据上进行训练，具有强大的泛化能力，从大量的数据中学习到广泛的特征和模式，并且在未学习过、未见过的数据上同样表现良好。同时，大模型在一个或多个领域上进行预训练，并能够将学到的知识迁移到新任务或新领域中。这种迁移学习能力使得模型在新任务上的学习速度更快，也提高了模型在未知领域中的性能。

13.1.2   大模型的分类

大模型根据不同维度有不同的分类方式，如：根据学习范式，可以分为监督学习模型、无监督学习模型和强化学习模型；根据模型结构，可以分为卷积神经网络（CNN）、循环神经网络（RNN）；根据模型规模，可以分为大规模模型和中小规模模型。本书重点从模型数据类型、模型工作模式和模型开发模式来分析大模型的分类。

1．根据模型数据的类型分类

根据模型数据的类型分类，大模型可以分为语言大模型、视觉大模型、多模态大模型。

语言大模型（Large Language Model，LLM）：自然语言处理（Natural Language Processing，NLP）领域的大模型，通常用于处理文本数据和理解自然语言。其主要特点是，它们在大规模语料库上进行训练，以学习自然语言的各种语法、语义和语境规则，如 GPT 系列（OpenAI）、BARD（谷歌）、文心一言（百度）。

视觉大模型（Large Vision Model，LVM）：计算机视觉（Computer Vision，CV）领域的大模型，通常用于图像处理和分析。视觉大模型通过在大规模图像数据上进行训练，可以实现各种视觉任务，如图像分类、目标检测、图像分割、姿态估计、人脸识别等，如 VIT 系列（谷歌）、文心 UFO、华为盘古 CV、INTERN（商汤）、Swin-Transformer 等。

多模态模型（Multimodal Foundation Model，MFM）：能够处理多种类型数据的大模型，如文本、图像、音频等。多模态大模型结合了自然语言处理和计算机视觉的能力，以实现对多模态信息的综合理解和分析，从而能够更全面地理解和处理复杂的数据，如 DingoDB 多模向量数据库（九章云极 DataCanvas）、DALL-E（OpenAI）、悟空画画（华为）、GPT-4、CLIP、BLIP。

2．根据模型工作方式分类

根据模型工作方式分类，大模型可以分为概率生成模型和强化学习模型。

概率生成模型（Probability Generative Models，PGM）：简称生成式模型，是概率统计和机器学习中的一类重要模型，指一系列用于随机生成可观测数据的模型。概率生成模型的应用十分广泛，可以利用不同类型的数据进行建模，如图像、文本、声音等。

强化学习模型（Reinforcement Learning Models，RLM）：用于描述和解决智能体（Agent）在与环境的交互过程中，通过学习策略达成回报最大化或实现特定目标的问题。强化学习模型可以应用在许多领域，我们熟知的 AlphaGo 就是利用了深度强化学习进行决策。

3．根据模型开发模式分类

根据模型开发模式分类，大模型可以分为开源大模型和在线大模型。

开源大模型（Open Source Model）：指由社区或组织共同维护的，具有较高品质的、免费的人工智能模型库。这些模型库包含各种领域的模型，涵盖图像分类、自然语言处理、语音识别等领域，用户可以从中找到适合自己需求的模型，并且在自己的数据集上进行训练和部署。

目前，开源大模型具有以下优点。

❖ 易于使用：可以帮助用户简化模型训练和部署的过程，用户不需从头开始训练模型，只需下载预训练好的模型并进行微调即可。

❖ 开放性：由社区或组织共同维护的，具有透明、自由、开放的特点。用户可以自由地使用、修改和分享这些模型，促进了人工智能行业的发展。

❖ 高质量：由专业的团队开发和维护，质量有保证，同时这些模型经过了大量的测试和优化，可以达到较高的准确率和较好的效果。

在线大模型（Online Model）：指部署在云端或网络上的大型机器学习或深度学习模型。这些模型通常由云服务提供商或在线平台提供，并通过接口或 API 方式进行访问和使用。在线大模型的优点是用户不需关注底层的硬件和软件架构，只需通过网络请求即可获得模型的预测结果，还可以实现实时或按需的模型调用，适用于各种应用场景，如语音识别、图像处理和自然语言处理等。

上述对大模型的分类只是一些常见的示例，实际上，大模型的分类可以更加细分，根据具体任务和应用领域的需求而定，如表 13-1 所示。

表 13-1　常见大模型及其主要特点

模型名称	ChatGPT	ChatGLM	文心一言	SparkDesk	Bard	DeepSeek
开发者	OpenAI	清华大学	百度	科大讯飞	Google	深度求索
输入 - 输出	文本 - 文本	文本 - 文本	文本 - 文本/图片	文本/语音 - 文本/语音	文本 - 文本	文本/图像/语音 - 文本/图片
语言	多种语言	中英	中文	多种语言	英文	多种语言
形式	对话机器人	对话机器人	对话机器人	对话机器人	对话机器人	对话机器人
参数量	1750 亿	1300 亿	未公开	超过 1000 亿	1370 亿	6710 亿
实时性	2021.9	不联网	联网	不联网	联网	联网

13.1.3　大模型的发展历程

本节分别简述语言大模型、视觉大模型和多模态大模型的发展历程。根据模型发展历程，大模型先后经历了机器学习模型、深度学习模型、预训练模型和大规模预训练模型 4 个阶段。目前，大规模预训练模型的参数量已经突破了万亿级。

1. 语言大模型

语言大模型（LLM）是指参数量在十亿及以上的大型预训练语言模型。在大规模文本语料数据库和自监督预训练技术的加持下，语言大模型显示了强大的通用语言表示能力，并且在解决复杂任务时展现出卓越的性能。语言大模型的快速发展给人工智能领域的研究带来了革命性的变化，吸引了越来越多研究者的关注，如图 13-1 所示。

2018 年，谷歌提出了大规模预训练语言模型 BERT，采用自编码（Autoencoding）方式进行预训练。BERT 通过自监督预训练学习文本表示，然后基于掩码语言模型（Masked Language Model，MLM）、下一句预测（Next Sentence Prediction，NSP）学习单词和句子级的语义表示。BERT 只需针对特定的下游任务对输出层进行微调，即可在多个自然语言处理（NLP）任务中取得最先进水平，其模型参数量首次超过 3 亿个。谷歌在 BERT 基础上继续优化，使用更多的训练数据和训练资源，提出动态掩码调整策略，得到了精度更高的 RoBERTa 模型，在多个下游任务上达到最先进水平。

2018 年，OpenAI 提出了生成式预训练模型 GPT-1。GPT-1 基于自回归模型进行预训练。不同于自编码模型通过"掩码 - 重建"方式预测单词的位置，自回归模型假定一个词在特定位置的概率分布是由之前所有词的分布决定的。因此，GPT 的注意力是单向的，只能利用上文的信息，而无法利用下文的信息。GPT-1 采用无监督预训练和有监督微调的混合方法，对于不同任务采用不同的输出层，只需简单的微调便能取得非常好的效果。

图 13-1　语言大模型

BERT 和 GPT-1 的成功引发了语言大模型的研究热潮。2019 年，OpenAI 发布了 GPT-2。GPT-2 采用与 GPT-1 类似的架构，参数规模增加到 15 亿个，基于大型网页数据集 WebText 进行预训练。GPT-2 通过无监督语言建模的形式进行多任务学习，采用语言文本作为格式化输入、输出和任务信息的统一表示，将解决任务的过程看作一个单词预测问题。但由于模型尺寸相对较小，与最先进的有监督微调方法相比，总体性能较差。2020 年，OpenAI 发布了 GPT-3 模型。GPT-3 基于 GPT-2 扩展了模型架构，参数量达到了 1750 亿个，实现了模型参数量的飞跃提升。并引入了上下文学习的概念，指导模型以自然语言文本的形式理解任务。基于上下文学习，GPT-3 的预训练目标和输出收敛到相同的语言建模范式：预训练根据上下文预测文本序列，下游任务通过上下文学习预测任务解决方案，然后将其格式化，并输出文本序列。GPT-3 在众多自然语言处理（NLP）任务中表现非常出色，在需要推理或领域适应能力的任务中也有出色表现。以 GPT-3 模型为基础的人工智能对话系统 ChatGPT 在发布后吸引了社会对人工智能技术的广泛关注。

2021 年，清华大学发布了 GLM 模型，通过一个预训练框架统一自然语言处理（NLP）领域的三大类任务：自然语言理解、无条件生成和有条件生成。GLM 提出了基于自回归空白填充的预训练框架，通过改进空白填充方式，在这三类任务上实现了优于 BERT 和 GPT 的性能，在不同下游任务上表现出极强的泛化性能。

2022 年，谷歌发布了 PaLM 模型，参数量突破千亿规模，达到 5400 亿。PaLM 延续了语言大模型的优化路径，在 7800 亿个高质量文本的 Token 上进行高效训练。PaLM 在各种下游任务上超越了之前最先进的模型，这表明大模型的参数量提升还没有到达顶点。PaLM 还表现出了零样本学习、语言理解和复杂推理的能力，充分展示了大模型的发展潜力。

2023 年 2 月，MetaAI 发布了 LLaMA 模型，初始版本包括 70 亿个、130 亿个、300 亿个和 650 亿个 4 种规模，引起了研究界和工业界的广泛关注。LLaMA 模型在各种开放基准上取得了优异性能，已经成为迄今为止最流行的开源语言大模型。许多研究者通过指令微调或预训练来扩展 LLaMA 模型，由于相对较低的计算成本，基于 LLaMA 模型微调成为开发或定制专用模型的主流。Vicuna 是其中一种流行的 LLaMA 变体，使用从 ShareGPT 收集的用户共享对话数据进行训练，是高性能、低成本的优秀对话型大模型。由于 LLaMA 模型的出色性能和可用性，许多多模态模型将其作为基础语言模型，以实现较强的语言理解和生成能力。LLaMA 的发布极大地推进了大模型的研究进展。

2．视觉大模型

早期的视觉模型采用手工设计特征和机器学习方法解决图像分类等视觉问题。然而，手工设计特征局限于像素层面，损失了过多图像信息，导致模型的精度较低。与基于手工特征的方法不同，基于 CNN 的模型具有强大的特征提取能力和相对较低的计算复杂度。

随着 Transformer 架构在自然语言处理（NLP）领域大获成功，研究者开始探索将其应用到计算机视觉（CV）领域，提出了视觉 Transformer（Vision Transformer，ViT）。此模型将图像分成一系列不重叠的图像块，然后通过线性变换将其投影为图像块嵌入编码，并添加位置编码标记图像块的位置。输入嵌入向量中添加了图像类别嵌入向量，三者结合共同作为 ViT 的输入，然后通过自注意力机制捕获图像之间的远程依赖性。ViT 巧妙地将图片构造成 patch 序列，启发了研究者在计算机视觉（CV）领域正确使用 Transformer 的方式。实验表明，在大型数据集上预训练后，ViT 能够实现较好的性能。ViT 首次将 Transformer 架构应用于计算机视觉（CV）领域，验证了 Transformer 作为统一视觉模型架构的可行性。经过精心设计的深度视觉模型能够处理各种下游视觉任务，在自动驾驶、智能监控和安防等领域有重要应用。

2021 年 4 月，华为发布了盘古大模型，参数量超过 30 亿个，是当时最大的视觉预训练模型，盘古大模型在 ImageNet 的 1%、10%数据集上的小样本分类精度达到了业界较高水平。

百度提出了 170 亿个参数的视觉多任务模型 UFO，在人脸、人体、车辆、商品和食物细粒度分类等多个计算机视觉（CV）任务上表现出色。UFO 提出了针对视觉多任务的训练方案，解决大模型参数量大、推理能力差的问题。

2021 年 11 月，上海人工智能实验室联合商汤科技、香港中文大学、上海交通大学，共同发布新一代通用视觉技术体系"书生"（INTERN），旨在系统化解决当下人工智能视觉领域中存在的任务通用、场景泛化和数据效率等一系列瓶颈问题。全新的通用视觉技术体系命名为"书生"，意在体现其如同书生一般的特质，可通过持续学习，举一反三，逐步实现通用视觉领域的融会贯通，最终实现灵活高效的模型部署。"书生"通用视觉技术将实现以一个模型完成成百上千种任务，体系化解决人工智能发展中数据、泛化、认知和安全等诸多瓶颈问题。

2023 年，MetaAI 提出了通用图像分割模型 SAM。SAM 基于超过 10 亿个掩模的多样化、高质量大型分割数据集（Segment Anything 1-Billion mask dataset，SA-1B）进行预训练，利用提示工程（Prompt Engineering）处理下游分割任务，这使其能够泛化到从未见过的新对象和图像类型，且不需对下游任务进行微调。SAM 分为三部分，即图像编码器、提示编码器和掩模解码器，可以有效地降低计算成本，增强模型灵活性和健壮性，实现了具有泛化性和通用性的分割模型。

视觉大模型已成为人工智能领域的一个重要分支，然而目前其性能仍然受到特定视觉领域知识的限制，缺少类似于 ChatGPT 这种现象级的大模型应用。因此，未来的研究方向应当侧重于整合多样化的数据集，促进不同领域的专有模型融合，扩展模型知识的广度，以充分发挥视觉大模型的潜力。

3. 多模态大模型

多模态大模型目前已经成为自然语言处理领域的一个研究热点。多模态大模型是指能够同时处理多种模态数据（如文本、图像、音频等）的深度学习模型，其强大的跨模态交互能力使得人工智能系统能够更加贴近人类的多感官交流方式。多模态大模型的进化之路如下。

1）早期探索阶段（2010—2017）

多模态研究的萌芽。早期的多模态大模型研究主要关注如何将不同模态的数据进行融合。研究者们尝试将文本和图像数据转换为统一的特征表示，再利用这些特征进行下游任务。由于早期模型的容量有限，难以处理大规模的多模态数据，因此该阶段的研究进展相对缓慢。

代表工作：2014年，VGGNet 和 AlexNet 在视觉任务中表现突出，启发了跨模态特征提取；2015年，VQA（Visual Question Answering）任务提出，要求模型根据图像回答文本问题；2017年，Transformer 架构诞生（*Attention Is All You Need*），为跨模态建模奠定基础。

2）跨模态对齐阶段（2018—2020）

对比学习和预训练范式。利用对比学习对齐不同模态的语义空间，推动大规模预训练。

代表模型：2019年，双流 Transformer 架构，分别处理视觉（图像区域）和语言（文本）特征，通过跨模态注意力机制融合信息；2021年1月，CLIP（OpenAI）通过对比学习实现图文匹配，支持零样本分类，4亿组图文对的训练，证明了大规模跨模态预训练的可行性。

3）生成式多模态爆发阶段（2021—2023）

文本到多模态生成扩散模型（Diffusion Models）与自回归架构结合，推动生成质量飞跃。

代表模型：2021年1月，DALL-E（OpenAI）首次实现文本到图像的端到端生成。2022年4月，DALL-E 2引入扩散模型，生成分辨率可以提升至1024×1024；2022年5月，Imagen（Google）提出级联扩散模型，生成质量超越 DALL-E 2；2022年8月，Stable Diffusion（Stability AI）开源，降低生成式 AI 使用门槛。

4）通用多模态智能阶段（2023年至今）

全模态理解和交互。构建统一框架处理任意模态输入（文本、图像、音频、视频、3D 等）。

代表模型：2023年3月，GPT-4（OpenAI）支持多模态输入（图像+文本），实现复杂推理；2023年5月，ImageBind（Meta）通过共享嵌入空间对齐6种模态，支持跨模态检索；2023年10月，Gemini（Google）原生多模态设计，在文本、图像、视频任务中全面超越 GPT-4。

多模态大模型的发展经历了从单模态预训练到跨模态对齐，再到全模态生成与推理的跃迁。其核心驱动力包括如下。

❖ 算力提升：GPU 集群与分布式训练框架（如 Megatron、DeepSpeed）。

❖ 数据规模：互联网图文对、视频库的开放（如 LAION-5B 数据集）。

❖ 算法创新：对比学习、扩散模型、MoE 架构的突破。未来，多模态大模型将深入医疗（影像诊断）、教育（交互式课件）、娱乐（个性化内容生成）等领域，成为下一代人机交互的核心基础设施。

13.2 大模型的训练

随着大模型的参数量和所需训练数据量的急速增长，单机有限的资源已无法满足大模型训练的要求。这就需要设计分布式训练系统来解决海量的计算和内存资源需求问题，将一个模型训练任务拆分成多个子任务，并将子任务分发给多个计算节点，从而解决资源瓶颈的问题。

13.2.1 分布式训练概述

分布式训练（Distributed Training）是指将机器学习或深度学习模型训练任务分解成多个子任务，并在分布式计算节点上并行地进行训练，如图 13-2 所示。计算节点可以是中央处理器（Central Processing Unit，CPU）、图形处理器（Graphics Processing Unit，GPU）、张量处理器（Tensor Processing Unit，TPU）、神经网络处理器（Neural network Processing Unit，NPU）。

(a) 单个计算节点　　　　　　　　(b) 分布式计算节点

图 13-2　单个计算节点和分布式计算节点的示例

由于同一个服务器内部的多个计算节点之间内存也可能并不共享，因此无论这些计算节点是否处于一个服务器还是多个服务器中，其系统架构都属于分布式系统范畴。一个模型训练任务往往会有大量的训练样本作为输入，可以利用一个计算节点完成，也可以将整个模型的训练任务拆分成子任务，分发给不同的计算节点，实现分布式计算。此后，还需要对每个计算节点的输出进行合并，最终得到与单个计算节点等价的计算结果。由于每个计算节点只需要负责子任务，并且多个计算节点可以分布式执行，因此可以更快速地完成整体计算，并最终实现对整个计算过程的加速。

分布式训练的总体目标就是提升总的训练速度，减少模型训练的总体时间。总训练速度可以用如下公式简略估计：

$$总训练速度 \propto 单设备计算速度 \times 计算节点总量 \times 多设备加速比 \qquad (13.1)$$

比如，BLOOM 模型的相关研究人员公开了许多训练方面的细节，其训练花费了 3.5 个月，使用 48 个计算节点；每个节点包含 8 块 NVIDIA A100 80GB PCIe（总计 384 个 GPU），并且使用 4×NVLink 用于节点内部 GPU 之间通信；节点之间采用 4 个 Omni-Path 100 Gbps 网卡构建的增强 8 维超立方体全局拓扑网络进行通信。

通过使用分布式训练系统，大模型训练周期可以从单个计算节点花费几十年，缩短到使用数千个计算节点花费几十天就可以完成。然而，分布式训练系统仍然需要克服计算墙、显存墙、通信墙等挑战，以确保集群内的所有资源得到充分利用，从而加速训练过程并缩短训练周期。

计算墙和显存墙源于单个计算节点的算力和存储能力有限，与模型对庞大算力和存储能力需求之间的矛盾。这个问题可以通过采用分布式训练方法来解决，但分布式训练又会面临通信墙的挑战。在多机多卡的训练中，这些问题逐渐显现。随着大模型参数的增多，对应的大型集群规模随之增加，这些问题变得更加突出。同时，在大型集群进行长时间训练时，设备故障可能影响或中断训练过程，对分布式训练系统的并行性也提出了很高要求。

13.2.2　分布式训练并行策略

分布式训练系统的目标是将单节点模型训练转换为等价的分布式节点并行模型训练。对于大模型来说，训练过程就是根据数据和损失函数，利用优化算法对神经网络模型参数进行更新的过程。单节点模型训练系统结构主要由数据和模型两个部分组成。训练过程会由多个数据小批次（Mini-batch）完成。训练系统会利用数据小批次根据损失函数和优化算法生成梯度，从而对模型参数进行修正。针对大模型多层神经网络的执行过程，可以由计算图（Computational Graph）表示。计算图有多个相互连接的算子（Operator），每个算子实现一个神经网络层（Neural Network Layer），而参数代表神经网络层在训练中所更新的权重。

计算图的执行过程可以分为前向计算和反向计算两个阶段。

前向计算过程是将数据读入第一个算子，计算出相应的输出结构，然后依此重复这个前向计算过程，直到最后一个算子结束。反向计算过程是根据优化函数和损失，每个算子依次计算出梯度，并利用梯度更新本地的参数。在反向计算结束后，该数据小批次的计算完成，系统就会读取下一个数据小批次，继续下一轮的模型参数更新。

根据单节点模型训练系统的流程，如果进行并行加速，可以从数据和模型两个维度进行考虑。首先可以对数据进行切分（Partition），并将同一个模型复制到多个计算节点上，并行执行不同的数据分片，这种方式通常被称为数据并行（Data Parallelism，DP）。还可以对模型进行划分，将模型中的算子分发到多个计算节点分别完成，这种方式通常被称为模型并行（Model Parallelism，MP）。当训练超大规模语言模型时，往往需要同时对数据和模型进行切分，从而实现更高程度的并行，这种方式通常被称为混合并行（Hybrid Parallelism，HP）。

在数据并行系统中，每个计算节点都有整个神经网络模型的完整副本（Model Replica），进行迭代时，每个计算节点只分配了一个批次数据样本的子集，并根据该批次样本子集的数据进行网络模型的前向计算。数据并行训练系统可以通过增加计算节点，有效提升整体训练吞吐量，每秒全局批次数（Global Batch Size Per Second）。与单计算节点训练相比，最主要的区别在于，数据并行训练系统的反向计算的梯度需要在所有计算节点中进行同步，以保证每个计算节点上最终得到的是所有进程上梯度的平均值。常见的神经网络框架都有数据并行方式的具体实现，包括 TensorFlow Distributed Strategy、PyTorch Distributed、Horovod Distributed Optimizer等。由于基于 Transformer 架构的语言大模型中每个算子都是依赖单个数据而非批次数据，因此数据并行并不会影响其计算逻辑，一般情况下，各训练设备中前向计算是独立的，不涉及同步问题。数据并行训练加速比最高，但要求每台设备上都备份一份模型，显存占用比较高。

模型并行（Model Parallelism）往往用于解决单节点模型的内存不足的问题。以包含 1750亿参数的 GPT-3 模型为例，如果模型每个参数都使用 32 位浮点数表示，模型就需要占用 700 GB（175G×4 B）内存，如果使用 16 位浮点数表示，每个模型副本需要占用 350 GB 存储容量。

2022 年 3 月 NVIDIA 发布的 H100 加速卡仅支持 80 GB 显存，无法将整个模型完整放入。

模型并行可以从计算图角度，以下两种形式进行切分。

❖ 按模型的层切分到不同设备，即层间并行或算子间并行（Inter-operator Parallelism），也称为流水线并行（Pipeline Parallelism，PP）。

❖ 将计算图层内的参数切分到不同设备，即层内并行或算子内并行（Intra-operator Parallelism），也称为张量并行（Tensor Parallelism，TP）。

两节点模型并行训练系统样例如图 13-3 所示，左边为流水线并行，模型的不同层被切分到不同的设备中；右边为张量并行，同一个层的不同参数被切分到不同的设备中进行计算。

图 13-3　两节点模型并行训练系统样例

混合并行（Hybrid Parallelism，HP）是将多种并行策略如数据并行、流水线并行和张量并行等进行混合使用。通过结合不同的并行策略，混合并行可以充分发挥各种并行策略的优点，以最大程度地提高计算性能和效率。针对千亿规模的语言大模型，通常在每个服务器内部使用张量并行策略，由于该策略涉及的网络通信量较大，需要利用服务器内部的不同计算节点进行高速通信。通过流水线并行，模型的不同层被划分为多个阶段，每个阶段由不同的机器负责计算。这样可以充分利用多台机器的计算能力，并通过机器之间的高速通信传递计算结果和中间数据，以提高整体的计算速度和效率。最后，在外层叠加数据并行策略，以增加并发数量，提升整体训练速度。通过数据并行，将训练数据分发到多组服务器上进行并行处理，每组服务器处理不同的数据批次。这样可以充分利用多台服务器的计算资源，并增加训练的并发度，从而加快整体训练速度。

13.2.3　分布式训练的集群架构

分布式训练需要使用由多台服务器组成的计算集群（Computing Cluster）完成。集群的架构也需要根据分布式训练系统、大模型结构、优化算法等综合因素进行设计。分布式训练集群属于高性能计算集群（High Performance Computing Cluster，HPCC），目标是提供海量的计算能力。在由高速网络组成的高性能计算上构建分布式训练系统主要有两种架构：参数服务器架构（Parameter Server，PS）和去中心化架构（Decentralized Network）。

参数服务器架构的分布式训练系统中有两种服务器角色：训练服务器和参数服务器。参数服务器需要提供充足内存资源和通信资源，训练服务器需要提供大量的计算资源，如图 13-4 所示，包括两个训练服务器和两个参数服务器。假设有一个可分为两个参数分区的模型，每个分

图 13-4 两节点模型并行训练系统的样例

区由一个参数服务器负责进行参数同步。在训练过程中，每个训练服务器都拥有完整的模型，并根据将分配到此服务器的训练数据集切片（Dataset Shard）进行计算，再将得到的梯度推送到相应的参数服务器。参数服务器会等待两个训练服务器都完成梯度推送，然后开始计算平均梯度，并更新参数。之后，参数服务器会通知训练服务器拉取最新的参数，并开始下一轮训练迭代。

去中心化架构采用集合通信实现分布式训练系统。在去中心化架构中，没有中央服务器或控制节点，而是由节点之间进行直接通信和协调，可以减少通信瓶颈，提高系统的可扩展性。由于节点之间可以并行地进行训练和通信，去中心化架构可以显著降低通信开销，并减少通信墙的影响。在分布式训练过程中，节点之间需要周期性地交换参数更新和梯度信息，可以通过集合通信（Collective communication，CC）技术实现。常用的通信原语包括 Broadcast、Scatter、Reduce、All-Reduce、Gather、All-Gather、Reduce-Scatter、All-to-All 等。

13.3　常见的大模型 Transformer

Transformer 模型是由谷歌在 2017 年提出并首先应用于机器翻译的神经网络模型结构。机器翻译的目标是从源语言（Source Language）转换到目标语言（Target Language）。Transformer 结构完全通过注意力机制完成对源语言序列和目标语言序列全局依赖的建模。当前绝大部分的大模型都是基于 Transformer 结构。

13.3.1　Transformer 模型概述

下面首先介绍机器翻译任务中使用的 Encoder-Decoder 框架，即：用编码器（Encoder）将输入编码映射到语义空间中，得到一个固定维数的向量，这个向量表示输入的语义；用解码器（Decoder）将语义向量解码，得到所需要的输出；如果输出的是文本，那么解码器通常就是语音模型。Encoder-Decoder 框架通常用来解决语音到文本、文本到文本、图像到文本、文本到图像等的解释或翻译任务。

原始的 Encoder-Decoder 框架主要依赖 RNN，而 RNN 最大的缺陷是其序列依赖性；必须处理完上一个序列数据，才能进行下一个序列数据的处理。后续新模型的开创者们没有找到一个可以完美解决以上问题且能保证特征抽取能力的方案，直到 Transformer 模型的出现。

13.3.2　Transformer 模型的结构和原理

Transformer 模型是第一个使用子注意力机制、彻底摆脱循环和卷积神经网络依赖的模型，也是后面许多大模型的基础。Transformer 的具体框架结构如图 13-5 所示，左侧和右侧分别是基础的编码器（Encoder）单元和解码器（Decoder）单元，两者搭配在一起组成 Transformer 层。

图 13-5　Transformer 的结构

输入为原始文本，输出为翻译后的文本。

位置编码（Positional Encoding）使用的是一个基于正弦函数和余弦函数的固定公式，以给每个输入 Token 添加位置信息。这些位置编码与 Token 的词向量相加，为模型提供关于 Token 在序列中的位置线索。这样，尽管自注意力机制是无序的，模型仍能够利用位置信息。由于使用的是三角函数，这种位置编码允许模型对输入序列中较远距离的 Token 之间的相对位置进行编码，这是在处理长序列时特别有用的操作。

Transformer 的多头注意力机制（Multi-Head Attention）是其核心特性之一，允许模型在不同的表示子空间中并行地捕捉序列内部的信息。多头注意力机制是基于标准的自注意力（Self-Attention）构建的。在自注意力中，查询（Query，Q）、键（Key，K）和值（Value，V）经过一系列计算产生加权的输出，这个过程可以帮助模型理解输入序列内部的各元素之间的关系。

具体的自注意力计算如下：

$$\mathrm{Attention}(\boldsymbol{Q}, \boldsymbol{K}, \boldsymbol{V}) = \mathrm{softmax}\left(\frac{\boldsymbol{Q}\boldsymbol{K}^{\mathrm{T}}}{\sqrt{d_k}}\right)\boldsymbol{V} \tag{13.2}$$

多头注意力机制通过在不同的表示子空间中多次并行执行自注意力来扩展了这个过程。每个"头"都有自己的一套学习到的线性投影，用于将 $\boldsymbol{Q}$、$\boldsymbol{K}$ 和 $\boldsymbol{V}$ 映射到一个较低维度的空间，然后在这个较低维度的空间上执行自注意力操作。具体计算过程如下：

对于第 i 个头，其注意力计算可以表示为

$$\text{head}_i = \text{Attention}(\boldsymbol{Q}\boldsymbol{W}_i^Q, \boldsymbol{K}\boldsymbol{W}_i^K, \boldsymbol{V}\boldsymbol{W}_i^V) \tag{13.3}$$

其中，$\boldsymbol{W}_i^Q$、$\boldsymbol{W}_i^K$、$\boldsymbol{W}_i^V$ 是对应第 i 个头的权重矩阵，在所有头的注意力输出合并后，再次通过权重矩阵 $\boldsymbol{W}^O$ 进行变换。

$$\text{MultiHead}(\boldsymbol{Q}, \boldsymbol{K}, \boldsymbol{V}) = \text{Concat}(\text{head}_1, \cdots, \text{head}_h)\boldsymbol{W}^Q \tag{13.4}$$

N 层：原始 Transformer 的模型深度为 6 层，在每层的结尾编码器输送隐藏状态给下一层编码器，解码器同理。

残差&归一化（Add & Normalization）层：将上一层的输入和输出相加，形成残差结构，并对残差结构的结果进行归一化处理，最后通过全连接输出层得到最后的输出。这里使用的归一化操作是采用的 Layer Normalization，在每层的内部独立地归一化激活值，使得它们的均值为 0，方差为 1。与 Batch Normalization 不同的是，Layer Normalization 不是在批次的维度上进行归一化，而是在特征的维度上进行。这对于不同批次大小或者序列长度的自然语言处理（NLP）任务来说非常有用。

这两种技术在 Transformer 中被广泛使用，可以有效地促进深层网络的训练，避免了训练过程中的梯度消失和梯度爆炸问题。这是 Transformer 模型能够成功处理复杂序列任务的关键因素之一。

13.3.3 Transformer 模型的优势和不足

作为自然语言处理领域的一个重要里程碑，Transformer 模型拥有许多明显的优势。

① 长距离依赖处理：Transformer 模型避免了使用自回归模型提取特征的弊端，从而可以充分捕获长距离上下文中的依赖关系。在文本总长度小于词向量维度的任务（如机器翻译）中，Transformer 模型的训练效率明显高于 RNN 模型。

② 并行化处理与可扩展性：与顺序处理的 RNN 不同，Transformer 的自注意力机制允许同时处理序列中的所有元素，这大幅提高了训练过程的效率。Transformer 架构也可以容易地扩展，通过增加模型的层数或者模型的宽度可以有效地提高模型的性能。

③ 灵活性和通用性：Transformer 模型非常灵活，能够适应各种不同的任务，如文本翻译、情感分析、问答系统等；同时，预训练的 Transformer 模型能够通过微调（fine-tuning）迁移到各种下游任务，这在 BERT、GPT 等大模型中得到了广泛应用。

Transformer 模型的不足如下。

① 数据需求大：为了充分训练 Transformer 模型，通常需要大量标记数据，在数据量有限的情况下，可能无法实现其潜在的性能。

② 过拟合风险：在参数量巨大的情况下，没有足够的训练数据或者适当的归一化，Transformer 模型容易出现过拟合现象。

③ 解释性不足：Transformer 模型通常作为黑箱模型，其决策过程难以解释，这在需要模型解释性的应用中可能成为问题。

尽管 Transformer 模型带来了显著的改进，但是仍有提升的空间，特别是在效率、可解释性等方面。当前的研究正聚焦于这些挑战，以推进模型的发展。

13.4　大模型的评估和应用

13.4.1　大模型评估

1．大模型评估概述

大模型在人们日常生活中扮演着越来越重要的角色，如何评估大模型变得愈发关键。我们需要在技术和任务层面对大模型之间的优劣加以判断，同时需要在社会层面对大模型可能带来的潜在风险进行评估。

模型评估（Model Evaluation），也称为模型评价，目标是评估模型在未见过的数据（Unseen Data）上的泛化能力和预测准确性，以便更好地了解模型在真实场景中的表现。模型评估是在模型开发完成之后，一个必不可少的步骤。目前，针对单一任务的自然语言处理算法，通常需要构造独立于训练数据的评估数据集，使用合适的评估函数对模型在实际应用中的效果进行预测。由于不能完整了解数据的真实分布，因此简单地采用与训练数据独立同分布方法构造的评估数据集，在很多情况下不能完整地反映模型的真实情况。

在模型评估过程中，通常会使用一系列评估指标（Evaluation Metrics）衡量模型的表现，如准确率、精确率、召回率、F_1 值、ROC 曲线和 AUC 等。这些指标根据具体的任务和应用场景可能有所不同。例如，分类任务中常用的评估指标包括准确率、精确率、召回率、F_1 值等，回归任务中常用的评估指标包括均方误差（MSE）和平均绝对误差（MAE）等。

模型评估还涉及选择合适的评估数据集，针对单一任务评测，可以将数据集划分为训练集、验证集和测试集。训练集用于模型的训练，验证集用于调整模型的超参数和进行模型选择，而测试集用于最终评估模型的性能。评估数据集和训练数据集应该是相互独立的，避免数据泄露的风险。数据集选择还需要具有代表性，应该能够很好地代表模型在实际应用中可能遇到的数据。这意味着评估数据集应该涵盖各种情况和样本，以便模型在各种情况下都能表现良好。评估数据集的规模也应该足够大，以充分评估模型的性能。此外，评估数据集应该包含一些特殊情况的样本，以确保模型在处理异常或边缘情况时仍具有良好的性能。

因此，如何构造大模型的评测数据集合也是需要研究的问题。此外，由于大模型本身涉及模型训练、有监督微调、强化学习等阶段，每个阶段产出的模型目标并不相同。因此，不同阶段的大模型需要采用不同的评估体系和方法，并且独立进行评测。

1．大模型评估方法

评估方法的目标是解决如何对大模型生成结果进行评估的问题。有些指标可以通过比较正确答案或参考答案与系统生成结果来直接计算得出，如准确率、召回率等，这种方法被称为自动评估（Automatic Evaluation）。然而，有些指标并不是直接可以计算的，需要通过人工评估来得出。例如，对于一篇文章的质量评估虽然可以使用自动评估的方法计算出一些指标，如拼写错误的数量、语法错误的数量等，但是对于文章的流畅性、逻辑性、观点表达等方面的评估则需要人工阅读并进行分项打分。这种方法被称为人工评估（Human Evaluation）。

自动评估分为分类和回归两种。在分类任务中，通常采用准确率、精确率、召回率、F_1值、PR 曲线等指标，利用测试语料，根据系统预测结果与真实结果之间的对比，计算各类指标对算法性能进行评估，即自动评估。可以使用混淆矩阵（Confusion Matrix）对预测结果和真实结果之间的对比情况进行表示，如表 13-2 所示。其中，TP（True Positive，真阳性）表示被模型预测为正的正样本，FP（False Positive，假阳性）表示被模型预测为正的负样本，FN（False Negative，假阴性）表示被模型预测为负的正样本，TN（True Negative，真阴性）表示被模型预测为负的负样本。矩阵中的每行代表实例的预测类别，每列代表实例的真实类别。

表 13-2　分类任务的混淆矩阵

真实情况	预测结果	
	正例	反例
正例	TP	FN
反例	FP	TN

准确率（Accuracy，A）：表示分类正确的样本占全部样本的比例，计算公式为

$$A = \frac{TP + TN}{TP + FN + FP + TN} \tag{13.5}$$

精确率（Precision，P）：也称为查准率，表示分类预测是正例的结果中，确实是正例的比例，计算公式为

$$P = \frac{TP}{TP + FP} \tag{13.6}$$

召回率（Recall，R）：也称为查全率，表示所有正例的样本中，被正确找出的比例，计算公式为

$$R = \frac{TP}{TP + FN} \tag{13.7}$$

F_1值（F_1-Score）：精确度和召回率的调和均值，计算公式为

$$F_1 = \frac{2 \times P \times R}{P + R} \tag{13.8}$$

回归任务的评估指标主要目标是衡量模型预测数值与真实值之间的差距，主要包括平均绝对误差（Mean Absolute Error，MAE）、平均绝对百分比误差（Mean Absolute Percentage Error，MAPE）、均方误差（Mean Squared Error，MSE）、均方误差根（Root Mean Squared Error，RMSE）、均方误差对数（Mean Squared Log Error，MSLE）等。其中，y_i 是真实值，$\hat{y}_i$ 是预测值。

平均绝对误差（MAE）表示真实值与预测值之间绝对误差损失的预期值，计算公式为

$$MAE(y, \hat{y}) = \frac{1}{n} \sum_{i=1}^{n} |y_i - \hat{y}_i| \tag{13.9}$$

平均绝对百分比误差（MAPE）表示真实值与预测值之间相对误差的预期值，即绝对误差和真值的百分比，计算公式为

$$MAPE(y, \hat{y}) = \frac{1}{n} \sum_{i=1}^{n} \left| \frac{y_i - \hat{y}_i}{y_i} \right| \tag{13.10}$$

均方误差（MSE）表示真实值与预测值之间平方误差的期望，计算公式为

$$MSE(y, \hat{y}) = \frac{1}{n} \sum_{i=1}^{n} (y_i - \hat{y}_i)^2 \tag{13.11}$$

均方根误差（RMSE）表示真实值与预测值之间平方误差期望的平方根，计算公式为

$$\text{RMSE}(y, \hat{y}) = \sqrt{\frac{1}{n} \sum_{i=1}^{n} (y_i - \hat{y}_i)^2} \tag{13.12}$$

均方对数误差（MSLE）表示对应真实值与预测值之间平方对数差的预期，对于较小的差异给予更高的权重，计算公式为

$$\text{MSLE}(y, \hat{y}) = \frac{1}{n} \sum_{i=1}^{n} \left(\log(1 + y_i) - \log(1 + \hat{y}_i) \right)^2 \tag{13.13}$$

人工评估是一种广泛应用于评估模型生成结果质量和准确性的方法，通过人类参与来对生成结果进行综合评估。与自动化评估方法相比，人工评估更接近实际应用场景，并且可以提供更全面和准确的反馈。在人工评估中，评估者可以对大模型生成结果整体质量进行评分，也可以根据评估体系从语言层面、语义层面以及知识层面等不同方面进行细粒度评分。此外，人工评估可以对不同系统之间的优劣进行对比评分，从而为模型的改进提供有力支持。然而，人工评估也存在一些限制和挑战。首先，由于人的主观性和认知差异，评估结果可能存在一定程度的主观性。其次，人工评估需要大量的时间、精力和资源，因此成本较高，而且评价的周期长，不能及时得到有效的反馈。此外，评估者的数量和质量也会对评估结果产生影响。

由于数据由多个不同评估者进行标注，因此评估者之间的评估的一致性也是需要关注的因素。一方面，评估人员之间的分歧可以作为一种反馈机制，帮助评估文本生成的效果和任务定义。评估人员高度统一的结果意味着任务和评估指标都具有良好的定义。另一方面，评估人员之间的一致性可以用于判断评估人员的标注质量。如果某评估人员在大多数情况下都与其他评估人员不一致，那么在一定程度上可以说明该评估人员的标注质量需要重点关注。评估者间一致性（Inter-Annotator Agreement，IAA）是衡量不同评估者之间达成一致的程度的度量标准，常用的包括一致性百分比（Percent Agreement）、Cohen's Kappa、Fleiss' Kappa 等。这些度量标准计算不同评估者之间的一致性得分，并将其转换为 0 到 1 之间的值。得分越高，表示评估者之间的一致性越好。

13.4.2 大模型的应用场景

以 ChatGPT 为代表的大模型在问题回答、文稿撰写、代码生成、数学解题等任务上展现出强大的能力，引发了研究人员广泛思考如何利用这些模型进行各种类型的应用，在我们日常生活中的教育领域、医疗领域、金融领域等垂直领域都随处可见大模型的身影。

在医疗领域，大模型能够帮助医生诊断疾病。例如，通过分析医疗影像（如 X 射线光片、CT 扫描）的模型，可以帮助检测癌症、骨折等疾病，提高诊断的速度和准确性。2023 年 5 月 10 日，谷歌发布新一代人工智能语言大模型 PaLM 2 和基于 PaLM 2 的医疗领域变体 Med-PaLM。Med-PaLM 可以检索医学知识、回答问题、生成有用的模板和解码医学术语，以及从图像（如 X 射线胸片）中解读信息。在 MedMCQA 数据集上，Med-PaLM 获得了 72.3% 的分数，超过 Flan-PaLM 的 14%，但略低于 GPT-4。在 PubMedQA 数据集上，Med-PaLM 获得了 75.0% 的分数，低于 BioGPT-Large 的 81.0%。在 MLU 临床主题上，Med-PaLM 在 6 个主题中的 3 个上表现最佳，而 GPT-4 在其他 3 个上表现更好。在 1000 多个实际医疗场景问答中，Med-PaLM 在 9 项基准测试中有 8 项表现良好，相较于人类医生回答更受认可；72.9% 的回答被认为与医生回答一致。Med-PaLM 在 MedQA 数据集上的测试结果很好，但医学领域应用关

乎人的健康，仅通过简单的基准测试难以全面评估模型的生成事实性和回答安全性。因此，除了在 Med0A 数据集上的直观定量对比，还进行了人工评估，选取 1066 个消费者医疗问题，在9 个与临床效用相关的属性（如事实性、医学推理能力和低风险性）上，Med-PaLM 在 8 个属性上给出了比医生评分更高的回答。

随着人工智能技术的飞速发展，教育领域也开始广泛使用人工智能技术来提升教学质量和效率。个性化学习是人工智能在教育领域的一个重要应用，能够根据每个学生的学习特点和需求，提供个性化的教学内容和辅导方式，大大提高了学习效果。知名平台 Knewton 通过个性化定制学生的学习内容，追求人们渴望却难以负担的"一对一"教学，给予每个学生不同的关注。基于学生的学习画像，利用协同过滤、内容推荐等算法，个性化学习为每个学生推荐最合适的学习资源和辅导方案。

随着技术的不断进步，可以预见，大模型将带来更多的创新和变革。一方面，模型的规模和复杂性将继续增长，提供更高的精确度和更广泛的应用范围。另一方面，随着可解释性和透明度的提高，我们将能够更好地理解模型的决策过程，从而更有信心地将其应用于关键领域，如医疗和法律。同时，我们面临着诸如数据隐私、模型偏见和安全性等挑战。因此，制定相应的伦理准则和法律框架来指导人工智能技术的发展和应用显得尤为重要。

本章小结

大模型已成为人工智能领域的一个重要发展方向，其发展先后经历了机器学习模型、深度学习模型、预训练模型和大规模预训练模型 4 个阶段。在 NLP 和 CV 领域，大模型的发展不断刷新相关任务的性能，最著名的是以 Transformer 架构为基础的 BERT、GPT 等模型。GPT-3 有 1750 亿个参数，在自然语言处理任务中表现出色，能够生成高质量的文本、回答问题和进行对话，而这仅仅是大模型的开始。

通过不断研究和改进，性能更优、功能更强的大模型在不断地涌现，也在各行业领域中发挥更广泛、更深远的影响。

本章主要介绍大模型的发展，包括大模型的分类、发展历程、训练方法，并介绍最基础的大模型 Transformer 的体系结构和技术原理，最后详细介绍了大模型的评估方法，并根据大模型在垂直领域的应用对未来大模型的发展进行了展望。

习 题 13

13.1 解释什么是"大模型"，并讨论其在现代深度学习中的重要性。

13.2 列出并简要描述至少三种不同类型的大模型。

13.3 解释分布式训练的基本原理以及为什么它对于训练大模型至关重要。

13.4 列举出 Transformer 模型中使用的创新技术。

13.5 描述分类任务和回归任务中所使用的常见的指标，并给出具体公式。

13.6 列举三个大模型在非 NLP 领域的应用实例，并简要描述它们各自的作用。

第 14 章

争论和展望

自 1956 年问世以来，人工智能经历了一条坎坷曲折的发展道路。其间，专家系统的出现曾使人工智能获得蓬勃的生机，并在 20 世纪 80 年代初达到了一个高潮。但好景不长，专家系统因其固有的缺陷而停滞不前，人工智能随之转入低潮。在这种情况下，近年来国际人工智能界的学者不得不对人工智能的基本问题进行反思，引发了一场关于人工智能基础问题的争论。各派各持己见，争论不休。一方面，社会上对人工智能的科学性有所怀疑，或者对人工智能的发展产生恐惧，有的国家甚至曾把人工智能视为反科学的异端邪说。另一方面，学术界内部对人工智能也表示怀疑。

同时，人工智能一直处于计算机技术的前沿，其研究的理论和方法在很大程度上将决定信息技术的发展方向。今天，已经有很多人工智能研究的成果进入了人们的日常生活。21 世纪，我们正沿着信息高速公路迈向智能时代，以智能科学技术为核心、生命科学为主导的新应用将掀起一次新的高科技革命——智能技术革命，特别是智能技术、生物技术与纳米技术相结合，研制具有生物特征的智能机器，将是 21 世纪技术革命的突破口。

14.1　争论

1．对人工智能理论的争论

至今，人工智能尚未形成一个统一的理论体系，甚至连统一的定义也没有。各人工智能学派对于人工智能的基本理论问题，诸如定义、基础、核心、要素、认知过程、科学体系等，均持不同观点。

符号主义学派认为：人的认知基元是符号，而且认知过程即符号操作过程；人是一个物理符号系统，计算机也是一个物理符号系统，因此我们能够用计算机来模拟人的智能行为，即用计算机的符号操作来模拟人的认知过程；知识是信息的一种形式，是构成智能的基础，人工智能的核心问题是知识表示、知识推理和知识运用。知识既可用符号表示，也可用符号进行推理，因而有可能建立起基于知识的人类智能和机器智能的统一理论体系。

连接主义学派认为：人的思维基元是神经元，而不是符号处理过程，对物理符号系统假设持反对意见，认为人脑不同于计算机，并提出连接主义的大脑工作模式，用于取代符号操作的计算机工作模式。

行为主义学派认为：智能取决于感知和行动（所以被称为行为主义），提出了智能行为的"感知-动作"模式；智能不需要知识、不需要表示、不需要推理，人工智能可以像人类智能一样，通过与环境交互而逐步进化（所以又被称为进化主义），其智能行为只能在现实世界中与周围环境交互作用而表现出来；符号主义（还包括连接主义）对真实世界客观事物的描述及其智能行为工作模式是过于简化的抽象，因此不能真实地反映客观存在。

2．对人工智能方法的争论

不同人工智能学派对人工智能的研究方法也有不同的看法。这些问题涉及：人工智能是否一定采用模拟人类智能的方法？若要模拟，又该如何模拟？对结构模拟和行为模拟、感知思维和行为、认知与学习及逻辑思维和形象思维等问题是否应分别研究？是否有必要建立人工智能的统一理论体系？若有，又应以什么方法为基础？

符号主义认为，人工智能的研究方法应为功能模拟方法，通过分析人类认知系统所具备的功能和机能，然后用计算机模拟这些功能，实现人工智能。符号主义力图用数学逻辑方法来建立人工智能的统一理论体系，但遇到不少暂时无法解决的困难，并受到其他学派的否定。

连接主义认为，人工智能应着重于结构模拟，即模拟人的生理神经网络结构，而且功能、结构与智能行为是密切相关的。不同的结构表现出不同的功能和行为，他们已经提出了多种人工神经网络结构和学习算法。

行为主义认为，人工智能的研究方法应采用行为模拟方法，功能、结构与智能行为也是不可分的，不同的行为表现出不同的功能和控制结构。行为主义的研究方法也受到了其他学派的怀疑与批判，认为行为主义最多只能创造出智能昆虫行为，而无法创造出人的智能行为。

3．对人工智能技术路线的争论

如何在技术上实现人工智能系统、研制智能机器和开发智能产品，即沿着什么样的技术路线和策略来发展人工智能，人们对此也存在不同的派别，即不同的路线。

人工智能的技术路线主要有如下几种。

① 专用路线。专用路线强调研制与开发专用的智能计算机、人工智能软件、专用开发工具、人工智能语言和其他专用工具或设备。

② 通用路线。通用路线是指，通用的计算机硬件和软件能够为人工智能开发提供有效的支持，并能够解决广泛的和一般的人工智能问题；强调人工智能应用系统和人工智能产品的开发，应与计算机技术和主流技术相结合，并把知识工程视为软件工程的一个分支。

③ 硬件路线。硬件路线认为，人工智能的发展主要依靠硬件技术，智能机器的开发主要依赖于各种智能硬件、智能工具及固化技术。

④ 软件路线。软件路线强调，人工智能的发展主要依靠软件技术，智能机器的研制主要在于开发各种智能软件、工具及其应用系统。

通过以上讨论我们可以看到，在人工智能的基本理论、研究方法和技术路线等方面存在不同的学派，有着不同的观点，对其中某些观点的争论十分激烈。

4．对强、弱人工智能的争论

强人工智能认为，有可能制造出真正能推理（reasoning）和解决问题（problem solving）的智能机器，并且这样的机器将被认为是有知觉的，有自我意识的。

强人工智能可以包括两类：① 类人的人工智能，即机器的思考和推理就像人的思维一样；② 非类人的人工智能，即机器产生了与人类完全不一样的知觉和意识，使用与人类完全不一样的推理方式。

弱人工智能认为，不可能制造出能真正地推理和解决问题的智能机器，这些机器只不过看起来像是智能的，但是并不真正拥有智能，也不会有自主意识。

主流科研集中在弱人工智能上，并且一般认为这个研究领域已经取得了可观的成就。强人工智能的研究则处于停滞不前的状态下。

"强人工智能"一词最初是约翰·罗杰斯·希尔勒（John Rogers Searle）针对计算机和其他信息处理机器创造的，其定义为：计算机不仅是用来研究人的思维的一种工具，只要运行适当的程序，计算机本身就是有思维的，这是指使计算机从事智能的活动。在这里，"智能"的含义是多义的、不确定的。利用计算机解决问题时必须知道明确的程序。可是，即使在不清楚程序时，根据发现而设法巧妙地解决了问题的情况也是不少的。如识别书写的文字、图形、声音等，认知模型就是例子。此外，解决的程序虽然是清楚的，但是实施起来需要很长时间，对于这样的问题，人类能在很短的时间内找出相当好的解决方法，如竞技类比赛。计算机在没有给予充分的合乎逻辑的正确信息时不能理解它的意义，而人类在只是被给予不充分、不正确的信息的情况下，根据适当的补充信息，也能理解它的意义。自然语言处理就是一个例子。用计算机处理自然语言称为自然语言处理。

关于强人工智能的争论不同于更广义的一元论和二元论（dualism）的争论，争论要点是：如果一台机器的唯一工作原理就是对编码数据进行转换，那么这台机器是否具有思维能力。希尔勒认为，这是不可能的。他举了中文房间的例子来说明，如果机器仅仅是对数据进行转换，而数据本身是对某些事情的一种编码表现，那么在不理解这种编码和实际事情之间的对应关系的前提下，机器不可能对其处理的数据有任何理解。所以，希尔勒认为，即使有机器通过了图灵测试，也不一定说明机器就真的像人一样有思维和意识。

也有哲学家持不同观点。丹尼特（D.C. Dennett）在其著作 *Consciousness Explained* 中认为，人也不过是一台有灵魂的机器，为什么我们认为人类可以有智能而普通机器就不能呢？他认为，像上述数据转换机器是有可能有思维和意识的。

有的哲学家认为，如果弱人工智能是可实现的，那么强人工智能也是可实现的。比如，Simon Blackburn 在其哲学入门教材 *Think* 中说到，一个人看起来是"智能"的行动并不能真正说明这个人就真的是智能的。我永远不可能知道另一个人是否真的像我一样是智能的，或者说他仅仅是看起来是智能的。基于这个论点，既然弱人工智能认为可以令机器看起来像是智能的，就不能完全否定这机器是真的有智能的。Blackburn 认为，这是一个主观认定的问题。

需要指出的是，弱人工智能并非与强人工智能完全对立，也就是说，即使强人工智能是可能的，弱人工智能仍然是有意义的。至少，今天的计算机能做的事，像算术运算等，在百多年前是被认为很需要智能的。

14.2 展望

人工智能的近期研究目标是打造智能计算机，使其能够替代人类从事脑力劳动，让计算机变得比现有的更聪明、更实用。正是基于这一近期研究目标，我们才把人工智能理解为计算机科学的一个分支。人工智能还有它的远期研究目标，即探究人类智能和机器智能的基本原理，研究用计算机模拟人类的思维过程和智能行为的方法。这个长期目标远远超出了计算机科学的范畴，几乎涉及自然科学和社会科学的所有学科。

1．更新的理论框架

无论是近期目标还是远期目标，人工智能研究尚存在不少问题，主要表现在以下几方面。

1）宏观与微观隔离

一方面是哲学、认知科学、思维科学和心理学等学科所研究的智能层次太高、太抽象，另一方面是人工智能逻辑符号、神经网络和行为主义所研究的智能层次太低。这两方面之间相距太远，中间还有许多层次未予研究，无法把宏观与微观有机地结合起来和相互渗透。

2）全局与局部割裂

人类智能是脑系统的整体效应，有着丰富的层次和多个侧面。但是，符号主义只抓住了人脑的抽象思维特性，连接主义只模仿了人的形象思维特性，行为主义则着眼于人类智能行为特性及其进化过程。它们具有明显的局限性。必须从多层次、多因素、多维度和全局观点来研究智能，才能克服上述局限性。

3）理论与实际脱节

大脑的实际工作，在宏观上我们已知道得不少，但是智能千姿百态、变幻莫测，复杂得难以理出清晰的头绪。在微观上，我们对大脑的工作机制却知之甚少，似是而非，使我们难以找出规律。在这种背景下提出的各种人工智能理论，只是部分人的主观猜想，能在某些方面表现出"智能"就算相当成功了。由于技术原因，这种脱节现象将长期存在。

上述讨论说明，人脑的结构和功能要比人们想象的复杂得多，人工智能研究面临的困难要比我们估计的大得多，人工智能研究的任务也比我们讨论的艰巨得多。同时，为了从根本上了解人脑的结构和功能，解决面临的难题，完成人工智能的研究任务，我们需要寻找和建立更新的人工智能框架和理论体系，为人工智能进一步发展奠定理论基础。

未来的新型人工智能理论到底是什么，现在我们难以预料。不过，人们已经在这方面进行了有益的探讨，提出了一些别具匠心的新思想。例如，钱学森教授提出了"开放的复杂巨系统"概念，认为人脑也是一个开放的复杂巨系统，主张采用"从定性到定量的综合集成技术"，把人的思维和思维的成果、人的知识和智慧及各种信息和资料统统集合起来，并通过"从定性到定量的综合集成体系"，把世界上千百万人的聪明才智和已经作古的前人的智慧综合起来，形成一个工程领域，即集中人类智慧的工作体系。钱先生将这个领域称为"大成智慧工程"。这一思想和主张已引起普遍兴趣。

我们至少需要经过几代人的持续奋斗，进行多学科联合协作研究，才可能基本上解开"智能"之谜，使人工智能理论达到更高的水平。

2．更好的技术集成

上面提到的钱学森等人的"从定性到定量的综合集成技术"是一种"人机结合集成"的技术，是在高层次上包括宏观世界和微观世界的"集大成"。这里将讨论另一种集成技术——多学科智能集成技术。

人工智能技术是其他信息处理技术及相关学科技术的集成。实现这种集成面临许多挑战，如创造知识表示和传递的标准形式，理解各子系统间的有效交互作用，以及开发数值模型与非数值知识综合表示的新方法，包括定量模型与定性模型的结合，以便用较快速度进行定性推理。

要集成的信息技术除了数字技术，还包括计算机网络、远程通信、数据库、计算机图形学、语音与视觉、机器人学、过程控制、并行计算、光计算和生物信息处理等技术。除了信息技术，未来的智能系统还要集成认知科学、心理学、社会学、语言学、系统学和哲学等。

智能系统、认知科学和知识技术基础科学的发展必将对未来工业和未来社会产生不可估量的影响。我们需要对人类文明及其相关过程有进一步了解。智能技术是社会进步的成果，也是一个不断发展的过程。了解人类自身的社会文化发展过程，是开发智能系统的一个基本目标。

3．更成熟的应用方法

人工智能的实现固然需要硬件的保证，但软件才是人工智能的核心技术。许多人工智能应用问题需要开发复杂的软件系统，有助于促进软件工程学科的发展。软件工程能够为一定类型的问题求解提供标准化程序，知识软件则能够为人工智能的问题求解提供有效的编程手段。由于人工智能应用问题的复杂性和广泛性，传统的软件设计方法显然是不够用和不适用的。人工智能软件要执行的功能可能随着系统的开发而不断变化。人工智能方法必须支持人工智能系统的开发实验，并允许系统有组织地从一个较小的核心原型逐渐发展为一个完整的应用系统。

我们应有信心研究出通用而有效的人工智能开发方法。更高级的人工智能通用语言、更有效的人工智能专用语言与开发环境或工具、人工智能开发专用机器将不断出现及更新，为人工智能研究和开发提供有力的工具。人们在应用人工智能时需要发现和寻找问题分类与求解的新方法。已有的方法很不完善，也不够用。通过开发和设计专家系统的新工具和新程序，我们确信，最终定能研究出使人工智能成功地应用于更多领域和更成熟的方法。

在当前的人工智能应用方法研究中有几个引人注目的课题，即多种方法混合技术、多专家系统技术、机器学习（特别是神经网络学习）方法、硬件软件一体化技术、并行分布处理技术等。其中，一些研究者认为：对人脑机理和分布式人工智能的研究确立了第六代计算机的基础。

随着人工智能应用方法的日渐成熟，人工智能的应用领域必将不断扩大。除了工业、商业、医疗和国防等领域，人工智能已在交通运输、农业、航空、通信、气象、文化、教学、航天技术和海洋工程、管理与决策、博弈与竞技、情报检索等领域得到应用。从基础研究到新产品开发，人工智能都有广阔的用武之地。可以预言，人工智能、智能机器和智能系统比现在的电子计算机有更广泛的应用领域。哪里有人类活动，哪里就将应用到人工智能技术。

4．脑机接口

脑机接口（Brain-Computer Interface，BCI）是人脑、动物脑和外界建立联系的接口，但是这个联系不是正常的、正规的人脑跟外界的联系，而是通过特殊途径与外界的联系和交互。例如，从编码刺激人工耳蜗到电信号指挥老鼠走迷宫，从猴子用机械手拿香蕉再到脑电波指挥计算机，有人认为生命的本质是信息，人工脑与生物脑的本质都是信息，信息处理的机理一致，只需加上接口即可交流。信息本质上的统一，将给计算机的发展、人机结合、人工脑的进化带来巨大的变化。

美国麻省理工学院、贝尔实验室和神经信息学研究所的科学家已经研制成功了一个可以模拟人类神经系统的微芯片，并成功植入大脑，利用仿生学的原理对人体神经进行修复。它与大脑协作，发出复杂的指令给电子装置，电子装置监测大脑的活动，取得了很好的效果。剑桥大学的翰福瑞斯认为，在不久的将来，人们将可以在人脑中放入增加记忆的微芯片，使人类有一个备用的大脑。

美国生物计算机领域的研究人员利用取自动物脑部的组织细胞与计算机硬件进行结合，研制而成的机器被称为生物电子人或半机械人。如果芯片与神经末梢相吻合，就可将芯片通过神经纤维和身体上的脑神经系统连接起来，从而提高人的大脑功能。

美国南加州大学的勃格（T. Berger）和列奥（J. Liaw）于1999年提出了动态突触神经回路模型，并于2003年研制出能够代替海马功能的大脑芯片。大脑芯片在活体小白鼠上试验成功，证明该回路模型与活体鼠脑中的信息处理是一致的。该项目是美国心智－机器合成（Mind-

Machine Merger）计划的一部分，其研究成果取得了突破性进展。

本章小结

本章从人工智能的理论、方法、技术路线和强弱人工智能等方面对当今人工智能存在的争论做出了分析与评论，同时对人工智能的未来进行了展望。

对人工智能各种问题的争论可能还要持续几十年甚至几百年。尽管未来的人工智能系统很可能是集各家之长的多种方法的结合，但是单独研究各种方法仍然是必要的和有价值的。在努力实现某个主要目标之前，很可能有几种方法相互竞争和角逐。人工智能的研究者们已经开发出许多表演系统和实用系统，这些系统显示出在有限领域内的优异智能水平，有的系统甚至已具有商业价值。然而，已实现的人工智能系统仍远未达到人类所具有的那些几乎是万能的认知水平。研究工作沿着许多不同的途径和方法进行，每种方法都有支持者和实践者。也许终有一天，他们将携起手来，并肩开创人工智能的新世界。

人工智能的研究一旦取得突破性进展，将对信息时代和人类文明产生重大影响。科学发展的今天，一方面是高度分化，学科在不断细分，新学科、新领域不断产生；另一方面是学科的高度融合，更多呈现交叉和综合的趋势，新兴学科和交叉学科不断涌现。大学科交叉的这种普遍趋势，在人工智能学科中表现得尤其突出。由脑科学、认知科学、人工智能等共同研究智能的本质和机理，形成交叉学科和智能科学。学科交叉将催生更多的研究成果。人工智能学科要有所突破，需要多个学科协同合作，在交叉学科研究中实现创新。

对人工智能的研究，我国科学技术工作者已经从跟踪学习进入自主研究重大科学问题、独立进行重大科学创新的新阶段，已经取得了一系列令人鼓舞的成果，包括几何定理证明的吴氏方法、开放复杂巨系统理论、仿生模式识别、云模式、开放逻辑、广义智能理论、泛逻辑学、信息—知识—智能的转化理论、仿人智能控制、变论域模糊控制、主体网格智能理论等，表现出了旺盛的创新能力。在充满机遇和挑战的未来，中国应当对智能革命做出更大的贡献。

习 题 14

14.1　目前，人们主要围绕人工智能的哪些方面存在争议？

14.2　强人工智能与弱人工智能的主要区别是什么？

14.3　描述符号主义、连接主义和行为主义三个人工智能学派的基本理论和方法是什么？

14.4　选择人工智能的一个应用领域（如医疗、教育或国防），请具体讨论该领域内人工智能技术的当前应用状态和面临的主要挑战。

附录 A
习题解答

本书为读者提供习题解答，请扫描下面的二维码获取。

参考文献

[1] SCHILDT H. C 语言大全[M]. 王子恢，戴健鹏等，译. 4 版. 北京：电子工业出版社，2001.

[2] WIRTH N. 算法+数据结构=程序[M]. 北京：科学出版社，1990.

[3] DEITEL H M, DEITEL P J. C 程序设计教程[M]. 薛万鹏，等，译. 北京：机械工业出版社，2000.

[4] KELLY P，苏小红. 双语版 C 程序设计[M]. 2 版. 北京：电子工业出版社，2017.